Taschenwörterbuch der Zoologie
A Pocket Dictionary of Zoology

Deutsch – Englisch
English – German

Taschenwörterbuch der Zoologie
A Pocket Dictionary of Zoology

Theodor C. H. Cole

Deutsch – Englisch
English – German

1995
Georg Thieme Verlag
Stuttgart · New York

Theodor C. H. Cole
Biology Faculty
University of Maryland
European Division

Im Bosseldorn 30
69126 Heidelberg

Die Deutsche Bibliothek
CIP-Einheitsaufnahme

Cole, Theodor C. H.:
Taschenwörterbuch der Zoologie :
deutsch – englisch, english – german =
A pocket dictionary of zoology /
Theodor C. H. Cole. -
Stuttgart ; New York : Thieme, 1995
NE: HST

Rüdigerstraße 14
D-70469 Stuttgart

Printed in Germany

Satz: Dr. Ulrich Mihr GmbH,
72070 Tübingen
Druck: Druckhaus Götz,
71636 Ludwigsburg

ISBN 3-13-101961-1

1 2 3 4 5 6

„Die Bedeutung eines Wortes
ist sein Gebrauch in der Sprache"

Ludwig Wittgenstein, PU 43

Vorwort

Dies ist ein zoologisches Wörterbuch unter vielen, aber das einzige seiner Art. Als einfache Wortliste konzipiert, soll es der schnellen Orientierung beim Lesen und Abfassen von Publikationen dienen. Die Format- und Preisgestaltung ermöglicht einem breiten Interessentenkreis den Zugang zu sonst nur in teuren Spezialwörterbüchern enthaltener Fachterminologie.

Internationale Kommunikation spielt eine Schlüsselrolle für Naturwissenschaftler. Dem universellen Wesen der Naturwissenschaft wurde man gerecht durch die Wahl historisch dominanter Sprachen beim Abfassen wissenschaftlicher Publikationen. Griechisch und Latein bilden nach wie vor die Grundlage unserer Wissenschaftssprache. Nachdem Deutschland schon immer als wichtiges Zentrum der Naturwissenschaften galt und viele zoologische Begriffe in deutsch geprägt wurden, ist heute durch politische und soziologische Entwicklungen das Englische, bzw. Amerikanische, zur führenden Fachsprache geworden. Das Englische hat aufgrund seiner einfacheren Grammatik viele Vorteile. Der fast unermeßliche Wortschatz des Englischen beruht auf seinen romanischen und angelsächsischen Wurzeln. Für viele Begriffe gibt es mehrere Synonyme oder nah verwandte Termini.

Das Buch enthält ca. 14 000 Begriffe aus den Bereichen der Morphologie / Anatomie, Physiologie, Systematik, Verhaltenslehre, Tiergeographie, Ökologie, Parasitologie, Zytologie, Histologie, Mikroskopie, Erdgeschichte und „angewandten Zoologie". Tiernamen wurden nur bis zur Ebene der Ordnung aufgenommen, d. h. es finden sich keine Familien-, Gattungs- oder Artnamen.

Die Wörter dieses Werkes wurden auf Grund der Häufigkeit ihres Gebrauchs v. a. in Lehrbüchern ausgewählt; es erfaßt somit sicherlich nicht alle Details der zoologischen Terminologie. Sich entsprechende deutsche und englische Fachtermini sind durch direkte Gegenüberstellung führender Lehrbücher ermittelt worden, unter zu Hilfenahme des englischen Definitionswörterbuches: „Henderson's Dictionary of Biological Terms" 10. Aufl.) sowie einer Auswahl wichtiger im Anhang aufgeführter zoologischer Fachliteratur.

Das vorliegende Wörterbuch orientiert sich an der amerikanischen Schreibweise. Im Amerikanischen steht oft ein „z", wo im Britischen ein „s" verwendet wird, z. B. die Endung „-ize" gegenüber „-ise" in: compartmentalize vs compartmentalise, organization vs organisation.

Das Wissenschaftsenglisch wird immer noch von griechischen und lateinischen Begriffen dominiert, lediglich Schreibweise und Wortendungen werden angepaßt. So wird der Plural heute vielfach durch ein einfaches „s" gebildet: antennas statt antennae, taxons statt taxa, und mitochondrions statt mitochondria [Pearse / Buchsbaum]. Beim Abfassen von Publikationen sei dem Fremdsprachler empfohlen, zunächst noch die traditionellen Endungen zu verwenden.

Viele deutsche Autoren gehen heute dazu über, bei wissenschaftlichen Begriffen die „c" Schreibung einzuführen, wo in älteren zoologischen Lehrbüchern traditionell ein „k" oder „z" stand, z. B. Cuticula statt Kutikula, Clitoris statt Klitoris, Coccen statt Kokken, Glucose statt Glukose. Diese Übergange sind aber derzeit noch nicht einheitlich akzeptiert. Im vorliegenden Wörterbuch finden Sie sowohl neue als auch alte Schreibweisen.

Auch werden heute klassische Endungen zugunsten der angloamerikanischen Schreibweise vereinfacht, wie z. B. Thoracopod statt Thorakopodium (siehe Storch/Welsch 1994); die Pluralbildung der vereinfachten Form müßte dann allerdings auf Thoracopoden lauten, was den Eindruck einer Tiergruppe (z. B. Decapoden) vermitteln könnte – deshalb im Plural meist noch: Thoracopodien. Ob die Endung -zyt/-cyt oder -zyte/-cyte (z. B. Osteozyt bzw. Osteozyte) Vorrang haben soll ist ebenfalls noch nicht geklärt – hier wurde durchgängig die Maskulinform gewählt.

Bei Wörtern, die in verschiedenen Bedeutungen vorkommen, wird mit einschränkendem Kommentar – in Klammern – der Bedeutungsunterschied erläutert. Synonyme und gleichwertige Schreibweisen sind mit Schrägstrich voneinander getrennt. Viele zusammengesetzte Wörter erscheinen zusätzlich unter dem Hauptstichwort, wobei der erläuternde Wortteil jeweils in Klammern mit Tilde nachgestellt wird. Die Literaturliste im Anhang weist auf Lehrbücher, Definitionswörterbücher, Fremdsprachenwörterbücher und Fachmonographien hin, die für die Erfassung von Bedeutungsunterschieden zu Rate gezogen werden können.

Autor und Verlag wären den Benutzern des Wörterbuches dankbar für Hinweise auf Fehler und mögliche Verbesserungsvorschläge.

Danksagung. Wertvolle Hilfestellungen leisteten Dr. Ingrid Haußer-Siller (Universität Heidelberg), Dr. Dietrich Schulz (Umweltbundesamt, Berlin), Mme. Marie Mermet (Eurotext, Heidelberg), Gisela und Olivier Keller (St.Jean Chambre, France) und – ganz besonders – meine Frau Erika Siebert-Cole, M. A. (Universität Heidelberg), deren Assistenz bei der Einschätzung des deutschen Sprachgebrauchs maßgeblich für diese Arbeit war. Allen Beteiligten möchte ich ganz herzlich danken. Besonderen Dank richte ich auch an Frau Margrit Hauff-Tischendorf und an die Mitarbeiter des Thieme Verlags für die vertrauensvolle Begleitung bei der Umsetzung des Projektes.

Ohne die segensreiche Unterstützung meiner Familie wäre dieses Werk sicherlich nicht zustande gekommen.

Gewidmet ist dieses Buch Herrn Professor Dr. phil. *Franz Duspiva* (Zoologisches Institut der Universität Heidelberg) zu seinem 88. Geburtstag ... seine Einführungs-Vorlesung, seine ansteckende Begeisterung, und die inspirierenden Gedanken zur Entwicklungsbiologie haben vielen von uns den Einstieg ins Studium zu einem Erlebnis gemacht.

Heidelberg, im Sommer 1995 Theodor C. H. Cole

Preface

This pocket dictionary intends to serve German biology students in gaining access to the highly specialized terminology of zoology. English native speakers may find this dictionary equally helpful in studying the wealth of German zoological literature.

The dictionary contains some 14 000 terms from the fields of morphology/ anatomy, systematics (including most animal categories down to the level of order), animal behavior, biogeography, ecology, parasitology, physiology, cytology, histology, microscopy, earth history, and „applied zoology" – selected from major zoology textbooks.

International communication has become essential to science. Historically dominant languages have served this unifying purpose. Greek and Latin still dominate contemporary scientific terminology, while English (British and American English) has become the language of scientific communication. The majority of international journals and books are written in English, which forces „non-native speakers" to devote considerable efforts to communicating in a foreign language. Dictionaries become indispensible. Adequate specialty dictionaries are expensive, which makes users depend on libraries – or an adequate budget.

Germany has been an important center of biological study within the last two centuries. Many highly respected sources of zoological expertise have been written in German, many without ever being translated into English. During and after the Nazi rule and World War II, many reputable German biologists emigrated and helped to transfer this knowledge into the body of English scientific literature. Without translations of the original sources, the younger generation will depend on these indirect references, and dictionaries.

In both languages there have been some interesting developments in the spelling of scientific terms: Among German authors one observes a tendency to change from the traditional „k" and „z" spelling to the English „c" spelling: e. g. Cuticula vs. Kutikula, Clitoris vs. Klitoris, Coccen vs. Kokken, coccal vs. kokkal, or Glucose vs. Glukose.

Some English/American authors are now suggesting the adaptation of the plural endings in scientific terms to the normal English language endings, e. g. taxons vs. taxa, mitochondrions vs. mitochondria, antennas vs antennae. The present author favors this development, while being aware of controversial standpoints on this matter.

Synonyms, different spellings, and very close terms are separated by slash marks. In many German compound words, the main word element is secondmost – in which case the main word element has been chosen as the main entry, followed by the adjunct with swung dash (tilde) in parentheses: e.g., Bock (Schaf~) *to be read as:* Schafbock.

The reference list in the back of the book includes the German and English titles which have been consulted to find the most appropriate equivalences. As the concept of this book as a simple *word list* does not allow for detailed definitions, the reader is referred to the corresponding sources for definitions and fine nuances in the meanings of like terms.

The author and publisher would be grateful for any comments and suggestions for future editions.

Acknowledgements. Important help has been granted by Dr. Ingrid Haußer-Siller (University of Heidelberg), Dr. Dietrich Schulz (Federal Environmental Agency – UBA, Berlin), Marie Mermet (Eurotext, Heidelberg), Gisela and Olivier Keller (St. Jean Chambre, France) – and my wife Erika Siebert-Cole, M. A. (University of Heidelberg) whose expertise in the German language has played a significant role in this project. Without the support of my family this book would never have been possible. My gratitude be wholeheartedly expressed to all the above. Finally, I want to thank Mrs. Margrit Hauff-Tischendorf and the crew at Thieme Verlag for their support in materializing the project.

This book is dedicated to Professor Dr. phil. *Franz Duspiva* (Zoological Institute, University of Heidelberg) ... in memory of his introductory lecture and his spark(l)ing enthusiasm which significantly influenced our appreciation and perspectives *for* LIFE!

Heidelberg, in the summer of 1995 Theodor C. H. Cole

Inhalt

Vorwort *VI*
Preface *VIII*
Deutsch – Englisch *1*
English – German *133*
Literatur *259*

Taschenwörterbuch der Zoologie

Theodor C. H. Cole

Deutsch – Englisch

A

A-Bande (Muskel) A band
aalartig/anguilliform eel-like, anguilliform
Aalfische/Aalartige/Anguilliformes eels
Aas carrion, decaying carcass
Aasfresser/Unratfresser scavenger, carrion feeder
Abart/Spielart/Varietät sport, variety
Abbau (Stoffwechsel) digestion, degradative reactions/metabolism, catabolism
Abbau (Zersetzung) decomposition, degradation
– **biologischer Abbau** biodegradation
abbauend/katabolisch catabolic
Abblätterung/Delamination (Entodermbildung) delamination
Abdeckerei (Tierkörperbeseitigung) animal carcass disposal
Abdomen/Hinterleib abdomen
Abdominalbein/Bauchfuß/Propes/Pes spurius (larval) larval proleg, false leg
– **Schwimmbein/Schwimmfuß/Pleopodium** swimmeret, pleopod
Abdominalsegment/Pleomer abdominal somite, pleomere
Abfallfresser/Detritophage detritivore, detritus-feeder
Abfallstoffe (organische) organic debris, organic waste
abfressen browse (woody shoots/leaves/bark), graze (herbaceous plants)
abgeleitet derived
abgerundet rounded
abgrasen/grasen graze (herbaceous plants), browse (*esp:* woody shoots/leaves/bark)
abhärten hardening off
Abhärtung hardening
Abkömmling/Derivat (abgeleitet) derivative
Abkömmling/Deszendent/Nachkomme descendant, offspring; progeny
Ablagerung/Sedimentation sedimentation, deposition; deposit
ableiten derive
Ableitung derivation
Abscheidung exudate, exudation, secretion
Abschlag (Flug/Flügel) downward stroke
Abschlußgewebe dermal tissue, boundary tissue, exodermis
– **primäres Abschlußgewebe/Epidermis** epidermis
Abschnitt (Teil des Ganzen) section, part, moiety
Abschreckstoff/Schreckstoff deterrent, repellent
Absonderung/Abscheidung/Exsudat exudate, exudation, secretion
Absonderungsgewebe/Abscheidungsgewebe secretory tissue
Abstammung descent, origin
abstammungsgeschichtlich/evolutionär/phyletisch/phylogenetisch evolutionary, phyletic
Abstammungsgeschichte/Stammesentwicklung/Evolution/Phylogenie/Phylogenese evolution, phylogeny
Abstammungslehre evolutionary studies
Abstammungstheorie/Deszendenztheorie/Evolutionstheorie theory of evolution, evolutionary theory
absteigend efferent
absterben die off
absterben, teilweise dieback
Absterberate mortality rate
abstillen wean
abstoßen/ablösen (Haut/Hülle) shed, slough, sloughing (off)
abstreifen (Haut/Hülle) slough (off)
Abstrich (für Mikroskopie) smear
Abstufung/Staffelung/Stufenfolge gradation
Abszission/Abwerfen/Abwurf abscission, falling off, dropping off, shedding
Abszissionsschicht abscission layer, separation layer
Abteilung/Phylum phylum (division)
Abundanz/Individuenzahl/Populationsdichte/Bevölkerungsdichte abundance, population density

Abwanderung / Auswanderung / Emigration emigration
Abwasser wastewater, sewage
Abwehr / Verteidigung defense
Abweichung deviation
Abweide-Nahrungskette / Fraß-Nahrungskette grazing food chain
abwerfen shed, drop, abscise
abwerfend shedding, abscising, deciduous
Abwurf / Abwerfen / Abszission shedding, falling off, dropping off, abscission
Abyssal / Meeresgrund abyssal, ocean floor
Abzieher / Abduktor / Abductor (Muskel) abductor muscle
Acanthocephala / Kratzer spiny-headed worms, thorny-headed worms, acanthocephalans
Acanthor-Larve / Hakenlarve acanthor larva
Achillessehne Achilles' tendon, tendon of the heel
Achsel axil
Achsel / Achselhöhle (Arm) armpit, axilla
Achselfedern axillary feathers, axillars
achselständig axillary
achsenbürtig stem-borne
Achsenfaden / Axonema central fibril, axial filament, axoneme
Achsenskelett / Stammskelett / Rumpfskelett / Skelett des Stammes / Axialskelett axial skeleton
Achsenstab (Kinetoplastida) paraxial rod
achsenständig axial, axile
Acinuszelle acinus cell
Acker field, land, farmland
Ackerbau cropping, plant production, tillage
Ackerbaukunde / Ackerbaulehre / Agronomie agronomy
Ackerland farmland, tillage, tilth, cultivated land, arable land
Ackerrain / Feldrain field boundary strip, balk
Ackerwirtschaft farming
acöl / acoel acelous
Acontium (Anthozoa) acontium
acrostich acrostichal
acrostichisch acrostichoid
Adamantoblast adamantoblast, ameloblast, enamel cell
Adams Apfel Adam's apple (largest cartilage of larynx)
Ader / Blutgefäß blood vessel
Ader / Nerv / Rippe (Insektenflügel~) vein, rib
- **Längsader** longitudinal vein
- **Querader** cross vein

Äderchen (Insektenflügel) venule, venula
Aderhaut / Chorioidea choroid, chorioid
Aderung / Nervatur / Nervation / Venation venation
- **Fächeraderung / Gabeladerung / Gabelnervatur** dichotomous venation
- **fingerförmige Aderung / fingerförmige Nervatur** digitate venation
- **Netzaderung** reticulate venation, net venation, netted venation
- **Paralleladerung** parallel venation

Adhäsion adhesion
adossiert / rückseitig addorsed, addossed
Adultinsekt / Vollinsekt / Imago (*pl.* Imagines) imago (*pl.* imagoes / imagines)
Aedaegus / Aedoeagus / Penis (Insekten) aedaegus, penis
aerob (sauerstoffbedürftig) aerobic
Affen *(senso lato)* monkeys and apes (*siehe auch:* Herrentiere / Primaten)
- **Altweltaffen / Schmalnasenaffen / Catarrhina** old-world monkeys (incl. apes)
- **Halbaffen / Prosimii** lower primates, prosimians
- **Menschenaffen / Pongidae** great apes, pongids
- **Menschenartige / Hominoidea** apes, anthropoid apes
- **Neuweltaffen / Breitnasenaffen / Platyrrhina** new-world monkeys (South American monkeys and marmosets)

Äffchen monkey
affenartig / Affen (bes. Menschenaffen) betreffend simian
After / Anus anus
Afterfeld / Periprokt periproct

Afterflosse / Analflosse anal fin
Afterflügel / Nebenflügel / Daumenfittich / Alula / Ala spuria (Federngruppe an 1. Finger) alula, spurious wing, bastard wing
Afterfuß (letzter) / Nachschieber / Postpes / Propodium anale (Raupen) anal proleg, anal leg
Aftergriffel / Cercus (Schwanzanhang) cercus, cercopod (clasping organs)
Afterklaue / Afterzehe dewclaw, false foot
Afterlappen / Afterschild / Pygidium (Telson der Arthropoden) pygidium, caudal shield
Afterraife / Afterfühler / Schwanzborsten / Cercus cercus, cercopod
Afterraupe (Blattwespenlarven) eruciform larva with more than 5 pairs of abdominal prolegs (Tenthredinidae)
Afterröhre / Afterhügel / Analtubus (Crinoide) anal cone, anal tube
Afterschaft (Feder) aftershaft, afterfeather
Afterskorpione / Pseudoscorpiones / Chelonethi false scorpions
Aggression aggression
Aggressivität aggressiveness
Agronom / diplomierter Landwirt agronomist
Ahne / Vorfahre ancestor, forebear, progenitor
Ährenfischverwandte / Hornhechtartige / Atheriniformes silversides & skippers & flying fishes and others
Akinese / Totstellreflex (reflektorische Bewegungslosigkeit) akinesis
akklimatisieren acclimatize (climate/seasons), acclimate (artificial conditions)
Akkommodation accommodation
Akrotonie acrotony
aktinomorph actinomorphous, star-shaped, radial
Aktionspotential action potential
Aktivierungenergie activation energy, energy of activation
akzessorisch accessory
akzessorische Drüse / Anhangsdrüse accessory gland
Alarmstoff / Schreckstoff / Alarm-Pheromon alarm substance, alarm pheromone
Albedo / Rückstrahlvermögen albedo
Älchen (Nematoden) nematode parasite on plants
alkalisch / basisch alkaline, basic
Alken / Alcidae (Charadiformes) auks
Alkoholreihe / Äthanolreihe, aufsteigende graded ethanol series
Allantoisplazenta allantoic placenta
Alles-oder-Nichts Antwort / Alles-oder-Nichts Reaktion all-or-none response
allesfressend / omnivor omnivorous
allesfressend / polyphag (begrenzte Nahrungsauswahl) polyphagous, polyphagic
Allesfresser / Omnivore omnivore
Allheilmittel / Universalmittel / Wundermittel / Panazee panacea
Allianz / Verband / Assoziationsgruppe alliance
Allogamie / Fremdbefruchtung allogamy, xenogamy, cross-fertilization
Allogrooming / Fremdputzen (des Fells bei Säugern) allogrooming
Allometrie allometry
allopatrisch (in getrennten Arealen) allopatric
Allotransplantat / Homotransplantat allograft, homograft, syngraft
alpin / Hochgebirgs … alpine
Alter age
altern age, become old, senesce
Altern / Alterung / Seneszenz ageing, aging, senescence
alternd / alt werdend ageing, senescent, becoming old
Alternanz alternation
Alternanzregel alternation rule
Altersaufbau / Ätilität (Population) age structure
Altersverteilung age distribution
Alterung / Altern / Seneszenz ageing, aging, senescence
Altfische / Chondrostei primitive ray-finned bony fishes
Althirnrinde / Archicortex / Palaeocortex paleocortex

Altlungenschnecken / Archaeopulmonata archeopulmonates
Altruismus / Selbstlosigkeit / Selbstaufopferung / Uneigennützigkeit / Gemeinnutz altruism, self-sacrifice
Altschnecken / Archaeogastropoda / Taenioglossa limpets, archeogastropods
Altweibersommer (Spinnengewebe) gossamer (film of cobwebs floating in air)
Altweltaffen / Schmalnasenaffen / Catarrhina old-world monkeys (incl. apes)
Alula (Insekten: Flügellappen) alula (insects wing: small lobe)
Alula / Daumenfittich / Afterflügel / Nebenflügel / Ala spuria (Federngruppe an 1. Finger) alula, spurious wing, bastard wing
amakrine Zelle amacrine cell
Amboß / Incus (Ohr) anvil, incus
Ambrosiazelle (Pilzzelle) ambrosia cell
Ambulakralfurche ambulacral groove
Ambulakralfüßchen / Saugfüßchen ambulacral foot, tube foot, podium
Ambulakralplatte ambulacral plate
Ambulakralring / Ringkanal / Radiärkanal ring canal, radial canal
Ambulakralsystem / Wassergefäßsystem ambulacral system, water-vascular system
Ameisen / Formicidae ants
Ameisenausbreitung myrmecochory, ant-dispersal
Ameisenbären / Vermilingua (Xenarthra) ant eaters
Ameisenhaufen ant hill
Amensalismus amensalism
amiktisch amictic
Amme caretaker, nurse (e.g. asexual individual in social insects)
Ammenaufzucht foster raising
Ammenbiene (Arbeitsbiene / Arbeiterin) nurse bee (worker bee)
ammoniotelisch ammoniotelic
Ammoniten / Ammonoidea ammonites
Ammonshorn / Pes hippocampi Ammon's horn, anterior hippocampus
Amnion / innere Keimhülle amnion
Amnionfalte amniotic fold
Amnionflüssigkeit / Fruchtwasser amniotic fluid
Amnionhöhle amniotic cavity
Amöben / Wechseltierchen / Wurzeltierchen / Rhizopoden / Amoebozoa amebas, amoebas
– **beschalte Amöben / Thekamöben / Testacea** testate amebas
– **nackte Amöben / Gymnamoebia** naked amebas
Amöbenruhr / Amöbiasis *(Entamoeba histolytica)* amebic dysentery, amebiasis
amöboid ameboid
Amöbozyt / Amöbocyt amebocyte
Amphiarthrose amphiarthrosis
amphibisch amphibian, amphibious
amphicöl / amphicoel amphicelous
Amphid (Nematoden) amphid
amphidrom amphidromous
Amphitokie amphitoky, amphitokous parthenogenesis
Ampulle ampulla
Ampullenorgan (Fische: Elektrorezeptor) ampullary organ
Anabiose / latentes Leben anabiosis, suspended animation
anabol / anabolisch anabolic (synthetic reactions)
anadrom anadromous
anaerob anaerobic
Anagenese anagenesis
Analdreieck / Dreieck / Triangulum triangle
Analdrüse (Hai) anal gland, rectal gland
Analfächer anal fan
Analfalte / Plica analis / Plica vannalis anal fold, vannal fold, anal/vannal fold-line
Analfeld / Vannus anal field, anal area, vannal area, vannus
Analhügel (Spinnen) anal tubercle/papilla
analog / funktionsgleich analogous
Analogie analogy
analogisieren analogize
Analrand anal margin
Analschild / Pygidium (Käfer) caudal shield, pygidium
Analschleife (Libellen) anal loop
Analyse analysis (*pl.* analyses)

Analzelle anal cell
Anamorphose anamorphosis
Ananasgalle pineapple gall
Anapophyse anapophysis
Anatomie (Morphologie der inneren Gestalt) anatomy
anatrop anatropous
anbaufähiger Boden arable land, tillable land
Ancestrula ancestrula
Androgenese androgenesis
Anellus anellus
Anerobiose anerobiosis, anoxybiosis
Anfälligkeit/Empfindlichkeit susceptibility
Anfangsgeschwindigkeit (Enzymkinetik) initial velocity (vector), initial rate
anfärbbar dyable, stainable
angeboren/ererbt/kongenital congenital, innate, inborn
Angelstück/Cardo (*pl.* Cardines) cardo (basal segment of maxilla)
angepaßt/adaptiert adapted
angepaßt/beeinflußt (Verhalten) conditioned
angeregt excited
angewachsen/verwachsen (der Länge nach) adnate
angewandt applied
Anglerfische/Armflosser/Lophiiformes anglerfishes
angrenzend/anliegend/anstoßend contiguous, adjoining, boardering
Angriff/Attacke attack
Angriffshemmung/Aggressionshemmung aggressive inhibition
Anhang appendage
Anhangsdrüse/akzessorische Drüse accessory gland
Anhängsel/Anhangsgebilde appendage, appendix
Anhäufung/Akkumulation accumulation
Anheftung attachment, affixment
Anheftungsorgan (Bryozoen) adhesive sac, metasomal sac, internal sac
animaler Pol animal pole
animalisch/tierisch (adj.) (z. B. tierisches Fett) animal (e.g. animal fat)
Anisogamie anisogamy
Ankylose ankylosis
Anlage/Keim/Ansatz/Primordium "anlage", precursor, preformation, early form, primordium
Anlagerung/Apposition adsorption, apposition
Anlandung aggradation
anliegend (entlang anderem Gegenstand) accumbent (along/against other body)
anlocken/locken lure, attract
Anlockung attraction
Anneliden/Ringelwürmer/Gliederwürmer/Borstenfüßer annelids, segmented worms
Annulus/Anulus annulus
Anordnung (Position) arrangement
anoxisch anoxic
anpassen/akklimatisieren acclimate, acclimatize
Anpassung adaptation, acclimation, acclimatization
Anpassungsfähigkeit/Adaptabilität adaptability
Anpassungswert/Selektionswert adaptive value, selective value
anpflocken stake
Anregung stimulation, excitation
Anreicherung enrichment
Ansatzstelle attachment site
anspruchslos undemanding, modest, having low requirements/demands
anspruchsvoll demanding, having high requirements/demands
ansteckend/infektiös contagious, infectious
Ansteckung/Infektion contagion, infection
Antennalorgan antennal organ
Antenne/Fühler antenna, feeler (Antennentypen *siehe unter:* Fühler)
- **Geißelantenne/Ringelantenne/amyocerate Antenne** amyocerate antenna
- **Gliederantenne/myocerate Antenne** myocerate antenna

Antennendrüse/Antennennephridium/grüne Drüse antennal gland, antennary gland, green gland
Antennengrube/Fühlergrube antennal furrow/pit

Antennennaht/Antennalnaht/ Fühlerringnaht antennal suture
Antennenschuppe/Scaphocerit antennal scale, scaphocerite
Antennensegment/Fühlersegment/ Antennomer antennal segment, antennomer
Antennenträger/Antennifer antennifer, socket of antenna
Antennentypen *siehe* **Fühler**
Antennula (1. Antenne: Crustaceen) antennule
antenodal antenodal
Antenodalquerader antenodal cross vein
Antibiose/Widersachertum antibiosis
Antigen antigen
Antikörper antibody
Antrieb/Trieb drive
Antrieb/Voranbringen (Fortbewegung) propulsion
Antriebskraft/Triebkraft propulsive force
Antwort (auf Reiz) response
Anzeiger/Indikator indicator
Anzieher/Schließmuskel/Adduktor/ Adductor (Muskel) adductor muscle
Aortenbogen aortic arch
Apertur (Blende)/Öffnung/Mündung aperture, opening, orifice
Apfelschimmel dapple-grey horse
Aplacophoren/Wurmmollusken/ Wurmmolluscen/Aplacophora aplacophorans
apokrine Drüse apocrine gland
Apomorphie apomorphism
apomorphisch apomorphic
Apopyle apopyle
Appendicularien/Appendicularia/ Larvacea/geschwänzte Schwimm-Manteltiere appendicularians
Appetenzverhalten appetitive behavior
Appositionsauge apposition eye
Appressorium/Haftscheibe/Haftorgan (allgemein) appressorium, holdfast
apyren (Spermien) apyrene
Aquarium aquarium, fishtank
Äquatorialfurchung equatorial cleavage
Äquatorialteilung equatorial division
Äquidistanz equidistance
Arbeiter worker
Arbeiterin/Ergat (Ameisen) worker, ergate
Arbeitsbiene/Arbeiterin worker bee
arborikol arboricole, arboricolous
Archaikum (erdgeschichtliches Zeitalter) Archean Era, Archeozoic Era (early Precambrian)
Archäozyt/Archäocyt/Archaeozyt/ Archaeocyt archaeocyte, archeocyte
Archenmuscheln/Arcidae arks
Archicöl/Archicoel (Blastocöl/ Bastocoel) archicoel, archicele (blastocoel/blastocele)
Areal/Verbreitunggebiet area of distribution, geographic range
Arealkunde/Chorologie/ Verbreitungslehre chorology, biogeography
Arista arista
arktisch/polar arctic, polar
Arm arm
Arm (Crinoiden) arm, pinnule
armartig/Arm .../brachial brachial, arm-like
Armbeuge/Ellenbeuge bend of the arm, crook of the arm, inside of the elbow
Armdecken secondary tectrices
Armflosser/Anglerfische/ Lophiiformes anglerfishes
Armfüßer/Brachiopoden lampshells, brachiopods
Armgerüst/Brachidium (Brachiopoden) brachidium
Armschwingen secondaries, secondary feathers (secondary remiges)
Armskelettplatte/Brachiale brach, brachial
armtragend/mit Armen brachiate, brachiferous, having arms
arrhenotok arrhenotokous
Arrhenotokie/arrhenotoke Parthenogenese arrhenotoky, arrhenotokous parthenogenesis
Art/Spezies kind, species
Artbildung/Speziation speciation
Artenreichtum species richness
Artenvielfalt/Artenmannigfaltigkeit species diversity
Arterhaltung preservation of species

Arterie artery
Artgenosse conspecific (member of the same species)
Arthrobranchie arthrobranch, arthrobranchia, joint gill
Artmächtigkeit cover abundance index, species importance value
Artname species name
Artname / Artbezeichnung / Epitheton specific name, specific epithet
artspezifisch species specific
Aschelminthen / Nemathelminthen / Schlauchwürmer / Rundwürmer *(sensu lato)* aschelminths, nemathelminths
asexuell / ungeschlechtlich asexual
Asseln / Isopoda pill bugs, woodlice, sowbugs
Asselspinnen / Pycnogonida / Pantopoda pycnogonids, pantopods, sea spiders
Assimilation assimilation, anabolism
Assoziationslernen / Erfahrungslernen associative learning, learning by experience
Ast, absteigender (Henlesche Schleife) descending limb
Ast, aufsteigender (Henlesche Schleife) ascending limb
Ästhet (*pl.* Ästheten) esthete, aesthete (photosensitive structure in chitons)
Ästhetask / Riechschlauch esthetasc, aesthetasc
astich astichous
Ästuar / Flußmündung estuary
Äsung (äsen) grazing, browsing
Atavismus atavism
Atem breath
Atemloch / Luftloch spiracle
Atemplatte / Scaphognathide / Scaphognathit bailer, gill bailer, scaphognathite
Atemzentrum respiratory center
atmen breath
Atmung respiration, breathing
Atmungsepithel respiratory epithelium
Atmungsgift respiratory poison
Atmungskette / Elektronentransportkette / Elektronenkaskade respiratory chain, electron transport chain
Atmungsquotient / respiratorischer Quotient respiratory quotient
atok atoke
Atoll / Atollriff / Lagunenriff atoll
atrop atropous, orthotropous
Außenhaut / Exodermis exodermis
Außenschicht outer layer, exterior layer
außerzellulär / extrazellulär extracellular
Aufbau (Stoffwechsel) / Synthesestoffwechsel anabolism, synthetic reactions / metabolism
Aufbau (Struktur) construction, structure, body plan, anatomy
aufbauend / anabolisch (Stoffwechsel) anabolic
aufgeblasen inflated
aufgerauht roughened, scabrid
aufgerollt (schneckenförmig) circinate, coiled, volute
aufgewickelt coiled, twisted, wound
Aufheller / Aufhellungsmittel clearant, clearing agent
auflauern / aus dem Hinterhalt angreifen ambush
Auflicht epi-illumination
Auflösung, optische optical resolution
Auflösungsvermögen resolving power
Aufnahme, mikroskopische / mikroskopisches Bild micrograph, microscopic picture / image
aufplatzen / aufspringen break open, dehisce
Aufplatzen / Aufspringen / Dehiszenz breaking open, dehiscence
aufrecht erect, strict, upright, straight
aufsaugen soak up, absorb
Aufschlag (Flug / Flügel) upward stroke
Aufsiedler / Symphoriont epizoon, symphoriont
aufsitzend / seßhaft sessile
Aufspaltung / Segregation (genetisch) segregation
aufsperren (Schnabel) gape, gaping
Aufspringen / Dehiszenz dehiscence
aufsteigend afferent
Auftrieb (im Wasser) buoyancy
Aufwinden coiling
aufziehen / erziehen bring up, rear, foster, nurture

Aufziehen/Erziehen/Aufzucht upbringing, rearing, fostering, nurture, nurturing
Augapfel eyeball
Auge eye
Augenbraue eyebrow
Augendeckel/Augenlid/Lid eyelid
Augenfazette/Augenfacette eye facet
Augenfleck/Stigma eyespot, stigma
Augenhaut, harte/Lederhaut/Sklera sclera, sclerotic coat, sclerotica
Augenhöhle orbit, eye socket
Augenkammer eye chamber
Augenlid/Lid/Augendeckel eyelid
Augenstiel eyestalk
Augenwimper/Wimper eyelash
Augsproß (Geweih) brow tine
Aurikel/Atrium/Herzvorhof/Herzvorkammer auricle, atrium
Aurikel (Bienen) auricle, pollen press, pollen packer
ausatmen exhale
Ausatmung/Expiration/Exhalation exhalation
Ausbeute yield
ausbleichen/bleichen bleach
Ausbreitung/Propagation spreading, expansion; propagation, dispersal, dissemination
Ausbreitungseinheit/Propagationseinheit/Fortpflanzungseinheit/Diaspore dispersal unit, propagule, diaspore
Ausbreitungsgebiet area of expansion
ausbrüten (Eier/Junge) hatch, brood
Ausbuchtung outpocketing, protrusion
Ausdauer/Dauerhaftigkeit endurance, persistence, hardiness, perseverance
ausdauernd/perennierend (mehrjährig) perennial
ausdauernd (widerstandsfähig) hardy, persistent, enduring
ausdünnen thinning
Auseinandersetzung/Konflikt conflict
Außenlade/Galea galea, outer lobe of maxilla
Außenparasit/Exoparasit/Ektoparasit (Hautparasit) exoparasite, ectoparasite, epizoon
Außenreiz external stimulus
Außenschale/Ectocochlea external shell, ectocochlea
Außenskelett/Hautpanzer/Exoskelett dermal skeleton, dermatoskeleton, exoskeleton
ausführend/wegführend/ableitend efferent
Ausführgang passageway
ausgestorben extinct, died out
ausgewachsen full-grown
Ausgrabung excavation
auslaufend excurrent
Ausläufer/Stolon/Stolo (allgemein) stolon
Ausläufer bildend stoloniferous
Auslese/Selektion selection
–, disruptive disruptive selection, diversifying selection
–, frequenzabhängige frequence-dependent selection
–, gerichtete directional selection
–, geschlechtliche/sexuelle sexual selection
–, künstliche artificial selection
–, natürliche natural selection
–, stabilisierende stabilizing selection
Auslöser releaser
Auslöser/Elicitor (Reaktion) trigger, elicitor
Auslösung (einer Reaktion) elicitation
ausnehmen/ausweiden (Fisch) gut, eviscerate, disembowel
ausrotten/ausmerzen eradicate, eliminate, extirpate
Ausrottung/Ausmerzung eradication, elimination, extirpation
Aussackung/Divertikel diverticulum
ausscheiden (allgemein) secrete
ausscheiden (Exkrete/Exkremente) egest, excrete
Ausscheidung (allgemein) secretion
Ausscheidung/Exkretion egestion, excretion
Ausscheidungen/Exkrete/Exkremente excreta, excretions
Ausscheidungsgewebe excretory/secretory tissue
Ausscheidungsorgan/Exkretionsorgan excretory organ
Ausschleuderorganelle/Extrusom extrusive organelle, extrusome
Ausschluß/Exklusion exclusion
ausschlüpfen hatch

Ausschnittszeichnung cutaway drawing
Ausschüttung (z. B. Hormone) release
ausschwärmen swarm, swarming
Ausstellung exhibition, show, display
aussterben become extinct, die out
Aussterben extinction, dying out
Ausstrich (für Mikroskopie) smear
Ausströmöffnung (Egestionsöffnung) excurrent/exhalant aperture (egestive aperture)
ausstülpbar (z. B. Pharynx der Turbellarien) protrusive
ausstülpen evert, evaginate, protrude, turn inside out
Ausstülpung evagination, protrusion
Ausstülpung (z. B. Darmdivertikel) outpocketing
Austausch exchange
austreiben (allgemein) sprout, put forth
Austrieb sprout, sprouting, budding
austrocknen desiccate, dry up, dry out
Austrocknung desiccation
Austrocknungstoleranz desiccation tolerance
Austrocknungsvermeidung desiccation avoidance
ausweiden/ausnehmen (Fisch) gut, eviscerate, disembowel
Auswuchs (allgemein) outgrowth, protrusion
Auswuchs (Höcker/Beule) protuberance
Auszackung serration
Autogamie autogamy, orthogamy, self-fertilization
Autökologie autecology
automiktisch automictic
Autotomie/Selbstverstümmelung autotomy
autotomieren/selbst verstümmeln autotomize
Autotransplantat autograft
autotroph autotroph, autotrophic
autözisch autoecious
auxotroph auxotrophic
Avicularie/„Vogelköpfchen" avicularium (*pl.* avicularia)
Axialskelett axial skeleton
Axocöl/Axocoel/Protocöl/Protocoel protocoel
Axopodium axopodium

B

Bach brook, creek
Bache/Wildschweinsau wild sow
Backe/Wange/Gena cheek, gena
Backendrüse cheek pouch (gland)
Backenknochen/Os zygomaticum cheekbone, zygomatic bone, malar bone
Backenknochenbogen zygomatic arch
Backenregion/Jochbeingegend (Vögel) malar region
Backentasche (z. B. Hamster) cheek pouch
Backenzahn cheek tooth
– **hinterer Backenzahn/Molar** molar
– **vorderer Backenzahn/Prämolar** premolar (bicuspid tooth)
Badedermatitis/Cercariendermatitis swimmer's itch
Bahnung/Facilitation facilitation
Bakterie/Bakterium (*pl.* Bakterien) bacterium (*pl.* bacteria)
bakterienfressend bacterivorous, bactivorous
Baldachinnetz (mit Stolperfäden) sheetweb/dome web (with barrier threads)
Balken/Corpus callosum callosum, corpus callosum
Balkenzunge/docoglosse Radula docoglossate radula
Ballen (Finger~/Fuß~/Zehen~/Sohlen~) pad (finger/foot/toe/paw)
Balz courtship, mating behavior; display
Balzarena lek (communal mating ground)
Balzgesang courtship song, mating song
Band/Ligament ligament
bandförmig band-shaped, fascial, fasciate
Bandscheibe/Zwischenwirbelscheibe/Discus intervertebralis intervertebral disc
Bandwürmer/Cestoden tapeworms, cestodes
Bandzunge/taenioglosse Radula taenioglossate radula

Bärentierchen/Tardigraden water bears, tardigrades
Barriereriff/Wallriff barrier reef
Barschfische/Barschartige/Perciformes perch & perchlike fishes
Barschlachse/Percopsiformes pirate perch and freshwater relatives
Bart beard
Barteln barbels, barbs, beard
Barten baleen plates (cornified tissue sheets)
Bartenwale/Mysticeti whalebone (baleen) whales
Bartfäden/Barthaare (Fische) barbs, barbels, whiskers; wattles
Barthaare (Katzen) whiskers
Bartwürmer/Bartträger beard worms, beard bearers, pogonophorans
Basalfalte/Plica basalis basal fold
Basalganglion/Corpus striatum basal ganglion
Basalkern/Basalkörper/Corpus striatum corpus striatum
Basalkörper/Kinetosom/Blepharoplast flagellar basal body/corpuscle/granule, kinetosome, mastigosome, blepharoplast, blepharoblast
Basalmembran/Basallamina basement membrane, basal lamina
Basalschicht basal layer, basal zone
Basapophyse basapophysis
Basilarmembran basilar membrane
Basipodit basipodite
basisch/alkalisch basic, alkaline
Bast (Geweih) velvet
Bastard/Hybride bastard, hybrid
Bastardisierung/Hybridisierung bastardization, hybridization
Batessche Mimikry Batesian mimicry
Bathyal (Meeresboden) bathyal zone (upper: continental slope; lower: continental rise)
Bathypelagial/mittlerer Tiefseebereich/mittlere Tiefseezone bathypelagic zone
Bau/Bauplan construction, body plan
Bau/Höhle/Erdhöhle/Loch burrow, hole (rabbit), earth, cave
Bau/Lager (höhlenartig) lodge (beaver), couch (otter)
Bau/Lager/Rastplatz lair (resting/living place: game/wild animal), den (bear/lion; often a hollow or cavern)
Bauch/Abdomen belly, venter, abdomen
Bauch.../bauchseitig/ventral ventral
Bauchatmung/Zwerchfellatmung abdominal breathing, diaphragmatic respiration
Bauchfell/Peritoneum peritoneum
Bauchflosse ventral fin, pelvic fin
Bauchfuß/Propes/Pes spurius (larvales Abdominalbein) proleg, ventral proleg
Bauchfüßer/Schnecken/Gastropoden/Gastropoda snails, gastropods
Bauchhaarlinge/Bauchhärlinge/Flaschentierchen/Gastrotrichen gastrotrichs
Bauchhöhle abdominal cavity
Bauchmark/Bauchmarkstrang/ventraler Nervenstrang ventral nerve cord
Bauchnervenknoten/Ventralganglion ventral ganglion
Bauchpanzer/Bauchplatte/Brustschild/Plastron (Schildkröten/Vögel) plastron, plastrum
Bauchplatte/Sternit (Insekten: ventraler Sklerit) sternite, ventral sclerite
Bauchschild/Bauchteil/Brustplatte/Sternum (Insekten) sternum, ventral plate
Bauchschuppe/Ventralschuppe ventral scale
Bauchseite belly, undersurface of animal's body
bauchseitig/Bauch.../ventral ventral
Bauchspeicheldrüse/Pankreas pancreas
bauchständig ventrally located
Bauchstück/Sternit sternite
Bauchtasche ventral pouch
Bauchteil/Bauchschild/Brustplatte/Sternum (Insekten) sternum, ventral plate
baumartig arboroid, dendroid, dentritic
baumbewohnend tree-dwelling, living in trees, arboreal, arboricolous

Bäumchenschnecken / Dendronotacea dendronotacean snails, dendronotaceans
Bauplan body plan, construction, structure
bebrüten / brüten brood, breed, incubate
Becherauge / Pigmentbecherauge pigment cup eye, inverted eye
Becherhaar / Trichobothrium trichobothrium
Becherkeim / Becherlarve / Gastrula gastrula
Becherquallen / Stielquallen / Stauromedusae stauromedusas
Becherzelle / Schleimzelle (mucous-producing) Goblet cell
Becken / Pelvis pelvis
Beckengürtel pelvic girdle, hip girdle
Beckenknochen (Darmbein & Sitzbein) pelvic bone, pelvis (ilium & ischium)
bedroht threatened
Befall infestation (with pests/ parasites)
Befestigungszone (Radnetz) strengthening zone, notched zone
befranst fimbriate(d), fringed
Befriedungsgebärde appeasement gesture
Befriedungsritual appeasement ritual
befruchten fertilize
Befruchtung / Fertilisation fertilization
Befruchtungsmembran fertilization membrane
begatten / paaren / kopulieren mate, copulate
Begattung / Kopulation sexual union, copulation
Begattungsakt / Kopulationsakt / Geschlechtsverkehr / Koitus sexual intercourse, copulation, coitus
Begattungsaufforderung soliciting behavior
Begattungsfaden (männl. Spinne) mating line
Begattungsfuß / Genitalfuß / Gonopodium gonopodium, gonopod
Begattungsorgan (männliches) / Penis copulatory organ, intromittent organ, penis
Begattungstasche / Bursa copulatrix genital pouch, bursa copulatrix
Begattungstasche / Sphragis sphragis
Begattungsvorspiel precopulatory rite/behavior
Begehung / Besichtigung (z. B. Geländebegehung) inspection (on-site inspection)
Begeißelung flagellation
begeißelt / flagellat flagellated
begrenzender Faktor / Grenzfaktor limiting factor
behaart (haarig) pilose, piliferous, piligerous, bearing hairs (hairy)
behaart, weich villose, villous, soft-haired
Behaarung hair, hairiness, pilosity; hair-covering, indumentum
Behaarung (Flaum~ / Fein~) pubescence
Behausung / Wohnquartier dwelling
behuft / mit Hufen / Huf ... hoofed
Beiname / zusätzliche Bezeichnung / Zusatzbezeichnung / Epitheton (Artname / Artbezeichnung) epithet (specific epithet)
Beintastler / Protura proturans
Beischilddrüse / Nebenschilddrüse / Epithelkörperchen parathyroid gland
beißend biting
beißend-kauend (Mundwerkzeuge) biting-chewing, mandibulate (mouthparts)
Beizenfärbungsmittel / Beize mordant
Bekräftigung reinforcement
Belastbarkeit stress tolerance, maximum stress, endurance
– **Grenze der ökologischen Belastbarkeit / Kapazitätsgrenze / Umweltkapazität** carrying capacity
Belastung (Verschmutzung) contamination
Belastungsfähigkeit / Grenze der ökologischen Belastbarkeit / Kapazitätsgrenze carrying capacity
Belastungsursache strain
Belastungszustand stress
belebt animate (**unbelebt** inaminate)
Belebtschlamm activated sludge
Belegexemplar voucher specimen

Belegknochen/Deckknochen/Hautknochen dermal bone
Belegzelle (*HCl*-Produktion) parietal cell
Belemniten/Belemnitida belemnites
Beleuchtung illumination, illuminance
Beleuchtung, künstliche artificial light(ing)
bellen bark
Belohnung (Lockmittel der Blüte) reward
Belüftung aeration
Benennung/Bezeichnung/Namensgebung naming, designation, nomenclature
Benetzbarkeit wettability
Benthal/Meeresbodenbereich benthic zone
Benthos (Organismen des Benthal) benthos, benthos community
Berlese-Apparat Berlese funnel
Beruhigungsgeste/Beschwichtigungsgeste reassuring gesture
berührend touching, boardering, contiguous
besamen inseminate
Besamung/Samenübertragung insemination
Beschaffenheit/Konsistenz consistency
Beschäler/Schälhengst/Zuchthengst stud, studhorse
Beschälseuche *(Trypanosoma equiperdum)* dourine
beschalt/kleidoisch shelled, cleidoic
beschaltes Ei/kleidoisches Ei cleidoic egg, shelled egg, “land egg”
Beschattung shading
beschneiden (Präputium/Clitoris) circumcise, circumcising
Beschneiden (Präputium/Clitoris) circumcision
beschnuppern/beschnüffeln small/sniff at, nuzzle
beschränkt/begrenzt/bestimmt determinate, restricted
Beschwichtigungsgeste/Beruhigungsgeste reassuring gesture
besiedeln/etablieren/kolonisieren settle, establish, colonize
Besiedlung/Etablierung/Kolonisierung settlement, establishment, colonization
bespitzt/kleinspitzig/mit aufgesetzter Spitze blunt with a point
bespringen mount, cover
Bestand population; stand, standing crop, stock, number, quantity
beständig/resistent resistant
Beständigkeit/Resistenz resistance
Bestandsaufnahme (to make an) inventory
Bestäuber pollinator
Bestäubung *sensu stricto:* pollination (fertilization *see:* Befruchtung)
– **(Bienen~)** bee pollination, melittophily
– **(Fledermaus~)/Fledermausblütigkeit/Chiropterophilie** bat pollination, chiropterophily
– **(Insekten~)/Insektenblütigkeit/Entomophilie** insect pollination, entomophily
– **(Käfer~)** beetle pollination, cantharophily
– **(Motten~)** moth pollination, phalaenophily
– **(Schmetterlings~)** butterfly pollination, psychophily
– **(Tier~)/Tierblütigkeit/Zoophilie** pollination by animal vectors, zoophily
– **(Vogel~)/Vogelblütigkeit/Ornithophilie** bird pollination, ornithophily
– **(Wespen~)** wasp pollination, sphecophily
bestehend/existierend existing, extant
bestimmen (Tiere) identify
Bestimmung (Tier~) identification
Bestimmungsbuch manual
Bestimmungsschlüssel key
Bestrahlung irradiation
Bestrahlungsintensität/-dichte irradiance, fluence rate, radiation intensity, radiant-flux density
Bettelverhalten begging behavior
beugen (Arm/Bein) flex, bend, curve back
Beuger/Flexor (Muskel) flexor
Beugung (Muskel) flexion

Beulenkrankheit ***(Myxobolus pfeifferi)*** boil disease
Beute/Jagdbeute/Beutetier prey
Beutel/Brutbeutel/Marsupium pouch, marsupium
Beutel/Sack/Tasche/Bursa pouch, sac, sac-like cavity, pocket, bursa
Beutelsäuger/Metatheria/Didelphia pouched mammals, metatherians
Beuteltiere/Marsupialia marsupials
Bevölkerung/Population population
Bevölkerungsdichte/Populationsdichte/Abundanz population density
Bevölkerungsgröße/Populationsgröße population size
Bevölkerungsschwankung/Populationsschwankung fluctuation of population
Bevölkerungswachstum/Populationszuwachs population growth
Bevölkerungszusammenbruch/Populationszusammenbruch population crash
Bewahrung/Erhaltung/Preservierung preservation
beweglich/motil/vagil motile, vagile
Beweglichkeit/Motilität/Vagilität motility, vagility
Bewegung/Fortbewegung/Lokomotion movement, motion, locomotion
Beweidung pasturing
bewimpert/zilientragend/cilientragend ciliated, bearing cilia, cilium-bearing, ciliferous
Bewimperung ciliation
bewohnen inhabit, dwell
Bewohner inhabitant, dweller
bewußt conscious
Bewußtsein consciousness
bezahnt, gleichartig/homodont homodont, isodont
Bezeichnung/Benennung/Name/Namensgebung (Nomenklatur) name, term, designation, nomenclature
Bezeichnung, zusätzliche/Zusatzbezeichnung/Beiname/Epitheton (Artbezeichnung/Artname) epithet (specific epithet)
Bezeichnungssystem/Nomenklatur nomenclature
Bezoar (Magenkugel) bezoar (stomach ball/hair ball)
Bidder'sches Organ (Kröten) Bidder's organ
Biene/Imme bee
- **Ammenbiene** nurse bee
- **Arbeitsbiene/Arbeiterin** worker bee
- **Kundschaftler/Späher/Pfadfinder (z. B. soziale Insekten; Spurbiene)** scout
- **Sammelbiene/Sammlerin** forager, field bee
- **Stockbiene** house bee

Bienenbrot/Cerago beebread, cerago
Bienenhaus/Bienenstand apiary, bee yard
Bienenkönigin/Weisel queen bee
Bienensprache bee language
Bienenstock/Bienenkorb (künstliche Behausung) beehive (artificial nest)
Bienentanz (bee) dance
- **drängeln** jostling run
- **Rundtanz** round dance
- **Schütteltanz/Schüttelbewegung** vibrating dance, dorsoventral abdominal vibrating dance (DVAV)
- **Schwänzeltanz** waggle dance
- **sterzeln** fanning with lifted abdomen (exposing Nasanov organ)
- **trippeln** spasmodic dance
- **Zittertanz** tremble dance, trembling dance

Bienenvolk bee colony
Bienenwachs beeswax
Bienenzucht beekeeping, apiculture
Bienenzüchter/Imker beekeeper, apiarist
Bienenzüchterei apiology
Biestmilch/Vormilch/Colostrum foremilk, colostrum
bifazial/zweiseitig/dorsiventral/zygomorph bifacial, dorsiventral, zygomorph
Bilateralfurchung/bilaterale Furchung bilateral cleavage
Bilateralsymmetrie bilateral symmetry
Bild, mikroskopisches/mikroskopische Aufnahme microscopic image/picture, micrograph
Bildungsplasma/Eiplasma/Ooplasma ooplasm

Bilharziose / Schistosomiasis *(Schistosoma spp.)* bilharziosis, schistosomiasis, blood fluke disease
binäre / binominale Nomenklatur (zweigliedrige Bezeichnung) binary / binomial nomenclature
Bindegewebe connective tissue
Bindegewebshülle / Faszie fascia (ensheating band of connective tissue)
Bindegewebshülle / Sklera / Sclera sclera
Bindeglied (Brückentier) connecting link
Binnengewässer inland waterbody
Binnenklima / Kontinentalklima / Landklima continental climate
Binnenmeer (Salzwasser) / Binnensee (Süßwasser) inland sea
Biocönose / Biozönose / Biozön biocenosis
biogenetische Regel / biogenetisches Grundgesetz biogenetic law / principle, Haeckel's law
Biologe biologist, life scientist
Biologie / Biowissenschaften biology, life sciences
biologisch / biotisch biological, biotic
biologisch abbaubar biodegradable
biologische Uhr biological clock
Biolumineszenz bioluminescence
Biomasse biomass
Biosphäre biosphere
biotisch / biologisch biotic, biological
Biotop / Lebensraum biotope, life zone
biotopfremd / bodenfremd allochthonous
Biotopprägung habitat imprinting
Biozön / Biozönose / Biocönose / Lebensgemeinschaft / Organismengemeinschaft biocenosis, biotic community
biped / bipedisch / zweibeinig / zweifüßig bipedal
Bipedie / Bipedität / Zweibeinigkeit / Zweifüßigkeit bipedalism, bipedality
birnenförmig pear-shaped, pyriform
birnenförmiges Organ (Bryozoen) pyriform organ, piriform organ
Biß bite
Biwak (Wanderameisen) bivouac
bläschenartig bubblelike, bullate
Bläschendrüse / Samenbläschen / Samenblase / Glandula vesiculosa seminal vesicle
bläschenförmig bubble-shaped, bulliform
Blase bladder
blasenartig / blasenförmig bladderlike, bladdery, utriculate, utricular
blasenartig / veszikulär vescicular, vesciculate
Blasenauge retinal cup eye, everted eye
Blasenfüße / Fransenflügler / Thripse / Thysanoptera thrips
Blasenkeim / Blastula blastula
Blasenwurm / Finne / Cysticercus (Bandwurmlarve) bladderworm, cysticercus
Blasloch / Spritzloch / Spiraculum (Wale) blowhole, vent, spiracle
Blastocöl blastocoel, blastocoele
Blastozooid blastozooid
Blastoporus / Protostom / Urmund blastopore, protostoma
Blastula-Höhle / Blastocöl / primäre Leibeshöhle blastocoel, blastocele
Blatt / Keimblatt / Keimschicht (Embryologie) germ layer
blattartig / blattförmig leaf-like, phylloid, foliaceous, foliose
Blattbein / Phyllopodium (*pl.* Phyllopodien) phyllopod
Blattbeine / Blattfüße / Kiemenbeine / Buchkiemen (dichtstehende Kiemenlamellen: Xiphosuriden) book gills (gill book)
Blättermagen / Psalter third stomach, omasum, manyplies, psalterium
blattfressend / blätterfressend leaf-eating, folivorous
Blattfüße / Blattbeine / Kiemenbeine / Buchkiemen (dichtstehende Kiemenlamellen: Xiphosuriden) book gills (gill book)
Blattfußkrebse / Kiemenfüßer / Phyllopoda / Branchiopoda phyllopods
Blattgalle leaf gall
Blattkieme / Lamellibranchie / Eulamellibranchie lamellar gill, sheet gill, lamellibranch, eulamellibranch

Blattkiemer/Lamellenkiemer/Eulamellibranchia eulamellibranch bivalves
Blattläuse/Aphidina aphids
blättrig/plättchenartig geschichtet laminar, laminiform, laminous
Blattschneider leaf cutter
Blaukorallen/Coenothecalia/Helioporidae blue corals
bleichen/ausbleichen bleach
Blende/Apertur (Mikroskop) aperture
Blepharoplast/Kinetosom/Basalkörper blepharoplast, blepharoblast, mastigosome, kinetosome, fl basal granule/corpuscle/body
Blesse (z. B. Pferd) blaze (white stripe)
Blickfeld/Sehfeld/Gesichtsfeld field of view, field of vision, range of vision, visual field
blind blind
Blinddarm/Darmdivertikulum/Caecum blind-ended diverticulum, cecum
Blinddarmkot/Vitaminkot (Hasen) reingested soft/greenish pellets
blinder Fleck blind spot (optic disc)
Blindsack/Divertikulum diverticulum
Blindwühlen/Gymnophiona/Caecilia/Apoda gymnophionas, caecilians, wormlike amphibians (legless)
Blinzelhaut/Nickhaut nictitating membrane
blöken bleat
Blumentiere/Blumenpolypen/Anthozoen flower animals, anthozoans
Blut blood
Blut-Hirn-Schranke blood-brain barrier
Blutausstrich blood smear
Blutbildung/Blutzellbildung/Hämatopoese/Haematopoese hematopoiesis
Blutegel/Hirudineen leeches, hirudineans
bluten bleed
Bluten bleeding
Blütenmal floral guide
Blutgefäß/Ader blood vessel
Blutgerinnsel/Blutkoagulum blood clot
Blutgerinnung blood clotting
Blutgruppe blood group
Blutgruppenbestimmung blood typing
Blutinsel blood island
Blutkörperchen (rotes/weißes) blood cell (red/white)
Blutkreislauf circulation
– **kleiner Blutkreislauf/Lungenkreislauf** pulmonary circulation
Blutkreislaufsystem/Zirkulationssystem circulatory system
Blutmahlzeit blood meal
Blutplasma blood plasma
Blutplättchen/Thrombozyt/Thrombocyt blood platelet, thrombocyte
blutsaugend/sich von Blut ernährend blood-sucking, sanguivorous, hematophagous
Blutung/Hämorrhagie bleeding, hemorrhage
Blutversorgung blood supply
Blutzellbildung/Blutbildung/Hämatopoese/Haematopoese hematopoiesis
Blutzelle/Hämatozyt/Hämatocyt hematocyte
Bock (Schaf~)/Widder ram
Bock (Ziegen~/Reh~)/Männchen buck
Boden (Erd~) soil, ground, earth
Boden (Meeresboden/Gewässeruntergrund) bottom
Bodenart soil type
Bodenbedeckung surface cover, ground cover
bodenbewohnend (Ozean) benthic
bodenbewohnend (Bodenoberfläche: Erde) surface-dwelling
bodenfremd allochthonous
Bodenfruchtbarkeit soil fertility
Bodengefüge soil structure
Bodenkunde/Pedologie soil science, pedology
Bodenläuse/Zoraptera zorapterans
Bodenorganismus soil organism, geodyte, geocole, terricole
Bodenpicken ground pecking
Bodenschutz soil conservation
bodenständig autochthonous
Bodentextur soil texture
Bodenzone (Meeres~) benthic zone
Bogengänge semicircular canals
Borste bristle, seta, chaeta

Borste (Sinnes~) sensory bristle, sensory seta, sensory chaeta
Borsten … / mit Borsten versehen / borstig bristly, bristle-bearing, setose, setaceous, chaetigerous, chaetiferous, chaetiphorous
borstenartig bristle-like, setaceous
borstenförmig bristle-shaped, setiform, chaetiform
Borstenfüßer / Ringelwürmer / Gliederwürmer / Anneliden segmented worms, annelids
Borstenkiefer / Pfeilwürmer / Chaetognathen arrow worms, chaetognathans
Borstenschwänze / Thysanuren (Felsenspringer / Fischchen) bristletails, thysanurans
Borstenwürmer / Vielborster / Polychaeten bristle worms, polychetes, polychete worms
borstig / mit Borsten versehen / Borsten … bristly, bristle-bearing, setose, setaceous, chaetigerous, chaetiferous, chaetiphorous
borstig (kurzborstig) hispid
borstig (mit kurzgestrichenen Borsten / striegelig) strigose
borstig (rauhhaarig) hirsute
Bösartigkeit / Malignität malignancy
Bothryoidgewebe (Hirudineen) bothryoidal tissue
Bowman-Kapsel Bowman's capsule
Brachialmuskulatur brachiomeric musculature
Brachiation / Hangeln / Schwingklettern brachiation
Brachidium / Armgerüst (Brachiopoden) brachidium
Brackwasser brackish water (somewhat salty)
Branchialbogen / Kiemenbogen branchial arch, gill arch, visceral arch, gill bar
Branchialmuskulatur branchiomeric musculature
Branchiostegalstrahl / Kiemenhautstrahl (Radius branchiostegus) branchiostegal ray
Brandung surf, breakers
brauner Körper (Bryozoen) brown body
Brautflug nuptial flight
Brechung, optische optical refraction
Brechungsindex / Brechungskoeffizient / Brechzahl refractive index
Breitengrad degree of latitude; parallel
Breitfußschnecken / Seehasen / Aplysiacea / Anaspidea sea hares
Brennebene focal plane
Brennpunkt focal point, focus
Brennweite focal length
Bries / Thymus / Thymusdrüse (Hals- / Brustthymus) thymus (gland)
Brille (z. B. Schlangen) spectacle
Bromatium / Gongylidie / „Kohlrabi" bromatium, gongylidium (*pl.* gongylidia)
Bronchiole / Bronchiolus / Bronchulus bronchiole
Bronchus / Ast der Luftröhre (*pl.* Bronchien) bronchus (*pl.* bronchi)
Broschüre / Informationsschrift brochure, pamphlet
Brücke / Varolsbrücke / Pons varoli pons varolii
Brückenechsen / Rhynchocephalia *(Sphenodon)* rhynchocephalians
Brückenfaden (Spinnennetz) bridge line
brüllen (Raubtiere) roar, bellow
brummen (Bär) growl
Brunft (Hirsch) rut, courting (deer)
Brunftdrüse / Brunftfeige (Gemse) scent gland
Brunftzeit / Paarungssaison (Hirsch) rutting time/season, courting/mating season
Brunst rut (male), heat (female)
brunsten / brunften rut (male), be in heat (female), court
brünstig / in der Brunst / geschlechtlich erregt rutting (male), in heat (female), sexually aroused
Brunstschwiele sexual swelling (callosity)
Brunstzeit rutting season, season of heat
Brust breast (pectus); thorax, chest
– **weibliche Brust / Busen** breast, mamma, bosom

Brustatmung/Thorakalatmung thoracic respiration, costal breathing
Brustbein/Brustfuß/Thorakalfuß/Thorakalbein thoracic leg
Brustbein/Clavicula (Geflügel) wishbone, collar bone, clavicle
Brustbein/Sternum breastbone, sternum
Brustbeinkamm/Carina breastbone keel/ridge, carina
Brustdrüse/Milchdrüse mammary gland
Brustfell/Pleura parietalis pleura
Brustflosse pectoral fin
Brustfuß (an Pereion) pereiopod, walking leg (attached to pereion)
Brustgürtel pectoral girdle
Brusthöhle/Brustraum/Thorakalraum thoracic cavity
Brustkasten/Brustkorb (Thorax) rib basket, rib cage (chest/thorax)
Brustplatte/Bruststück/Sternum (Insekten) ventral plate, sternum
Brustschild/Bauchplatte/Bauchpanzer (Schildkröten/Vögel) plastron, plastrum
brustständig (Flossen) located in the shoulder region
Brustwirbel/Thorakalwirbel thoracic vertebra
Brut (allgemein) brood, hatch
Brut *siehe:* **Fischbrut** fry
Brut/Gelege/Eigelege/Nest mit Eiern (Vögel) clutch
Brutablösung nest relief
Brutbeutel/Marsupium brood pouch, marsupium
Brutdauer/Inkubationszeit breeding/incubation period
brüten brood, breed, incubate
Brutfleck (Vögel) brood spot, brood patch
Brutfürsorge/Brutpflege brood provisioning, brood care, brooding, parental care
Brutgespinst/Eigespinst (Schutzgespinst für Jungspinnen) nursery web (nursery tent)
Brutkapsel brood capsule
Brutkleid nuptial dress, nuptial plumage, courtship plumage
Brutparasit/Brutschmarotzer brood parasite
Brutparasitismus brood parasitism
Brutpflegesystem, kooperatives communal breeding system, cooperative breeding
Brutplatte/Oostegite (Krebse) oostegite
Brutraum (Daphnia) brood chamber
Brutschmarotzer/Brutparasit brood parasite
Brutstätte breeding place, breeding ground, spawning ground (fish)
Bruttoproduktion/Gesamtproduktion gross production
Bruttoproduktivität gross productivity
Brutzeit/Brützeit (Jahreszeit) breeding season
Buccalapparat/Oralapparat (Ciliaten) oral apparatus
Bücherläuse/Psocoptera/Copeognatha book lice, psocids
Buchkiemen/Kiemenbeine/Blattbeine/Blattfüße (dichtstehende Kiemenlamellen: Xiphosuriden) book gills (gill book)
Buchlunge/Fächerlunge/Fächertrachee book lung
buchtig/gebuchtet sinuate
Bulbourethraldrüse/Cowpersche Drüse/Cowper-Drüse bulbourethral gland, Cowper's gland
Bulbus olfactorius/Riechhügel/Riechkolben olfactory bulb, olfactory dome (sensory dome)
Bulle (adultes männliches Tier: Rind/Elefant/Wal/Seelöwe) bull
Bündel/Faszikulus bundle, fascicle
Buntsandstein (Epoche) Lower Triassic
Burg (Biber~) beaver lodge
Bursa copulatrix/Begattungstasche bursa copulatrix, genital pouch
Bursa Fabricii bursa of Fabricius
Bursalorgan Lang's vesicle
Bürstensaum/Stäbchensaum/Mikrovillisaum/Rhabdorium brush border
Bürstenzunge/hystrichoglosse Radula hystrichoglossate radula
Bürzel rump, tail, uropygium

Bürzeldrüse uropygial gland, preen gland, oil gland
Büschel bunch, cluster, tuft
Büschelkiemenartige/Seenadelverwandte/Seepferdchenverwandte/Syngnathiformes sea horses & pipefishes and allies

C

Caecotrophie/Coecotrophie/Coecophagie (Kaninchen/Meerschweinchen) refection
Cala-Azar/Kala-Azar/schwarzes Fieber/viszerale Leishmaniasis Cala-Azar, kala azar
Calyx (kelchförmiger Körper der Crinoiden) calyx, crown
Cambrium/Kambrium (erdgeschichtliche Periode) Cambrian, Cambrian Period
Captacula/Fangfäden(büschel) (Scaphopoda) captacula
Carapax (Insekten/Rückenpanzer der Schildkröte u. a.) carapace
Cardia/Cardiaregion cardiac region
Carinaten (Vögel) carinate birds
Carpopodit carpopodite
centroacinäre Zelle centro-acinar cell
Centromer/Zentromer centromere
Centroplast/Zentralkorn centroplast, central granule, axoplast
Cephalisation/Kopfbildung cephalization, head development
Cerago/Bienenbrot cerago, beebread
Cercarie cercaria
Cercus/Aftergriffel (Schwanzanhang) cercus, cercopod
Cerebralganglion cerebral ganglion
Cerebralkommissur cerebral commissure
Chaetotaxie chaetotaxy
Chagas Krankheit *(Trypanosoma cruzi)* Chagas disease
Charakterart/Leitart character species
Chelicere/Kieferfühler/Scherenkiefer/Klaue/Freßzange chelicera, fang, cheliceral fang
Chelicerengrundglied paturon, basal segment of chelicera
Chiastoneurie/Streptoneurie streptoneurous nerve pattern
Chimären/Seedrachen/Seekatzen/Holocephali chimaeras, ratfishes, rabbit fishes
Chiropatagium (Flughaut der Fledermäuse) chiropatagium
Chitin chitin

Chitinschale chitinous shell
Chloragogzelle (Oligochaeten) chloragogen cell, chloragogue cell
Chloridzelle / Ionocyt (Fische) chloride cell
Choanozyt / Kragengeißelzelle / Kragenzelle collar cell, choanocyte
Chorda dorsalis / Rückensaite / Notocorda notochord
Chordascheide notochordal sheath
Chordatiere / Rückgrattiere / Chordaten chordates
chordotonal chordotonal
Chordotonalorgan / Saitenorgan chordotonal organ
Chorioallantoisplazenta / Zottenplazenta chorioallantoic placenta
Chorionplazenta chorionic placenta
Chorionzotten chorionic villi
Chrysalis (Puppe der holometaboler Insekten) chrysalis
Chylus / Darmlymphe chyle
Chylusblindsack chylific ventricle / cecum
Chymus / Speisebrei / Magenbrei chyme
Ciliarkörper / Corpus ciliare ciliary body
Cilie / Zilie / Wimper / Flimmerhärchen cilium
cilientragend / zilientragend / bewimpert bearing cilia, cilium-bearing, ciliated, ciliferous
Circumapicalband (Rotatorien) circumapical band
Cirre cirrus
Cirrusbeutel cirrus pouch
Cladogenese / Kladogenese cladogenesis
Cladogramm / Kladogramm cladogram
Cleptobiose / Kleptobiose cleptobiosis
Clitoris / Klitoris / Kitzler clitoris
Clusteranalyse cluster analysis
Cnide / Nesselkapsel / Nematocyste cnida, thread capsule, urticator, nematocyst
Cnidoblast / Cnidocyt / Nesselzelle cnidoblast, nematoblast, nematocyte, stinging cell
Coecotrophie / Caecotrophie / Coecophagie (Kaninchen / Meerschweinchen) refection
Coenenchym coenenchyme
Coenobium / Cönobium / Zönobium (*pl.* Coenobien) coenobium (*pl.* coenobia), cell family
coenocytisch coenocytic
Collenchym collenchyma
Collencyt collencyte
Colloblast / Kolloblast / Klebzelle colloblast, lasso cell, adhesive cell
Cölom coelom
Cölomflüssigkeit coelomic fluid
Colulus colulus
Concentricycloidea sea daisies, concentricycloids, concentricycloideans
coprophag / koprophag / kotfressend / dungfressend coprophagous, coprophagic, dung-feeding
Coprophage / Koprophage / Kotfresser / Dungfresser coprophagist, dung feeder
Coprophagie / Koprophagie / Dungfressen / Kotfressen coprophagy, dung-feeding
Cormidium (Siphonophoren) cormidium
Corpora allata corpora allata
Corpora cardiaca corpora cardiaca
Corpora cavernosa / Schwellkörper cavernous bodies, erectile tissue
Corpora pedunculata / Pilzkörper corpora pedunculata, pedunculate bodies, mushroom bodies
Cortexschicht cortical layer / zone
Cortischer Kanal cochlear duct
Cortisches Organ organ of Corti
Cosmin cosmine
Cosmoidschuppe cosmoid scale
Costa (große Längsader) / Kosta / Rippe costa, rib
Costalfalte costal fold
Costalfeld / Remigium costal field
Cowpersche Drüse / Cowper-Drüse / Bulbourethraldrüse Cowper's gland, bulbourethral gland
Coxaldrüse coxal gland
Coxopodit coxopodite
Cremaster cremaster
Ctenoidschuppe / Kammschuppe ctenoid scale
Cuticula / Kutikula cuticle, cuticula
Cutikularisierung / Cutin Auflagerung / Cutin Anlagerung cuticularization

Cutis/Haut cutis, skin
Cuvier'sche Schläuche Cuvierian tubules, tubules of Cuvier
Cycloidschuppe/Rundschuppe cycloid scale
Cydippe-Larve cydippid larva
Cypris-Larve cypris larva
Cystacanthus/Hakencyste cystacanth
Cyste/Zyste cyst
Cystenwand cyst wall
Cystid cystid, zooecium *(senso lato)*
Cytokinese cytokinesis
Cytologie/Zytologie/Zellenlehre/Zellbiologie cytology, cell biology
Cytopharynx/Zytopharynx/Zellschlund cytopharynx, gullet
Cytoplasma/Zytoplasma cytoplasm
Cytoproct/Zytoproct/Cytopyge/Zytopyge/Zellafter cytoproct, cytopyge, cell-anus
Cytoskelett/Zytoskelett cytoskeleton

D

Dactylopodit dactylopodite
Damm (allgemein) dam
Damm/Perineum perineum
Damm .../den Damm betreffend perineal
dämmerungsaktiv/im Zwielicht erscheinend crepuscular
Dämmerungssehen/skotopisches Sehen scotopic vision
Dammschwiele (Schimpansen) perineal swelling
Damwild fallow deer
Darm (Dünn~/Dick~) intestine (small/large)
Darmbein/Ilium/Os ilium ilium
Darmblindsack/Darmdivertikulum/Caecum blind-ended diverticulum, cecum
Darmdivertikel (Mollusken/Echinodermen) digestive gland
Darmentleerung/Stuhlgang/Defäkation defecation, egestion
Darmkanal gut
Darmkanal (Echinodermen) digestive gland duct
Darmlymphe/Chylus chyle
Dasselbeule (*Hypoderma bovis* et al.) cattle grub & botfly infestation
Dauerei/Latenzei resting egg, dormant egg (winter egg)
Dauergewebe permanent tissue, secondary tissue
Dauerknospe/Hibernaculum hibernaculum, winter bud
Dauerkontraktion/Tetanus tetanus
Dauerlarve dauer larva (*not translated!*: temporarily dormant larva)
Dauerpräparat (mikroskopisch) permanent mount/slide
Dauerspore persistent spore
Dauerweide permanent pasture
Daumen/Pollex thumb, pollex
Daumenfeder alular quill
Daumenfittich/Afterflügel/Nebenflügel/Alula/Ala spuria (Federn am 1. Finger) alula, spurious wing, bastard wing

Daune/Dune/Dunenfeder/Flaumfeder/dunenartige Feder down, down feather, plumule
Deckakt serving
Decke (z. B. Körperdecke) cover
Decke/Deckfeder/Tectrix covert, wing covert, protective feather, tectrix (*pl.* tectrices)
– **kleine Decke (Flügeldecke/Flügelfeder)** lesser covert, minor covert
– **mittlere Decke** median covert
– **Randdecke** marginal covert
Deckel/Operkulum/Operculum (z. B. Kiemen~) lid, opercle, operculum
Deckel .../gedeckelt/mit Deckel versehen operculate, opercular, operculiferous, bearing a lid
deckelförmig/deckelartig lid-like, operculiform
decken/begatten/bespringen cover, serve, leap
Deckennetz (Spinnen) horizontal sheetweb
Deckfeder/Decke/Tectrix covert, wing covert, protective feather, tectrix (*pl.* tectrices)
Deckflügel/Vorderflügel forewing, front wing, tegmina
Deckglas coverslip, coverglass
Deckhaar (Leithaare u. Grannenhaare) guard hair
Deckknochen/Hautknochen/Belegknochen dermal bone
Deckmembran/Tektorialmembran/Membrana tectoris tectorial membrane
Deckstück (Siphonophora) bract
Deckungsgrad coverage percentage, coverage level
Deckungswert cover value
Deckzelle/Stützzelle covering cell, supporting cell
Defäkation/Darmentleerung/Stuhlgang/Klärung defecation, egestion
Dehnungsreflex stretch reflex
Dehydrierung dehydrogenation
Dehyratation/Entwässerung dehydration
Dem deme
Demökologie population ecology
denaturieren denature
Denaturierung denaturation, denaturing
Dendrit/Markfortsatz dendrite
Dendrogramm (phylogenetische Beziehungen) dendrogram
Depositfresser deposit feeder
derb coarse, sturdy, rough, robust, tough, hard
Dermaldrüse/Hautdrüse dermal gland
Desmonem desmoneme
Desmosom/Macula adhaerens desmosome, bridge corpuscule, macula adherens
– **Gürteldesmosom** belt desmosome
– **Plaquedesmosom** spot desmosome
Destruent/Zersetzer/Reduzent decomposer
Deszendenztheorie/Abstammungstheorie/Evolutionstheorie theory of evolution, evolutionary theory
Detritus detritus
Detritusernährer/Detritusfresser/Detritivor detritus-feeder, detritivore
Detritusnahrungskette detritus food chain
Deuter deuter cell, pointer cell, eurycyst
Deuterotokie deuterotoky
Devon (erdgeschichtliche Periode) Devonian, Devonian Period
diadrom diadromous
Diagonalgang/Kreuzgang diagonal gait
Diapause diapause
Diapophyse (Rippenfortsatz) diapophysis (transverse process)
Diarthrose/echtes Gelenk diarthrosis
Diaspore/Ausbreitungseinheit/Disseminule diaspore, disseminule
Diatropismus diatropism
dichotom/gabelig verzweigt dichotomous, forked
Dichotomie/Gabelung/Gabelteilung dichotomy, (repeated) forking, bifurcation
Dichte density
Dichten/Jugendgesang (Jungvögel) subsong
Dickdarm large intestines, colon
dickfleischig succulent

Dieb (Nahrung) scrounger
Differential-Interferenz (Nomarski) differential interference
Differentialart/Trennart differential species
Differenzierung differentiation
Digitigradie/Zehengang digitigrade gait
Dilatation/Ausweitung expansion, dilation, dilatation
Dimegetismus/sexueller Größenunterschied dimegaly
Dimorphismus dimorphism
Dinergat/Soldat dinergate, soldier
Dinosaurier dinosaurs
Diöstrus/Dioestrus dioestrus
Diözie/Zweihäusigkeit/Getrenntgeschlechtlichkeit (speziell postnatal: Gonochorismus) dioecy, dioecism (gonochory)
diözisch/zweihäusig/getrenntgeschlechtlich (speziell postnatal: gonochor) dioecious, diecious (gonochoric/gonochoristic)
diphasisch diphasic
diphycerk/diphyzerk/protocerk/protozerk diphycercal
diphyodont (einmaliger Zahnwechsel) diphyodont
disjunkt/zerstückelt/voneinander isoliert disjunct, disjunctive
Disjunktion/Isolierung disjunction, discontinuity, isolation
Diskalzelle/Discalzelle/Discoidalzelle discal cell, discoidal cell
diskoidal discoidal, disk-like
Dissimilation dissimilation, catabolism
– **anaerobe Dissimilation/anaerobe Gärung** anaerobic fermenation
dissymmetrisch/asymmetrisch/unsymmetrisch dissymmetrical, asymmetrical
disymmetrisch/bilateral disymmetrical, bilateral, biradial, bilaterally symmetrical, radially symmetrical
dithalam/zweikammerig/zweikämmrig/dithekal dithalamous, dithalamic, with two chambers, dithecal
Divergenz divergence, divergency
Divertikel/Aussackung/Blindsack diverticulum
Doggenhaiartige/Heterodontiformes horn sharks
Domestikation domestication
domestizieren domesticate
dominant dominant
Dominanz dominance
Donor/Spender donor
Doppelblindversuch double blind assay
Doppelbrechung double refraction, birefringence
Doppelfüßer/Diplopoden/Tausendfüßler/Myriapoden/Myriapoda millipedes, diplopods, myriapodians
Doppelschaler/Krallenschwänze/Diplostraca/Onychura clam shrimps & water fleas
Doppelschleichen/Amphisbaenia worm lizards, amphisbaenids, amphisbaenians
Doppelschwänze/Diplura japygids, diplurans
Dormanz (endogen bedingte Ruheperiode) dormancy
Dornfortsatz/Processus spinosus vertebral spine, neural spine, spinous process of vertebra
– **oberer Dornfortsatz/Spinalfortsatz//Neurapophyse** neurapophysis
– **unterer Dornfortsatz/Hämapophyse** haemapophysis, hemapophysis
dornig thorny, spiny
Dornkorallen/Dörnchenkorallen/Antipatharia thorny corals, black corals, antipatharians
Dornrückenaale/Notacanthiformes notacanthiforms
Dorsalnaht/Rückennaht dorsal suture, dorsal seam
Dorschfische/Gadiformes codfishes & haddock & hakes
dorsiventral dorsiventral, bifacial
Dotter/Eidotter/Eigelb yolk, vitellus
dotterarm/oligolezithal/oligolecithal/mikrolecithal oligolecithal (with little yolk)
Dottergang vitelline duct
Dotterhaut/Dottermembran/primäre Eihülle/Membrana vitellina vitelline layer, vitelline membrane
Dotterpfropf yolk plug

dotterreich/polylezithal/polylecithal/makrolecithal polylecithal
– **mäßig dotterreich/mesolezithal/mesolecithal** mesolecithal
Dottersack yolk sac
Dottersackbrut (Lachs) yolk fry, sacfry, alevin
Dottersackplazenta/Dottersackhöhlenplazenta/Omphaloplazenta/omphaloide Plazenta yolk-sac placenta, choriovitelline placenta
Dotterstock/Dotterdrüse/Vitellar/Vitellarium yolk gland, vitellarian gland, vitelline gland, vitellarium, vitellogen
Dotterzelle/Vitellophage yolk cell; shell globule (trematodes)
Drachenkopfartige/Drachenkopffischverwandte/Panzerwangen/Scorpaeniformes sculpins & sea robins
Drachenwurm/Medinawurm/Guineawurm ***(Dracunculus medinensis)*** guinea worm, medina worm
Drahtwurm (Elateriden-Larve) wireworm
Drang/Trieb/Impuls urge, drive, compulsion, impulse
drängeln (Bienen) jostling run
drehen/verdrehen contort
Dreher/Drehmuskel/Rotator rotator muscle
Drehkrankheit ***(Myxosoma cerebralis)*** twist disease (trout)
Drehsinn rotational sense, sense of rotation
Drehung/Torsion torsion
dreiästig verzweigt three-branched, triramous
Dreieck/Triangulum (Insektenflügel) triangle
Dreifelderwirtschaft three-field rotation, three-year rotation, three-field system
Dreijochzahnechsen/Trilophosauria trilophosaurians (Triassic archosauromorphs)
Dreilapper/Trilobiten trilobites
dreispaltig trifid
dreiteilig tripartite
dreizählig ternate, ternary
Dressur conditioning, training
drohen threaten
Drohgebärde threatening gesture
Drohhaltung threatening posture
Drohne/Drohn drone
Drohung threat
Drohverhalten threat behavior
Drüse gland
Drüsengürtel/Clitellum clitellum
drüsenlos eglandulous, eglandular
Drüsenmagen (Vögel) glandular portion of stomach
Drüsenzelle gland cell
drüsig glandular
Dschungel jungle
Duettgesang/Paargesang duetting
Dufour Drüse Dufour's gland
Duft fragrance, scent, smell
Duftdrüse scent gland, odoriferous gland
duftend (angenehm) fragrant
Duftfeld/Androkonie scent scale, androconia
Duftmarkierung scent-marking
Duftpinsel/Haarpinsel (Schmetterlinge) hair pencil, tibial tuft
Duftspur scent/olfactory trail
Dune/Daune/Dunenfeder/Flaumfeder/dunenartige Feder down, down feather, plumule
Dung (tierische Exkremente) dung, manure
Dünger/Düngemittel fertilizer, manure
Dungfressen/Kotfressen/Koprophagie/Coprophagie coprophagy
dungfressend/kotfressend/koprophag/coprophag coprophagous, coprophagic
Dungfresser/Kotfresser/Koprophage/Coprophage coprophagist
Dunkelfeld (Mikroskopie) dark field
Dunkelreaktion dark reaction
Dünndarm small intestines
dunstig misty
durchbluten supply with blood, vascularize
Durchblutung blood supply/circulation
Durchfluß percolation, flowing through

Durchläßigkeit/Permeabilität permeability
durchlässig/permeabel permeable
Durchlicht transillumination, transmitted light illumination
Durchlüftung aeration
durchscheinend translucent, pellucid
durchschneiden transect, cut through
Durchschnitt (Mittelmaß) average
Durchschnitt (schneiden) transection
Durchzügler migratory animal
Dürre drought
dürreertragend/dürreüberdauernd drought-enduring
Dürrehärte/Dürrestigkeit/Dürrebeständigkeit drought hardiness, drought tolerance
dürremeidend drought-avoiding
dürreresistent/dürrefest drought-resistant
Dürreresistenz drought resistance
dürretolerant/dürreduldend drought-tolerant
Dürrevermeidung drought avoidance
Durst thurst

E

Eber (männliches Schwein) boar (male pig: not castrated)
Ecdysialflüssigkeit/Exuvialflüssigkeit/Häutungsflüssigkeit molting fluid, exuvial fluid
Echiuriden/Igelwürmer/Stachelschwänze/Echiura echiuroid worms, spoon worms
Echolotpeilung/Echoortung echolocation
Echsen/Eidechsen/Lacertilia lizards
Echsenbecken-Dinosaurier/Saurischia lizard-hipped dinosaurs, saurischian reptiles
Eckzahn canine
Edentata/Zahnarme/Xenarthra/Nebengelenktiere edentates, "toothless" mammals, xenarthrans
Egel/Hirudineen/Hirudinea (Anneliden) leeches, hirudineans
Egel/Saugwürmer/Trematoden (Plathelminthen) flukes, trematodes
Ei/Eizelle (weibliche Geschlechtszelle) egg, egg cell, ovum (female gamete)
Ei (Fortpflanzungseinheit: Embryo/Nährstoffe/Schale) egg (reproductive body: embryo/nutrients/hard shell)
- **beschaltes Ei/kleidoisches Ei (Reptilien/Vögel)** cleidoic egg, shelled egg, "land egg"

Eiablage/Oviposition egg-laying, egg deposition, deposit of eggs, oviposition
Eibefruchtung/Oogamie oogamy
Eibildung/Oogenese oogenesis
Eichel/Glans penis glans penis
Eichel (Prosoma der Enteropneusten) acorn, proboscis
Eichelwürmer/Enteropneusten acorn worms, enteropneusts
Eidechsen/Lacertilia (Squamata) lizards
Eidonomie (Morphologie der äußeren Gestalt) external morphology (descriptive)

Eier (Crustaceen: Hummer) roe
Eier legen / ablegen lay eggs, deposit eggs
eierlegend / ovipar egg-laying, oviparous
Eierleim egg glue
Eierstock / Ovar / Ovarium ovary
Eiertasche / Eierbeutel egg case
eiförmig ovate, egg-shaped
Eigelb / Dotter / Eidotter yolk, egg yolk
Eigelege / Gelege clutch, egg clutch (nest of eggs)
Eigelenk ellipsoidal joint
Eigenname proper name
Eigenschaft characteristic, character
Eigespinst / Brutgespinst (Schutzgespinst) nursery web (nursery tent)
Eignung / Fitness fitness, suitability
Eihaut / Eihülle / „Eimembran" / Oolemma egg membrane
Eihaut, äußere / Chorion chorion (external extraembryonic membrane)
Eihaut, innere / inneres Eihüllepithel / innere Keimhülle / Amnion amnion
Eihülle, primäre / Dotterhaut / Dottermembran / Vitellinmembran / Membrana vitellina vitelline layer/ membrane
Eihüllepithel, äußeres / äußere Eihülle / äußere Keimhülle / Serosa serosa, serous membrane (external membrane, e. g., of insect eggs)
Eihüllepithel, inneres / innere Eihülle / innere Keimhülle / Amnion amnion
Eikapsel / Oothek egg capsule, ovicapsule, ootheca
Eikapsel *siehe:* **Seemaus (Knorpelfische)** sea purse, mermaid's purse
Eiklar / natives Eiweiss native egg white
Eikokon / Eipaket / Eisack (Spinnen) egg sac, "cocoon"
Eilarve / Junglarve / Primärlarve primary larva
Eileiter / Ovidukt oviduct
Eileiter (Säugetiere) Fallopian tube, uterine tube (oviduct of mammals)
Eileiterenge / Isthmus isthmus of oviduct
Eileiteröffnung / Ostium tubae ostium (of oviduct)
Eileiterschwangerschaft / Ovidukt-trächtigkeit tubal pregnancy
Eileitertrichter / Flimmertrichter / Wimperntrichter / Infundibulum (mit Ostium tubae) fimbriated funnel of oviduct, infundibulum
einästig / uniram (ohne Exopodit) uniramous
einatmen ***(vb.)*** inhale
Einatmen ***(n.)*** inhalation
Einatmung / Inspiration / Inhalation inhalation
Einbettung embedding
Einbettungsmittel / Einschlußmittel mountant, mounting medium
Einbettungspräparat embedded specimen
Einbuchtung indentation
einbürgern establish, naturalize, acclimate
Einbürgerung establishment, settlement, naturalization, acclimatization
Eindringling intruder
Einehe / Monogamie monogamy
eineiig / monozygot monozygous, monozygotic
einemsen (Vögel) anting
einführen introduce; import
eingeführt introduced, allochthonous; imported
eingekerbt / gekerbt / kerbig nicked, notched
eingerollt rolled up, coiled, coiled up
– **nach hinten eingerollt / zurückgerollt** revolute, rolled backward
eingeschlechtig unisexual
eingeschnitten, gleichmäßig incised, cut
eingeschnitten, ungleichmäßig lacerate, torn
eingeschoben / intercalar / interkalar intercalary (inserted between others)
eingewachsen ingrown
Eingeweide / Gedärme / Viscera / Splancha viscera, guts, intestines, entrails, bowels
Eingeweidefische / Ophidiiformes brotulas & cusk-eels & pearlfishes
Eingeweidemuskeln visceral muscles
Eingeweidemuskulatur / viscerale Muskulatur visceral musculature

Eingeweidesack (Mollusken) visceral hump, visceral mass
Eingeweideschädel / Visceralcranium / Viscerocranium / Splanchnocranium viscerocranium, splanchnocranium
Eingewöhnung acclimation, acclimatization
Eingewöhnungsphase establishment phase
einhäusig monecious, monoecious
einheimisch indigenous, native, endemic
Einheitsmembran unit membrane
einhörnig one-horned, unicornate, unicornuate, unicornuous
einjähriges Tier / Jährling yearling
einkammerig / einkämmrig / monothalam / monothekal single-chambered, monothalamous, monothalamic, monothecal
Einkapselung encapsulation
Einkerbung / Kerbung indentation, crenation, indenture, notching
Einlagerung inclusion, intercalation
Einlagerung / Intussuszeption (Zellwandwachstum durch) intussusception
einlagige Schicht / monomolekulare Schicht monolayer, monomolecular layer
einnehmen / etwas zu sich nehmen ingest
einnisten / implantieren implant
Einnistung / Implantation / Nidation implantation, nidation
einordnen / einstufen / klassifizieren rank, classify
einpflanzen (Organe) implant
Einpflanzung (Organe) implantation
– Implantat implant
einreihig / uniseriat single rowed, uniseriate, uniserial
Einrollung / Involution involution
einscheidig monodelphic
Einschnitt incision, cut; indentation
einseitig / unilateral unilateral
einsetzen (z. B. Fische in einen Teich) stock
einsinnig unidirectional
Einströmöffnung / Ingestionsöffnung incurrent / inhalant / ingestive aperture
Einstufung / Kategorisierung categorization
Einstülpung / Einfaltung / Embolie / Invagination emboly, invagination
Eintagsfliegen / Ephemeroptera mayflies
Einteilung (Gruppen~) classification
einverleiben / verschlingen engulf
einwandern ingress
Einwanderung (Zellen) ingression
Einwanderung / Zuwanderung / Immigration immigration
einwirtig / homoxen monoxenous, monoxenic
einzehig one-toed
Einzelauge / Punktauge / Ocelle / Ocellus (*siehe:* **Nebenauge / Scheitelauge / Stirnauge)** simple eye, ocellus (dorsal and lateral)
Einzelauge / Punktauge / Stemma (Seitenauge / Lateralocellus bei Insekten-Larven) stemma (*pl.* stemmata / stemmas), lateral ocellus, lateral eye
Einzelgänger solitary animal
Einzeller unicellular lifeform
„Einzeller" / Urtierchen / Urtiere / Protozoen protozoans
einzellig single-celled, unicellular
einzeln / solitär single, solitary
Einzeltier single animal, solitary animal
einziehbar / zurückziehbar retractile
Eiplasma / Bildungsplasma / Ooplasma ooplasm
Eiplatte / Eischiffchen (Gastropoden / Culiciden) egg raft
Eiröhre / Eischlauch / Ovariole / Ovariolschlauch (Insekten) egg tube, ovarian tube, ovariole
Eirollbewegung egg-rolling
Eisack ovisac, brood pouch, egg case
Eisack / Eipaket / Eikokon (Spinnen) egg sac, “cocoon”
Eisäckchen (Copepoden) egg sac
Eischale eggshell
Eischale / Chorion (Insektenei) eggshell, chorion
Eischalendrüse / Schalendrüse / Nidamentaldrüse (Gastropoden) nidamental gland
Eischiffchen / Eiplatte (Gastropoden / Culiciden) egg raft

Eischlauch/Eiröhre/Ovariole/Ovariolschlauch (Insekten) egg tube, ovariole
Eischnur egg-string
Eisproß (Geweih) bez tine
Eisprung/Follikelsprung/Ovulation ovulation
Eiszeit/Glazialzeit/Pleistozän/Diluvium Ice Age, Glacial Epoch, Pleistocene Epoch, Diluvial
eitragend/eiführend/oviger ovigerous
Eiträger/Oviger (Brutbein bestimmter Arachniden/Pantopoden) oviger (egg-carrying leg)
eiweißlos exalbuminous
Eiweiß egg white, egg albumen
– **denaturiertes Eiweiß** denatured egg white
– **natives Eiweiß/Eiklar** native egg white
Eiweißdrüse albumen gland
Eizahn/Eischwiele (Reptilien) egg tooth
Eizahn/Oviruptor (Insekten) egg burster, hatching spine
Eizelle/Ei (weibliche Geschlechtszelle) egg cell, egg, ovum (female gamete)
Eizelle/Ovozyt/Oozyt/Ovocyt/Oocyt (vor und während Meiose) egg cell, ovocyte, oocyte (before and during meiosis)
Ejectisom ejectisome, ejectosome
Ekdyse/Ecdysis/Häutung/Federverlust/Haarverlust ecdysis, molt, molting
ekkrin eccrine
Ektoparasit/Exoparasit/Außenparasit (*siehe:* Hautparasit) ectoparasite, exoparasite, epizoon
Elefantenvögel/Aepyornithiformes elephant birds
Element (Vogelgesang) element, phrase element
Elfenbein ivory
Elle/Ulna ulna, cubitus
Ellenbeuge/Armbeuge bend of the arm, crook of the arm, inside of the elbow
Ellenbogen/Cubitus elbow
Eltern parents
Elternschaft parenthood
Elternteil parent
Elytre/Deckflügel/Flügeldecke elytron, elytrum (*pl.* elytra), wing sheath
Embolie (Obstruktion der Blutbahn) embolism
Embolie/Invagination/Einfaltung/Einstülpung emboly, invagination
Embolium (Insektenflügel) embolium
Embolus embolus
Embryo embryo
Embryologie, vergleichende comparative embryology
embryonal embryonal, embryonic
Embryonalentwicklung/Embryogenese/Embryogenie/Keimesentwicklung embryonal/embryonic development, embryogenesis, embryogeny
Embryonalhülle/Keimhülle extraembryonic membrane
Embryonalschale/Embryonalgewinde/Larvenschale/Primärschale/Protoconch (Mollusken: Gastropoden) embryonic shell, nuclear whorls, protoconch
Embryonalschale/Larvenschale/Primärschale/Prodissoconch (Mollusken: Muscheln) embryonic shell, prodissoconch
Embryosack/Ovicelle/Ooecie (Bryozoen) ovicell
Emergenz emergence
Emission/Ausstoß/Ausstrahlung emission
Empfänger/Rezeptor receptor
Empfänger/Rezipient (z. B. Transplantate) recipient (also: host)
Empfängnishügel fertilization cone
empfindbar perceptible, sensible
Empfindbarkeit sensibility, sensitiveness
empfindlich (reizempfänglich) irritable, sensible
empfindlich (sensitiv/leicht reagierend) sensitive
empfindlich/zerbrechlich (Ökosystem) tender, fragile
Empfindlichkeit/Anfälligkeit susceptibility
Empfindung sensation

Enddarm/Hinterdarm (Colon & Rectum)/Proctodaeum hindgut, proctodeum
Endemismus endemism
Endemit endemic species, endemic organism/lifeform, endemic
Endhirn/Großhirn/Telencephalon endbrain, cerebrum, telencephalon
Endit endite
Endknopf (Nervenzelle) terminal bulb
Endocuticula endocuticle
Endoderm endodermis
endokrine Drüse endocrine gland
Endolymphe endolymph
endoplasmatisches Retikulum endoplasmatic reticulum
Endopodit (Innenast) endopod, endopodite (inner branch)
Endostyl/Hypobranchialrinne endostyle, hypobranchial furrow
Endosymbiontentheorie endosymbiont theory
Endothel endothelium
Endozytose/Endocytose endocytosis
Endplatte, motorische motor endplate, myoneural junction
Endprodukthemmung/Rückkopplungshemmung end-product inhibition, feedback inhibition
endständig terminal, terminate
Endwirt final host
Endysis/Federneubildung/Fellneubildung endysis
Energiefluß energy flux
Energiequelle energy source
Engelhaie/Engelhaiartige/Squatiniformes monkfishes, angel sharks
Engerling (im Boden lebende Larve der Blatthornkäfer) grub (scarabaeiform larva)
Engkontakt/Verschlußkontakt/Schlußleiste/Kittleiste/Tight junction (Zonula occludens) tight junction
Engmünder/Stenostomata (Bryozoen) stenostomates
Entenvögel/Gänsevögel/Anseriformes screamers and waterfowl (ducks, geese, swans)
Enterich/Erpel drake
Enterich, wilder mallard
enterisch enteral, enteric
Enterocöl enterocoel, “intestine coelom”
Entfaltung unfolding; spreading
Entökie entoecism
Entpuppung eclosion
entsprechend corresponding
Entvölkerung depopulation
Entwässerung/Dehydratation dehydration
Entwässerung/Drainage drainage, draining
entwickeln/entstehen develop, emerge, unfold
Entwicklung development
- **dauerhaft-umweltgerechte Entwicklung** sustainable development
- **regulative Entwicklung** regulative development

Entwicklungs-Zyklus life cycle, life history
Entwicklungsgang course of development
entwicklungsgeschichtlich/ontogenetisch ontogenetic
Entwicklungsgeschichte (des Einzelorganismus)/Ontogenese/Ontogenie ontogeny, development
Entwicklungsmechanik causal morphology
Entwicklungsstadium/Entwicklungsphase developmental stage, developmental phase
Entwicklungsstufe developmental level
Entwicklungszyklus developmental cycle
Entwöhnung weaning
entwurmen worm
Enzym/Ferment enzyme
Enzymaktivierung enzyme activation, activation of enzyme
enzymatische Reaktionskette enzymatic pathway
enzymatischer Abbau enzymatic degradation
Enzymhemmung enzymatic inhibition, repression/inhibition of enzyme
Enzymkaskade enzyme cascade
Enzymkatalyse enzymatic catalysis
Enzymreaktion enzymatic reaction
Enzymspezifität enzymatic specificity

enzystieren/zystieren encyst
Enzystierung/Encystierung encystment
Eozän (erdgeschichtliche Epoche) Eocene, Eocene Epoch
epaxionisch (Rumpfmuskulatur) epaxial
Ependymzelle ependymal cell
Ephemere ephemere
Ephippium ephippium
Epibolie (Umwachsung) epiboly
Epicuticula/Grenzlamelle epicuticle
Epidermis epidermis
Epifauna epifauna
Epigyne epigynum
Epikard epicardium
Epiphyse epiphysis
Epipodit epipod, epipodite
Epithel (*pl.* Epithelien) epithelium
- **Atmungsepithel** respiratory epithelium
- **Drüsenepithel** glandular epithelium
- **Flimmerepithel/Wimperepithel/Geißelepithel** ciliated epithelium
- **hochprismatisches Epithel (hohes Zylinderepithel)** simple columnar epithelium
- **hohes-mehrschichtiges Epithel** pseudostratified columnar epithelium
- **Keimepithel** germinal epithelium
- **kubisches Epithel/Pflasterepithel** cuboidal epithelium
- **Pflasterepithel/kubisches Epithel** cuboidal epithelium
- **Plattenepithel** squamous epithelium
- **Riechepithel** olfactory epithelium
- **Säulenepithel/Zylinderepithel** squamous epithelium
- **Schleimhautepithel** mucous membrane
- **Sinnesepithel** sensory epithelium
- **Übergangsepithel** transitional epithelium
- **zweischichtiges/mehrschichtiges Epithel** stratified epithelium
- **Zylinderepithel/Säulenepithel** columnar epithelium

Epithelgewebe epithelial tissue
Epithelkörperchen/Nebenschilddrüse/Beischilddrüse parathyroid gland
Epithelstäbchen/Rhabdit (Turbellaria) rhabdite
epitok epitoke
Epoche (frühe/späte) epoch (lower/upper *or* early/late)
erben/ererben inherit
Erbfaktor/Gen gene
Erbgut hereditary material
Erbkoordination fixed action pattern
Erbkrankheit hereditary disease
Erbmerkmal hereditary trait
Erbträger hereditary material
Erdaltertum/Paläozoikum (erdgeschichtliches Zeitalter) Paleozoic, Paleozoic Era
Erde/Erdboden/Erdreich soil, ground, earth
Erde/Welt Earth, world
Erdeessen/Geophagie geophagy, geophagism
erdeessend/geophag geophagous
Erdferkel/Röhrchenzähner/Tubulidentata aardvark (of Africa)
Erdgeschichte earth history, history of the Earth, geologic history
erdgeschichtlich/geologisch geological
Erdhöhle/Erdloch/Bau hole, burrow
Erdkunde/Geographie geography
erdkundlich/geographisch geographical
Erdläufer/Geophilomorpha geophilomorphs
Erdmittelalter/Mesozoikum (erdgeschichtliches Zeitalter) Mesozoic, Mesozoic Era
Erdneuzeit/Neozoikum/Känozoikum/Kaenozoikum (erdgeschichtliches Zeitalter) Cenozoic, Cenozoic Era
Erdoberfläche soil surface, ground level
Erdreich/Erdboden/Erde soil, ground, earth
Erdzeitalter geological era
Erfolgsorgan effector organ
Erholungsphase relaxation period
Erholungsschlag recovery stroke
Erkennung recognition
erkranken fall ill, get sick, sicken, contract a disease
Erkrankung illness, sickness, disease, disorder (Störung)
Erkundungsverhalten exploratory behavior

ernähren/nähren/füttern nurture, feed
ernähren/sich von etwas ernähren (Tiere) feed on something
Erntemilbenlarve (parasitäre rote Milben) chiggers, "red bugs"
Erregbarkeit irritability, excitability, sensitivity
Erreger (Krankheits~) disease-causing agent, pathogen
Erregung/Aufregung arousal, exitement
Erregung/Impuls impulse
Erregung/Irritation excitation, irritation
Erregungsleitung transmission of signals, impulse propagation
Erscheinungsbild/Erscheinungsform appearance
Erschlaffung relaxation
Erstbesiedlung/primäre Sukzession primary settlement, primary succession
erstgebärend primiparous
Erstmünder/Urmundtiere/Urmünder/Protostomia protostomes
Erweiterer/Dilator (Muskel) dilator muscle
Erzeuger/Produzent producer
Etage/Stockwerk story
etagenförmig arranged in tiers
etagiert/stockwerkartig/geschichtet storied, stratified
Ethogramm ethogram
Ethökologie/Verhaltensökologie behavioral ecology
Etikett (Namens~) name tag
Eukaryont/Eukaryote/Eucaryont/Eucaryot eukaryote, eucaryote
eukaryontisch/eukaryotisch/eucaryontisch/eucaryotisch eukaryotic, eucaryotic
Eulen/Strigiformes owls
euphotische Zone euphotic zone
eupyren (Spermien) eupyrene
euryök euryoecious, euryecious, euryoecic
Eurytele eurytele
Eustachische Röhre eustachian tube
Eutelie/Zellkonstanz eutely, cell constancy
Euter udder
Euthyneurie/sekundäre Orthoneurie euthyneural nerve pattern
eutrophieren eutrophicate
Eutrophierung eutrophication
evers eversed
Evertebraten/Invertebraten/Wirbellose invertebrates
Evolution/Phylogenie/Phylogenese/Stammesgeschichte/Stammesentwicklung/Abstammungsgeschichte evolution, phylogeny, phylogenesis
- **konvergente Evolution** convergent evolution
- **netzartige Evolution** reticulate evolution

evolutionär/abstammungsgeschichtlich/phylogenetisch/phyletisch evolutionary, phylogenetic, phyletic
Evolutionstheorie/Abstammungstheorie/Deszendenztheorie theory of evolution, evolutionary theory
Evolutionsumkehr counterevolution
Exemplar/Muster/Probe specimen
„Existenzkampf" struggle for survival
existierend/bestehend existing, extant
Exit (Arthropoden) exite
Exklusion/Ausschluß exclusion
Exkret/Exkretion excretion
Exkretionskanal excretory canal
Exkretionssystem/Ausscheidungssystem excretory system
Exkretzelle excretory cell
Exkursion excursion, field trip
Exopodit (Außenast) exopod, exopodite (outer branch)
Exsudat/Absonderung/Abscheidung exudate, exudation, secretion
Extensor/Strecker extensor
extrazellulär/außerzellulär extracellular
Extremität extremity, limb
Extremitätenmuskel limb muscle, appendicular muscle
Extremitätenmuskulatur appendicular musculature
Extremitätenskelett appendicular skeleton
Extrusom/Ausschleuderorganelle extrusome, extrusive organelle

Exuvialflüssigkeit/Häutungsflüssigkeit/Ecdysialflüssigkeit molting fluid, exuvial fluid
Exuvie exuvia (cast-off skin/shell etc.)

F

Fach/Lokulament/Loculament/Loculus/Kompartiment valve; locule, loculus, compartment
Fachbezeichnungen/Terminologie terminology
fächeln (Bienen) fan
Fächeln (Bienen) fanning
Fächer fan
Fächeraderung/Gabeladerung/Gabelnervatur dichotomous venation
Fächerflügler/Kolbenflügler/Strepsiptera twisted-winged insects, stylopids
fächerförmig fan-shaped, flabellate
Fächerfühler fan-shaped antenna, flabelliform/flabellate antenna
fächerig/gefächert/gekammert valvate, chambered
Fächerlunge/Fächertrachee/Buchlunge book lung
Fächertrachee *siehe* **Fächerlunge**
Fächerung/Kompartimentierung/Unterteilung compartmenta(liza)tion, sectionalization, division
Fächerzunge/rhipidoglosse Radula rhipidoglossate radula
fachspaltig/lokulizid/loculicid loculicidal
Fachsprache terminology
Faden filament, thread
Fadendune/Fadenfeder/Filopluma filoplume
Fadenflug/„Luftschiffen"/„Ballooning" (Spinnen: Altweibersommer) ballooning
fadenförmig/fadenartig/haarförmig/trichal filiform, filamentous, threadlike, hairlike
Fadenfühler threadlike/hairlike antenna, filiform antenna
Fadenkieme/Filibranchie filibranch gill
Fadenkiemer/Filibranchia filibranch bivalves
Fadenschnecken/Aeolidiacea/Eolidiacea aeolidacean snails, aeolidaceans

Fadensegelfische/Aulopiformes aulopiform fishes
Fadenwürmer/Rundwürmer/ Nematoden roundworms, nematodes
Fahne (Feder~) vane
Fahnenquallen/Fahnenmundquallen/ Semaeostomeae semeostome medusas
Fährte/Spur track, trace, trail; scent
Fäkalien (Kot & Harn) fecal matter incl. urin (*see:* Fäzes/Kot)
fakultativ facultative, optional
Falkner falconer, hawker
Falknerei falconery
Falle trap
Fallschirm (Spannhaut) parachute
Falltür (Spinnen) trap door
falsch false, spurious
Falte fold, plication, wrinkle
faltig folded, pleated, plicate(d)
Fangarm/Tentakelarm catch tentacle, tentacular arm
Fangfaden/Fangnetz (Spinnen) snare
Fangmaske (Libellenlarven) prehensile mask (retractible prehensile labium)
Fangpolyp/Freßpolyp/Autozooid/ Zooid (Octocorallia) autozooid
Fangschrecken & Gottesanbeterinnen/ Mantodea/Mantoptera mantids
Fangschreckenkrebse/Maulfüßer/ Stomatopoda mantis shrimps
Farbanpassung color-matching
Färben/Färbung/Einfärbung (technisch/mikroskopisch) stain, staining
Farbensehen color vision
Farbstoff (mikroskopisch) stain
Farbstoff (Pigment) pigment, colorant
Farbstoff (technisch) dye
Färbung/Farbton, unauffällige(r) (z. B. Süßwasserfische) obliterative shading
Farbzelle/Pigmentzelle/ Chromatophore pigment cell, chromatophore
Färse (junge Kuh: noch nicht gekalbt) heifer
Faser fiber
Faser, phasische phasic fiber
faserig fibrous, stringy
Faserknochen/Geflechtknochen fibrous bone
Faserknorpel fibrous cartilage, fibrocartilage
Fasten fasting
Fasziation/Verbänderung fasciation
fauchen hiss (e. g. snake); snarl (e. g. lion/tiger), puff
Faulbrut foulbrood
Fäule rot, mold, mildew, blight
faulen rot, decay, decompose, disintegrate
Fäulnis decay, rot, putrefaction
Fäulnisbakterien putrefactive bacteria
Fäulnisbewohner saprobe, saprobiont
Fäulnisernährer/Fäulnisfresser/ Saprovore/Saprophage saprophage, saprotroph, saprobiont
fäulniserregend/saprogen saprogenic
Faulschlamm/Sapropel sludge
Faultiere/Pilosa (Xenarthra) sloths
Fauna/Tierbestimmungsbuch fauna, faunal work (manual: with key)
Fauna/Tierwelt (einer bestimmten Region) fauna, animal life (within a restricted area)
Faunistik faunistics
faunistisch faunal
Faust fist
Faustgang (Handknöchel) fist-walking
Fäzes/Kot feces (Stuhl *siehe:* human feces)
Fazettenauge/Komplexauge/Netz- auge/Seitenauge compound eye, facet eye
Fazies facies
Feder feather
– **dunenartige Feder/Dune/ Dunenfeder/Flaumfeder** down feather, plumule
– **Fadenfeder/Fadendune/Filopluma** filoplume
– **Konturfeder/Umrißfeder** contour feather
Federast/Ramus barb (main branch of feather)
Federbalg/Federpapille feather papilla
Federfahne vane
Federflur/Pteryla pteryla, feather tract
federförmig/fiedrig/gefiedert pinnate
federig/fedrig feathery, plumose

Federkiel/Scapus scape, scapus (feather)
Federkleid/Gefieder/Ptilosis plumage, ptilosis
Federling feather parasite (bird louse/body louse: *Mallophaga*)
Federlinge & Haarlinge/Mallophaga biting lice, chewing lice
federlos featherless, apterial
Federrain/federlose Stelle/Apterium featherless space, apterium (*pl.* apteria)
Federschaft/Rhachis shaft, rhachis (feather)
Federseele (Pulpa) pulp cavity of quill
Federspule/Calamus quill, calamus (feather)
Federstrahl/Radius (Bogenstrahl/Hakenstrahl) barbule (notched/hooked barbule)
Federvieh/Geflügel fowl
Federzunge/ptenoglosse Radula ptenoglossate radula
fedrig/federig feathery, plumose
fegen (Geweih) antler rubbing
fehlend wanting, lacking, missing
fehlernährt malnourished
Fehlernährung malnutrition
Fehlwirt/Irrwirt wrong host, accidental host
Feinbau/Ultrastruktur ultrastructure
feinbehaart/flaumig pilose, downy, pubescent
Feind (Fress~), natürlicher natural enemy
feingesägt finely notched, serrulate
Feinjustierung fine adjustment
feinkerbig/feingekerbt crenulate, finely notched
Fekundität fecundity
Feldbiene fielder bee
Feldkapazität field (moisture) capacity
Feldversuch/Freilanduntersuchung/Freilandversuch field study, field investigation, field trial
Fell fur, coat; hide (esp. large/heavy skins: cowhide)
Fellsträuben/Haarsträuben piloerection
Fels (Gestein) rock
Fels (Klippe) cliff
felsig rocky
Felstümpel rockpool
Fenster, rundes/ovales round/oval window
fensterspaltig/foraminizid/foraminicid foraminicidal
Ferkel piglet, little pig
Ferkel (Mast~) porker
ferkeln (Wurf kleiner Schweine hervorbringen) farrow (bring forth young pig litter)
Ferment/Enzym enzyme
Ferntransport long-distance transport
Ferse heel
Fersenbein/Hypotarsus (Vögel) heel, calcaneum, calcaneus, hypotarsus
Fersenbein/Os calcis/Calcaneus heelbone, calcaneum, calcaneus
Fessel (Pferd) pastern
Fesselbeingelenk pastern joint
Fesselgelenk (Pferd)/Fesselkopf/Köte fetlock
Fesselknochen/Fesselbein pastern bone
festgewachsen/festsitzend/aufsitzend/festgeheftet/sessil firmly attached (permanently), sessile
Festlandsockel/Kontinentalsockel/Kontinentalschelf/Schelf continental shelf
festsitzend/festgewachsen/festgeheftet/aufsitzend/sessil firmly attached (permanently), sessile
Fett fat
– **braunes Fett** brown fat
Fett.../fettartig/fetthaltig fatty, adipose
Fettflosse adipose fin
Fettgewebe fatty tissue, adipose tissue
Fettkörper/Corpus adiposum fat body
Fettzelle fat cell, adipocyte
Feuchtbiotop humid biotope
Feuchtgebiet wetland
Feuchtigkeit humidity, moisture
Feuerkorallen/Milleporina milleporine hydrocorals
Feuerwalzen/Pyrosomida pyrosomes
fibrillär fibrillar
Fibrille fibril
Fieber fever
– **schwarzes Fieber/Kala-Azar/Cala-Azar/viszerale Leishmaniasis** Cala-Azar, kala azar
Fieder/Pinna pinna

fiederaderig/fiedernervig pinnately veined, pinnately nerved, penninerved
Fiederaderung pinnate venation
Fiederchen/Pinnula pinnule
Fiederfuß pinnate appendage/leg
Fiederkieme/Ctenidie gill plume, ctenidium
Fiederkiemer/Kammkiemer/ Protobranchiata (Bivalvia) protobranch bivalves
Fiedersträuben feather ruffling
Fiederung pinnation
fiedrig/fiederig/gefiedert/pinnat/ pennat pinnate, pennate
Filarien filarial worms
Filopodium filopodium
Filtermagen/Pylorus (Crustaceen) pyloric stomach, pylorus (posterior region of gizzard)
Filtern (Nahrungs~) filter-feeding
Filtrierer/Filterer filter feeder
filzig felty, felt-like, tomentose
Finger/Digitus finger, digit
fingerförmig/handförmig fingerlike, fingershaped, digitiform
fingerförmige Aderung/fingerförmige Nervatur digitate venation
Fingerglied/Zehenglied/Phalanx phalanx (*pl.* phalanges)
Fingernagel fingernail
Finne/Blasenwurm/Cysticercus (Bandwurmlarve) bladderworm, cysticercus
Fisch (kulinarisch) fish
Fischbein/Walbein baleen, whalebone
Fische/Pisces fishes
fischfressend fish-eating, piscivorous
Fischfresser fish-eater, piscivore
Fischkunde/Ichthyologie ichthyology
Fischlaich/Rogen fish eggs, roe
Fischläuse/Karpfenläuse/ Kiemenschwänze/Branchiura/ Argulida fish lice
Fischsaurier/Ichthyosauria ichthyosaurs (ocean-living reptiles)
Fittich/Flügel/Schwinge wing
Fixiermittel/Fixativ fixative
Fixierung fixation
Flächenbelastung (Flügel~) wing loading
Flächennetz (Spinnen) simple sheetweb
Flächenquelle non-point source
Flachkrebse/Flohkrebse/Amphipoda beach hoppers, sand hoppers and relatives
Flachmeerzone/neritische Region neritic zone/province
Flagellomer flagellomer
Flagellum (Gastropoden) flagellum
Flamingos/Phoenicopteriformes flamingoes and allies
Flammenzelle flame cell, (terminal) flame bulb
Flankenkiemer/Notaspidea notaspideans
Flaschentierchen/Bauchhaarlinge/ Bauchhärlinge/Gastrotrichen gastrotrichs
Flatterflug flapping flight
Flatterhaut/Flughaut/Gleithaut/ Spannhaut/Patagium patagium
flattern (mit den Flügeln schlagen) flutter, flap (the wings)
Flaum down
Flaumbehaarung pubescence
Flaumfeder/Dune/Daune/ Dunenfeder/dunenartige Feder down feather, down, plumule
flaumig/feinstflaumig downy, pubescent
Fleck/Stigma spot, stigma
Fleck, blinder blind spot (optic disc)
Fleck, gelber/Macula lutea (mit Fovea centralis) yellow spot, macula lutea (with fovea centralis)
Fleckenkrankheit *(Nosema bombycis)* pebrine
Fleckenriff patch reef, bank reef
Fleckfieber/Flecktyphus/Typhus *(Rickettsia spp.)* spotted fever, typhus
fleckig speckled, patched, spotted, spotty
Fledermausblume bat-pollinated flower, chiropterophile
Fledermäuse/Flattertiere/Chiroptera bats, chiropterans
flehmen lip-curling
Fleisch flesh, meat
Fleischbeschau meat inspection
Fleischflosser/Sarcopterygii/ Choanichthyes fleshy-finned fishes, sarcopterygians

fleischfressend / karnivor / carnivor flesh-eating, meat-eating, carnivorous
Fleischfresser / Karnivor / Carnivor flesh-eater, meat-eater, carnivore
fleischig fleshy
flensen (abhäuten / Walspeck abziehen) flense
Flexor / Beuger flexor
Fließgewässer waterway, watercourse
Fliegen / Brachycera (Diptera) true flies
Fliegenblume / Myiophile fly-pollinated flower, myiophile
Fliegenschimmel flea-bitten grey/ white horse
Fließgleichgewicht steady state
Flimmerepithel / Wimperepithel / Geißelepithel ciliated epithelium
Flimmergeißel flimmer flagellum, tinsel flagellum, pleuronematic flagellum
Flimmerhaar / Kinozilie / Kinozilium (Haarzelle) cilium (*pl.* cilia)
Flimmerhärchen flimmer, tinsel
Flimmerkörper shimmering body
Flimmertrichter / Wimperntrichter / Eileitertrichter / Infundibulum (mit Ostium tubae) fimbriated funnel of oviduct, infundibulum
Flitterzelle / Iridocyt / Iridozyt / Leucophor / Guanophor iridocyte, iridophore, leucophore, guanophore
flockig floccose
Flöhe / Siphonaptera / Aphaniptera / Suctoria fleas
Flohkrebse / Flachkrebse / Amphipoda beach hoppers, sand hoppers and relatives
florieren flourish, thrive
Flosse fin
– **paddelartige Flosse (z. B. Delphine)** flipper
Flösselhechte / Flösselhechtverwandte / Polypteriformes bichirs & reedfishes and allies
Flossenfüßer / Robben / Pinnipedia marine carnivores (seals, sealions, walruses)
Flossenfüßer / Flügelschnecken / Pteropoda pteropods
flossenlos without fins, apterygial
Flossenstrahl (aus Hautknochen) / Dermotrichium dermotrichium
Flossenträger / Radius / Pterygophor pterygiophore
Flottoblast (Bryozoen) floatoblast
Fluß (Licht / Energie) flux
Fluß (Volumen pro Zeit pro Querschnitt) flux
Flußkrebse crayfishes, crawdads
Flußmündung / Ästuar estuary
Flußrate fluence
Flucht flight, escape
– **wilde Flucht** rout, stampede
Fluchtreaktion flight reaction, escape reaction
Flug flight
Flugbalz aerial courtship
Flügel / Fittich / Schwinge wing
Flügel-Flächen-Belastung wing loading
Flügelabschlag downward stroke of wing
flügelartig / schwingenartig winglike, alar, alary
Flügelaufschlag upward stroke of wing
Flügelbein / Pterygoid / Os pterygoides pterygoid bone/ process
Flügeldecke / Deckflügel / Elytre (Insekten) elytrum, elytron, wing case, wing sheath, wing cover
flügelförmig wing-shaped, aliform
Flügelkiemer / Pterobranchia pterobranchs
flügellos / ungeflügelt wingless, lacking wings, exalate, apterous, apteral, apterygial
Flügelmal / Pterostigma pterostigma
Flügelplatte (Neuralrohr) dorsal horn
Flügelrandmal / Pterostigma (Makel) pterostigma, stigma
Flügelscheide (sich entwickelnder Flügel) wing pad
Flügelschlag wingbeat
Flügelschnecken / Flossenfüßer / Pteropoda pteropods
Flügelschüppchen / Tegula tegula
Flügelspannweite wing spread, wingspan
Flügelspitze wing tip
Flügelstreckung aspect ratio
Flügelstummel (Larve: sich entwickelnder Flügel) wing pad
Flugfeder remex (*pl.* remiges)

flügge (flugfähig) fully fledged, full-fledged (able to fly)
flügge werden fledge
Flughaut/Flatterhaut/Spannhaut/Gleithaut/Patagium patagium
Fluginsekten/geflügelte Insekten/Pterygota winged insects, pterygote insects
Flugsaurier/Pterosauria pterosaurs (extinct flying reptiles)
flugunfähig unable to fly, flightless
Flugunfähigkeit unableness to fly, flightlessness
Flurbereinigung reallocation of arable land, consolidation of arable land
Flurenmuster/Pterylographie pterylosis
Flußblindheit/Onchocercose ***(Onchocerca volvulus)*** river blindness
Flüssigmosaikmodell fluid-mosaic model
Flut/Tide high tide, flood
Fohlen/Füllen foal
- **männliches Fohlen** colt (under 4 years)
- **weibliches Fohlen** filly (under 4 years)

fokussieren focus, focussing
folgsam/gelehrig docile
Folgsamkeit/Gefügigkeit/Gelehrigkeit docility
Follikel follicle
Follikulärorgan/Follikulärdrüse (Schenkeldrüse: Eidechsen) follicular gland (femoral gland)
Fontäne (Wale) spout
Fontanelle fontanel
Formation formation
formkonstante Verhaltenselemente fixed action pattern
Fortbewegung/Bewegung/Lokomotion movement, motion, locomotion
fortpflanzen/vermehren/reproduzieren propagate, reproduce
Fortpflanzung/Vermehrung/Reproduktion propagation, reproduction
–, geschlechtliche/sexuelle sexual reproduction
–, ungeschlechtliche/vegetative asexual/vegetative reproduction
Fortpflanzungszelle reproductive cell
Fortpflanzungszyklus reproductive cycle
fortwachsend accrescent
Fossil fossil
- **lebendes Fossil** living fossil

fossile Überreste fossil remains
fossiler Brennstoff fossil fuel
fossilienführend/Fossilien enthaltend (Erdschichten) fossiliferous
fossilisiert fossilized
Fossilisierung fossilization
fötal fetal
Fötus fetus
Fraßschaden browsing damage
fransenartig fimbriate
Fransenflügler/Blasenfüße/Thripse/Thysanoptera thrips
fransig frayed, fringed, fimbriate(d)
Fraß (Insektenfäkalien in Bohrgängen von Holz) insect frass (feces)
Fraßgang burrow
Fraßnahrungskette/Abweide-Nahrungskette grazing food chain
frei schwebend free-floating, pendulous
freie Zone (Radnetz) free zone
Freiland range, field
Freilanduntersuchung/Freilandversuch/vor-Ort-Untersuchung/Feldversuch field study, field investigation, field trial
freilaufend (Geflügel etc.) running free, free-ranging
freilebend free-living
Freiwasserzone/Pelagial pelagial zone
fremd (Gesellschaftstreue) strange
Fremdaufzucht cross-fostering
Fremdputzen (z. B. Fell bei Säugern) allogrooming
- **Gefiederkraulen (Vögel)** allopreening

Fremdtransplantat/Xenotransplantat xenograft
Freßfeind/Räuber/Raubfeind/Raubtier/Jäger/Prädator predator, predatory animal (enemy)
Freßgewohnheiten feeding habits

Freßpolyp/Nährtier/Gasterozoid/ Trophozoid feeding/nutritive polyp, gastrozooid, trophozooid
Freßsucht/Hyperphagie hyperphagia
fressen feed (on something), ingest *siehe:* etwas zu sich nehmen
Frischgewicht (*sensu stricto*: Frischmasse) fresh weight (*sensu stricto*: fresh mass)
Frischling young wild pig/swine/hog (1. year)
Frontaldrüse/Kopfdrüse/Stirndrüse cephalic gland, frontal gland
Frontalmembran (Bryozoen) frontal membrane
Froschfische/Batrachoidiformes toadfishes
Froschlurche (Frösche und Kröten)/ Salientia/Anura frogs and toads, anurans
Frost frost, rime frost, white frost
frostbeständig/frostresistent frost-resistant, frost hardy
frösteln/vor Kälte zittern shiver
frostempfindlich frost-tender, susceptible to frost
Frosthärte/Frostbeständigkeit frost hardiness
Frosthärtung frost hardening
frostresistent/frostbeständig frost-resistant
Frostschaden/Frostschädigung frost damage, frost injury, freezing injury
Frostverträglichkeit frost tolerance
fruchtbar/fertil fertile
Fruchtbarkeit/Fertilität fertility
fruchtfressend/frugivor/fruktivor/ karpophag fruit-eating, feeding on fruit, frugivorous, carpophagous
Fruchtfresser/Frugivor/Fruktivor frugivore, fructivore
Fruchtwasser/Amnionflüssigkeit amniotic fluid
frühsommerlich estival, aestival
Fuß/Haustorium foot, haustorium
fußförmig pedate
Fuge/Naht/Verwachsungslinie seam, suture, raphe
Fühler/Antenne antenna
–, **blätterförmig/lamellenartig** lamellate antenna
–, **borstenartig** bristlelike antenna, setaceous antenna
–, **fächrig/gefächerter Fühler/ Fächerfühler** fan-shaped antenna, flabelliform/flabellate antenna
–, **fadenförmig/Fadenfühler** threadlike/hairlike antenna, filiform antenna
–, **gekämmt** comblike antenna, pectinate antenna
–, **gekeult/keulenförmig** clubbed antenna, clavate antenna
–, **gekniet** elbowed antenna, geniculate antenna
–, **gesägt** sawlike antenna, serrate antenna
–, **grannenartig** aristate antenna
–, **keulenförmig/gekeult** clubbed antenna, clavate antenna
–, **kolbenförmig** capitate antenna
–, **lamellenartig/blätterförmig** lamellate antenna
– **mit kurzen Fühlern** brachycerous, with short antennae
–, **rosenkranzförmig/Perlschnur-fühler** moniliform antenna
–, **stilettförmig** stylate antenna
– **Wendeglied/Pedicellus** (antennal) pedicel
Fühler besitzend antennate
Fühlerfurche/Antennalfurche/ Fühlerrinne antennal sulcus
Fühlergeißel/Flagellum flagellum
Fühlergelenk articular pivot of antenna
Fühlergrube/Antennengrube/Fossa antennalis antennal furrow
Fühlerkeule antennal club
Fühlerkranztiere/Kranzfühler/ Armfühler/Tentaculaten tentaculates (bryozoans/phoronids/ brachiopods)
Fühleröffnung/Antennalforamen antennal aperture
Fühlerpfanne antennal socket
Fühlerringnaht/Antennennaht/ Antennalnaht antennal suture
Fühlerschaft/Scapus (antennal) scape
Fühlersegment/Antennensegment/ Antennalsegment/Antennomer antennal segment, antennomer
Fühlhaar/Reizhaar sensitive hair, trigger hair

Führer (Broschüre/Informationsschrift) guide, pamphlet, brochure
Führer (Führungsperson) guide, tour guide
Führung guided tour
Füllen/Fohlen foal
– **weibliches Füllen/Fohlen** filly
Fundort/Lage site, location
Fundusdrüse fundus gland
fünffingerig/fünffingrig/fünfstrahlig/pentadaktyl (Fünfzahl von Fingern/Zehen) limb with five digits, pentadactyl (five-toed)
Fünffingerigkeit/Pentadaktylie pentadactylism
fünfstrahlig/fünfteilig/pentamer pentamerous
fünfteilig quinquepartite
Fünfzahl von Fingern und Zehen/Pentadaktylie pentadactyly
fünfzählig pentameric
funktionsgleich/analog analogous
Funktionskreis functional system, behavior system
Furche/Sulcus groove, furrow, sulcus
furchen cleave; groove, striate, furrow, fissure
Furchenfüßer/Solenogastres solenogasters
furchig furrowed, grooved, fissured, sulcate
Furchung/Furchungsteilung/Eifurchung cleavage; segmentation
–, **äquale/gleichmäßige** equal cleavage
–, **äquatoriale/Äquatorialfurchung** equatorial cleavage
–, **bilaterale/Bilateralfurchung** bilateral cleavage
–, **determinative/determinierte (nichtregulative)** determinate cleavage
–, **diskoidale/discoidale/scheibenförmige** discoidal cleavage
–, **holoblastische/vollständige/totale** holoblastic/complete cleavage
–, **inäquale/ungleichmäßige** unequal cleavage
– **Meridionalfurchung** meridional cleavage
–, **meroblastische/unvollständige/partielle** meroblastic/incomplete cleavage
–, **nichtdeterminative (regulative)** indeterminate cleavage
– **Oberflächenfurchung/oberflächliche Furchung/superfizielle Furchung** superficial cleavage
– **Radialfurchung** radial cleavage
–, **regulative (nichtdeterminativ)** regulative cleavage
– **Spiralfurchung** spiral cleavage
–, **superfizielle/oberflächliche/Oberflächenfurchung** superficial cleavage
–, **totale** total cleavage
–, **unregelmäßige** irregular cleavage
Furchungshöhle/primäre Leibeshöhle/Blastocöl/Blastula-Höhle segmentation cavity, blastocoel, blastocele
Furchungsteilung/Blastogenese blastogenesis
Furchungszelle/Blastomere blastomere
Fürsorge care, provisioning
Fuß foot
– **Greiffuß** grasping foot
– **Kletterfuß** climbing foot
– **Schreitfuß** wading foot
– **Schwimmfuß** swimming foot
Fuß/Tarsus (Arthropoden) tarsus
Fußangelnetz (mit Stolperfäden) space web (with barrier threads)
Füßchen (Ambulakral~) podium, tube-foot
Fußdrüse/Klebdrüse (Rotatorien) pedal gland, adhesive gland, cement gland
Fußgelenk ankle, ankle joint
Fußgelenksknochen/Fußwurzelknochen/Tarsal ankle bone, tarsal
Fußknöchel/Malleolus malleolus
fußlos/beinlos/apod apod
Fußretraktor pedal retractor muscle
Fußscheibe (z. B. Anthozoen) basal disc, pedal disc
Fußsohle/Planta (auch: Kriechsohle/Kriechfußsohle) foot sole, pedal sole, planta
Fußspinner/Tarsenspinner/Embien/Embioptera webspinners, embiids
Fußwurzel/Tarsus tarsal, tarsus

Fußwurzelknochen/Fußgelenksknochen/Tarsal ankle bone, tarsal
Futter feed
Futterbetteln food begging
Futterdrüse/Honigdrüse/Honigmagen/Kropf (Biene) honey crop
Futterhorten food hoarding
Futterlocken tidbitting, feeding lure
füttern feed, allofeeding
Futternapf feeding dish, feeding bowl
Futterpflanze fodder, forage
Futterraufe feeding rack
Futtertrog feeding trough, manger

G

Gabelbein/Furcula united clavicles of birds, furcula, fourchette
Gabelblase/Stewart'sches Organ Stewart's organ
Gabelung/Gabelteilung/Dichotomie forking, bifurcation, dichotomy
gähnen yawning
Gallapfel gall apple
Galle/Gallflüssigkeit bile
Galle/Pflanzengalle/Cecidium gall, cecidium
- **Ananasgalle** pineapple gall
- **Bechergalle** button gall
- **Beutelgalle** pouch gall
- **Blattrandgalle** fold gall
- **Blattstielgalle** petiolar gall
- **Blattgalle** leaf gall
- **Eichenschwammgalle** oak apple
- **Filzgalle** filz gall
- **Kegelgalle** cone gall
- **Knoppergalle** knopper gall
- **Linsengalle, große** button gall, spangle gall (oak)
- **Markgalle** medullar gall, mark gall
- **Pflanzengalle/Cecidium** gall, cecidium
- **Rollgalle** roll gall
- **Schlafapfel/Bedeguar** pin cushion gall, bedeguar
- **Schwammkugelgalle** marble gall
- **Stengelgalle/Zweiggalle** twig gall
- **Tiergalle** zoocecidium
- **Umwallungsgalle** covering gall
- **von Pilzen hervorgerufene Galle/Phytocecidium** phytocecidium
- **von Tieren hervorgerufene Galle/Zoocecidium** zoocecidium
- **Weidenrose** camellia gall
- **Wurzelgalle** root gall

gallenbewohnend/Gall.../gallicol gallicolous
Gallenblase gall bladder
Gallengang bile duct
Gallenkunde/Lehre von den Gallen/Cecidologie cecidology
Gallerie/unterirdischer Gang/Stollen/Laufgang gallery

Gallerreger ***(sg. & pl.)*** galler(s), gallmaker(s)
gallertartig gelatinous, gel-like
Gallerte jelly, gelatin, gel
Gallertkuppe / Cupula cupule, cupula
gallerzeugende Tiere / Cecidozoen cecidozoa
Galopp (Sprunglauf) gallop (fast three-beat gait)
- **leichter Galopp / Kanter** canter, Canterbury gallop, slow gallop

galoppieren gallop
Gamet / Keimzelle / Geschlechtszelle gamete, sex cell
Gametocyst / Gametozyst gametocyst
Gametocyt / Gametozyt gametocyte
Gametogamie / Syngamie gametogamy, syngamy
Gametogonie / Gamogonie gametogony, gamogony
Gang (unterirdischer) / Stollen / Laufgang / Gallerie gallery
Gang / Gangart gait, pace
- **aufrechter Gang / aufrechte Gangart** upright gait (erect), orthograde gait
- **Diagonalgang / Kreuzgang** diagonal gait
- **Faustgang (Handknöchel)** fist-walking
- **Knöchelgang (Fußknöchel)** knuckle-walking
- **Paßgang** amble
- **Sohlengang / Plantigradie** plantigrade gait
- **Zehengang / Digitigradie** digitigrade gait
- **Zehenspitzengang / Hufgang / Unguligradie** unguligrade gait

Gang / Grabgang / Fraßgang / Tunnel tunnel, gallery, burrow
Ganglion / Nervenknoten ganglion
Ganoidschuppe / Schmelzschuppe ganoid scale
Ganoin ganoine
Gänsehaut gooseflesh, goose pimples, goose bumps
Gänserich gander
Gänsevögel / Entenvögel / Anseriformes waterfowl (ducks, geese, swans)
ganzrandig entire, simple
Garnelen / „Krabben" shrimps (small), prawns (large)
Gärung fermentation
Gasaustausch gas exchange, gaseous interchange
Gasbehälter / Pneumatophor float, air sac, pneumatophore
Gasdrüse gas gland
Gaskammer (Nautilus) gas chamber
Gast guest
- **echter Gast / Symphil** symphile

Gaster (Hymenoptera: geschwollener Teil des Abdomens) gaster
Gastpflege / Symphilie symphily
Gastralfilament gastric filament
Gastraltasche / Darmsack gastric pouch
Gastrodermis-Kanal / Solenie gastrodermal tube, solenia
Gastrointestinaltrakt / Magen-Darm-Trakt gastrointestinal tract
Gastrolith / Magenstein / Magensteinchen / Hummerstein gastrolith
Gastrovaskularsystem gastrovascular system
Gattung genus (*pl.* genera)
Gattungsname generic name
Gaumen palate, roof of mouth (vertebrates), roof of pharynx (insects)
- **harter Gaumen** hard palate
- **weicher Gaumen / Gaumensegel / Velum / Velum palatinum** soft palate, velum palatinum

Gaumenbein / Palatinum / Os palatinum palatine bone
geädert veined, venulous
gebändert / breit gestreift banded, fasciate
Gebärde / Geste / Haltung gesture, posture
gebären / niederkommen / Junge bekommen give birth, bear young, bear offspring
Gebären / Niederkunft giving birth, delivery, parturition
Gebärmutter / Uterus uterus
Gebärmutter... / die Gebärmutter betreffend / uterin uterine
Gebärmutterhals / Zervix / Cervix cervix

Gebärmuttermund/Muttermund mouth/orifice of the uterus, orificium uteri
Gebärmutterwand/Uterusepithel/Endometrium uteral lining, uteral epithelium, endometrium
gebärtet bearded, barbate (having hair tufts)
Gebiet/Territorium territory
– **Verbreitungsgebiet** geographic range, area of distribution
Gebietsassoziation regional association
Gebirge mountains
Gebirgskamm mountain crest, mountain ridge
Gebirgskette mountain chain, mountain range
Gebirgsstufe/subalpine Stufe subalpine zone, subalpine region
Gebiß dentition, teeth
gebuchtet/buchtig sinuate
gebündelt bundled, fasciculate
Geburt birth
Geburtenrate/Natalität birthrate, natality
Geburtshilfe obstetrics
Gedächtnis memory
Gedächtniszelle memory cell
Gedärme/Eingeweide/Innereien/Viscera/Splancha intestines, entrails, innards, guts, viscera (Mensch: bowels, intestines, guts)
gedeihen/florieren thrive, flourish
gedrängt crowded, tufted
gedreht/verdreht/gewunden twisted, contorted
gedreht (Torsion der Nervenstränge) torted
Gefäß (Trachee) vessel, trachea
gefächert/fächerig/gekammert valvate, chambered
gefährdet endangered
Gefälle/Gradient gradient
gefaltet folded, pleated, plicate
Gefänge (Geweih) antlers
Gefangenschaft captivity
Gefäßhaut (Auge) vascular layer
gefenstert fenestrated
Gefieder/Federkleid/Ptilosis plumage, ptilosis
Gefiederputzen/Gefiederkraulen (allgemein) preen
– **(gegenseitig)** allopreening
– **(selbst)** autopreening
Gefiedersträuben plumage ruffling, feather ruffling
gefiedert/pinnat/pennat pinnate, pennate
– **einfach gefiedert** unipennate
– **paarig gefiedert** equally pinnate/pennate, paripinnate
– **zweifach gefiedert** bipennate
Gefiederwechsel/Mausern molt, molting
gefingert fingered, digitate
Geflechtknochen/Faserknochen fibrous bone
gefleckt spotted, mottled
Geflügel fowl, poultry (Hausgeflügel)
geflügelt winged, alate
gefranst fimbriate(d), fringed
gefräßig voracious
Gefräßigkeit voracity
Gefrierätzung freeze-etching
Gefrierbruch freeze-fracture, cryofracture
Gefriertrocknung freeze-dry
Gefühl feeling, sensation
gefurcht/gerieft furrowed, grooved, fissured, sulcate
gefurcht (Gehirn)/gyrencephal gyrencephalous, gyrencephalic (convoluted surface)
gegabelt forked, furcate
– **einfach gegabelt/dichotom** bifurcate, dichotomous
Gegenfärbung (Mikroskopie) counterstain
Gegenkraft/Rückwirkungskraft reactive force
Gegenschattierung/Hintergrundsfärbung countershading
gegenseitig mutual, mutualistic
Gegenseitigkeit/Mutualismus mutualism
gegenständig/gegenüberliegend opposite, opposing
Gegenstrom countercurrent
gegliedert/mit Gelenk articulate
gegliedert/unterteilt divided
Gehäuse shell, case, casing

Gehege (Tier~/Wild~) enclosure (game preserve/game reserve)
gehen/laufen (zu Fuß fortbewegen) walk
Gehirn brain (*siehe auch:* Hirn)
Gehirnhaut/Hirnhaut/Meninx (*pl.* Meninga) cerebral membrane, cerebral meninx
Gehirnschädel/Hirnschädel/ Neurocranium neurocranium
Gehör hearing
Gehörgang auditory canal, auditory meatus
Gehörknöchelchen auditory ossicle/ ossiculum
Gehörn/Hörner horns (**Geweih** antlers)
gehörnt horned
Gehörsinn hearing, sense of hearing
Gehörstein/Hörsteinchen/Otolith "ear bone", "ear stone", otolith
geigenförmig fiddle-shaped, panduriform
Geigenrochen/Rhinobatoidei guitarfishes
Geiß doe (goat doe: nanny, nanny goat)
Geißel/Flagelle flagellum
Geißelantenne/Ringelantenne/ amyocerate Antenne amyocerate antenna (muscles only in base segment)
Geißelhärchen mastigonema
Geißelsäckchen flagellar pocket, reservoir, anterior pocket
Geißelskorpione & Geißelspinnen/ Pedipalpi (Uropygi & Amblypygi) whipscorpions and tailless whipscorpions (incl. vinegarroons)
Geißeltierchen/Geißelträger/ Flagellaten/Mastigophora flagellates, mastigophorans
gekammert/gefächert/fächerig chambered, valvate
gekämmt/kammartig/kammförmig comblike, rakelike, ctenoid, pectinate, pectiniform
gekerbt/kerbig notched, nicked, crenate
gekielt keeled, having a keel, carinate
gekrümmt/campylotrop/ kampylotrop (Samenanlage) campylotropous, bent
Gelände terrain
Geländeübung field excercise
gelappt/lappig lobed, lobate
Gelatine gelatin
gelber Fleck/Macula lutea (mit Fovea centralis) yellow spot, macula lutea (with fovea centralis)
Gelbfieber *(Flavivirus)* yellow fever
Gelbkörper corpus luteum
Gelee jelly
Gelege/Eigelege clutch (nest of eggs)
Gelegenheitsparasit/fakultativer Parasit facultative parasite
gelehrig/folgsam docile
Gelenk/Verbindung/Angelpunkt joint, hinge, articulation
- **Eigelenk** ellipsoidal joint
- **Fußgelenk** ankle
- **Handgelenk** wrist
- **Kugelgelenk** ball-and-socket joint, spheroid joint
- **Sattelgelenk** saddle joint, sellaris joint
- **Scharniergelenk** hinge joint, ginglymus joint

Gelenk.../Glieder.../mit Gelenk/ gegliedert jointed, hinged, articular
Gelenkflüssigkeit/Gelenkschmiere/ Synovialflüssigkeit synovial fluid
Gelenkfortsatz articular process
Gelenkhöcker/Gelenkfortsatz/ Condylus condyle
gelenkig/gelenkartig verbunden articulate, jointed
Gelenkkapsel joint capsule, articular capsule
Gelenkknorpel articular cartilage
Gelenkkopf/Capitulum rounded articular eminence/extremity, capitulum
Gelenkpfanne/Gelenkgrube/ Acetabulum articular socket, acetabulum
Gelenkschmiere/Gelenkflüssigkeit/ Synovialflüssigkeit synovial fluid
Gelenkspalt joint cavity
Gelenkverbindung/Gelenk articulation
gelöster Stoff solute
gemäßigt temperate, moderate
gemäßigte Zone temperate zone, temperate region

gemähnt/mit einer Mähne maned
Gemeinsamkeit (Zusammensein) togetherness
Gemeinschaft community, association
Gemeinschwämme/Demospongiae demosponges
Gemischtgeschlechtlichkeit/ Einhäusigkeit/Monözie monecy, monoecy, monecism, monoecism
Gendrift genetic drift
Genealogie genealogy
Generalist generalist
Generationsdauer generation period
Generationswechsel alternation of generations
Generatorpotential generator potential
Genetik/Vererbungslehre genetics (study of inheritance)
Genfluß gene flow
Genick/Nacken nape (back of the neck), nucha; poll (crest/apex of skull: Hinterkopf)
genießbar/eßbar comestible, edible
genießbar/schmackhaft palatable
Genitalanlage genital primordium
Genitalfuß/Begattungsfuß/ Gonopodium gonopod, gonopodium
Genitalien genitals, genitalia, genital organs, sexual organs
Genitalplatte genital plate
Genitalporus/Genitalöffnung/ Geschlechtsöffnung/Gonopore genital opening, genital aperture, gonopore
Genitalpräsentieren genital display
Genitaltaster gonopalpon
Genotyp/Genotypus genotype
geöhrt auriculate, eared, ear-like
Geologie geology, Earth science
Geoökologie geo-ecology
geophag geophagous
Geophagie/Erdeessen geophagy, geophagism
geophil geophilous (living in/on soil)
gepanzert armored, thecate
gepunktet punctuated
Geradflügler/Orthoptera orthopterans
gerbsäurehaltig/gerbstoffhaltig tanniferous
gerinnen/koagulieren set; curdle, coagulate
gerinnen (Blut) clot
Gerinnsel (z. B. Blut) clot
Gerinnungsfaktor clotting factor
Gerippe skeleton
Geruch (allgemein) smell, scent, odor
– **angenehmer Geruch/Duft** fragrance, odor
– **stechender Geruch** pungency
Geruchsfährte/Geruchsspur odor trail
Geruchssinn/olfaktorischer Sinn olfactory sense
Geruchsstoff, angenehmer fragrance, perfume (stronger scent)
Geruchsstoff, unangenehmer/ abweisender repugnant substance
Gerüst scaffolding, framework, stroma, reticulum
Gerüst (Netz) scaffolding
gesägt serrate, serrated, sawed, saw-edged
– **fein gesägt** serrulate, finely serrate, finely notched
Gesamtbiomasse total biomass
Gesang (Vögel) singing, song (*siehe:* Lied)
Gesangsrepertoire song repertoire
Gesäß buttocks, posterior, behind, rump
Gesäßbein/Sitzbein/Sitzknochen/Os ischii ischium
Gesäßfalte gluteal fold
Gesäßschwiele/Sitzschwiele/ Analkallosität ischial callosity, sitting pad, anal callosity
Gesäßweisen buttocks display
gescheckt variegated
geschichtet laminated
Geschlecht (männlich/weiblich/ neutral) sex (male/female/neuter), gender
Geschlechterverhältnis sex ratio
geschlechtlich sexual
Geschlechtlichkeit sexhood
Geschlechtsarm/Geschlechtstentakel/ Hectocotylus hectocotylus, hectocotylized arm, heterocotylus
Geschlechtschromosom/Heterosom/ Gonosom sex chromosome, heterochromosome
Geschlechtsdimorphismus/Sexual-dimorphismus sexual dimorphism

Geschlechtsdrüse/Keimdrüse/Gonade sex gland, gonad
Geschlechtskrankheit venereal disease, sexually transmitted disease
Geschlechtsmerkmal sexual characteristic
Geschlechtsöffnung/Begattungsöffnung/Genitalporus/Genitalöffnung/Gonopore genital opening/pore/aperture, gonopore
Geschlechtspartner mate, mating partner
Geschlechtspolyp/Gonozoid reproductive polyp, gonozooid
Geschlechtsreife sexual maturity
Geschlechtstentakel/Geschlechtsarm/Hectocotylus hectocotylus, hectocotylized arm, heterocotylus
Geschlechtstrennung/Getrenntgeschlechtlichkeit/Diözie (speziell postnatal: Gonochorismus) dioecism (speziell postnatal: gonochorism)
Geschlechtsumkehr sex reversal
Geschlechtsverkehr/Kopulationsakt/Begattungsakt/Koitus sexual intercourse, copulation, coitus
Geschlechtszelle/Keimzelle/Gamet sex cell, gamete
geschlitzt/zerschlitzt, gleichmäßig incised, evenly notched/cut
–, ungleichmäßig lacerate, torn
Geschmack taste
Geschmacksknospe/Geschmackspapille/Geschmacksbecher taste bud
Geschmackskörperchen taste cell, taste corpuscle
Geschmackssinn sense of taste, gustatory sense
Geschmacksstoff flavor, flavoring
geschützt protected
geschwanzt caudate, tail-pointed
geschweift/leicht gewellt repand
Geschwindigkeitskonstante (Enzymkinetik) rate constant
Geschwister sibling
geschwollen turgid, swollen
Geschwollenheit/Turgidität turgidity
gesellig sociable, gregarious
Geselligkeit/Geselligkeitsgrad/Soziabilität sociability, gregariousness
Geselligkeitstrieb/Geselligkeit sociality
Gesellschaft (z. B. Tier~) community
Gesellschaft/Beisammensein company
Gesellschaft/Vergesellschaftung (Gruppe) society
Gesellschaftstreue fidelity to a particular community
Gesicht face
Gesichtsausdruck/Physiognomie facial expression, physiognomy
Gesichtsfeld/Sehfeld/Blickfeld field of vision, field of view, range of vision, visual field
Gesichtsschädel/Splanchnocranium splanchnocranium
Gesichtssinn vision, eyesight
Gesichtszüge facial features
gespalten split, cracked
Gespenstheuschrecken & Stabheuschrecken/Phasmida stick-insects
Gespinst (Raupenkokon) cocoon
Gespinst (Spinnwebe) web
gespornt spurred
gesprenkelt mottled
Gestalt shape, form, appearance, contour
gestaucht/zusammengezogen compressed, contracted
gestielt stalked, pedunculate
Gestik/Geste/Gebärde gesture
gestreift striped
– **breit gestreift** broadely striped, fasciate
– **fein gestreift** finely striped, striated
geteilt divided, parted, partite (divided into parts)
Getier animals (*collect.*, i.e., various kinds of animals)
getrenntgeschlechtlich/zweihäusig/diözisch (speziell postnatal: gonochor) dioecious, diecious (postnatal: gonochoric)
Getrenntgeschlechtlichkeit/Zweihäusigkeit/Geschlechtstrennung/Diözie (speziell postnatal: Gonochorie) dioecy, dioecism (postnatal: gonochory)

Gewässer body of water, water body
Gewebe (z. B. Spinngewebe) fabric, mesh, network
Gewebe (Zellassoziation) tissue
Gewebekultur tissue culture
Gewebelehre/Histologie histology
Gewebetiere/Mitteltiere/„Vielzeller"/ Metazoa metazoans
Gewebswanderzelle/Gewebs-Makrophage/Histiozyt histiocyte
Geweih antlers
Geweihbasis/Hornbasis burr (base of antler)
Geweihrose pedicel
Geweihzacke/Geweihsproß prong, spike
gewellt undate, undulate
– leicht gewellt/geschweift repand
gewimpert ciliate(d)
Gewinde (Schneckenschale) spire
Gewöhnung habituation
Gewöhnungslernen/Habituation habituation
Gewölbe/Fornix fornix
gewölbt tuberculate, vaulted
Gewölle (Raubvögel) pellets
gewunden twisted, coiled, wound
gezackt/gesägt serrate
gezähnt toothed, dentate
Gezeiten/Tiden tides
Gezeitentümpel tidal pool, tide pool
Gezeitenzone/Tidebereich (Eulitoral) tidal zone, intertidal zone, littoral zone
Gift/Toxin poison, toxin
Gift (Tiergift) venom
Giftdrüse poison gland
giftig/toxisch poisonous, toxic
giftig (Tiere) venomous
Giftigkeit/Toxizität poisonousness, toxicity
Giftklaue poison fang, venomous fang (unguis)
Giftzahn (Schlangen) poison tooth, venom tooth, fang
Gilde guild
Gladius/Rückenfeder (pergament-artige Schulpe) pen
glänzend glossy
Glanzfische/Glanzfischartige/ Gotteslachsverwandte/ Lampriformes moonfishes
Glanzstreifen/Kittlinie (Muskel) intercalated disc
Glaskörper vitreous body
Glasschwämme/Hexactinelliden glass sponges
glatt smooth, even
gleichartig/verwandt/kongenial congenial
gleichförmig uniform
gleichgestaltet similar-structured
Gleichgewicht balance, equilibrium
Gleichgewichtskonstante equilibrium constant
Gleichgewichtsorgan (statisches/ dynamisches) equilibrium organ (static/dynamic)
Gleichgewichtszustand equilibrium state
gleichwarm/warmblütig/ homoiotherm/endotherm warm-blooded, homoiothermic, homothermic, endothermic
gleichzählig/isomer isomerous
Gleitfilamentmodel (Gleitfilament-theorie) sliding-filament model
Gleitflug glide, gliding (flight)
Gleithaut/Flughaut/Spannhaut/ Flatterhaut/Patagium patagium
Gliazelle glial cell
Glied/Segment segment
Glied, männliches/Penis penis
Glied .../Glieder .../Gelenk .../ gegliedert articulate
Gliederantenne/myocerate Antenne myocerate antenna (muscles in each antennal segment)
Gliederborste articular bristle
Gliederfüßer/Arthropoden arthropods
Gliederkette/Proglottidenkette/ Strobilus (Bandwürmer) chain of proglottids, strobilus
Gliedertiere/Articulaten articulates, articulated animals
Gliederung classification
Gliedmaße/Extremität (*pl.* Glied-maßen/Extremitäten) limb, extremity, appendage (articulated)
Glochidium (Larve) glochidium
Glocke (Medusen) bell
glockenförmig bell-shaped, campanular, campaniform

Glockenkern entocodon
Glomus caroticum carotid body
Glykokalyx glycocalyx (cell coat)
Gnathochilarium gnathochilarium
Gnathopod gnathopod
Gnathos gnathos
Gnathosoma / Capitulum gnathosoma, capitulum
Golgi-Apparat Golgi apparatus, Golgi complex
Golgi-Vesikel Golgi vesicle
Gonade / Keimdrüse / Geschlechtsdrüse gonad, sex gland
Gonadenhöhle / Gonocoel perigonadial cavity, gonocoel
Gongylidie / Bromatium / „Kohlrabi" gongylidium (*pl.* gongylidia), bromatium
Gottesanbeterinnen & Fangschrecken / Mantodea / Mantoptera mantids
Gotteslachsverwandte / Glanzfischartige / Glanzfische / Lampriformes moonfishes
Graafscher Follikel / Graaf-Follikel / Tertiärfollikel Graafian follicle
Grab … / grabend digging, fossorial; burrowing
Grabbein fossorial leg
graben dig
– **einen Gang graben / eine Höhle graben** burrow
Grabfüßer / Kahnfüßer / Solenoconchae / Scaphopoden tusk shells, tooth shells, scaphopods, scaphopodians(spade-footed mollusks)
Grannenhaar short guard hair
granulär granular
Granulocyt / Granulozyt granulocyte
grasbüschelartig / rasig / rasenartig cespitose, caespitose, caespitulose (growing densely in tufts)
grasen / abgrasen / abfressen / weiden graze (herbs), browse (twigs / leaves of shrubs)
grasendes Tier grazer (herbs), browser (twigs / leaves of shrubs)
Grat (Berg~) mountain ridge
Grat-Rinnen-System (Riff) spur-and-groove zone, buttress zone
Gräte / Fischgräte bone
graue Substanz grey matter
graugrün / blaugrün grey-green, glaucous
Gravidität / Trächtigkeit / Schwangerschaft gravidity, pregnancy
Greif … / zum Greifen geeignet / zupackend / ergreifend grasping, prehensile, able to grasp, raptorial
Greiffuß / Fang (Raubvogel) raptorial claw
Greifhand / Greiffuß (Säuger / Vögel) prehensile hand / foot, grasping hand / foot
Greiforgan prehensile organ
Greifschwanz prehensile tail
Greifvogel / Raubvogel bird of prey, predatory bird, raptorial bird
Greifvögel / Falconiformes diurnal birds of prey (falcons and others)
Greifzange / Haltezange / Klasper grasping claws, clasper(s), clasps
Grenzfaktor / begrenzender Faktor limiting factor
Grind / Schorf scab
Grobjustierung coarse adjustment
Großhirn / Endhirn / Telencephalon cerebrum, endbrain, telencephalon
Großhirnrinde cerebral cortex
Großhirnsichel / Falx cerebri falx cerebri (sickle-shaped fold in dura mater)
Grübchen / kleine Grube fovea, small pit
Grube pit, crypt
Grube (Schlangen) pit
Grubenorgan pit organ
grubig pitted, foveate
– **kleingrubig** foveolate, having small depressions
Grundbewohner bottom dweller
gründeln (Wasservögel) dabble
Gründerpolyp / Primärpolyp founder polyp, primary polyp
Gründerprinzip founder principle
Grundgestein / Muttergestein / Ausgangsgestein bedrock, rock base, parent rock
Grundgewebe / Parenchym ground tissue, fundamental tissue, parenchyma
Grundplatte (Neuralrohr) ventral horn
Grundstoffwechselrate basal metabolic rate

Grundsubstanz/Grundgerüst/Matrix base material, ground substance, matrix
Grundumsatz base metabolic rate
Gründünger green manure
grüne Drüse/Antennendrüse/Antennennephridium green gland, antennal gland, antennary gland
Grünfutter/Grünzeug soilage, green forage, greenstuff
grunzen grunt
Gruppe group, assemblage
Gruppe (derselben Organisationsstufe) grade
Gruppenbalz communal courtship
Gruppenmächtigkeit group importance value
Gruppenwert group value
Gruppierung assemblage
Gularplatte/Schlundplatte/Kehlplatte (Fische/prognathe Insekten) gular plate, gula
Gülle/Flüssigmist manure (liquid: total excretions diluted with water)
Gürtel/Gurt/Cingulum girdle, cingulum
Gürteldesmosom belt desmosome
Gürteln/Ringelung (Baumrinde) girdling, ringing
Gürtelpuppe/Pupa cingulata girdled pupa
Gürteltiere (Cingulata/Loricata: Xenarthra) armadillos
Gürteltransekt belt transect
Gürtelwürmer/Clitellaten clitellata
Gutartigkeit benignity, benign nature
Gynandromorph/Gynander gynandromorph, gyander, sex mosaic
Gynandromorphismus gynandromorphism
Gynogenese gynogenesis
gyrencephal/gefurcht (Gehirn) gyrencephalous, gyrencephalic (convoluted surface)
gyrocon (Cephalopoden: Gehäuse) gyroconic

H

H-Zelle (Exkretionszelle abgeleiteter Nematoden) renette cell
H-Zone (Muskel) H zone
Haar hair
- **Grannenhaar/Deckhaar** guard hair
- **Oberflächenhäutchen** cuticle of the hair
- **Tasthaar/Sinushaar/Spürhaar/Vibrissa** tactile hair, vibrissa
- **unechtes Haar/Trichom** trichome
- **Wollhaar/Unterhaar** underhair

haarartig piliform, trichoid
Haarbalg/Haarfollikel hair follicle
Haarbedeckung der Säugetiere pelage, furcoat (hairy covering of mammals)
Haarbulbus/Haarzwiebel hair bulb
Haarflügler/Köcherfliegen/Trichoptera caddis flies
Haarfollikel/Haarbalg hair follicle
haarig (*siehe*: behaart) hairy
Haarkleid hair-covering, indumentum; coat of hair, furcoat
Haarkranz/Krone (am Huf) coronet
Haarlinge & Federlinge/Mallophaga biting lice, chewing lice
haarlos/unbehaart/kahl hairless, glabrous, bald
Haarmark hair medulla
Haarmuskel/Musculus arrector pili hair erector muscle, arrector pili muscle
Haarpinsel/Duftpinsel (Schmetterlinge) hair pencil, tibial tuft
Haarrinde hair cortex
Haarschaft hair shaft
Haarschopf/Haarbüschel/Haarkranz hair-tuft
Haarsensille hair sensilla
Haarsterne/Federsterne/Comatulida feather stars, comatulids
Haarsträuben/Fellsträuben piloerection
Haartalgdrüse sebaceous gland
Haarwurzel hair root
Haarwurzelscheide hair root sheath
Haarzelle hair cell

Haarzwiebel / Haarbulbus hair bulb
Hachse (Sprunggelenk / Fesselgelenk der Schlachttiere) hock
Hachse(n) (Beine der Schlachttiere) shank(s)
Hachse / Bein leg
Hackordnung peck order, pecking order
Hadal / Tiefseegrabenzone (Hänge) hadal zone
Haematopoese / Hämatopoese / Blutbildung / Blutzellbildung hematopoiesis
Haftdrüse adhesive gland
Hafte / echte Netzflügler / Planipennia / Neuroptera neuropterans (dobson flies / ant lions)
Haftläppchen / Arolium (an Prätarsus) arolium
Haftlappen / Pulvillus / Lobulus lateralis adhesive pad, pulvillus
Haftorgan (Haie / Rochen) clasper
Haftplatte / Haftscheibe / Saugnapf adhesive disc / disk
Haftscheibe / Haftorgan / Appressorium (allgemein) holdfast, appressorium
Haftscheibe / Kletterorgan adhesive disc
Haftscheibe / Saugscheibe / Saugorgan / Haustorium sucker, haustorium
Hagelschnur / Chalaze chalaza
Hahn male chicken, cock, rooster
Hähnchen cockerel (under 1 year)
Hahnentritt / Fruchthof / Keimscheibe tread, cocktread, germ disk, "eye"
Haie, echte / Galeomorpha / Carcharhiniformes tiger sharks / catsharks & sand sharks & requiem sharks & hammerheads and others
Haifische sharks
Häkchen / Hamulus (an Feder) hooklet, barbicel, hamulus (*pl.* hamuli)
Haken hook
hakenförmig hook-shaped, unciform, hamiform
Hakenrüßler / Kinorhyncha kinorhynchs
Hakenwürmer *(Ancylostoma / Necator spp.)* hookworms
hakig hooked, hook-like, uncinate, hamate
Halbaffen / Prosimii prosimians, lower primates
Halbdecke / Hemielytre hemielytron, hemelytron
Halbdune / Semipluma semiplume, semipluma
halbdurchlässig / semipermeabel semipermeable
Halbflügler / Hemiptera / Rhynchota / Schnabelkerfe (Heteroptera & Homoptera) bugs, hemipterans
Halbmond, grauer grey crescent
halbmondförmig / selenodont (Zahnhöcker) crescentic, with crescent-shaped ridges, selenodont
Halbparasit / Halbschmarotzer / Hemiparasit semiparasite, hemiparasite
Halbwüste semidesert
Hallersches Organ (Zecken) Haller's organ
Hals neck
Hals / Kehle throat
Halsschild cervical sclerite
Halsschlagader carotid artery
Halswirbel / Cervikalwirbel cervical vertebra
Haltere / Schwingkölbchen haltere
Haltezange (Insektenmännchen) / Harpagon / Harpe male clasper, harpagone, harpe
Haltung / Stellung / Lage posture, stance
– **aufrechte / Haltung** upright posture, orthograde posture
Hämalbogen / Haemalbogen hemal arch
Hämalkanal / Haemalkanal hemal canal, hemal duct
Hämalsystem / Haemalsystem hemal system
Hämatozyt / Hämatocyt / Hämocyt / Hämozyt / Blutzelle hematocyte, hemocyte
Hammer / Malleus (Ohr) hammer, malleus
Hämolymphe (Blutplasma einiger Invertebraten) hemolymph
hamstern *(vb.)* hoard
Hamstern *(n.)* hoarding
Handdecken (Vögel) primary tectrices
handförmig hand-shaped, palmate
Handgelenk wrist joint

Handgelenksknochen/Handwurzelknochen/Carpalia/Ossa carpalia wrist bone, carpal bone
Handschwingen/Hautschwingen primaries, primary feathers (primary remiges)
Handwurzel/Karpus/Carpus carpus
Handwurzelknochen/Handgelenksknochen/Carpalia/Ossa carpalia wrist bone, carpal bone
Hang slope, incline
– **Berghang** mountain slope, hillslope
hangeln brachiate
Hangeln/Schwingklettern/Brachiation brachiation
hängend pendulous
Hangler/Schwingkletterer brachiator
Haptocyste (ein Extrusom) haptocyst
Haptor (Haftorgan: Trematoden) haptor
Harem harem
Harmonikabewegung/Regenwurmbewegung (Schlangen) concertina movement
Harn/Urin urine
Harnblase urinary bladder
harnen/urinieren micturate, urinate
Harngang/Harnleiter ureter, urinary duct
Harnhaut/Allantois allantois
Harnmarkierung urine marking
Harnprüfen urine sampling
Harnröhre/Urethra urethra
Harnsamenleiter uroseminal duct (archinephric duct conducting both sperm and urine)
Harnspritzen urine spraying, enurination
Harpagon/Harpe (Valven bei Insekten) harpagone, harpe (male claspers)
Härte toughness, hardness
Hasen/Lagomorpha rabbits, lagomorphs
Hasenpest/Tularämie *(Pasteurella/Francisella tularensis)* tularemia
Hassen/Haßverhalten mobbing behavior
Hatz/Hetzjagd chase, hunt, hunting
Haube/Netzmagen/Retikulum honeycomb stomach, honeycomb bag, reticulum
Haubennetz (Spinnen) dome web
Hauer (z. B. Eber) tusk, fang (large teeth)
Häufigkeit frequency of occurrence, abundance
Hauptachse main axis, principal axis
Hauptachse/Stolo (Hydrozoen-Kolonien) stolon
Hauptassoziation chief association
Hauptauge main eye
Hauptwirt primary host, main host, definitive host
Hauptzelle (Magen) chief cell
Haustier/domestiziertes Tier (für landwirtschaftliche Nutzzwecke) domesticated animal
– **zahmes Haustier (Liebhaberei)** pet
Haustorium/Fuß haustorium, foot
Haustorium/Saugorgan haustorium, sucker
Haustorium (Muschellarve) haustorium
Haut skin, hide, peel
Haut/Cutis skin, cutis
Haut.../dermal dermal, dermic, dermatic
Hautatmung cutaneous respiration/breathing, integumentary respiration
Hautdrüse/Dermaldrüse dermal gland
häuten molt, shed skin
Hautfalte flap of skin
Hautflügel hymenopterous wing
Hautflügler/Hymenoptera hymenopterans
Hautknochen/Deckknochen/Belegknochen dermal bone
Hautlappen/Fleischlappen lappet
Hautmuskelschlauch epitheliomuscular tube
Hautmuskelzelle epitheliomuscular cell, epitheliomuscle cell
Hautmuskulatur dermal musculature
Hautpapille/Dermispapille dermal papilla
Hautparasit/Hautschmarotzer/Dermatozoe skin parasite, dermatozoan
Hautplatte dermal plate
Hautschwingen/Handschwingen primaries, primary feathers (primary remiges)
Hautskelett dermal skeleton, dermatoskeleton (exoskeleton)

Häutung/Ecdysis/Ekdyse molt, molting, ecdysis, shedding skin
Häutungsflüssigkeit/Ecdysialflüssigkeit/Exuvialflüssigkeit molting fluid, exuvial fluid
Hautzahn/Zahnschuppe/Placoidschuppe/Dentikel dermal denticle, placoid scale
Haversscher Kanal haversian canal (central canal)
Haverssches System/Osteon Haversian system, osteon
Hebelmechanismus leverage mechanism
Heber/Levator levator, lifter (muscle: raising an organ or part)
hecheln (z. B. Hund) pant, panting
hedonische Drüse (Amphibien) hedonic gland
heimisch local, endemic
Heimkehrvermögen/Heimfindevermögen/Zielflug homing instinct
Helix/Spirale helix, spiral
Hellfeld (Mikroskopie) bright field
Hemichordaten/Branchiotremata/Kragentiere hemichordates
hemihomocerk/hemihomozerk hemihomocercal
hemimetabole Entwicklung hemimetabolic/hemimetabolous development
Hemipenis hemipenis
hemizyklisch hemicyclic
hemmend/inhibierend inhibitory
Hemmung/Inhibition inhibition
- **irreversible Hemmung** irreversible inhibition
- **kompetitive Hemmung** competitive inhibition
- **nichtkompetitive Hemmung** noncompetitive inhibition
- **reversible Hemmung** reversible inhibition

Hengst stallion (Zuchthengst: stud, studhorse)
Henle-Schleife/Henlesche Schleife loop of Henle
Henne hen
Hepatopankreas/Mitteldarmdrüse midgut gland
herabhängend/herablaufend decurrent
- **schlaff herabhängend** drooping

herabstoßen (Vögel: im Sturzflug die Beute ergreifen) stooping, dive-bombing
herauskommen/hervorkommen/auftauchen emerge
herausragen/hervorstehen protrude, stand out
Herde herd, flock
Herden (Hüteverhalten) herding (guarding behavior)
Herden .../in Herden lebend/gesellig (Herdentiere/Insekten) gregarious
Herdentrieb/Herdeninstinkt herd instinct, herding instinct
Heringsfische/Heringsverwandte/Clupeiformes herrings and relatives
Herkunft/Abstammung origin, descent, provenance (Provenienz)
Hermaphrodit/Zwitter hermaphrodite
- **protandrischer/proterandrischer Hermaphrodit** protandric hermaphrodite
- **Pseudohermaphrodit/Scheinzwitter** pseudohermaphrodite
- **Simultanhermaphrodit** simultaneous/synchronous hermaphrodite
- **Suczedanhermaphrodit** sequential hermaphrodite

hermaphroditisch/zwittrig hermaphroditic
Hermaphroditismus/Zwittertum hermaphrodism
hermatypisch/riffbildend hermatypic, reef-building
Herpetologie (Amphibien- und Kriechtierkunde) herpetology
Herrentiere/Primaten primates
hervorkommen/herauskommen/auftauchen emerge
hervorstehen/herausragen protrude
Herz heart
Herzausstoß cardiac output
Herzbeutel/Perikard/Pericard pericardium
herzförmig cordate, cordiform, heart-shaped
Herzigel/Herzseeigel/Spatangoida heart urchins
Herzklappe heart valve, cardial valve
Herzklopfen beating/throbbing of the heart

Herzmuskel cardiac muscle
Herzschlag heart beat
Herzschlauch/Röhrenherz tubular heart
Herzvorhof/Herzvorkammer/Aurikel/Atrium auricle, atrium
Herzwurm ***(Dirofilaria spp.)*** heartworm
heterocerk/heterozerk heterocercal
heterochron heterochronous
Heterochronie heterochrony, heterochronism
heterocöl/heterocoel heterocelous
heterogen/ungleichartig/verschiedenartig/andersartig heterogeneous (consisting of dissimilar parts)
heterogen/unterschiedlicher Herkunft heterogenous (of different origin)
Heterogonie/zyklische Parthenogenese heterogamy
heterotroph heterotroph, heterotrophic
heterotypisch heterotypic
Heterozie/Heteröcie heteroecy, heteroecism
heterözisch heteroecious, heterecious, heteroxenous
heterozygot/mischerbig heterozygous
hetzen inciting, chasing
Heuaufguß hay infusion
heulen howl
heulen/schreien (Eulen) hoot
heuristisch heuristic
Hexacorallia hexacorallians, hexacorals
Hierarchie hierarchy
hierarchisch hierarchical
Hinfallhaut/Decidua decidua
hinführend/zuführend/zuleitend afferent
Hinterbeine hindlegs, posterior legs
Hinterbrust/Metathorax metathorax
Hinterdarm/Enddarm/Proctodaeum hindgut, proctodeum
Hinterextremität hindlimb
Hinterflügel (Unterflügel) hindwing
Hintergrundsfärbung/Gegenschattierung countershading
Hinterhand (Pferd) hindquarter, haunch
Hinterhaupt/Occiput occiput (dorsal/posterior part of head)
Hinterhirn/Tritocerebrum (Insekten) tritocerebrum
Hinterkiemenschnecken/Hinterkiemer/Opisthobranchia opisthobranch snails, opisthobranchs
Hinterkopf back of the head; poll (crest/top/apex/back of head: *esp.* horses/cattle)
Hinterkörper/Hinterleib/Abdomen/Opisthosoma abdomen; opisthosoma
Hinterleibsstiel/„Taille"/Petiolus podeon, podeum, petiole
Hinterschenkel (Pferd) gaskin
Hinterteil/Hinterleib/Hinterviertel hindquarter, haunch
– **(Pferd)** croup
Hirnanhangsdrüse/Hypophyse pituitary gland, hypophysis
Hirnflüssigkeit/Gehirn-Rückenmarks-Flüssigkeit cerebrospinal fluid
Hirnhaut/Gehirnhaut/Meninx (pl. Meninga) cerebral meninx (*pl.* meninga/meninges), cerebral membrane
– **harte Hirnhaut/Pachymeninx (Dura mater)** pachymeninx
– **weiche Hirnhaut/Leptomeninx (Arachnoidea & Pia mater)** leptomeninx
Hirnkapsel/Schädel/Cranium braincase, skull, head capsule, cranium
Hirnschädel/Gehirnschädel/Neurocranium neurocranium
Hirnstamm/Truncus cerebri brain stem
Hirschmännchen, erwachsenes stag
Histiozyt/Gewebswanderzelle/Gewebs-Makrophage histiocyte
Histokompatibilitätskomplex histocompatibility complex
hitzebeständig heat-resistant
hitzeverträglich heat-tolerant
hochkronig/hypsodont/hypselodont with high crowns, hypsodont
Hochsee/offenes Meer/Hochseebereich/ozeanische Region open sea, pelagic zone, oceanic zone/province

hochwürgen/wiederaufstoßen/ regurgitieren regurgitate
Hochwürgen/Wiederaufstoßen/ Regurgitation regurgitation
Hochzeitskleid (Vögel) nuptial dress, nuptial plumage
Höcker/Fetthöcker (Kamele/Rinder) hump
Höcker (Vogelschnabel: Buckel/ Wölbung) gibbosity
höckerig/buckelig (allgemein) humped
– **(Vogelschnabel)** gibbose, gibbous
Hoden testicle, testis (*pl.* testes)
Hoden .../den Hoden betreffend testicular
Hodensack/Skrotum scrotum
Höhe, über dem Meeresspiegel altitude
Höhenlage altitude, elevation, higher location
Höhenstufe/Vegetationsstufe altitudinal zone/region/belt, vegetation(al) zone/region/belt
hohl hollow
Höhle (allgemein) cave, crypt, cavity
Höhle/Kammer/Ventrikel (kleine Körperhöhle) cavity, chamber, ventricle
höhlenbewohnend cave-dwelling, cavernicolous (troglophilic)
Hohlknochen hollow bone, pneumatic bone
Hohlraum/Höhlung/Lumen cavity, lumen
Hohltiere/Nesseltiere/Coelenteraten/ Cnidaria cnidarians, coelenterates
Höhlung crypt
Hohlvene/Vena cava vena cava
hold/preferentiell (Boden/Gesell-schaftstreue) preferential, favorably associated
holistisch holistic
holokrin holocrine
holometabole Entwicklung holometabolic development
Holometabolie holometabolism
Holonephros holonephros
Holoparasit/Vollschmarotzer/ Vollparasit holoparasite, obligate parasite
Holotypus/Holotyp holotype
Holozän/Jetztzeit/Alluvium (erd-geschichtliche Epoche) Holocene, Recent, Holocene Epoch, Recent Epoch
Holz → **in Holz lebend/auf Holz gedeihend** xylophilous, thriving in/on wood
holzfressend wood-eating, feeding on wood, xylophagous
holzzersetzend decomposing wood
homocerk/homozerk homocercal
homocöl/homocoel homocelous
homogen/einheitlich/gleichartig homogeneous (having same kind of constituents)
homogen/gleicher Herkunft homogenous (of same origin)
homoiosmotisch homoiosmotic
homoiotherm/gleichwarm/ endotherm/warmblütig homoiothermic, homeothermic, endothermic, warm-blooded
Homoiothermie/Warmblütigkeit homoiothermy, homeothermy, homoiothermism, warm-bloodedness
homolog/ursprungsgleich homologous
Homologie homology
homologisieren homologize
homonom homonomous
homonym homonymous, homonymic
Homonym homonym
Homonymie homonymy
Homöostase/Homöostasie homeostasis
Homotransplantat/Allotransplantat homograft, syngraft, allograft
Homotyp homotype
homozygot/reinerbig/reinrassig homozygous
Honigmagen/Honigdrüse/Futter-drüse/Kropf (Biene) honey crop
Honigtau honeydew
Honigwabe honeycomb
hoppeln (z. B. Hase) hop
hören (vernehmen) hear
– **zuhören** listen
Hörgrenze hearing/auditory threshold
Hörhaar/Becherhaar/ Trichobothrium acoustical hair, trichobothrium, vibratory sensory hair
Hörkölbchen/Rhopalium rhopalium

Hormon hormone
Horn horn
Hörner/Gehörn horns
Hörnerv auditory nerve
Hornhaut (verhornte Haut) callus
Hornhaut/Cornea (Auge) cornea
Hornhechtartige/Ährenfisch-verwandte/Atheriniformes silversides & skippers & flying fishes and others
Hornkorallen/Rindenkorallen/Gorgonaria gorgonians
Hornscheide cornified sheath, horn sheath
Hornschicht/Stratum corneum stratum corneum (horny layer of epidermis)
Hornschwämme/Netzfaser-schwämme/Cornacuspongiae horny sponges
Horst/Raubvogelnest nest (esp. of predatory birds)
– **Adlerhorst** eagle nest
Hörsteinchen/Gehörstein/Otolith "ear bone", "ear stone", otolith
horsten (Raubvögel) nest
Hörvermögen/Gehör audition
hudern (Vögel) take (chicks) under its wing, gathering under wings
Huf hoof, ungula
Huf.../mit Hufen/hufartig hoofed, hoof-like, ungulate
Hufbein (Pferde) coffin bone
Hufeisenwürmer/Phoroniden/Phoronidea phoronids
hufförmig hoof-shaped, unguliform
Hufgang/Zehenspitzengang/Unguligradie unguligrade gait
Hüftbeuge/Leiste groin
Hüftdarm/Ileum ileum
Hüfte hip
Hüftgelenk/Coxa hip joint, coxa
Huftier hoofed animal/mammal, ungulate
Hüftknochen/Hüftbein/Os coxae (Beckenhälfte: Darmbein & Sitzbein & Schambein) hipbone, innominate bone (lateral half of pelvis)
Hüftmünder/Merostomata merostomes, merostomates
Huhn chicken, hen (Henne)
Hühnchen young chicken, young hen, pullet
hühnerartig gallinaceous
Hühnerstall chicken coop
Hühnervögel/Galliformes gallinaceous birds, fowl-like birds
Hülle/Häutchen/Tunika tunic
Hülle/Mantel body covering, vesture, vestiture
Hüllglockenlarve/Pericalymma yolk larva, vitellaria, lecithotroph pericalymma, test-cell larva
Hüllzelle (Dicyemida) jacket cell
Humeralflügel humeral feathers, humerals, tertiaries, tertial feathers
Humeralquerader humeral cross-vein
Hundertfüßer/Chilopoden centipedes, chilopodians
Hundemeute kennel, pack of dogs
Hundepension/Hundeheim (*siehe auch:* Tierheim) dog kennel
Hundespulwurm *(Toxocara canis)* canine ascarid
Hundezwinger (staatl. Tierheim für verwaiste Tiere) dog pound
Hündin female dog
Hunger hunger
hungrig hungry
hüpfen hop, jump, skip, leap
hybrid/durch Kreuzung erzeugt hybrid, crossbred
Hybride hybrid, crossbreed
Hybridisierung/Bastardisierung hybridization, bastardization
Hydatide hydatid
Hydoidbogen/Zungenbeinbogen hydoid arch
Hydratation (Wassereinlagerung/Wasseranlagerung) hydration
Hydrierung (Wasserstoffanlagerung) hydrogenation
Hydrocoel hydrocoel, hydrocoele
Hydroskelett/hydrostatisches Skelett hydroskeleton, hydrostatic skeleton
hydrothermaler Schlot hydrothermal vent
Hydrozoen/Hydroidea hydrozoans, hydra-like animals, hydroids
Hyoidbogen/Zungenbeinbogen (Gesamtheit der Teile) hyoid arch
Hyoidbogen/Zungenbeinbogen (nur Knorpelspange) hyoid bar (skeleton only)

Hyoideum/Zungenbein/Os hyoideum hyoid bone, lingual bone
hypaxionisch (Rumpfmuskulatur) hypaxial
Hyperparasit hyperparasite
Hypoblast epiblast
Hypobranchialrinne/Endostyl hypobranchial furrow, endostyle
hypocerk/hypozerk hypocercal
Hypodermis (Epidermis einiger Wirbelloser) epidermis
hypognath hypognathous
Hypophysentasche/Rathkesche Tasche hypophyseal pouch/sac, Rathke's pouch
Hypostracum/Perlmutterschicht hypostracum, nacreous layer
Hypothese hypothesis

I

I-Bande (Muskel) I band
Idioplasma/Keimplasma idioplasm, germ plasm, gonoplasm
Igelwürmer/Stachelschwänze/Echiuriden/Echiura spoon worms, echiuroid worms
Imaginalanlage imaginal anlage
Imaginalring imaginal ring
Imaginalscheibe imaginal disc, imaginal bud
Imago (*pl.* Imagines)/Vollinsekt/Adultinsekt imago (*pl.* imagoes/imagines)
Imbibition/Hydratation imbibition, hydration
Imker/Bienenzüchter beekeeper, apiarist
Imme/Biene bee
immun immune
immunisieren/impfen immunize, vaccinate
Immunisierung/Impfung immunization, vaccination
Immunität immunity
Immunologie immunology
Impfung/Immunisierung vaccination, immunization
imponieren be impressive
Imponierverhalten/Imponiergehabe/Imponiergebaren display behavior
indifferente Art indifferent species
Indigen indigenous species, native species/organism/lifeform
Industriemelanismus industrial melanism
induzierte Paßform induced fit
infusiform infusiform
Infusorigen infusorigen
Ingerartige/Inger/Schleimaale/Myxiniformes (bzw. Myxinida) hagfishes
Inkrustierung incrustation, encrustation
Inkubationszeit incubation period
inkubieren/brood/breed incubate, brüten, bebrüten
Innenhaut/Endodermis endodermis

Innenlade/Lacinia lacinia, inner lobe of maxilla
Innenohr inner ear
Innenparasit/Endoparasit endoparasite
Innenschicht inner layer, interior layer
Innenskelett/Endoskelett endoskeleton
Innereien/Eingeweide entrails, innards, viscera, guts (fish viscera etc.)
Innereien (eßbare Gedärme des Schweins) chitterlings, chitlins
Innereien (eßbare Organe des Geflügels) giblets (edible viscera of fowl)
Innereien (Schlachttiere: Schweine/Rinder) pluck
Innervation/Innervierung innervation
Inquilinismus/Einmietung/Synökie inquilinism
Insekt(en) insect(s)
– **geflügelte Insekten/Fluginsekten/Pterygota** winged insects, pterygote insects
– **ungeflügelte Insekten/Apterygota** wingless insects
Insektenfalle insect-trap
insektenfressend/insektivor insectivorous
Insektenfresser/Insectivoren insectivores
Insektenkunde/Entomologie entomology
Insektenvernichtungsmittel/Insektizid insecticide
Insel/Inselfeld (Gehirn) insula
Inselorgan islet organ
inseriert inserted
Instinkt instinct
Instinkt-Dressur-Verschränkung instinct-training-interlocking
Instinktverhalten/Triebverhalten instinctive behavior, instinct behavior
Integument/Decke/Hülle (z. B. Körperdecke/Haut) integument, covering (e. g. body covering/skin)
Interferenz-Mikroskopie interference microscopy
interkalar/eingeschoben intercalary (inserted between others)
Interkalarader/Intercalarader intercalary vein
Interradie/Bivium (Holothurien) bivium
interzellulär intercellular
Interzellulare/Zwischenzellraum intercellular space
intrazellulär intracellular
Introgression introgression
intrors introrse
Introvert introvert
Intussuszeption intussusception
Invagination/Einstülpung/Einfaltung/Embolie invagination, emboly
invers inverted
Invertebraten/Evertebraten/Wirbellose invertebrates
Inzest incest
Inzucht/Reinzucht inbreeding, endogamy
Ionenkanal ion channel
Ionenpumpe ion pump
Ionenschleuse gated ion channel
Ionentransport ion transport
irdisch/terrestrisch terrestrial
Iridocyt/Iridozyt/Flitterzelle/Leucophor/Guanophor iridocyte, iridophore, leucophore, guanophore
isabellfarben (gelb-olivbraun) isabelline
Ischiopodit ischiopodite
isoelektrischer Punkt isoelectric point
Isogamie isogamy
isolezithal/isolecithal (mit gleichmäßig verteiltem Dotter) isolecithal
Isophän isophene
Isotypus/Isotyp isotype

J

Jackobslachs/Bartolomäuslachs grilse
Jacobsonsches Organ/vomeronasales Organ Jacobson's organ, vomeronasal organ
Jagd (Raub) predation
Jagd/Jägerei hunt, hunting
Jagdbeute/verfolgtes Wild quarry, prey
Jagdgeflügel game birds (legally hunted)
Jagdgründe hunting range, hunting grounds, hunting territory
Jagdspiel mock-hunting
jagen hunt, prey
Jäger (Mensch) hunter
Jäger (Räuber) predator
Jägerei/Jagd hunt, hunting
Jahresrhythmus circannual rhythm
Jahreszeit season
Jahreszeitenwechsel seasonal change
jahreszeitlich/saisonal seasonal
Jährling/einjähriges Tier (meist Rinder) yearling (short ~: 9 to 12 months; long ~: 12 to 18 months)
Jauche liquid manure (urine)
Jetztzeit/Holozän (erdgeschichtliche Epoche) Recent/Holocene, Recent Epoch, Holocene Epoch
Jochbein/Jugale jugal (bone)
Johnston's organ Johnstonsches Organ
Jordansches Organ/Chaetosoma/Chaetosema Jordan's organ, chaetosoma, chaetosema
Jugalader jugal vein
Jugalfalte jugal fold
Jugalfeld/Jugum/Neala jugal cell, jugal region, neala
Jugend (~zeit/~phase/~stadium) adolescence, juvenile stage, juvenile phase
Jugend/Jugendlichkeit juvenility
Jugendform juvenile form
Jugendgesang/Dichten (Jungvögel) juvenile song, subsong
Jugendstadium/Jugendphase/Jugendzeit adolescence, juvenile stage, juvenile phase
Julliensches Organ organ of Jullien
Junge werfen bear young, litter
Junges (Nachkommen) young (offspring); *see also:* Jungtier
Jungfernhäutchen/Hymen hymen
Jungfernzeugung/Parthenogenese parthenogenesis
Junglarve/Eilarve/Primärlarve primary larva
Jungspinne spiderling
Jungtier/Junges (v. a. Säuger) young, pup (e. g. whale/seal/rat/dog), cub (young carnivore: bear/fox/lion)
– **säugendes Jungtier** suckling
Jungvogel/Kücken/Küken squab, chick
Jura/Jurazeit (erdgeschichtliche Periode) Jurassic, Jurassic Period
Justierschraube/Justierknopf/Triebknopf (Mikroskop) focus adjustment knob, adjustment knob
Justierung (Scharfeinstellung des Mikroskops: fein/grob) focus, adjustment, focus adjustment (fine/coarse)

K

Kadaver/Tierleiche cadaver, carcass, corpse
Käfer/Coleoptera beetles
Käferschnecken/Placophora placophorans (incl. chitons)
Käfig cage
- **kleiner Tierkäfig /kleiner Verschlag** hutch, pen, coop

kahl bare, barren; bald, glabrous
Kahlfraß (durch Schädlinge) complete defoliation (by pests)
Kahlhechte/Amiiformes (Schlammfisch) modern bowfin
Kahnfüßer/Grabfüßer/Solenoconchae/Scaphopoden tooth shells, tusk shells, scaphopods, scaphopodians (spade-footed mollusks)
Kala-Azar/Cala-Azar/schwarzes Fieber/viszerale Leishmaniasis *(Leishmania donovani)* Cala-Azar, kala azar
Kalb/Jungtier calf
kalben *(vb.)* calf
Kalben *(n.)* calving
Kalk lime
Kalkdrüse calciferous gland
Kalkeinlagerung/Verkalkung/Calcifikation calcification
kalkig/kalkartig/kalkhaltig calcareous
Kalkkörper calcareous corpuscle/body
Kalkplättchen/Kalkkörperchen/Kokkolit/Coccolit coccolith
Kalkschale calcareous shell
Kalkschwämme/Calcarea calcareous sponges
Kalkung liming
Kallus callus
Kalmare/Teuthoidea (bzw. Teuthida) squids
Kältestarre/Winterstarre torpor
kalzifug/calcifug/kalkmeidend calcifuge
kalzikol/calcicol/kalkhold calcicole
Kambrium/Cambrium (erdgeschichtliche Periode) Cambrian, Cambrian Period
Kamelhalsfliegen/Raphidioptera snakeflies
Kamerunbeule *(Loa loa)* African eyeworm disease, loa
Kamm comb, pecten
- **Pollenkamm** pollen rake, pecten

Kamm/Crista (Hahnenkamm) comb, crest, ridge
kammartig/kammförmig/gekämmt comblike, rakelike, ctenoid, ctenose, pectinate, pectiniform
Kammer/Fach chamber, valve, case
Kammerflüssigkeit (Nautilus) cameral fluid
Kammerpore, zuführende prosopyle
kammförmig comb-shaped, cteniform
Kammkieme/Ctenidie/Ctenidium gill plume, gill comb, ctenidium
Kammkiemer/Fiederkiemer/Protobranchiata (Bivalvia) protobranch bivalves
Kammquallen/Rippenquallen/Ctenophoren sea gooseberries, sea combs, comb jellies, sea walnuts, ctenophores
Kammschuppe/Ctenoidschuppe ctenoid scale
Kammünder/Ctenostomata (Bryozoen) ctenostomates
Kammuscheln/Pectinidae pen shells
Kampfverhalten fighting behavior
kandelaberförmig candelabra-shaped
kannenartig/krugartig/sackartig/schlauchartig ascidiate
kannenförmig/krugförmig/schlauchförmig ascidiform
Kannibalismus cannibalism
Kanonenbein (Mittelfußknochen der Huftiere) cannon bone
Känozoikum/Kaenozoikum/Erdneuzeit/Neozoikum (erdgeschichtliches Zeitalter) Cenozoic, Cenozoic Era, Cainozoic Era, Neozoic Era
kantig angular
Kapazität/Tragfähigkeit (Ökosystem) carrying capacity
Kapazitätsgrenze/Grenze der ökologischen Belastbarkeit carrying capacity
Kapillare capillary
Kappenzelle (Scolopidium) cap cell

kapsal / capsal / kokkal / coccal nonmotile unicellular
Kapuzenspinnen / Ricinulei / Podogona ricinuleids
Karbon / Steinkohlenzeit (erdgeschichtliche Periode) Carboniferous, Carboniferous Period
karnivor / carnivor / fleischfressend carnivorous, flesh-eating, meat-eating
Karnivor / Carnivor / Fleischfresser carnivore, flesh-eater, meat-eater
Karpfenfische / Karpfenartige / Cypriniformes carps & characins & minnows & suckers & loaches
Karpfenläuse / Fischläuse / Kiemenschwänze / Branchiura / Argulida fish lice
Karpose carposis
Kartierung mapping, plotting
Karyogamie / Kernvereinigung / Kernverschmelzung karyogamy, nuclear fusion
Käsefliegenlarve (Piophilidae) cheese-skipper
Kaste caste
kastrieren castrate, geld
kastriertes Tier (z. B. Pferd) gelding
Kastrierung / Kastration castration
Kasuare & Emus / Casuariiformes cassowaries & emus
katabol / catabol catabolic (degradative reactions)
katadrom catadromous
Katalepsie catalepsy
Katalysation catalysis
Katalysator catalyst
katalytisch catalytic
Katastrophentheorie catastrophism
Kater tomcat (male domestic cat)
Kätzchen / junge Katze / Katzenjunges kitten
kauen / zerkauen chew, masticate
Kauen / Zerkauen chewing, mastication
kauend chewing, masticatory
kauend-beißend (Mundwerkzeuge) chewing-biting (mouthparts)
Kaulade (Crustaceen) gnathobase, blade
Kaulade (Insekten: aus Galea und Lacinia) (maxilliary / maxilliped) plate
Kaulquappe tadpole, "polliwog"
Kaumagen / Cardia cardiac stomach, cardia
Kaumagen / Pharynx / Mastax (Rotatorien) pharynx, mastax
Kaumagen / Proventriculus (Insekten / Crustaceen) gizzard, proventriculus
Kaumuskel masticatory muscle, muscle of mastication
Kegel cone
kegelförmig / konisch cone-shaped, conical
Kegelgalle cone gall
Kegelspirale (Gastropoda) helicone
Kehldeckel epiglottis
Kehle / Hals throat
Kehle / Luftröhre windpipe, trachea
Kehle / Speiseröhre esophagus, oesophagus; gullet
Kehlhautsack (Vögel) pouch
Kehlkopf / Larynx (Adamsapfel) larnyx (Adam's apple)
Kehllappen (Vögel / Reptilien: Hautlappen) dewlap, wattle
Kehlplatte / Schlundplatte / Gularplatte (prognathous insects) gula, gular plate
Kehlsack (Pelikan / Frosch) gular pouch
kehlständig (Bauchflossen) located near the "chin"
keilförmig cuneate, cuneiform, sphenoid, wedge-shaped
keilförmig zugespitzt attenuate, tapering
Keim / Keimling / Embryo germ, embryo
Keim (Mikroorganismus) germ
Keimbahn germ line
Keimbläschen germinal vesicle
Keimblatt / Blatt / Keimschicht (Embryologie) germ layer
–, primäres → äußeres Keimblatt / Ectoderm ectoderm
–, primäres → inneres Keimblatt / Entoderm / Endoderm entoderm, endoderm
–, sekundäres / Mesoderm mesoderm
Keimdrüse / Geschlechtsdrüse / Gonade sex gland, germ gland, gonad
keimen germinate, sprout
Keimepithel germinal epithelium

Keimesbewegung/Blastokinese blastokinesis
Keimfleck/Macula germinativa germ spot
Keimhülle, äußere/äußere Eihülle/äußeres Eihüllepithel/Serosa serosa, serous membrane
Keimhülle, innere/innere Eihülle/Amnion amnion
Keimling/Embryo embryo
Keimplasma/Idioplasma germ plasm, idioplasm, gonoplasm
Keimruhe seed dormancy
Keimscheibe/Embryonalschild/Diskus/Discus germinal disc/disk, germ disc/disk, blastodisc
Keimschicht (*Echinococcus* Blase) germinal layer
Keimschicht/Stratum germinativum Malpighian layer, germinal layer, germinative layer, stratum germinativum
Keimstock/Germarium ovary, germarium
Keimstreifen/Primitivstreifen (Gastrulation) germinal streak, primitive streak
Keimstreifen (Insektenei) germ band
Keimtasche/Sporosac (Hydrozoen) sporosac
keimtötend/bakterizid bactericidal
Keimzahl (Anzahl von Mikroorganismen) cell count, germ count
Keimzelle (sexuelle) sex cell, gamete
Kelch calyx
Kelchwürmer/Nicktiere/Kamptozooen/Entoprocta kamptozoans, entoprocta
Kennart diagnostic species
Kerbe indentation, notch
kerbig/gekerbt notched, nicked, crenate
Kerbtiere/Kerfe/Insekten insects
Kern → Zellkern nucleus, karyon
Kernbeißerschnabel seed-cracking beak
Kerndimorphismus nuclear dimorphism
Kerndualismus nuclear dualism
Kernhülle nuclear envelope
Kernkörperchen/Nukleolus nucleolus
Kernmembran nuclear membrane
Kernphase nuclear phase
Kernphasenwechsel alternation of nuclear phase
Kernplasma/Karyoplasma/Nucleoplasma karyoplasm, nucleoplasm
Kernpore nuclear pore
Kernteilung nuclear division, mitosis
Kernverschmelzung fusion of nuclei, caryogamy
Kessel/Brutkammer (geschlossene Bruthöhle der Ameisenkönigin) claustral cell
Keule/Bein leg
keulenartig club-like, clubbed, clavate
Keuper (Epoche) Upper Triassic
Kiefer jaw
Kiefer/Trophi (Rotatorien) (pharyngeal) jaws, trophi
Kieferbogen/Mandibularbogen (Gesamtheit der Teile) mandibular arch
– **(nur Knorpelspange)** mandibular bar (skeleton only)
Kieferfüßer/Maxillopoda maxillopods
Kieferfühler/Scherenkiefer/Klaue/Freßzange/Chelicere chelicera, fang, cheliceral fang
Kieferfuß/Maxilliped/Maxillarfuß/Pes maxilliaris maxilliped, maxillipede, gnathopodite, jaw-foot, foot-jaw
Kieferknochen jawbone
Kieferlose/Agnathen/Agnatha jawless fishes, agnathans
Kiefermäuler/Kiefermündchen/Gnathostomuliden gnathostomulids
Kiefermünder/Gnathostomata jawed vertebrates, jaw-mouthed animals, gnathostomatans
Kieferschluß/Okklusion occlusion
Kiefertaster/Maxillartaster/Maxillarpalpus/Palpus maxillaris maxilliary palp
Kiel keel, carina
Kieme gill
Kiemenbalken (Cephalochordaten) gill rod
Kiemenbeine/Blattbeine/Blattfüße/Buchkiemen (dichtstehende Kiemenlamellen: Xiphosuriden) book gills (gill book)

Kiemenblatt/Kiemenblättchen/Kiemenlamelle/Hemibranchie (Fische/Muscheln) gill lamella
Kiemenbogen/Branchialbogen/Viszeralbogen (Gesamtheit der Teile) gill arch, branchial arch, visceral arch
– **(nur Knorpelspange)** gill bar, branchial bar, visceral bar (skeleton only)
Kiemenbürste (Flabellum) gill cleaner
Kiemendarm/Pharynx branchial gut, branchial basket, pharynx
Kiemendeckel/Operculum/Operkulum gill cover, operculum
Kiemendorn gill raker
Kiemenfaden/Kiemenfilament gill filament
Kiemenfüßer/Blattfußkrebse/Phyllopoda/Branchiopoda phyllopods, branchiopods
Kiemengang, äußerer/Suprabranchialraum suprabranchial chamber
Kiemengang, innerer/Subbranchialraum subbranchial chamber
Kiemenhautstrahl/Branchiostegalstrahl (Radius branchiostegus) branchiostegal ray
Kiemenherz (Cephalopoda) gill heart, branchial heart
Kiemenhöhle/Kiemenkammer gill cavity, gill chamber
Kiemenkammer/Kiemenhöhle gill chamber, gill cavity
Kiemenkorb gill basket
Kiemenöffnung gill opening, gill aperture
Kiemenpumpe branchial pump
Kiemensack/Kiementasche gill pouch, branchial sac, pharyngeal pouch
Kiemenschwänze/Karpfenläuse/Fischläuse/Branchiura/Argulida fish lice
Kiemenspalte/Viszeralspalte gill slit, pharyngeal slit, gill cleft, branchial cleft, pharyngeal cleft
Kiemenstrahl gill ray
Kiementasche/Kiemensack gill pouch, branchial sac, pharyngeal pouch
kiementragend branchiferous
Kieselerde diatomaceous earth
kieselsäurehaltig siliceous
Kieselschwämme/Silicospongiae (Demospongien) siliceous sponges, demosponges
Kindbettfieber/Wochenbettfieber/Puerperalfieber (bakteriell) childbed fever, puerperal fever
Kindermord infanticide
Kindheit childhood
Kinese kinesis
Kinet kinetium, kinety
Kinetochor kinetochore
Kinetocyst kinetocyst
Kinetoplast kinetoplast
Kinetosom/Basalkörper kinetosome, basal body
Kinorhyncha/Hakenrüßler kinorhynchs
Kittdrüse/Klebdrüse/Zementdrüse/Fußdrüse adhesive gland, cement gland, pedal gland
Kittleiste/Verschlußkontakt/Schlußleiste/Engkontakt/Tight junction (Zonula occludens) tight junction
Kitz → Rehkitz fawn
Kitz → Zicklein kid, young goat
Kitzler/Klitoris/Clitoris clitoris
Kiwis/Apterygiformes kiwis
Kladistik/Cladistik cladistics, phylogenetic analysis
Kladogenese cladogenesis
Kladogramm cladogram
klaffen/offen stehen gape
klaffende Schalenöffnung shell gape
Klaffmuskel diductor muscle
Klammerfuß/Pes semicoronatus (Bauchfüße der Larven: Großschmetterlinge) proleg with crochets on planta in a row
Klammergriff grasp
Klammerreflex clasp reflex
Klappe/Schalenklappe (Muschelschalenhälfte) valve
klappig valvate
Klappmechanismus/Schnappmechanismus snap mechanism
Klasse class
klassifizieren classify
Klassifizierung/Klassifikation classifying, classification
– **biologische/Taxonomie** taxonomy

klassische Konditionierung classical conditioning
Klaue/Unguis claw
Klauendrüse claw gland
Klauenglied/Krallenglied/Krallensegment/Krallensockel/Prätarsus pretarsus
Klebdrüse/Kittdrüse/Zementdrüse adhesive gland, cement gland
– **Fußdrüse** pedal gland
– **Schwanzdrüse/Rektaldrüse (Nematoden)** rectal gland
Klebfaden (Spinnennetz) adhesive thread, viscid/sticky line
Klebkapsel/Glutinante glutinant
klebrig/glutinös sticky, glutinous, viscid
Klebzelle/Kolloblast/Colloblast adhesive cell, colloblast, lasso cell
kleidoisches Ei/beschaltes Ei cleidoic egg, shelled egg, "land egg"
kleingesägt/feingesägt serrulate, finely serrate, finely notched
kleingrubig scrobiculate, alveolate
Kleinhirn/Hinterhirn/Cerebellum cerebellum, epencephalon
Kleinkärpflinge/Cyprinodontiformes killifishes
Kleintiere small mammals
Kleintierpraxis (Tierarzt) veterinary practice for small mammals
Kleintierzüchterverein *literally:* small mammal breeders club
Kleptobiose/Cleptobiose cleptobiosis
Kleptoparasit kleptoparasite, cleptoparasite
Kletterfuß climbing foot
kletterfüßig (Vögel: z. B. Papageien) zygodactyl, zygodactylous
kletternd/klimmend climbing, scandent
Klicklaut (Zahnwale) clicking sound
Klimaanpassung acclimation, acclimatization
Klimaxformation climax formation
Klimaxgesellschaft climax community
klimmend/kletternd climbing, scandent
Kline/Klin/Cline/Merkmalsgefälle/Merkmalsgradient cline, phenotypic/character gradient
Klitoris/Clitoris/Kitzler clitoris
Kloake cloaca
Kloakentiere/Monotremata (Prototheria) monotremes (prototherians)
Klon clone
klonieren clone
Klonselektionstheorie/klonale Selektionstheorie clonal selection theory
klopfen (Hasen) thump, thumping
knabbern (Hasen) nibble
Knie knee
Knie/Patella (Arthropoden) genu, patella
Knie.../knieartig genicular
knieförmig gebogen geniculate, bent like a knee
Kniegelenk knee joint
– **(Pferd/Hund)** stifle
Kniekehle back of the knee, bend of the knee
Kniescheibe/Patella kneecap, knee bone, patella
– **(Pferd)** stifle bone
Knöchel (Fuß~) ankle
Knöchel (Hand~) knuckle
Knöchelchen small bone, ossicle
Knöchelgang (Fußknöchel) knuckle-walking
Knochen bone
– **kompakter Knochen** compact bone, dense bone
– **lamellärer Knochen/Lamellenknochen** laminar bone
– **spongiöser Knochen** spongy bone, cancellous bone
Knochen.../knöchern bony
Knochenbildung/Knochenentstehung/Osteogenese osteogenesis
Knochenbildung/Ossifikation ossification
Knochengewebe bone tissue, osseous tissue
Knochenhaft/Synostose synostosis, synosteosis
Knochenhaut/Periost periosteum
Knochenhechte/Lepisosteiformes gars
Knochenmark bone marrow
Knochenmehl bone meal
Knochenzüngler/Knochenzünglerartige/Osteoglossiformes osteoglossiforms
knöchern/Knochen... bony

knollenförmig bulb-shaped
Knollenorgan/tuberöses Organ (Elektrorezeptor) tubiform organ
Knorpel cartilage
- **elastischer Knorpel** elastic cartilage
- **Faserknorpel** fibrous cartilage, fibrocartilage
- **Gelenksknorpel** articular cartilage
- **hyaliner Knorpel** hyaline cartilage
- **verkalkter Knorpel** calcified cartilage

Knorpelfische/Chondrichthyes cartilaginous fishes, chondrichthians
Knorpelgewebe/chondroides Gewebe (Parenchymknorpel) chondroid tissue
Knorpelhaft/Synchondrose synchondrosis
Knorpelhaut/Perichondrium perichondrium
knorpelig cartilaginous
Knorpelzelle/Chondrozyt cartilage cell, chondrocyte
Knospe bud
Knospe/Frustel/Frustula (Polypen) (asexual) bud, frustule
knospen/knospend bud, budding
Knospung (asexual) budding
Knospung/Frustulation (Polypen) (asexual) budding, frustulation
Knoten/Nodium node
Köcher ***(Trichoptera)*** case (in some species: tube)
Köcherfliegen/Haarflügler/Trichoptera caddis flies
Köder bait
Koevolution coevolution
Koexistenz coexistance
Kohlenstoffquelle carbon source
„Kohlrabi"/Bromatium/Gongylidie bromatium, gongylidium (*pl.* gongylidia)
Kohorte cohort
Koitus/Kopulationsakt/Begattungsakt/Geschlechtsverkehr coitus, coition, copulation, sexual intercourse
kokkal/coccal coccal
kokkoid coccoid
Kokkolit/Coccolit/Kalkplättchen/Kalkkörperchen coccolith
Kokkus (*pl.* Kokken) coccus (*pl.* cocci)
Kokon cocoon
Kolbenflügler/Fächerflügler/Strepsiptera twisted-winged insects, stylopids
Kolibris/Trochiliformes hummingbirds
kollateral collateral
Kolonie colony
koloniebildend colonial, colony-forming
Kombinationsregel/Unabhängigkeitsregel (Mendel) law/principle of random (independent) assortment
Kommensale/Mitesser commensal
Kommensalismus commensalism
Kommissur commissure
Kommunikationskontakt/Macula communicans/Nexus/Gap junction (Zellkontakte) gap junction
Kompartimentierung compartmentalization
kompatibel/verträglich compatible
Kompensationspunkt compensation point
Kompetition/Konkurrenz/Wettbewerb competition
Konchyliologie conchology
Konditionierung, klassische classical conditioning
kongenial/verwandt/gleichartig congenial
kongenital/angeboren/ererbt congenital
Königin queen
Königin-Futtersaft/Gelée Royale royal jelly, bee milk
Königin-Substanz queen substance
Konkurrent competitor
Konkurrenz/Kompetition/Wettbewerb competition
Konkurrenz-Ausschluß-Prinzip/Konkurrenz-Exklusions-Prinzip principle of competitive exclusion, exclusion principle (Gause's rule/principle)
Konkurrenzvermeidung evasion of competition
Konsanguinität consanguinity
Konsistenz/Beschaffenheit consistency
konspezifisch (von der gleichen Art) conspecific
Konspezifität conspecificity
Konstanz constancy
Konsument/Verbraucher consumer

Konsumhandlung consummatory act
Konsumverhalten consummatory behavior
Kontakthemmung contact inhibition
Kontaktverhalten huddling
Kontinentalböschung continental slope
Kontinentalklima / Binnenklima / Landklima continental climate
Kontinentalrand continental fringe
Kontinentalsockel / Festlandsockel / Kontinentalschelf continental shelf
Kontraktionsphase contraction period
Kontrastierung (mikroskopisch) staining
Konturfeder / Umrißfeder contour feather
konvergent convergent
Konvergenz convergence
Konzentrationsgefälle concentration gradient
Kopf / Cephalon / Caput head
Kopf-Rumpf-Länge head-body length
Kopfbrust / Cephalothorax cephalothorax
Kopfdrüse / Stirndrüse / Frontaldrüse cephalic gland, frontal gland
Kopffüßer / Cephalopoden cephalopods
Kopffuß / Cephalopodium (Mollusken) head-foot
Kopfkappe (Nautilus) hood
Kopflappen / Acron / Prostomium acron, prostomium
Kopfschild / Clypeus shield, clypeus
Kopfschild (Trilobiten) cephalon
Kopfschildschnecken / Kopfschildträger / Kephalaspidea / Cephalaspidea bubble shells
Koppel (Gruppe: Wale / Delphine / Seehunde) pod (whales / dolphins / seals)
Koppel (Weide) enclosed pasture, fenced pasture
koppen (Pferde) suck wind
koprophag / coprophag / dungfressend / kotfressend coprophagous, coprophagic
Koprophage / Coprophage / Dungfresser / Kotfresser coprophagist
Koprophagie / Coprophagie / Dungfressen coprophagy
Kopulation / Begattung / Paarung copulation, sexual union, mating
Kopulationsakt / Koitus / Begattungsakt / Geschlechtsverkehr copulation, coitus, sexual intercourse
kopulieren / begatten / paaren copulate, mate
Korallen corals
Korallenpfeiler coral / reef pinnacle
Korallenriff coral reef
Korbvesikel coated vesicle
Körnerdrüse / Giftdrüse (Amphibien) granular gland, poison gland
Kornsekretdrüse prostatic gland
Körper body, soma
Körperbedeckung der Säugetiere pelage
Körperdecke / Integument body covering, integument (skin)
Körperflüssigkeit body fluid
Körperhöhle / Leibeshöhle body cavity
–, primäre / Blastocöl blastocoel, blastocele
–, sekundäre / Cölom / Coelom secondary body cavity, coelom, perigastrium
Körperoberfläche body surface
Körperpflege preening
– soziale Körperpflege social grooming (mammals), social preening (birds)
Körperumriß body contours
Körperzelle / Somazelle body cell, somatic cell
Korsettierchen / Panzertierchen / Loriciferen corset bearers, loriciferans
Kosmopolit cosmopolitan, cosmopolite
kosmopolitisch / weltweit verbreitet cosmopolitan, occurring worldwide
Kost / Speise / Nahrung / Diät diet, food, feed, nutrition
Kosta / Costa / Rippe costa, rib
Kot / Fäkalien feces
Kotdarm / Coprodeum coprodeum
Köte / Fesselkopf / Fesselgelenk des Pferdes fetlock (metatarso-phalangeal articulation)
Kötenbehang / Kötenhaare / Fesselhaare fetlock, fetlock hair
Kotwurst *(Arenicola)* casting (lugworm)

Kraftflug/Schlagflug (Vögel) propulsive flight
kräftiges Wachstum vigorous growth
Kraftschlag/Wirkungsschlag effective stroke
Kragen (z.B. Mesosoma der Enteropneusten) collar
Kragengeißelzelle/Kragenzelle/Choanozyt collar cell, choanocyte
Kragenlappen/Mantellappen (Brachiopoden) mantle lobe
Kragentiere/Hemichordaten/Branchiotremata/Hemichordata hemichordates
krähen crow
Kraken/Octobrachia/Octopoda octopuses, octopods
Kralle/Klaue (Vögel) claw, talon
Kralle/Nagel/Klaue/Unguis claw, nail
Kralle/Unguiculus small claw, nail, unguiculus
Krallenschwänze/Doppelschaler/Diplostraca/Onychura clam shrimps & water fleas
Krallensegment/Krallenglied/Krallensockel/Klauenglied/Prätarsus (Insekten) pretarsus
Kranichvögel/Kranichverwandte/Gruiformes cranes & rails and allies
krank sick, ill, diseased
krankhaft/pathologisch pathological
krankhafte Veränderung lesion
Krankheit disease, illness
krankheitserregend/pathogen disease-causing, pathogenic
Krankheitserreger disease-causing agent, pathogen
Krankheitsüberträger transmitter of disease
Kranzdarm coronal stomach, coronal sinus
kranzförmig coronal, wreath-shaped
Kranzfühler/Fühlerkranztiere/Tentaculaten tentaculates (bryozoans/phoronids/brachiopods)
Kranzfuß/Pes coronatus (Bauchfüße der Larven: Kleinschmetterlinge) proleg with crochets on planta in a circle
Kranzquallen/Tiefseequallen/Coronatae coronate medusas
Krätze/Räude (Milben~) scabies, scab (domestic animals), mange
Krätze/Scabies (Krätzmilbe: *Sarcoptes scabiei*) scabies
Kratzer (Nahrung abkratzend) scraper
Kratzer/Acanthocephala spiny-headed worms, thorny-headed worms
Krause (Federn/Haar) ruff
Krause'sches Körperchen Krause's end bulb, bouton
Kräuselkamm/Calamistrum calamistrum
Krebse/Echte Krabben/Brachyura crabs
Krebsschere/Chela crab pincers, chela
Krebstiere/„Krebse"/Crustaceen crustaceans
Kreide/Kreidezeit (erdgeschichtliche Periode) Cretaceous, Cretaceous Period
Kreis circle
Kreisen (Fischschwärme) milling
kreisförmig/fast rund orbiculate, nearly round
kreisförmig/kreisrund orbicular, circular
Kreislauf cycle
– **Blutkreislauf** circulation
Kreislaufsystem/Zirkulationssystem circulatory system
Kreismünder/Rundmünder/Cyclostomata cyclostomes
Kreuzbefruchtung/Fremdbefruchtung/Allogamie cross-fertilization, allogamy, xenogamy
Kreuzbein/Sakrum/Os sacrum sacrum
kreuzgegenständig/dekussiert decussate
Kreuzlähme ***(Trypanosoma equinum)*** Mal de Calderas
Kreuzung/Kreuzungsprodukt cross
Kreuzung/Züchtung crossing, cross, crossbre(e)d, breed, crossbreeding, interbreeding
Kreuzungstyp/Paarungstyp mating type
Kreuzwirbel/Sakralwirbel sacral vertebra
kriechen crawl
kriechend (am Boden entlang) creeping, crawling, repent

Kriechfrustel (Polypenknospe) creeping frustule (asexual polyp bud)
Kriechfuß (Mollusken) creeping foot
Kriechsohle/Trivium (z. B. Holothuriden) foot sole, trivium
Kriechtiere/Reptilien reptiles
Krill/Leuchtkrebse/Euphausiacea krill and allies
Kristallkegel/Kristallkörper/Linsenzylinder/Conus crystalline cone
Kristallstiel (Muscheln) crystalline style
Kristallzelle/Cristallogenzelle/Sempersche Zelle crystal cell
Krokodile/Panzerechsen/Crocodilia crocodiles
Krone/Haarkranz (am Huf) coronet
Kropf/Vormagen crop
Kropfmilch/Kropfsekret (Tauben) crop milk, pigeon milk (milky secretion from crop lining)
Kröten toads
Kruppe (Hinterteil: Pferd) croup
krüppelig/krüppelhaft stunted
Krüppelwuchs/Krüppelform stunted growth, stuntedness
Krustenanemonen/Zoantharia zoanthids
krustenbildend encrusting
krustig crustose, crustaceous
Kuckucksvögel/Cuculiformes cuckoos and turacos and allies
Kugelfischverwandte/Tetraodontiformes/Plectognathi plectognath fishes
Kugelgelenk ball-and-socket joint, spheroid joint
kugelig/sphärisch spherical
Kuhfladen cow dropping, cow pat, cow dung
Kulturfolger synanthropic animal
Kulturform domestic variety, cultivar
Kumazeen/Cumacea cumaceans
Kundschaftler/Späher/Pfadfinder (z. B. soziale Insekten; Spurbiene) scout
Kuppel (Ctenophoren) dome
kurzborstig hispid
kurzflüglig brachypterous, with short wings
kurzfüßig/mit kurzem Fuß brachypodous, with short legs
kurzgehörnt short-horned, brachycerous
kurzlebig/hinfällig short-living, short-lived, fugacious, soon disappearing
kurzschwänzig (Krabben: Abdomen unter den Thorax geklappt) brachyural, brachyurous
Kurzzeitgedächtnis short-term memory
Küste coast, seaboard, shore
küstenbewohnend/uferbewohnend (Meeresküste) littoral
Küstendüne coastal dune
Küstengewässer coastal waters
Küstenlinie coastline, shoreline, waterline
Küstenriff/Strandriff/Saumriff fringing reef
Küstensaum/Ufersaum littoral fringe
Küstenstreifen/Küstenstrich coastline, coastal strip
Küstenwüste coastal desert
Küstenzone/Uferzone coastal zone, littoral zone
Kutikula/Cuticula cuticle, cuticula
Kutikularskelett cuticular skeleton
Kutteln tripes

L

Labferment rennet
Labialdrüse labial gland
Labialnaht labial suture
Labialpalpus / Lippentaster / Palpus labialis labial palp, labipalp, labial feeler, palp, palpus
labidognath labidognathous
Labium / Schamlippe labium
Labium / Unterlippe (Vertebraten) labium, lower lip
– **2. Maxille (Insekten)** labium, second maxilla
Labmagen / Abomasus abomasum, fourth stomach, reed, rennet-stomach
Labrum / Oberlippe labrum, upper lip
Labyrinthplazenta hemoendothelial placenta
Lachse & Lachsverwandte / Salmoniformes salmon & trout
Lackglanz glossiness
Laden (der Palpen) filling
Lage (in Bezug) / Position position
Lage (Ort) location
Lager (Bau) den (lions), lair (game)
Lagune lagoon
lahm lame
lahmen lame
lähmen / paralysieren paralyze
Lähmung / Paralyse paralysis
Laich spawn (many small eggs of aquatic animals: *esp.* fish / mollusks)
laichen spawn
Laichplatz / Laichstätte / Laichgründe spawning ground
Laichschnur / Laichkette egg string
Laichwanderung (Fische) run
Lakune / Spalt / Hohlraum lacuna, space, cavity
Lakunensystem lacunar system
Lamblienruhr / Giardiasis *(Giardia lamblia)* giardiasis
Lamelle lamella
Lamellenkiemer / Blattkiemer / Eulamellibranchia eulamellibranch bivalves
Lamellenknochen / lamellärer Knochen laminar bone
Lamm / Schäfchen lamb, little sheep
– **frischgeborenes Lamm** yeanling
– **Lamm gebären** lambing
Landleben land life, life on land, terrestrial life
landlebend / terrestrisch land-dwelling, terrestrial
ländlich rural
Landlungenschnecken / Stylommatophora (Pulmonata) land snails
Landökosystem terrestrial ecosystem
Landraubtiere / Fissipedia terrestrial carnivores
Landschildkröten tortoises
Landwirbeltiere / Tetrapoden terrestrial vertebrates, tetrapods
Landwirtschaft agriculture, farming
Langerhanssche Insel islet of Langerhans
langlebig long-lived
Langlebigkeit longevity
länglich oblong
Längsader longitudinal vein
längsaderig / längsnervig / streifennervig striate veined
Längsaderung / Streifennervatur longitudinal venation, striate venation
langsamwachsend slow-growing
Längsmuskel longitudinal muscle
Längsschnitt longisection, longitudinal section, long section
Längsteilung longitudinal division, fission
Langzeitgedächtnis long-term memory
Lanzenseeigel / Cidaroida cidaroids
Lanzettfischchen / Cephalochordaten (bzw. Amphioxiformes) lancelet, cephalochordates
lanzettförmig / lanzettlich lanceolate
Lappen lobe
Lappenmünder / Lippenmünder / Cheilostomata (Bryozoen) cheilostomates
Lappentaucher / Podicipediformes grebes
lappig / gelappt lobed, lobate
Larve larva (*pl.* larvas / larvae)
larvenförmig larviform
Larvenschale / Embryonalschale / Embryonalgewinde / Protoconch protoconch (nuclear whorls)

larvipar larviparous
Larviparie larvipary
Lasidium (Larve) lasidium
Lasttier beast of burden, pack animal
Latenzei/Dauerei resting egg, dormant egg (winter egg)
Latenzzeit latency period
lateral/seitlich lateral
Lateralauge/Seitenauge (Ocellus) lateral eye, lateral ocellus
– **Stemma (Punktauge/Einzelauge bei Insekten-Larven)** stemma (*pl.* stemmata/stemmas), lateral eye/ocellus
Lateralherz lateral heart
Lateralpore lateral pore
Laterne des Aristoteles Aristotle's lantern
Laternenfische/Myctophiformes lanternfishes & blackchins
Lauf (Huftier) hoof
Lauf (Vögel) leg, foot
Lauf… /zum Laufen geeignet gressorial, adapted for walking
Laufbein walking leg, gressorial leg
laufen/gehen (zu Fuß fortbewegen) walk
laufen/rennen run
Laufsäugling follower
Laufschlag leg beat
Laufvögel/Strauße/Straußenvögel/Struthioniformes ostriches
Laurerscher Kanal Laurer's canal (vestigial copulatory canal)
Läuse, echte/Anoplura sucking lice
lausen/Lausen delouse, delousing
Lautbildung/Stimmbildung/Phonation phonation
Lautgebung vocalization
Leben life
lebend alive, living, biological, biotic
Lebendgebären/Viviparie live-bearing, vivipary, viviparity
lebendgebärend/vivipar live-bearing, viviparous
Lebendgeburt live-birth
Lebendkultur live culture, living culture
Lebensdauer life span
Lebenserwartung life expectancy
lebensfähig viable
Lebensfähigkeit viability
Lebensform life form
Lebensgemeinschaft/Biocönose life community, biotic community, biocoenose
Lebensgemeinschaft/Organismengemeinschaft/Biozön/Biozönose/Biocönose biotic community, biocenosis
Lebensgemeinschaft, symbiotische symbiosis
Lebensgröße life size
Lebenskreislauf/Lebenszyklus life cycle
Lebensraum/Lebenszone/Biotop life zone, biotope
Lebensspanne life span
Lebensvielfalt/biologische Vielfalt biodiversity, biological diversity, biological variability
Lebensvorgänge life processes
Lebensweise lifestyle, mode/way of life, habits
Lebenszeit lifetime
Lebenszone/Lebensraum life zone
Lebenszyklus/Lebenskreislauf life cycle, "life history"
Leber liver
Lebersack/Lebersäckchen/Leberblindsack (*siehe*: Mitteldarmdrüse) hepatic sacculation
Lebewesen/Organismus lifeform, organism
leblos/tot lifeless, inanimate, dead
lecken lick
Lectotypus lectotype
Lederhaut/harte Augenhaut/Sklera sclera
Lederhaut/Korium/Corium cutis vera, dermis, corium
Lederkorallen/Alcyonaria/Alcyonacea soft corals
ledrig/lederartig coriaceous, leathery
Leerdarm/Jejunum jejunum
Leerlaufhandlung vacuum activity
Lefze (v.a. Hund) flews
Legeapparat/Legeorgan/Ovipositor (Insekten) egg-laying apparatus/organ, egg depositor, ovipositor
Legeröhre oviposition tube
Legescheide ovipositor sheath
Leibeshöhle/Körperhöhle body cavity
–, primäre/Furchungshöhle/Blastocöl/Blastula-Höhle blastocoel, blastocele

Leibeshöhle/Körperhöhle, sekundäre/ Cölom/Coelom secondary body cavity, coelom, perigastrium
Leibeshöhlenträchtigkeit/Leibeshöhlenschwangerschaft abdominal pregnancy
Leiche/Kadaver (Tierleiche) corpse, carcass, cadaver
Leichenstarre/Totenstarre rigor mortis
leierförmig/lyraförmig lyre-shaped, lyrate, lyriform
Leiste/Hüftbeuge groin
Leisten.../inguinal inguinal
Leistendrüse inguinal gland
Leitart/Charakterart character species
leiterförmig ladder-shaped, scalariform
Leitfähigkeit conductivity
Leitfossilie index fossil, zone fossil, zonal fossil
Leitgewebe conducting tissue, vascular tissue
Leithaar long and smooth guard hair
Leittier leader
Leitung conduction, conductance, transport, translocation
Lemnisk (*pl.* Lemnisken) lemniscus (*pl.* lemnisci)
Lende loin
Lenden.../lumbar lumbar
Lendenwirbel/Lumbalwirbel lumbar vertebra
lentisch (in stehendem Gewässer lebend) lentic
Leptospirose/Weil-Krankheit/ Weilsche Krankheit *(Leptospira interrogans)* leptospirosis, Weil's disease, swamp fever, infectious anemia
Lernen learning
– **instrumentelles Lernen** operant conditioning
Lernverhalten/erlerntes Verhalten learned behavior
Lestobiose lestobiosis
letal/tödlich lethal, deadly
Leuchtbakterien luminescent bacteria
Leuchtkrebse/Krill/Euphausiacea krill and allies
Leuchtorgan/Photophore luminous organ, light-emitting organ, photophore
Libellen/Odonata dragonflies (anisopterans) and damselflies (zygopterans)
Lichtbrechung optical refraction
Lichtempfindbarkeit light sensitivty
lichtempfindlich (leicht reagierend) light-sensitive
Lichtmikroskop light microscope (compound microscope)
Lichtquelle light source
Lichtreiz light stimulus
Lichtstärke/Lichtintensität light intensity
Lieberkühnsche Krypte crypt of Lieberkühn
Liebespfeil dart, love dart
Liebeswerbung courtship
Lied (Vogelgesang) song
liegend/niederliegend prostrate, procumbent, trailing, lying
Ligament/Band ligament
Ligamentsack ligament sac
limnisch/im Süßwasser lebend limnetic
Limnologie/Seenkunde (Binnengewässerkunde) limnology
linealisch/linear lineal, linear
Linientransekt line transect
linkshändig left-handed, sinistral
Linse lense
Linsenauge lens eye, lenticular eye
Linsenzylinder/Kristallkegel/Kristallkörper/Conus crystalline cone
Lippe/Labellum lip, labellum
Lippenmünder/Cheilostomata (Bryozoen) cheilostomates
Lippentaster/Labialpalpus/Palpus labialis labial palp, labipalp, labial feeler, palp, palpus
lissencephal (ungefurcht-glattes Gehirn) lissencephalous (no/few convolutions)
Litoral/Litoralzone/Litoralbereich littoral, littoral zone
Lobopodium lobopodium
Lobus opticus optic lobe
löcherig perforated
Lochträger/Foraminiferen foraminiferans, forams
locken/anlocken attract, lure
Lockgesang attracting song
Lockmittel/Lockstoff attractant
Lockruf attracting call

Loculament/Lokulament locule, loculus
Löffel (Hasenohren) rabbit ears
löffelartig/cochlear spoon-like, cochlear
Lokomotion/Ortsveränderung (Bewegung) locomotion
Lokomotorik locomotory
Lorenzinische Ampulle/Ampullenrezeptor Lorenzini flask
Loriciferen/Korsettierchen/Panzertierchen corset bearers, loriciferans
Löslichkeit solubility
Löslichkeitspotential solute potential
Losung (animal) droppings, dung
Lösung solution
Lösungsmittel solvent
lotisch lotic
lotsen/lenken/führen piloting
Lücke gap
Lues/Schanker/Syphilis *(Treponema pallidum)* syphilis
Luftröhre/Atemröhre/Kehle/Trachee/Trachea windpipe, trachea; breathing tube
Luftröhre/Pharynx pharynx
Luftsack air sac
Lumineszenz luminescence
Lunarperiodik/Lunarperiodizität/Mondperiodik lunar periodicity
Lunge lung; bellows
Lungen.../die Lunge betreffend pulmonary
Lungenarterie pulmonary artery
Lungenbläschen/Lungenalveole/Alveole pulmonary alveolus, alveola
Lungenentzündung pneumonia
Lungenfell/Pleura pulmonalis pulmonary pleura
Lungenfische/Dipnoi lungfishes
Lungenkreislauf/kleiner Blutkreislauf pulmonary circulation
Lungenpfeife/Parabronchus (*pl.* Parabronchien) parabronchus (*pl.* parabronchi)
Lungenschnecken/Pulmonaten/Pulmonata pulmonate snails (freshwater & land snails and slugs)
Lunula lunule
Lupe/Vergrößerungsglas lens, magnifying glass
Lurche/Amphibien amphibians
Lymphdrüse lymphatic gland
Lymphe lymph
Lymphgefäß lymph vessel
Lymphknoten lymph node
Lymphozyt/Lymphocyt lymphocyte
Lymphsystem/Lymphgefäßsystem lymphatic system
Lyse lysis
lysigen lysigenous, lysigenic
Lysosom lysosome

M

Made (apode Larve) maggot (apodal larva)
Madenkrankheit / Myiasis (Dipterenlarven) myiasis
Madenwurm *(Enterobius vermicularis)* pinworm
Madreporenköpfchen madreporian body
Madreporenplatte / Siebplatte madreporic plate, madreporite, sieve plate
Magen (*pl.* Mägen) stomach
Magen-Darm-Trakt / Gastrointestinaltrakt gastrointestinal tract
Magenblindsack / Magendivertikel gastric/digestive cecum, gastric/digestive diverticulum
Magenbrei / Speisebrei / Chymus chyme
Magendivertikel / Magenblindsack gastric/digestive cecum, gastric/digestive diverticulum
Magendrüse (Rotatorien) gastric gland
Magengrübchen (Foveola gastrica) gastric pit
Magenmühle gastric mill, triturating mill
Magenmund / Mageneingang / Kardia / Cardia cardia
Magensaft gastric juice
Magenschleimhaut / Tunica mucosa gastric mucosa, mucous tunic (mucosal layer of stomach)
Magenstein / Magensteinchen / Hummerstein / Gastrolith gastrolith
Magenstiel / Mundrohr / Manubrium hypostome, oral cone, peduncle; gullet, pharynx; manubrium
Mahlzahn grinding tooth
Mähne mane
Makel / Fleck spot, blot, stain, stigma
Makel an Flügelrand / Flügelrandmal / Pterostigma pterostigma, stigma
Makrelenhaiverwandte / Lamniformes mackerel sharks and relatives
Makroergat (Ameise) macrergate
Makromer macromere
Makrozyt / Makrocyt macrocyte
Malakologie / Weichtierkunde malacology, study of mollusks
maligne / bösartig malignant
Malignität / Bösartigkeit malignancy
Malpighi-Gefäß / Malpighisches Gefäß / Malpighi-Schlauch Malpighian tubule
Malpighi-Körperchen Malpighian body
Mamille / Brustwarze / Zitze mamilla, mammilla, nipple (multiple ducts), teat (single duct)
Mandel / Gaumenmandel / Tonsille / Tonsilla palatina tonsil
Mandibel mandible
Mandibularbogen / Kieferbogen mandibular arch
Mangel / Defizienz deficiency
Mangelerscheinung / Defizienzerscheinung / Mangelsymptom deficiency symptom
Männchen male
Männchen (Eber / Schafsbock / Hirsch etc.) stag
– **nach der Reife kastriertes Männchen (Nutztiere)** stag
Mannigfaltigkeit / Vielfalt / Variabilität diversity, variability
männlich / männlichen Geschlechts male
Mantel / Pallium (Mollusken) mantle, pallium
Mantel / Tunica mantle, tunic
Mantelgürtel / Gürtel / Perinotum (Käferschnecken) mantle girdle
Mantelhöhle mantle cavity, pallial cavity
Mantellappen / Kragenlappen (Brachiopoden) mantle lobe
Mantellinie / Palliallinie pallial line
Manteltiere / Tunicaten (Urochordaten) tunicates
marginal / randständig marginal
Marginalfalte / Mantelfalte (Mantelrand) mantle fold
Mark medulla, pith, core
Mark ... / medullär / markhaltig / markig medullar, medullary, pithy
Markfortsatz / Dendrit dendrite
Markhöhle marrow cavity, medullary cavity
markieren mark, brand, earmark

Markscheide/Myelinscheide myelin sheath
Markstrang nerve cord
Maschennetz (Spinnen) mesh web
Massensterben mass extinction
Massenvermehrung mass spread, outbreak
Mast (Vieh~/Tier~) mast, fattening; stuffing
Mastdarm/Rectum rectum
mästen (allgemein) fatten
mästen (Geflügel) cram, stuff
Mastferkel porker
Mastzelle mast cell
matriarchalisch matriarchal
Mauerblatt/Scapus (Cnidaria) scape
Maul/Schlund/Mundöffnung jaw
Maul/Schnauze muzzle, snout
Maul-und-Klauenseuche ***(Aphthovirus)*** foot-and-mouth disease, aphthous fever
Maulbeerkeim/Morula morula
Maulbrüten mouthbreeding, oral gestation, buccal incubation
Maulbrüter mouthbreeder
Maulfüßer/Fangschreckenkrebse/Stomatopoda mantis shrimps
Mauser molt, molting season, deplumation
mausern molt, shed feathers
Mauserzeit molting time/period/season
Mausvögel/Coliiformes colies
Mauthnersche Zellen/Riesenfasern Mauthner's cells
Maxillarfuß/Maxillipes/Kieferfuß/Pes maxilliaris maxilliped, maxillipede, gnathopodite, jaw-foot, foot-jaw
Maxillartaster/Kiefertaster/Maxillarpalpus/Palpus maxillaris maxillary palp
Maxille/Kiefer (Insekten) Maxilla, Kiefer
Maxille/Oberkiefer (Wirbeltiere) maxilla, upper jawbone
Maxilliped/Maxillarfuß/Kieferfuß/Pes maxilliaris maxilliped, maxillipede, gnathopodite, jaw-foot, foot-jaw
Meckelscher Knorpel (Mandibulare) Meckel's cartilage
Meckelsches Divertikel Meckel's diverticulum
meckern (Ziege) bleak
Medianzelle/Media media
Medullarwulst/Neuralwulst/Neuralfalte neural fold
Meduse medusa
Meer sea, ocean
– **offenes Meer/Hochsee** open sea, pelagic zone
meeresbewohnend/marin marine
Meeresboden/Meeresgrund seafloor, ocean floor
– **den Meeresboden bewohnend** benthic, benthonic
Meeresbodenbereich/Benthal benthic zone
Meeresbodenorganismen/Benthos benthos
Meeresgrund/Meeresboden ocean floor, seafloor
Meereshöhe sea level, elevation
Meeresklima/ozeanisches Klima maritime/marine/oceanic climate
Meeresküste/Meeresufer seashore, seaboard, seacoast
Meeresküstenlage oceanic location, coastal location
Meeresleuchten marine phosphorescence
Meeresnacktschnecken sea slugs
Meeresspiegel sea level
Meerestier marine animal
Meerwasser seawater, saltwater
mehlig mealy, farinaceous
Mehlissche Drüse/Schalendrüse Mehlis' gland, shell gland
Mehlwurm mealworm
mehrreihig/vielreihig/multiseriat multiseriate, multiple rowed, in several rows
mehrwirtig/heteroxen polyxenous, polyxenic
mehrzellig/vielzellig multicellular
Meidereaktion avoidance reaction
– **elektrische Meidereaktion** jamming avoidance reaction
Meideverhalten avoidance behavior
Meiose/Reifeteilung/Reduktionsteilung meiosis, reduction division
Meissner Körperchen Meissner's corpuscle
melken milk
Membran membrane
Membranelle membranelle
membranös membraneous

Menarche menarche (first menstruation)
Menopause menopause (cessation of ovulation/menstruation)
Menstruationszyklus menstrual cycle
Meridionalfurchung meridional cleavage
Merkelsches Körperchen Merkel's corpuscle/disc
Merkmal trait, characteristic, feature
- **abgeleitetes Merkmal** derived characteristic
- **erworbenes Merkmal** acquired characteristic

Merkmalsgefälle/Merkmalsgradient/Cline/Kline/Klin cline, phenotypic/character gradient
Merkmalsverschiebung character displacement
Merocyt/Merozyt merocyte
Merogamie merogamy
Merogenese/Segmentierung merogenesis, segmentation
Merognathit merognathite
Merogonie merogony
merokrine Drüse merocrine gland
Meropodit meropodite
Merospermie merospermy
Mertenssche Mimikry Mertensian mimicry
Merzvieh aussondern cull, culling
Merzvieh cull
Mesenchym (embryonales Bindegewebe) mesenchyme
mesenchymatisch mesenchymal
Mesenterium mesentery
Mesocöl/Mesocoel mesocoel
Mesoglöa/Stützschicht mesogloea, mesoglea
Mesohyl mesohyl
Mesothel mesothelium
Mesothorakalschild (dorsal)/Mesonotum mesonotum
Mesozoikum/Erdmittelalter (erdgeschichtliches Zeitalter) Mesozoic, Mesozoic Era
Metacercarie metacercaria, adolescaria
Metamer/echtes Segment metamere, segment
Metamerie/Segmentierung metamerism, segmentation
Metamorphose metamosphosis
Metatarsaldrüse metatarsal gland
Metathorakalschild (dorsal)/Metanotum metonotum
Metöstrus/Metoestrus metoestrus, metestrus
Micellierung micellation
Miene/Gesichtsausdruck facial expression
Mienenspiel play of facial features, changing facial expressions
Miesmuscheln/Mytiloidea mussels
Mikromer micromere
Mikronema (*pl.* Mikronemen) micronema (*pl.* micronemas)
Mikropyle micropyle
Mikroskop microscope
- **Polarisationsmikroskop** polarizing microscope

Mikroskopie microscopy
- **Dunkelfeld-Mikroskopie** darkfield microscopy
- **Hellfeld-Mikroskopie** brightfield microscopy
- **Interferenzmikroskopie** interference microscopy
- **Lichtmikroskopie** light microscopy
- **Phasenkontrastmikroskopie** phase contrast microscopy
- **Rasterelektronenmikroskopie (REM)** scanning electron microscopy (SEM)
- **Raster-Tunnelmikroskopie (RTM)** scanning tunneling microscopy (STM)
- **Transmissionselektronenmikroskopie/Durchstrahlungselektronenmikroskopie** transmission electron microscopy (TEM)

mikroskopisch microscopic
mikroskopische Aufnahme/mikroskopisches Bild micrograph, microscopic image
mikroskopisches Bild microscopic image/picture, micrograph
mikroskopisches Präparat microscopical preparation/mount
Mikrotom microtome
Mikrotubulus microtubule
miktisch mictic
Milben & Zecken/Acari/Acarina mites & ticks
Milbenforschung/Acarologie acarology

Milch milk
– **Kropfmilch/Kropfsekret (Tauben)** crop milk, pigeon milk (milky secretion from crop lining)
– **Vormilch/Biestmilch/Colostrum** foremilk, colostrum
Milchdrüse/Brustdrüse mammary gland
Milchfischverwandte/Sandfische/ Gonorhynchiformes milkfishes and relatives
Milchgebiß deciduous dentition, lacteal dentition, primary dentition
Milchleiste milk line, mammary ridge
Milchsäuregärung lactic acid fermentation, lactic fermentation
– **heterofermentative Milchsäuregärung** heterolactic fermentation
– **homofermentative Milchsäuregärung** homolactic fermentation
Milchtritt treading, kneading (milk elicitation movement)
Milchvieh dairy cattle
Milchwirtschaft dairy (dairy husbandry)
Milchzähne milk teeth, deciduous teeth, first teeth, primary teeth
Milieutheorie learning theory
Milz spleen
Mimikry/Schutztracht/Angleichung mimicry
– **Batessche Mimikry** Batesian mimicry
– **Mertenssche Mimikry** Mertensian mimicry
– **Müllersche Mimikry** Muellerian mimicry
Mine (Blatt~)/Fraßgang mine
Mine (Platz~) blotch mine
Miozän (erdgeschichtliche Epoche) Miocene, Miocene Epoch
mischerbig/heterozygot heterozygous
Mist/Dung manure, dung; droppings (Tierkot)
mitbewohnend (Muschel/Schnecke etc.) inquiline
Mitochondrium/Mitochondrion (*pl.* Mitochondrien) mitochondrion (*pl.* mitochondria)
Mitose mitosis, nuclear division, duplication division
Mittelauge/Medianauge (Stirnocelle) median eye, midline eye (a dorsal ocellus)
Mittelbrust/Mesothorax mesothorax
Mitteldarm *(sensu stricto)* mid intestine
Mitteldarm (Echinodermen) pyloric stomach
Mitteldarm/Mesenteron/„Magen"/ Ventriculus (Insekten) midgut, mesenteron, ventricle, ventriculus, "stomach"
Mitteldarmdivertikel/Mitteldarmventrikel/Mitteldarmdrüse (Blindsack) midgut diverticulum/ cecum, midgut gland
Mitteldarmdrüse/Mitteldarmdivertikel/Mitteldarmventrikel (Blindsack) midgut gland, midgut diverticulum/cecum
Mitteldarmdrüse (Mollusken/ Echinodermen) digestive gland, "liver"
Mitteldarmdrüse/Hepatopankreas (Decapoden) hepatopancreas
Mittelfuß/Metatarsus metatarsal
Mittelfußgelenk (Vögel) hock
Mittelfußknochen metatarsal bone
Mittelhand/Metacarpus metacarpal
Mittelhandknochen metacarpal bone
Mittelhirn/Deutocerebrum (Insekten) deutocerebrum
Mittelhirn/Mesencephalon (Vertebraten) midbrain, mesencephalon
Mittelhirndach/Tectum opticum optic tectum, optic lobe
Mittelleib/Thorax (Insekten) thorax
Mittelohr middle ear, midear
Mittelschicht median layer/zone
Mittelschnecken/Mesogastropoda mesogastropods: periwinkles & cowries
Mitteltiere/Gewebetiere/„Vielzeller"/ Metazoa metazoans
Mixis mixis
Moas/Dinornithiformes moas
moderig/faulend/verfaulend rotting, decaying, putrefying, decomposing
modern/vermodern/faulen/ verfaulen rot, decay, putrefy, decompose

Molkerei dairy
Molkereiprodukt dairy product
Monocyt/Monozyt monocyte, mononuclear leucocyte
monogam monogamous
Monogamie/Einehe monogamy
monogonont monogonont
monogyn/einweibig monogynous
monophasisch monophasic
monophyletisch monophyletic
monophyodont monophyodont
monopodial (Verzweigung) monopodial
monöstrisch monoestrous, monestrous
monosymmetrisch/zygomorph monosymmetrical, zygomorphic
monothalam/einkammerig/einkämmrig/monothekal monothalamous, monothalamic, single-chambered, monothecal
monothetisch monothetic
Monözie/Einhäusigkeit/Gemischtgeschlechtlichkeit monecy, monoecy, monecism, monoecism
monözisch/einhäusig/gemischtgeschlechtlich monoecious, monecious
Moostierchen/Bryozoen/Ectoprocta/Polyzoa moss animals, bryozoans
Morbidität (Häufigkeit der Erkrankungen) morbidity
Morphogenese morphogenesis
Morphologie morphology
Mosaikei mosaic egg
Mosaikentwicklung mosaic development
Moschusbeutel musk bag
Moschusdrüse (Duftdrüse) musk gland (scent gland)
Motiv (Vogelgesang) motive, theme
Motoneuron motoneuron, motor neuron
motorisch motoric, motor ...
motorische Einheit motor unit
Motten/Heterocera moths
Mottenschildläuse/„Weiße Fliegen" whiteflies
Möwenvögel & Watvögel & Alken/Charadriiformes gulls & shorebirds & auks
Mücken & Schnaken/Nematocera (Diptera) mosquitoes
Müllersche Larve Müller's larva
Müllersche Mimikry Muellerian mimicry
Multienzymkomplex multienzyme system
multivoltin/polyvoltin multivoltine
Mumienpuppe/Pupa obtecta obtect pupa
Mund-Kiemenhöhle/Orobranchialhöhle orobranchial cavity
Mundarm (Polypen/Echinodermen) oral arm
Mundarmgefäß arm canal, brachial canal
Mundarmscheibe arm disc/disk
Mundbucht/Vestibulum oral vestibule
Munddarm/Mundbucht/Stomodaeum foregut, stomodaeum, stomodeum
Mundfeld/Buccalfeld mouth, buccal field
Mundgliedmaße (*pl.* Mundgliedmaßen) mouthpart, oral appendage
Mundhöhle mouth cavity, oral cavity, buccal cavity
Mundlappenanhang (Muscheln) palp proboscis, palp appendage
mundlos/ohne Mund/ohne Öffnung/astom astomous, astomatous
Mundrohr/Magenstiel/Manubrium gullet, pharynx; hypostome, oral cone; manubrium
Mundscheibe/Oralscheibe/Peristom oral disk, peristome, peristomium
Mundwerkzeuge mouthparts
Muschel (populär für Schale) shell
Muschelkalk (Epoche) Middle Triassic
Muschelkrebse/Ostracoden/Ostracoda seed shrimps, ostracods
Muscheln/Bivalvia/Pelecypoda/Lamellibranchiata bivalves, pelecypods, "hatchet-footed animals" (clams: sedimentary, mussels: freely exposed)
Muschelschalenhälfte valve
Muschelschaler/Conchostraca clam shrimps
Muskel muscle
Muskelfaser muscle fiber
Muskelfibrille/Myofibrille myofibril
Muskelmagen (Vögel) gizzard
Muskelzucken muscle twitching

muskulär/die Muskeln betreffend muscular
Muskulatur musculature, muscles
- **Branchialmuskulatur** branchiomeric musculature/muscle
- **gestreifte Muskulatur** striated muscle, striped muscle
- **glatte Muskulatur** smooth muscle, plain muscle, non-striated muscle, unstriped muscle
- **Hautmuskulatur** dermal musculature/muscle
- **Rumpfmuskulatur** trunk musculature/muscle
- **schräggestreifte Muskulatur** obliquely striated musculature/muscle
- **unwillkürliche Muskulatur** involuntary musculature/muscle
- **viscerale Muskulatur/Eingeweidemuskulatur** visceral musculature/muscle
- **willkürliche Muskulatur** voluntary musculature/muscle

muskulös very muscular, with big muscles (strong)
Muster pattern
Mutabilität/Mutierbarkeit mutability
mutagen/mutationsauslösend mutagenic
Mutationsrate mutation rate
Mutierbarkeit/Mutabilität mutability
mutieren mutate
Mutterkuchen/Plazenta placenta
Muttermund/Gebärmuttermund mouth/orifice of the uterus, orificium uteri
Muttertier female parent, mother animal, dam
Mutualismus/Gegenseitigkeit mutualism
myelinisiert myelinated
Mykophagie/Mycetophagie mycophagy
Myofibrille/Muskelfibrille myofibril
Myomer/Myotom myomere, myotome
Myonem myoneme
Mysis-Larve mysis larva

N

Naßpräparat (Frischpräparat/Lebendpräparat/Nativpräparat) wet mount
Nabe (Spinnen: Netznabe) hub, nub
Nabel navel, umbilicus, omphamos
nabelartig/omphaloid navel-like, umbilicate, omphaloid
Nabelschnur/Nabelstrang umbilical cord
nachahmen/mimen imitate, mimic
nachahmend/fremde Formen nachbildend/mimetisch imitating, mimetic
Nachahmung imitation
Nachbalz postcopulatory behavior
nachfeuern (Nerven) afterdischarge
Nachfolgeverhalten following behavior
Nachgeburt afterbirth
Nachhirn/verlängertes Rückenmark/Myelencephalon afterbrain, marrow brain, myelencephalon
Nachkomme progeny, descendant, offspring
Nachniere/Metanephros metanephros
Nachreifen after-ripening
Nachschieber/letzter Afterfuß/Postpes/Propodium anale (Raupen) anal proleg, anal leg
nachtaktiv night-active, nocturnal
Nachtschwalben/Caprimulgiformes nightjars, goatsuckers
Nachttier nocturnal animal
nachwachsen regenerate, regrow, reestablish
Nachwuchs offspring, young
Nacken/Genick nape, back of the neck, nucha
Nackenkamm nuchal crest
Nacktkiemer/Meeresnacktschnecken/Nudibranchier sea slugs, nudibranchs
Nacktschnecken slugs
Nacréschicht/Perlmuttschicht nacreous layer
Nadel/Spiculum/Sklerit spicule
nadelförmig needle-shaped, acicular

Nagana/Naganaseuche ***(Trypanosoma spp.)*** nagana (disease)
Nagel nail
nagen (an etwas ~) gnaw
nagend gnawing
Nager gnawer
Nagetiere/Rodentia rodents, gnawing mammals (except rabbits)
Nährboden/Substrat nutrient medium, substrate
Nährei trophic egg, nurse egg
Nährgewebe (allgemein) nutrient tissue
Nährlösung nutrient solution
Nährstoff nutrient
nährstoffarm nutrient-deficient, oligotroph(ic)
nährstoffarm und humusreich/dystroph dystrophic
Nährstoffarmut nutrient deficiency
Nährstoffaufnahme nutrient uptake
Nährstoffbedarf nutrient demand, nutrient requirement
nährstoffreich nutrient-rich, eutroph, eutrophic
Nährtier/Freßpolyp/Gasterozoid/Trophozoid (Freßpolyp) nutritive animal, gasterozooid, trophozooid (nutritive polyp)
Nahrung/Ernährung nutrition
Nahrungsaufnahme ingestion
Nahrungsbedürfnisse nutritional requirements
Nahrungsdarm midgut, intestine
Nahrungsdotter/Deutoplasma deutoplasm
Nahrungsgefüge/Nahrungsnetz food web
Nahrungskette food chain
- **Detritusnahrungskette** detritus food chain
- **Fraßnahrungskette** grazing food chain

Nahrungskreislauf nutrient cycle
Nahrungsnetz/Nahrungsgefüge food web
Nahrungspyramide biotic pyramid
Nahrungsvakuole food vacuole, gastriole
Naht/Fuge/Verwachsungslinie seam, suture, raphe
Name name, term
- **volkstümlicher Name/Vernakular-name** common name, vernacular name

Namensetikett/Namensschildchen name tag
Namensgebung/Benennung/Bezeichnung (Nomenklatur) naming, designation (nomenclature)
Nandus/Rheiformes rheas
Nanismus nanism, dwarfishness, dwarfism
Narbe/Wundnarbe/Cicatricula scar, cicatrix, cicatrice
Narkomedusen/Narcomedusae narcomedusas
Nase nose
Nasenbein/Os nasale nasal bone
Nasenhöhle nasal cavity/chamber
Nasenloch/Nasenöffnung nasal opening, nasal aperture
- **(Vertebraten)** nare, naris (mostly plural: nares), nostril of vertebrates

Nasenöffnung, innere/Choane internal nostril, choana
Nasenschleimhaut olfactory epithelium, nasal mucosa
Nasensoldat/Nasutus-Soldat (Nasutitermiten) nasute
Nassanov Drüse/Nassonoffsche Drüse Nassanov gland, Nassanov's gland
Nationalpark national park
Natur nature
Naturforscher research scientist, natural scientist
Naturgeschichte natural history
Naturkunde/Biologie life science, biology
Naturkundemuseum natural history museum
Naturlandschaft natural environment/setting
Naturpark wildlife park
Naturreservat nature reserve
Naturschutz environmental protection, nature protection/conservation/preservation
Naturschutzbewegung nature conservation movement
Naturschutzgebiet nature reserve, protected area

Naturschutzverein / Naturschutzbund nature protection group, nature protection league, environmental group
Naturschützer conservationist
Naturwissenschaften natural sciences, science
Naturwissenschaftler natural scientist, scientist
Naupliusauge naupliar eye (median eye)
Naupliuslarve / Nauplius naupliar larva, nauplius
Nautilusverwandte / Nautiloidea nautilus (*pl.* nautili)
Nebenauge / Punktauge / Ocelle simple eye, ocellus
Nebeneierstock / Epoophoron parovarium, epoophoron
Nebenfittich *siehe* **Nebenflügel**
Nebenflügel / Afterflügel / Daumenfittich / Alula / Ala spuria (Vögel) alula, spurious wing, bastard wing
Nebengelenktiere / Xenarthra / Zahnarme / Edentata xenarthrans, "toothless" mammals, edentates
Nebenherz / auxilläres Herz auxillary heart
Nebenhoden / Epididymis epididymis
Nebenhöhle (Schädel) frontal sinus
Nebenniere adrenal gland
Nebenschilddrüse / Beischilddrüse / Epithelkörperchen parathyroid gland
Nebenwirt secondary host
Nebenzunge / Paraglossa paraglossa
Negativ-Kontrastierung (mikroskopisch) negative staining
Nekton (starke Eigenbewegung) nekton (high mobility)
Nemathelminthen / Aschelminthen / Schlauchwürmer / Rundwürmer ***(sensu lato)*** nemathelminths, aschelminths
Nematogen (Dicyemida) nematogen
Nematophore nematophore, nematocalyx
Neotenie neoteny
Neotypus / Neotyp neotype
Nephrocyt / Nephrozyt nephrocyte
Nephrostom nephrostome
neritische Region neritic zone
Nervenendigung nerve ending
Nervenimpuls nerve impulse
Nervenknoten / Ganglion ganglion
Nervenleitung impulse propagation
Nervennetz nerve net
Nervenring / Ringnerv nerve ring
Nervenstrang nerve cord
Nervensystem nerve system
–, autonomes / vegetatives / viscerales / unwillkürliches autonomic/ vegetative/visceral/involuntary nerve system
–, peripheres peripheral nervous system
–, somatisches / willkürliches somatic/ voluntary nervous system
– Zentralnervensystem central nervous system
Nervenwurzel nerve root
Nervenzelle nerve cell
Nesselbatterie / Cnidophore battery of nematocysts, cnidophore
Nesselkapsel / Cnide / Nematocyste thread capsule, urticator, cnida, nematocyst
Nesselring nettle ring
Nesselsack / Acrorhagus acrorhagus (tubercle with stinging cells)
Nesseltiere / Hohltiere / Cnidarien / Coelenteraten cnidarians, coelenterates
Nesselzelle / Cnidozyt / Nematozyt / Cnidoblast stinging cell, cnidocyte, nematocyte, cnidoblast
Nest nest
Nestdune / Neossoptile / Neoptile natal down, neossoptile, neoptile (a down feather)
Nestflüchter precocial animal, nidifugous (bird)
Nesthocker altricial animal, nidicolous (bird)
Nestling nestling
Nettoproduktion net production
Netz net, web
– Baldachinnetz (mit Stolperfäden) sheetweb, dome web (with barrier threads)
– Deckennetz horizontal sheetweb
– dreidimensionales Schutzgewebe barrier web
– Fangnetz (innerhalb des Radnetzes) capturing zone

- **Flächennetz** simple sheetweb
- **Fußangelnetz mit Stolperfäden** tripping web with barrier threads
- **Haubennetz** dome web, theridiid web
- **Maschennetz** mesh web
- **Radnetz** orb web
- **Rahmennetz** frame web
- **Raumnetz/dreidimensionales Netz** space web
- **Röhrennetz/Trichternetz** tube web, funnel web
- **Spermanetz** sperm web
- **Spinnennetz** spider web

Netzaderung reticulate venation, net venation, netted venation
netzadrig reticulately veined
netzartig/netzförmig/retikulär net-like, reticulate, reticular
Netzauge/Fazettenauge/Komplexauge/Seitenauge facet eye, compound eye
Netzflügler, echte/Hafte/Planipennia/Neuroptera neuropterans (dobson flies/antlions)
Netzhaut/Retina retina
Netzmagen/Haube/Retikulum honeycomb stomach, honeycomb bag, reticulum
Netznabe hub, nub
Netzspeiche/Radius spoke, radius, radial thread
Netzwerk network
Neugierverhalten curiosity, inquisitiveness
Neuhirnrinde/Neocortex/Neopallium neocortex, neopallium
Neumundtiere/Neumünder/Zweitmünder/Deuterostomia deuterostomes
Neunaugen/Neunaugenartige/Petromyzontida lampreys
neural neural, neuric
Neuralbogen/oberer Wirbelbogen/Basidorsale neural arch
Neuralfalte/Neuralwulst/Medullarwulst neural fold
Neuralleiste neural crest
Neuralplatte/Medullarplatte neural plate
Neuralrinne neural groove
Neuralrohr/Rückenmark neural tube, nerve cord, spinal cord
Neurit neurite
Neurohämalorgan neurohemal organ
Neuromer neuromere
Neuron/Nervenzelle neuron, nerve cell
neuronal neuronal
neuronales Netz/Netzwerk neural network
Neurotransmitter neurotransmitter
Neuschnecken/Schmalzüngler/Neogastropoda/Stenoglossa neogastropods: whelks & cone shells
Neuvögel/Neornithes true birds, neornithes
Neuweltaffen/Breitnasenaffen/Platyrrhina new-world monkeys (South American monkeys and marmosets)
nickend nodding
Nickhaut/Blinzelhaut nictitating membrane
Nicktiere/Kelchwürmer/Kamptozooen/Entoprocta kamptozoans, entoprocta
Nidamentaldrüse (Schalendrüse) nidamental gland
niedergelassen/sedentär settled, sedentary
Niederkunft/Gebären parturition, delivery
Niederkunft/Kindesgeburt childbirth
niederliegend prostrate, procumbent, trailing, lying
niedrigkronig/brachyodont with low crowns, brachydont, brachyodont
Niere kidney
Nieren .../die Niere betreffend renal
Nierenbecken renal pelvis, pelvis of the kidney
Nierenfett/Talg suet (from abdominal cavity of ruminants)
nierenförmig kidney-shaped, reniform
Nierenöffnung/Nephridialöffnung/Nephridialporus nephridiopore
niesen sneeze
Nilhechte/Mormyriformes mormyrids
Nipptide neap tide
Nische niche
Nisse nit
nisten build a nest
nistend (eingebettet in einer Aushöhlung) nesting, nestling, nidulant

Nistkolonie nesting colony, crèche
Nistplatz nesting site
Nitrifizierung nitrification
Nodium/Knoten node
Nomenklatur (Gesamtheit der Fachausdrücke) nomenclature (system of terms)
– **binäre Nomenklatur/binominale Bezeichnung/zweigliedrige Benennung** binary/binomial nomenclature
nördlich (biogeographisch) northern, boreal
Nosemaseuche ***(Nosema apis)*** nosema disease, nosemosis
Notopodium notopodium
Notum (dorsale Thorakalplatte/Tergum der Thorakalsegmente) notum (*pl.* nota) = tergum of thoracic segment
Nuchalorgan nuchal organ
Nußmuscheln/Nuculacea nut clams
Nüster/Nasenloch nostril
Nutzinsekt beneficial/beneficient insect
Nützling/Nutzart beneficial species, beneficient species
Nymphe nymph
nymphipar nymphiparous
Nymphiparie nymphipary

O

Oberarm upper arm
Oberarmknochen/Oberarmbein/Humerus arm bone, humerus
oberflächlich superficial
Oberhaut/Epidermis epidermis
oberirdisch aboveground, overground, superterranean
Oberkiefer/Oberkieferknochen/Maxilla upper jaw, upper jawbone, maxilla
Oberkörper/Brustkorb/Brustkasten/Thorax chest, thorax
Oberlippe/Labrum upper lip, labrum
Oberschenkel thigh
Oberschenkelknochen/Os femoris/Femur thigh bone, femur
Oberschlundganglion/Supraösophagealganglion/„Gehirn" supraesophageal ganglion, "brain"
Objektiv objective
Objekttisch (microscope) stage
Objektträger (microscope) slide
– **mit Vertiefung** microscope depression slide, concavity slide
obligatorisch/obligat obligatory, obligate
Occlusor occlusor
Ocelle/Ocellus ocellus
Ocellenstiel ocellar pedicel
Ocellenzentrum ocellar center
Ochse ox
Octocorallia octocorallians, octocorals
Oenocyt oenocyte
Öffnung/Mund/Mündung opening, aperture, orifice, mouth, perforation, entrance
Ohr ear
Ohrenfedern auriculars (ear coverts)
Ohrenknöchelchen/Gehörknöchelchen auditory ossicle, ear ossicle, ossiculum
Ohrenöffnung ear opening, auditory meatus
Ohrenschmalz/Cerumen earwax, cerumen
Ohrläppchen earlobe

Ohrmuschel / äußeres Ohr / Pinna ear conch, auricle, external ear, outer ear, pinna
Ohrspeicheldrüse / Parotis parotid gland
Ohrtrommel / Trommelfell eardrum, tympanic membrane
Ohrtrompete auditory tube
Ohrwürmer / Dermaptera earwigs
Ökobilanz ecobalance (life cycle assessment/analysis)
Ökokline ecocline (gradient of vegetation and biotopes)
Ökologie ecology
ökologisch ecological
Ökophäne ecophene
Ökosphäre ecosphere
Ökosystem ecosystem
Ökoton / Übergangsgesellschaft ecotone
Ökotop ecotope
Ökotyp ecotype
Okular ocular, eyepiece
Öldrüse / Schmierdrüse oil gland
oligomer oligomerous
oligotroph / nährstoffarm oligotrophic
Oligozän (erdgeschichtliche Epoche) Oligocene, Oligocene Epoch
Omphaloplazenta / omphaloide Plazenta / Dottersackplazenta / Dottersackhöhlenplazenta yolk-sac placenta, choriovitelline placenta
Ontogenese / Ontogenie / Entwicklungsgeschichte des Einzelorganismus ontogenesis, ontogeny, development
Oogamie / Eibefruchtung oogamy
Oolemma / Eihülle / Eihaut egg membrane
Ooplasma / Bildungsplasma / Eiplasma ooplasm
Ootyp ootype
Opfer victim, prey
Opfer erlegen stalk prey (Wild erlegen: stalk game)
opisthocöl / opisthocoel opisthocelous
opistognath opisthognathous
opponierbar / entgegenstellbar opposable
opportunistisch opportunistic
Oralapparat / Buccalapparat (Ciliaten) oral apparatus
Oralscheibe / Mundscheibe / Peristom oral disk, peristome, peristomium
Ordnung order
Ordovizium (erdgeschichtliche Periode) Ordovician, Ordovician Period
Organ organ
Organbildung / Organogenese organogenesis
Organisationsstufe organizational level, grade of organization
Organisationstyp / Organisationsform organizational form
Organisator (dorsale Blastoporenlippe) organizer
organisches Material organic matter
organismisch organismal
Organismus organism, lifeform
Orientbeule / Hautleishmaniose / kutane Leishmaniose *(Leishmania spp.)* oriental sore, cutaneous leishmaniasis
Orientierung / Orientierungsverhalten orientation, orientational behavior
Orientierungsbewegung / Taxie / Taxis orientational movement, taxy, taxis (*pl.* taxes)
orten locate
Orthogenese orthogenesis
orthognath orthognathous
Ortstreue / Philopatrie philopatry, homing
Osmaetherium osmeterium, osmaterium
Osmose osmosis
osmotisches Potential osmotic potential
Osphradium (*pl.* Osphradien) osphradium
Ossifikation / Verknöcherung / Knochenbildung ossification
Osteoblast osteoblast
Osteocyt / Osteozyt osteocyte
Osteoklast osteoclast
östrisch / östral / Brunst … oestrous
Östrus oestrus, estrus
Östruszyklus estrous cycle, estrus cycle, estral cycle
otisch otic
Ovar / Ovarium / Eierstock ovary
Ovarialballen ovarian ball

Ovariole/Ovariolschlauch/Eischlauch/ Eiröhre (Insekten) ovariole, egg tube
Ovariolenträchtigkeit/Ovarialträchtigkeit/Ovarialschwangerschaft ovarian pregnancy
Oviduktträchtigkeit/ Eileiterschwangerschaft tubal pregnancy
oviger/eitragend/eiführend ovigerous
ovipar/eierlegend oviparous, egg-laying
Ozean ocean
ozeanisch oceanic
ozeanische Region profundal zone, oceanic zone/region

P

paaren/begatten/kopulieren pair, mate, copulate
Paargesang/Duettgesang duetting
Paarhufer/Artiodactyla even-toed ungulates, cloven-hoofed animals, artiodactyls
Paarung pairing, mating
Paarungsruf mating call
Paarungstyp/Kreuzungstyp mating type
Paarungsverhalten mating behavior
Paarungszeit/Paarungssaison pairing/ mating season
paarzehig cloven-hoofed
Pacinisches Körperchen/Lamellenkörperchen/Endkörperchen Pacinian body, Pacinian corpuscle
Paddelechsenartige/Sauropterygia sauropteryians
Pädogamie pedogamy
Pädogenese pedogenesis
Pädomorphose pedomorphosis
Paläontologie paleontology
Paläospezies pleospecies
Paläozän (erdgeschichtliche Epoche) Paleocene, Paleocene Epoch
Paläozoikum/Erdaltertum (erdgeschichtliches Zeitalter) Paleozoic, Paleozoic Era
Palingenese palingenesis
Palisadenwurm (*Strongylus equinus* et al.) palisade worm
Palliallinie/Mantellinie pallial line
Pallialraum pallial sinus
Pallium/Mantel pallium, mantle
Palpe palp, palpus
Palpigraden/Palpigradi microwhipscorpions, palpigrades
panaschiert variegated, mottled
Pansen/Rumen rumen, paunch, ingluvies
pantophag pantophagous, pantophagic
Panzer armor, test, theca; lorica, case
Panzer/Schale/Carapax (Schildkröte) shell, carapace
Panzerechsen/Krokodile/Crocodilia crocodiles

Panzerfische (Placodermen & Ostracodermen) placoderms & ostracoderms
Panzergeißler / Dinoflagellaten dinoflagellates
Panzerhaut / Skleroderm scleroderm
Panzerplatte / Lorica lorica (a girdle-like skeleton), case
Panzertierchen / Korsettierchen / Loriciferen corset bearers, loriciferans
Panzerwangen / Drachenkopffisch-verwandte / Scorpaeniformes sculpins & sea robins
Papageien / Psittaciformes parrots & parakeets
Papille papilla
Papula (Asteroiden) dermal papula
Parabiose parabiosis
Paralleladerung parallel venation
paralleladrig parallely veined
parallelgestreift parallely striped
Paramer paramere
Parapinealorgan paraparietal organ, parietal organ
Parapodium parapod, side-foot
Parasit / Schmarotzer parasite
– **Gelegenheitsparasit / fakultativer Parasit** facultative parasite
– **Vollparasit / Vollschmarotzer / obligater Parasit** obligate parasite
parasitär / parasitisch / schmarotzend parasitic
parasitieren / schmarotzen parasitize
Parasitismus / Schmarotzertum parasitism
Parasitoide parasitoid
Parasitose parasitosis
parasympathisch (autonomes Nervensystem) parasympathetic
Pärchenegel *(Schistosoma spp.)* schistosome, blood fluke
Parenchymknorpel / chondroides Gewebe chondroid tissue
Parietalauge *(Sphenodon)* parietal eye
Parietalorgan / Parapinealorgan parietal organ of epiphysis, parapineal organ
Parökie paroesism
Parotis / Parotisdrüse / Ohrspeichel-drüse / Glandula parotis (Säuger) parotis, parotid, parotid gland
Parotoiddrüse / Parotoide / Duvernoysche Drüse / Ohrdrüse (Amphibien) parotoid gland
Partnerfüttern mate feeding
Partnerschaftssystem mating system
Paßgang amble, pace
Patella / Kniescheibe patella, knee bone, genu
pathogen / krankheitserregend pathogenic (causing or capable of causing disease)
Pathogenität pathogenicity
Pathologie / Lehre von den Krankheiten pathology
pathologisch / krankhaft pathological (altered or caused by disease)
patriarchalisch patriarchal
Paukengang / Scala tympani tympanic canal
Peckhamsche Mimikry Peckhamian mimicry
Pecten (Vogelauge) pecten
Pedalganglion pedal ganglion
Pedipalpenlade palpal endite (with scapula)
Pedizellarie / Pedicellarie pedicellaria
Pedizellus / Pedicellus pedicellus, pedicel
Peitschengeißel whiplash flagellum, acronematic
Peitschenwurm *(Trichuris trichiura)* whipworm
Pektinelle pectinella
Pelagial / pelagische Zone pelagic zone
pelagisch / pelagial pelagic, pelagial, open-sea
Pelagos (Organismen des Pelagial) pelagic organisms, pelagic community
Pellicula pellicula, pellicle
Pelz fur
Pelzflatterer / Dermoptera flying lemurs, dermopterans
Pendelströmung *(Physarium)* shuttle streaming
Penetranz penetrance
Penis / Aedaegus / Aedoeagus (Insekten) penis, aedaegus
Penis / Phallus / männliches Glied / männliches Begattungsorgan / Rute penis, phallus, copulatory organ, intromittent organ

Penisblase/Praeputialsack (Insekten) preputial sac
Penisknochen/Os penis penis bone, baculum
Pentadaktylie/Fünfzahl von Fingern und Zehen pentadactyly
Pereion/Peraeon/Pereon (Brust/Thorax bei Crustaceen) pereion, pereon
Pereiopode/Peraeopode (Schreitbein des Pereon) pereiopod, pereopod (walking leg of pereon)
perforiert/löcherig perforated
pergamentartig (z. B. Flügel) parchmentlike
Peribranchialraum peribranchial cavity, atrial cavity
Perikardhöhle/Perikardialraum/Perikardialsack/Perikardialbeutel/Perikardialsinus pericardial cavity, pericardial chamber, pericardial sac, pericardial sinus
Perikardialseptum/Diaphragma pericardial septum, diaphragm
Perilymphe perilymph
Periodizität periodicity
Periost/Knochenhaut periosteum
Periostracum/Schalenhäutchen periostracum
Periprokt periproct
Peristaltik peristalsis
Peristom (Protozoen: Zellmundhöhlung) peristome, peristomium, buccal cavity
Peritoneum/Bauchfell peritoneum
peritrophische Membran peritrophic membrane
Perkardialhöhle/Perikardialraum/Perikardialbeutel/Perikardialsinus pericardial cavity, pericardial sac, pericardial sinus
Perle pearl
perlmuttartig glänzend/perlmutterartig glänzend nacreous
Perlmutterschicht/Nacréschicht nacreous layer
Perlschnurfühler moniliform antenna
permuttfarben/perlmutterfarben nacrine, mother-of-pearl colored
Pest *siehe:* **Beulenpest** ***(Yersinia pestis)*** bubonic plague
Pest *siehe:* **Lungenpest** ***(Yersinia pestis)*** pneumonic plague
Petalodium petaloid
Petasma petasma
Petersfischartige/Petersfische und Eberfische/Zeiformes dories (John Dory) and others
Pfeil (Mollusken) dart
pfeilförmig arrowhead-shaped, sagittate, sagittiform
Pfeilsack (Mollusken) dart sac
Pfeilschwanzkrebse/Xiphosura horseshoe crabs
Pfeilwürmer/Borstenkiefer/Chaetognathen arrow worms, chaetognathans
Pfeilzunge (hohl)/toxoglosse Radula toxiglossate radula (hollow radula teeth)
Pferch pen
pflanzenfressend plant-eating, phytophagous, herbivorous
Pflanzenfresser herbivore
Pflanzengalle/Cecidium gall
Pflanzenkonsument plant consumer
Pflanzensauger/Homoptera homopterans (cicadas & aphids & scale insects)
Pflanzenschädling plant pest
Pflasterepithel/kubisches Epithel cuboidal epithelium
Pflasterzahnsaurier/Placodontia placodontians (mollusk-eating euryapsids)
Pflege/Erziehung nurture
Pflegemutter nursing mother, foster mother
pflegen/striegeln grooming
pflegen/versorgen care for, provide for
Pflegetier/Phorozoid phorozooid
Pflugscharbein/Vomer ploughshare bone, vomer
Pfortader/Vena portae portal vein
Pförtner/Pylorus pylorus
Pfote/Tatze paw
Phallus/Penis/männliches Glied/männliches Begattungsorgan phallus, penis, copulatory organ, intromittent organ
Phallusdrohen phallic threat
Phänogramm (numerische Taxonomie) phenogram
Phänotyp/Phaenotypus phenotype

pharat (coarctate Puppe) pharate (cloaked adult/coarctate pupa)
Phasengrenze phase boundary
Phasenkontrast phase contrast
Phasmid/Schwanzpapillendrüse phasmid
Pheromon pheromone
Phoresie phoresis, phoresy, phoresia
photoallergen photoallergenic
Photophore/Leuchtorgan photophore, luminous organ, light-emitting organ
Phragmokon phragmocone
Phrase/Tour (Vogelgesang) phrase
Phyllopodium (*pl.* Phyllopodien)/ Blattbein phyllopod
Phylogenese/Phylogenie/Stammesgeschichte/Stammesentwicklung/ Abstammungsgeschichte/ Evolution phylogenesis, phylogeny, evolution
phylogenetisch/phyletisch/ stammesgeschichtlich/evolutionär phylogenetic, phyletic, evolutionary
Physiologie physiology
physiologisch physiological
Physogastrie physogastry
Phytobezoar (Magenkugel) phytobezoar (stomach ball)
picken peck, pick
piepen/piepsen (Maus) peep, squeak
piepen/piepsen (Vögel) chirp, cheep
Pigmentschicht (Auge) pigment layer
Pigmentzelle/Farbzelle/ Chromatophore pigment cell, chromatophore
Pilzgarten fungus garden
Pilzkörper *(pl.)*/Corpora pedunculata mushroom bodies, pedunculate bodies, corpora pedunculata
Pinakozyt/Pinacocyt pinacocyte
Pinealauge (bei Neunauge: *Petromyxon*) pineal eye, epiphyseal eye (median eye)
Pinealorgan/Epiphyse/Zirbeldrüse pineal body, pineal gland, conarium, epiphysis
Pinguine/Sphenisciformes penguins
Pinselfüßer/Pselaphognatha pselaphognaths
Pionierart pioneer species
Placoidschuppe/Zahnschuppe/ Hautzahn/Dentikel placoid scale, dermal denticle
plagiotrop plagiotropic, plagiotropous, obliquely inclined
Plakode placode
Planarien planarians
Plankton (passiv schwebend) plankton (passive drifters)
planktonisch planktonic
Planktonseiher plankton strainer (a food-strainer)
planspiral/flach-scheibenförmig gewunden planispiral
Plantigradie/Sohlengang plantigrade gait
Plaquedesmosom spot desmosome
Plasmamembran/Zellmembran/ Ektoplast/Plasmalemma plasma membrane, (outer) cell membrane, unit membrane, ectoplast, plasmalemma
Plasmaströmung/Dinese plasma streaming, cytoplasmic streaming, cyclosis
Plasmazelle plasma cell
Plasmodesmos/Plasmadesma (*pl.* Plasmodesmen) plasmodesm, plasmodesma
Plasmolyse plasmolysis
Plastizität plasticity
Platte (Ophiuroiden) shield, vertebral ossicle
Plattenepithel squamous epithelium
Plattenhäuter/Placodermen/ Placodermi placoderms
Plattenkiemer/Haie & Rochen/ Elasmobranchii sharks & rays & skates
Plattfische/Pleuronectiformes flatfishes
Plattformriff table reef
Plattwürmer/Plathelminthen/ Plathelminthes flatworms, platyhelminths (Platyhelminthes)
Platzmine blotch mine
Plazenta/Mutterkuchen placenta
- **Allantoisplazenta** allantoic placenta
- **Chorioallantoisplazenta** chorioallantoic placenta
- **Chorionplazenta** chorionic placenta

- **Dottersackplazenta / Dottersackhöhlenplazenta / Omphaloplazenta / omphaloide Plazenta** yolk-sac placenta, choriovitelline placenta
- **endothelio-choriale Plazenta** endotheliochorial placenta
- **epithelio-choriale Plazenta** epitheliochorial placenta
- **Gürtelplazenta / Placenta zonaria** zonary placenta
- **haemo-choriale Plazenta** hemochorial placenta
- **Labyrinthplazenta** hemoendothelial placenta
- **Placenta bidiscoidalis** bidiscoidal placenta
- **Placenta cotyledonaria / Placenta multiplex** cotyledonary placenta
- **Placenta diffusa** diffuse placenta
- **Placenta discoidalis** discoidal placenta
- **syndesmo-choriale Plazenta** syndesmochorial placenta
- **Zottenplazenta / Topfplazenta** villous placenta (hemochorial placenta)

Plazentatiere / Placentalia / Eutheria placentals, eutherians
Plazentom placentome
Pleistozän / Diluvium / Glazialzeit / Eiszeit (erdgeschichtliche Teilepoche) Pleistocene Epoch, Glacial Epoch, Diluvial, Ice Age
Pleon (Abdomen der Crustaceen) pleon
Plerocercoid plerocercoid
Plesiomorphie plesiomorphism
plesiomorphisch plesiomorphic
Plesiosaurier / Plesiosauria plesiosaurs
Pleurapophyse pleurapophysis
Pleurobranchie pleurobranch, pleurobranchia
Pliozän (erdgeschichtliche Epoche) Pliocene, Pliocene Epoch
plurilokulär / mehrkammerig plurilocular, multilocular
Pneumatode / Atemöffnung pneumathode
Podobranchie podobranch, podobranchia, foot-gill
Podozyt / Podocyt podocyte
poikilotherm / wechselwarm / ektotherm poikilothermal, poikilothermous, cold-blooded, ectothermal, heterothermal
Polfaden (Mikrotubulus) polar fiber (microtubule)
Polfelder (Coelenteraten) polar plates
Polische Blase polian vesicle
Polkappe polar cap (within polar sac)
Polkapsel polar capsule
Polkern polar nucleus
Polkörper / Richtungskörper polar body
Pollappen (Furchung) polar lobe
Pollenbürstchen pollen brush
Pollenkamm pollen comb, pecten
Pollenkörbchen / Corbiculum pollen basket, corbiculum
Polplatte (Ctenophoren) polar field
Polyandrie / Vielmännerei polyandry
polyenergid polyenergid
polygam / einehig polygamous
Polygamie / Vielweiberei polygamy
polygyn / vielweibig polygynous
Polygynie / Vielweiberei polygyny
polyöstrisch polyoestrous, polyestrous
Polyp polyp, hydroid
Polypenstadium polypoid stage
polyphyletisch polyphyletic
polyphyodont polyphyodont
Polypid polypide
polythalam / vielkammerig / vielkämmrig / polythekal polythalamous, polythalamic, with many chambers, polythecal
polythetisch polythetic
polyvoltin / plurivoltin / mit mehreren Jahresgenerationen polyvoltine, multivoltine
Population / Bevölkerung population
Population / Fortpflanzungsgemeinschaft population, reproductive group
Populationsdichte / Bevölkerungsdichte population density
Populationsgröße / Bevölkerungsgröße population size
Populationskurve / Bevölkerungskurve population curve
Populationsschwankung / Bevölkerungsschwankung fluctuation of population

Populationszusammenbruch / Bevölkerungszusammenbruch population crash
Populationszuwachs / Bevölkerungswachstum population growth
porig porous
Porosität porosity
Postabdomen / Metasoma postabdomen, metasoma
Postantennalorgan / Hinterfühlerorgan postantennal organ
potamodrom potamodromous
Prägung imprinting
Präkambrium / Präcambrium (erdgeschichtliches Zeitalter) Precambrian, Precambrian Era
Prämaxille premaxilla
Prämolaren / vordere Backenzähne premolars, bicuspid teeth
Präoralhöhle / Vestibulum vestibule
Präparat (Tier~) preserved specimen
Präparat, mikroskopisches microscopical preparation / mount
präparieren prepare; dissect, mount
Präpatenz prepatent period
Präputialdrüse (Bieber) preputial gland, castor gland
Präputialsack preputial sac
Prävalenz prevalence, prevalency
Präzisionsgriff precision grip
Prellsprung stotting, pronking
Priapswürmer / Priapuliden priapulans
Primärlarve / Junglarve / Eilarve primary larva
Primärproduktion primary production
Primitivstreifen / Keimstreifen (Gastrulation) primitive streak, germinal streak
Prismenschicht prismatic layer
Proanura protofrogs, proanurans
Probenahme sampling, taking samples
procöl / procoel *(adj)* procelous
Procöl / Procoel *(n.)* procoel, procoele
Prodissoconch / Prodissoconcha (Muscheln: Larvenschale) prodissoconch (premetamorphic shell)
Produktivität productivity
Produzent / Erzeuger producer
Progenese progenesis (precocious reproduction)
Proglottide / „Segment" (Bandwürmer) proglottis, proglottid, tape "segment"
prognath / vorkiefrig prognathous, prognathic
Prognathie / Vorkiefrigkeit prognathy, prognathism
Prokaryont / Prokaryote / Procaryont / Procaryot prokaryote, procaryote
prokaryontisch / prokaryotisch / procaryontisch / procaryotisch prokaryotic, procaryotic
prokurv / procurv procurved
Proliferation proliferation
Proliferationszone / Sprossungszone (Cestoda) proliferative zone, budding zone
proliferieren proliferate
Promiskuität promiscuity
promiskuitiv / in Promiskuität lebend promiscuous
Pronotum / Prothorakalschild / Halsschild (dorsal) pronotum
Proöstrus pro-oestrus, proestrus
Propodit propodite
Proprioceptor proprioceptor, proprioreceptor
Propupa / Präpupa / Vorpuppe / Semipupa propupa, prepupa
Prostomium / Kopflappen prostomium
protandrisch protandric, protandrous
Proterozoikum (erdgeschichtliches Zeitalter) Proterozoic Era (late Precambrian)
Prothorakalschild / Halsschild / Pronotum (dorsal) pronotum
Prothoraxdrüse prothoracic gland (an ecdysial / molting gland)
Protisten / Protista protists
Protobranchie protobranch
Protocöl / Protocoel / Axocöl / Axocoel protocoel
Protopodit (Sympodit) protopod, protopodite (basal part)
proximal / ursprungsnah proximal
Pseudogamie pseudogamy, pseudomixis
pseudostigmatisches Organ (Orbatiden) pseudostigmatic organ
Pubertät puberty
Puderdune / Pulvipluma powder-down feather, pulviplume

puffern buffering
Pulpa/Pulpe pulp
Pulpahöhle pulp cavity
Pumppolyp/Siphonozooid siphonozooid
Punktauge/Stemma (Einzelauge/Ocelle) (*siehe:* Nebenauge/Scheitelauge/Stirnauge) stemma (dorsal and lateral ocelli)
Punktmutation point mutation
Punktquelle point source
Pupa adectica adecticous pupa
Pupa dectica decticous pupa
Pupa exarata/gemeißelte Puppe exarate pupa (free appendages)
Pupa libra/freie Puppe free pupa
Puparium puparium; pupal instar
Pupille pupil
pupipar pupiparous
Pupiparie pupipary
Puppe pupa
– **freie Puppe/Pupa libra** free pupa
– **gemeißelte Puppe/Pupa exarata** exarate pupa
– **Gürtelpuppe/Pupa cingulata** girdled pupa
– **holometaboler Insekten)/Chrysalis** chrysalis
– **Mumienpuppe/Pupa obtecta** obtect pupa
– **Pupa adectica** adecticous pupa
– **Pupa dectica** decticous pupa
– **Pupa exarata/gemeißelte Puppe** exarate pupa (free appendages)
– **Scheinpuppe/Larva coarctata/Pseudocrysalis** coarctate larva/pupa, pseudocrysalis
– **Stürzpuppe/Pupa suspensa** suspended pupa
– **Tönnchenpuppe/Pupa coarctata** coarctate pupa
– **Vorpuppe/Propupa/Präpupa/Semipupa** propupa, prepupa
Puppenhülle/Kokon cocoon
Purkinje-Faser Purkinje fiber
Purkinje-Zelle Purkinje cell
Pusule (Dinoflagellaten) pusule
Putzen → am eigenen Körper/Selbstputzen autopreening, autogrooming, self-grooming
Putzen → an fremdem Körper/Fremdputzen allopreening
Putzsymbiose cleaning symbiosis
Putzverhalten preening behavior
Pygidialdrüse/Analdrüse pygidial gland, anal gland
Pygidium/Afterlappen/Afterschild/Analschild (Arthropoden) pygidium (caudal shield)
Pygostyl/Schwanzstiel (Pflugscharbein/Vomer der Vögel) pygostyle (ploughshare bone/vomer of birds)
Pylorus-Anhang pyloric cecum
Pyramidenbahn (verlängertes Rückenmark) pyramid tract, corticospinal tract

Q

quaken (Ente) quack
quaken (Frosch) croak
Quallen (allgemein) jellyfishes
Quallen, echte/Schirmquallen/Scheibenquallen/Scyphozoen cup animals, scyphozoans
Quartär (erdgeschichtliche Periode) Quaternary, Quaternary Period
Quastenflosse lobe fin
Quastenflosser/Crossopterygii lobe-finned fishes, crossopterygians
quellen (anschwellen) swell
quellen (Wasseraufnahme) soak, steep
– **hervorquellen** emanate
Querader cross vein
Querbrücke (Myosinfilament) cross bridge
Querfortsatz/Processus transversus transverse process of vertebra
Querjochen/mit Querjochen/lophodont with transverse ridges, lophodont
– **mit vier Querjochen/tetralophodont** with four transverse ridges, tetralophodont
Querschnitt cross section, transverse section
Quetschpräparat squash (mount)
quieken/quietschen (Schwein/Meerschweinchen) squeal, squeak
Quieszenz (exogen bedingte Ruheperiode) quiescence
Quotient/Verhältnis ratio, relation

R

Rabenbein/Rabenschnabelbein/Coracoid coracoid
racemös/razemös (Hydrozoen-verzweigung) racemose
Rachenmandel/Polyp polyp
Rackenvögel/Coraciiformes kingfishers & bee-eaters & hoopoes & rollers & hornbills
Räderorgan/Krone (Rotatorien) ciliated crown, ciliated organ, corona
Räderorgan wheel organ
Rädertiere/Rotatorien rotifers
Radialschnitt radial section
Radialzelle/Radius radial cell, radius
radiär/radiärsymmetrisch/zyklisch/strahlenförmig/aktinomorph radial, cyclic, radially symmetrical, regular, actinomorphic
Radiärfurchung radial cleavage
Radiärkanal radial canal
Radiärnerv radial nerve
Radiärsymmetrie radial symmetry
– **fünfstrahlige ~/Pentamerie** pentamery
Radiation, adaptive adaptive radiation
Radnetz (Spinnen) orb web
Radula/Reibplatte/„Zunge" (Typen ***siehe unter:*** **Zunge)** radula
Radulapolster/Odontophor radula support, odontophore
raffen/horden hoarding
Rahmen/Gerüst (Netz) scaffold, scaffolding
Rahmenfaden (Spinnennetz) frame line
Rahmennetz (Spinnenetz) frame web
rammeln/kopulieren rut, mate, copulate
Rammler (männlicher Hase) buck
Rammler (Schafbock) ram
Rand edge, margin
Randdecken marginal tectrices, marginal coverts
randwellig repand
Rang rank
Rangordnung/Rangfolge/Stufenfolge/Hierarchie order of rank, ranking, hierarchy

Rangstufe/Kategorie category
– **soziale Rangstufe** social rank
Ranke tendril, cirrus, clasper
rankend twining, climbing, creeping
Rankenfuß (Thoracopod der Cirripedier) cirrus, feeding leg
Rankenfüß(l)er/Cirripeden/Cirripedier/Cirripedia barnacles, cirripedes
Ranvierscher Schnürring Ranvier's node, node of Ranvier
Rappe black horse
Rasse race
Rasterelektronenmikroskop (REM) scanning electron microscope (SEM)
Ratiten (Vögel) ratite birds (flightless birds)
Rattenschwanzlarve rat-tailed larva/maggot
Raub predation
Raub .../räuberisch predatory, raptorial (greifend)
Räuber/Raubfeind/Raubtier/Freßfeind/Jäger/Prädator predator, predatory animal
räuberisch/Raub ... predatory, raptorial (greifend)
Räubertum predation
Raubgastgesellschaft/Synechthrie hostile commensalism, synechthry, synecthry
Raubinsekt/räuberisches Insekt predatory insect
Raubtier/Carnivor/Karnivor carnivore
Raubtier/Räuber/Raubfeind/Freßfeind/Jäger/Prädator predator, predatory animal
Raubtiere/Carnivora carnivores
Raubvogel/Greifvogel bird of prey, predatory bird, raptorial bird
Raucher, schwarzer/weißer (Tiefsee) black/white smoker
Räude/Krätze (Milben~) scabies, scab (domestic animals), mange (mites)
räudig scabious, scabby
rauh/schuppig rough, scabrous
Rauhfutter roughage
Raupe caterpillar
Raupenbewegung/Integumentbewegung (Schlangen) caterpillar movement, rectilinear movement
rautenförmig/rhombisch rhomboid
Rautenhirn/Rhombencephalon hindbrain, rhombencephalon
Receptaculum seminis/Samentasche seminal receptacle, spermatheca
rechtshändig right-handed, dextral
Rectaldrüse/Rektaldrüse rectal gland
Redie redia
Reduktionsteilung/Reifeteilung/Meiose reduction division, meiosis
Reflex, bedingter conditioned reflex (classical conditioning)
Reflex, unbedingter unconditioned reflex
Reflexbogen reflex arc
Refraktärzeit/Refraktärphase/Refraktärstadium refractory period, refractory stage
Regel/Menstruation menstruation
Regelkreis feedback system
regelmäßig regular
Regenbogenhaut/Iris iris
Regenwurmbewegung/Harmonikabewegung (Schlangen) concertina movement
Reglungsprozeß regulatory procedure
Regulationsei regulative egg
Rehkitz fawn
Reibplatte/„Zunge"/Radula radula
reif mature, ripe
Reife maturity, ripeness
Reifen maturing, ripening
Reifeteilung/Reduktionsteilung/Meiose reduction division, meiosis
reinerbig/reinrassig/homozygot homozygous, true-bred, pure-bred
Reinkultur pure culture, axenic culture
reißen (Hengst) geld, castrate
reißen (Wild) attack and rend
Reißnersche Membran/Reißner-Membran/Membrana vestibularis Reissner's membrane
Reißzahn/Fangzahn/Fang (Raubtiere) fang, carnassial tooth
Reiz/Stimulus stimulus, irritation
reizbar irritable
Reizbarkeit irritability
reizempfänglich irritable, excitable, sensitive
Reizschwelle stimulus threshold
Reizumwandlung stimulus transduction
Reizung stimulation, irritation

Rekapitulations-Theorie recapitulation theory, principle of recapitulation
Rektaldrüse / Rectaldrüse rectal gland
rekurv / recurv recurved, bent backwards
Relikt relict
Renn ... / rennend running, cursorial
rennen / laufen run
Reptilien / Kriechtiere / Reptilia reptiles
Reptilienkunde & Amphibienkunde / Herpetologie herpetology
Reservat reserve
Reservestoff reserve material, storage material, food reserve
Reservoir-Wirt reservoir host
Resistenz resistance
resorbieren resorb
respiratorischer Quotient / Atmungsquotient respiratory quotient
Restitution restitution
Retikulopodium / Reticulopodium reticulopodium, reticulopod
Retraktormuskel / Retraktor / Rückzieher retractor muscle
Retrocerebralorgan / Retrocerebralkomplex retrocerebral organ
Retrocerebralsack retrocerebral sac
Reusengeißelzelle / Cyrtocyte (*siehe:* Flammenzelle) fenestrated flame cell (protonephridia)
Reversibilität reversibility
Revier / Wohnbezirk / Gebiet / Territorium territory, range
Reviermarkierung marking of territory, territorial marking
Revolver (Mikroskop) nosepiece turret
rezent / gegenwärtig / heute lebend recent, contemporary, extant
Rezeptakel / Rezeptakulum receptacle, receptaculum
Rezeptakulum seminis / Samentasche seminal receptacle, spermatheca, sperm chamber
Rezeptor / Empfänger receptor
rezessiv recessive
Rhabdit / Epithelstäbchen (Turbellaria) rhabdite
Rhabdom rhabdome
Rhabdomer rhabdomere
Rhagon (Schwämme) rhagon
Rhinarium / Riechplatte rhinarium
Rhombogen (Mesozoa) rhombogen
Rhopalium / „Hörkölbchen“ rhopalium (tentaculocyst)
Rhopalonema rhopaloneme
Rhoptrie (*pl.* Rhoptrien) rhoptry (*pl.* rhoptries)
Rhythmus-Anpassung (circadiane) entrainment (rhythm adjustment)
Riß / Spalte crevice
Ribosom ribosome
Richtungskörper / Polkörper polar body
Richtungsorientierung directional orientation
Riechepithel olfactory epithelium
Riechgrube olfactory pit (a sensory pit)
Riechhirn / Rhinencephalon “nose brain”, rhinencephalon
Riechhügel / Riechkolben / Bulbus olfactorius olfactory dome (sensory dome), olfactory bulb
Riechorgan olfactory organ
Riechplatte / Porenplatte (Sensilla placodea) olfactory plate (sensory plate)
– **Rhinarium** rhinarium
Riechschleimhaut olfactory mucosa
Riesenfaser / Mauthnersche Zelle / Mauthner-Zelle (Fische) giant fiber, Mauthner's cell
Riesenläufer / Skolopender / Scolopendromorpha scolopendromorphs
Riff reef
– **Atollriff / Atoll / Lagunenriff)** atoll
– **Barriereriff / Wallriff** barrier reef
– **Fleckenriff** patch reef, bank reef
– **Plattformriff** table reef
– **Rückriff** rear reef
– **Saumriff / Strandriff / Küstenriff** fringing reef
– **Vorriff** fore reef
riffbildend / hermatypisch reef-building, hermatypic
– **nicht riffbildend / ahermatypisch** not reef-building, non-hermatypic
Riffdach reef flat
Riffhang reef slope
Riffkante reef edge
Riffkrone reef crest
Rinde bark, cortex

Rindenbildung cortication
Rindenkorallen / Hornkorallen / Gorgonaria gorgonians
Rinderwahnsinn mad cow disease (bovine spongiform encephalopathy)
Rinderwirtschaft cattle ranching
Ringelantenne / Geißelantenne / amyocerate Antenne amyocerate antenna
Ringelung / Gürteln (Baumrinde) ringing, girdling
Ringelwürmer / Gliederwürmer / Borstenfüßer / Anneliden segmented worms, annelids
ringförmig annular
Ringfurche / Coronalfurche coronal groove
Ringkanal / Radiärkanal / Ambulakralring ring canal, radial canal
Ringknorpel / Cartilago crinoidea annular cartilage, cricoid cartilage
Ringmuskel ring muscle, circular muscle
Rinne ***(anat / morph)*** groove, furrow
Rippe / Costa rib, costa
Rippenfortsatz / Diapophyse diapophysis (transverse process of neural arch for rib attachment)
Rippengefäß / Meridionalkanal (Ctenophoren) meridional canal, gastrovascular canal
Rippenquallen / Kammquallen / Ctenophoren sea gooseberries, sea combs, comb jellies, sea walnuts, ctenophores
Riß rendered prey
Ritus rite
Rivale rival
Rivalität rivalry
Rochen, echte / Rajoidei *(Suborder!)* skates
Rochen / Batoidea *(Superorder!)* rays & skates
Rochenartige / Rajiformes guitarfishes & skates
Rogen / Fischlaich roe, fish-eggs
Rohr / Röhre pipe, tube
Röhrchenzähner / Erdferkel / Tubulidentata aardvark (of Africa)
röhren (Hirsch) bell
röhrenbewohnend tube-dwelling, tubicolous
Röhrenbewohner tube-dweller
röhrenförmig / schlauchförmig siphoneous, siphonaceous, tubular
Röhrenherz / Herzschlauch tubular heart
Röhrenknochen long / hoolow / tubular bone
Röhrennasen / Procellariiformes tube-nosed swimmers: albatrosses & shearwaters & petrels
Röhrennetz / Trichternetz funnel web
Röhrentrachee tubular tracheae
Rosette rosette, whorl
Rosettenplatte (Bryozoen) rosette plate
Rote Liste Red Data Book
Rotiger / Pseudotrochophora (Larve) rotiger, pseudotrochophore
Rotwild deer; venison *(culinary)*
Rückbildung degeneration, regression
Rückdrehung / Detorsion (Gastropoda: Nervensystem) detorsion
Rückenanhänge / Cerata (Nudibranchia) cerata
Rückenfeder / Gladius (pergamentartige Schulpe) pen, gladius
Rückenflosse dorsal fin
Rückenmark / Neuralrohr / Medulla spinalis spinal cord, neural tube, medullary canal, nerve cord
Rückenmark, verlängertes / Medulla oblongata medulla oblongata
Rückenplatte / Rückenschild / Tergit (Insekten: dorsaler Sklerit) tergite, dorsal sclerite
Rückensaite / Chorda dorsalis / Notocorda notochord
Rückenschaler / Notostraca tadpole shrimps
Rückenschild / Carapax (Schildkröte) dorsal shield, carapace
Rückenschild / Rückenteil / Tergum (Insekten: Rückenteil der Körpersegmente) tergum (dorsal plate: esp. abdominal segments)
Rückenstück / Tergit (dorsale Sklerite) tergite
Rückenteil / Rückenschild / Tergum (Insekten: Rückenteil der Körpersegmente) tergum (dorsal plate: esp. abdominal segments)

Rückentwicklung retrogressive development, retrogressive evolution
Rückfallfieber ***(Borrelia recurrentis)*** relapsing fever
Rückgrat/Wirbelsäule spinal column, vertebral column, backbone
Rückkopplung feedback
– **negative Rückkopplung/Rückkopplungshemmung/Endprodukthemmung** feedback inhibition, end-product inhibition
Rückkreuzung backcrossing, backcross
Rückriff rear reef
Rückschlag/Atavismus (ursprüngliches Merkmal) atavism, throwback
rückseitig/dorsal dorsal
Rückstrahlvermögen/Albedo albedo
rückwärts/nach unten gerichtet/gebogen retrorse
Rückzieher/Rückziehmuskel/Retraktor (~muskel) retractor muscle
Rückzug/Versteck/Schlupfwinkel (Spinne) retreat
Rüde (Hund) male dog
Rudel/Meute/Koppel pride (lions), pack (dogs/wolves), party (wild boar), pod (whales/dolphins/seals)
Ruder/Ruderflosse (Schwanzflosse der Wale) rudder
Ruderfußkrebse/Ruderfüßer/Copepoda copepods
Ruderfüß(l)er/Pelecaniformes totipalmate swimmers: pelicans and allies
Ruderplatte/Ruderplättchen/Schwimmplatte/„Kamm"/Ctene/Wimperplättchen (Ctenophoren) ctene, swimming plate, ciliary comb
Ruderschnecken/Gymnosomata/nackte Flossenfüßer (Flügelschnecken) naked pteropods
rudimentär rudimentary (*sensu lato:* vestigial)
Ruf (Vögel: Lautäußerung) call, call note
rufen call
Ruffini'sches Körperchen Ruffini's endings, Ruffini's organ, corpuscules of Ruffini
ruhendes Zentrum quiescent center, quiescent zone
Ruhephase/Ruheperiode dormancy period
Ruhepotential resting potential
Ruhestellung resting posture
Ruhezustand inactive state, dormant state, dormancy
– **endogen bedingter Ruhezustand/Dormanz** dormancy
– **exogen bedingter Ruhezustand/Quieszenz** quiescence
Ruhr dysentery
Rumpf/Leib/Torso trunk, rump
Rumpfbein/Thoraxbein/Thorakalfuß/Thoracopod (Malacostraca) thoracopod, thoracic leg
Rumpfniere/Opisthonephros opisthonephros
Rumpfsegment/Thoraxsegment/Thoracomer thoracic segment, thoracomer
Rumpfskelett/Stammskelett/Achsenskelett/Axialskelett axial skeleton
Rundfraß ringing
rundlich/abgerundet roundish, rounded, rotund
Rundmäuler/Kreismünder/Cyclostomata cyclostomes
Rundschuppe/Cycloidschuppe cycloid scale
Rundtanz (Bienen) round dance
Rundwürmer *(sensu lato)*/Schlauchwürmer/Nemathelminthen/Aschelminthen nemathelminths, aschelminths
Rundwürmer *(sensu strictu)*/Fadenwürmer/Nematoden roundworms, nematodes
Runterstufung downward classification
runzelig/gerunzelt/gewellt/geriffelt wrinkled, rugose; corrugative, corrugated
rupfen (Federn) pluck
Rüssel (Elefant) trunk
Rüssel/Proboscis (Insekten) proboscis
Rüssel/Schnabel/Rostrum (Wanzen) beak, rostrum
Rüssel/Schnauze (Schwein) snout
– **mit kurzem Rüssel (Insekten)** brachystomatous, with a short proboscis

Rüsselscheide/Rhynchocoel proboscis receptacle, rhnychocoel
Rüsselscheidenretraktor proboscis receptacle retractor
Rüsselspringer/Macroscelidea African elephant shrews
Rüsseltiere/Proboscidea elephants and relatives
Rute/männliches Glied/Penis penis
Rute/Schwanz tail

S

Säbelzahn sabre tooth, saber tooth
sackförmig/taschenförmig pouched, saccate
Sackschnecken/Schlauchschnecken/Schlundsackschnecken/Sacoglossa/Saccoglossa sacoglossans
Sägehaie/Pristiophoriformes sawsharks
Sägerochen/Sägefische/Pristiformes sawfishes
sagittal/in Pfeilrichtung/in Pfeilebene sagittal, median longitudinal
Sagittalebene (parallel zur Mittellinie) median longitudinal plane
Sagittalkamm/Scheitelkamm sagittal crest
Sagittalschnitt sagittal section, median longisection
Saisonalität seasonality
Saitenwürmer/Nematomorpha horsehair worms, hairworms, threadworms, nematomorphans, nematomorphs
Salamander salamanders
Salinität/Salzgehalt salinity, saltiness
Salmler/Characiformes characins: tetras & piranhas
Sälmling/Lächsling (junge Lachsbrut) parr (stage between fry and smolt)
Sälmling (Silber~) smolt
Salpen/Thaliaceen/Thaliacea salps, thaliceans
– **eigentliche Salpen/Salpida** salps
saltatorisch saltatory, saltatorial (adapted for/used in jumping)
Salzdrüse salt gland
Samen/Sperma (Ejakulat) sperm, semen (ejaculate)
Samen/Spermium/Samenzelle/Spermatozoon (männliche Geschlechtszelle) sperm, spermium, sperm cell, spermatozoon (male gamete)
Samen .../Sperma .../Samen betreffend/Sperma betreffend seminal

Samenausführgang / Samengang / Ductus ejaculatorius ejaculatory duct
samenbildend seminiferous
Samenbläschen / Samenblase / Bläschendrüse / Glandula vesiculosa seminal vesicle
Samendrüse testicle, testis
Samenerguß / Samenausstoß / Ejakulation seminal discharge, ejaculation
Samengang / Samenausführgang / Ductus ejaculatorius ejaculatory duct
Samenleiter, primärer (Wolffscher Gang) seminal duct, Wolffian duct
Samentasche / Receptaculum seminis sperm chamber, spermatheca, seminal receptacle, sperm receptacle
Samenträger / Samenpaket / Spermatophore spermatophore, sperm packet
Samenzelle / Sperma (männliche Geschlechtszelle) sperm cell, sperm (male gamete)
Sammelbiene / Sammlerin forager, field bee
sammeln / versammeln / zusammenscharen / zu Scharen zusammenkommen (Vögel) flock
Sammelwirt / Stapelwirt / paratenischer Wirt / Transportwirt paratenic host, transfer host
Sammler gatherer, collector
Sammlung / Kollektion collection
samtig velutinous, velvet-like, velvety
Sand → im Sand lebend / den Sand bewohnend arenicolous, sand-dwelling
sandartig / in sandigem Boden lebend arenaceous
Sanddollars / Clypeasteroida (true) sand dollars
Sandfische / Milchfischverwandte / Gonorhynchiformes milkfishes and relatives
Sandlückenfauna / Interstitialfauna interstitial fauna
saprophag saprophagous, saprotrophic
Saprophage / Fäulnisernährer / Fäulnisfresser saprophage, saprotroph, saprobiont
Saprophagie saprophagy
saprophil saprophilic, saprobic
Saprophyt saprophyte
Saprozoen saprozoic lifeforms
Sarcolemm sarcolemma
Sarcosom / Riesenmitochondrion sarcosome
Sattelgelenk saddle joint, sellaris joint
Sättigung saturation
Sättigungsbereich / Sättigungszone range of saturation, zone of saturation
Sau (Mutterschwein) sow (female swine)
sauer / azid acidic
sauerstoffbedürftig aerobic
Sauerstoffschuld oxygen debt
säugen / stillen suckle, nurse, breast-feed
saugend sucking (insects: haustellate)
Säugerkunde / Säugetierkunde / Mammalogie mammalogy
säugetierähnliche Reptilien / Therapsida mammallike reptiles (advanced synapsids)
Säugetiere / Säuger / Mammalia mammals
Saugfischverwandte / Schildfische / Spinnenfischartige / Gobiescociformes clingfishes
Sauggrube / Bothrium bothrium
Säugling infant
Säuglingsalter / frühe Kindheit infancy
Säuglingssterblichkeit infant mortality
Saugmagen (Cheliceraten) sucking stomach
Saugmagen (Vorratsmagen: Kropf der Culiciden) pumping stomach
Saugnapf / Acetabulum (true) sucker, acetabulum
Saugorgan suctorial organ, sucker
Saugpumpe (*Hymenoptera*: Pharynx) sucking pump (pharynx)
Saugreflex suction reflex
Saugrüssel / Proboscis sucker, haustellum, proboscis (adapted for sucking)
Saugstellung nursing position
Saugwürmer / Egel / Trematoden flukes, trematodes
Säulenepithel / Zylinderepithel squamous epithelium

Saum/Rand seam, border, edge, fringe
Saumgesellschaft fringe community, gallery community
Saumriff fringing reef
Säuregrad/Azidität acidity
Scaphognathit/Atemplatte scaphognathite, bailer, baler
Schaben/Blattodea cockroaches
Schabepräparat scraping (mount)
schächten kill/slaughter according to Jewish rites
Schädel/Hirnkapsel/Cranium skull, braincase, cranium
Schädeldecke skull roof
Schädellose/Acrania acranians
Schadinsekt pest insect
schädlich harmful, causing damage
Schädling/Ungeziefer pest
Schädlingsbefall pest infestation
Schädlingsbekämpfung/Schädlingskontrolle pest control
– **biologische Schädlingsbekämpfung** biological pest control
– **integrierte Schädlingsbekämpfung/integrierter Pflanzenschutz** integrated pest management (IPM)
Schädlingsbekämpfungsmittel/Pestizid/Biozid pesticide, biocide
Schädlingskontrolle pest control
Schadorganismus harmful organism/lifeform
Schafbock ram
Schäfer shepherd
Schafhaut/Amnion amnion
Schaft shaft, scape, rachis
Schale *siehe:* **Diatomeenschale** frustule
Schale → harte Schale/Testa (z. B. Mollusken) shell, test, testa
Schale → Haut skin, peel
Schale → Panzer/Carapax shell, carapace
Schale → Schneckenschale/Muschelschale shell
Schale → Schutzschicht/Hülle husk, coat, cover
Schalendrüse/Maxillendrüse/Maxillennephridium maxillary gland
Schalendrüse/Mehlissche Drüse Mehlis' gland, shell gland, cement gland
Schalenhälfte (Diatomeen/Muscheln) valve
Schalenhaut shell membrane
Schalenhäutchen/Periostracum periostracum
Schalenhäuter/Ostracodermata ostracoderms
Schalenlose/Kiemenfüße/Anostraca fairy shrimps, anostracans
Schalenplatte (Käferschnecken) shell plate, shell valve
Schalensegment/Schalenplatte (Chiton) valve
Schalentier (Crustaceen & Mollusken) shellfish
Schalenwild/Schaltier hoofed game
Schälhengst/Beschäler/Zuchthengst stud, studhorse
Schallblase (Frösche) resonance pouch, vocal sac, vocal pouch
Schaltkreis (Nerven) circuit (neural circuit)
– **divergenter** divergent circuit
– **konvergenter** convergent circuit
– **zurückwirkender** reverberating circuit
Schambein/Os pubis pubic bone
Schamlippe/Labium vulvae labium (folds at margin of vulva)
Schanker/Lues/Syphilis ***(Treponema pallidum)*** syphilis
scharf (Mikroskopie) in focus, sharp
Schärfe (Bild) sharpness, focus
– **Sehschärfe** visual acuity
Scharfeinstellung focussing
Schärfentiefe/Tiefenschärfe depth of focus, depth of field
Scharfstellung/Akkommodation (Auge) accommodation
Scharniergelenk hinge joint, ginglymus joint
scharren (Hühner) scratch
scharren (Pferde) pawing, paw the ground (scraping the ground)
scharrend (Geflügel) rasorial
schattenliebend shade-loving, sciophilous
schattieren shade
schattig shady
Schau show
Schaukasten/Vitrine showcase
Schaum foam

Schaum/Speichel (z. B. von Zikaden/Kuckucksspeichel) spittle
Schaumzikaden (Auchenorrhyncha) spittlebugs
Schaustellung (protzig) display
Schecke (Pferd) skewbald horse
scheckig (Pferd) skewbald
Scheckung/Variegation variegation
scheibenförmig disk-shaped
Scheibenquallen/Schirmquallen/Echte Quallen/Scyphozoen cup animals, scyphozoans
Scheide/Umhüllung sheath
Scheide/Vagina vagina
scheidenförmig/röhrenförmig sheathed, vaginate
Scheidenvorhof/Vestibulum vaginae vaginal vestibule
Scheidewand/Septe/Septum dividing wall, cross-wall, partition, dissepiment, septum
Scheinader/Vena spuria spurious vein
Scheinblattkieme/Pseudolamellibranchie pseudolamellar gill, pseudolamellibranch
Scheinfüßchen/Pseudopodium pseudopod
Scheinpuppe/Larva coarctata/Pseudocrysalis coarctate larva, pseudocrysalis
Scheinputzen pseudogrooming
Scheitel/Vertex vertex
Scheitelauge/Stirnauge (Ocelle) dorsal ocellus
Scheitelkamm/Sagittalkamm/Crista sagittalis sagittal crest
Scheitelorgan/Apikalorgan/Statocyste (Ctenophoren) apical sense organ, statocyst
Schenkel/Femur femur
Schenkeldrüse (Follikulärorgan: Eidechsen) femoral gland (follicular gland)
Schenkelring/Trochanter trochanter
Schere/Klaue/Chela (Krebs~) crab pincers, chela
Scheren .../mit Scheren versehen/scherentragend cheliferous
scherenartig/zangenartig chelate, cheliform, pincerlike, clawlike
Scherenasseln/Anisopoda/Tanaidacea tanaidaceans
Scherenfinger/Chelicerenklaue (Unguis) cheliceral fang
scherenförmig forficulate, forficiform
scheu shy
Scheu shyness
scheuen (Pferd) shy, take fright, skit
Schichtenbildung stratification
Schichtung layering
Schienbein/Schiene/Tibia shinbone, tibia
Schiene/Tibia (Insekten) tibia
Schienenbürste/Scopa (Bienen) scopa
Schild/Carapax shield, shell, carapace
Schild/Scutum shield, scutum, scute
schildartig/schuppenartig shield-like, peltate, scale-like, scutate
Schildchen/Scutellum/Mesoscutellum (Wanzen) scutellum, mesoscutellum
schildchenartig like a small shield, scutellate
schildchenförmig shaped like a small shield, scutelliform
Schilddrüse/Thyreoidea thyroid gland
Schildfische/Saugfischverwandte/Spinnenfischartige/Gobiescociformes clingfishes
schildförmig/schuppenförmig shield-shaped, peltiform, scutiform
Schildfüßer/Caudofoveata caudofoveates
Schildknorpel/Cartilago thyreoidea thyroid cartilage
Schildkröten/Chelonia/Testudines turtles
Schildkröten (Land~) tortoises
Schildläuse/Coccinea scale insects
Schildpatt tortoise/turtle shell
schillernd shimmering; iridescent
Schimmel (Pferd) grey horse
– **weißer Schimmel** white horse
Schirm (Meduse) umbrella (float)
Schirmquallen/Scheibenquallen/Echte Quallen/Scyphozoen cup animals, scyphozoans
Schizocöl schizocoel, schizocoele, "split coelom"
Schizogenie schizogeny
Schizogonie schizogony, agamogony, merogony
schlachten slaughter, butcher
Schlachter/Fleischer/Metzger butcher
Schlachthof slaughterhouse

Schlachtung / Schlachten slaughter, slaughtering, butchering
Schlachtvieh slaughter cattle, beef cattle, slaughter animal
Schläfe temple
Schläfendrüse (Elefant) temporal gland
Schläfenfenster temporal fenestrae
schlaff (welk) limp
Schlafkrankheit / Tsetseseuche ***(Trypanosoma rhodesiense / gambiense)*** sleep sickness
Schlafstätte / Ruheplatz resting place, resting site
Schlafstellung sleeping posture
Schlag (Gesang der Nachtigall) caroling, elaborate song with many different verses
Schlag (Tierrasse) breed, stock
schlagen (Nachtigall) sing, warble, jug
Schlammfliegen / Megaloptera megalopterans: dobsonflies / fishflies / alderflies (neuropterans)
Schlängelbewegung / Schlängeln / seitliche bzw. horizontale Wellenbewegung (Schlangen) lateral undulation, lateral undulatory movement
schlängeln / hin und her zucken (Nematoden) wriggle
– **sich schlängeln** wind
Schlangen / Serpentes / Ophidia (Squamata) snakes, serpents, ophidians
schlangenartig / Schlangen ... snake-like, ophidian
Schlangenkunde / Ophiologie ophiology
Schlangensterne / Ophiuroiden brittle stars / serpent stars; basket stars *(Gorgonocephalus, Astrophyton)*
Schlauch tube, siphon, ascidium
schlauchartig / röhrenartig / siphonal / tubulär siphoneous, siphonaceous, tubular
Schlauchschnecken / Sackschnecken / Schlundsackschnecken / Sacoglossa / Saccoglossa sacoglossans
Schlauchwürmer / Rundwürmer / Aschelminthen / Nemathelminthen (Pseudocölomaten) aschelminths, nemathelminths, pseudocoelomates
Schlauchzelle tube cell
Schleim mucus, slime, ooze
Schleimaale / Inger / Ingerartige / Myxiniformes (bzw. Myxinida) hagfishes
Schleimdrüse slime gland, mucous gland
Schleimhaut / Schleimhautepithel mucous membrane, mucosa
schleimig slimy, mucilaginous, glutinous
Schleimköpfe / Schleimkopfartige / Beryciformes squirrel fishes (primitive acanthopterygians)
Schleppfaden / Schleppleine / Zugleine (Spinnen) dragline
– **breiter Schleppfaden** broad trail-line
Schleppgeißel trailing flagellum
Schleppleine / Schleppfaden / Zugleine (Spinnen) dragline
Schliefer / Hyracoidea conies
Schließmechanismus closing mechanism
Schließmuskel / Anzieher / Adduktor / Adductor adductor muscle
Schließmuskel / Sphinkter sphincter muscle
Schlinger gorger (animal which gulps down entire prey)
Schlitzband (Schneckenschale) slit band, selenozone
Schloß lock
Schloß / Schloßleiste / Scharnier (Muscheln) hinge
Schloß-Schlüssel-Prinzip lock-and-key principle
Schloßligament (Muscheln) hinge ligament
Schloßzähne (Muscheln) hinge teeth
Schlot, hydrothermaler hydrothermal vent
Schlußgesellschaft terminal community
schlucken swallow
Schlund / Kehle / Rachen jaw
Schlund / Pharynx pharynx, gullet
Schlunddrüse (Gastropoden) esophageal gland
Schlundebene pharyngeal plane
Schlundplatte / Kehlplatte / Gularplatte (prognathous insects) gula, gular plateSchlundring (Nervenring) buccal nerve ring

Schlundrohr/Manubrium manubrium
Schlundsackschnecken/Sackschnecken/Schlauchschnecken/Sacoglossa/Saccoglossa sacoglossans
schlüpfen hatch
Schlupfwinkel/Retraite (Spinne) retreat
Schlußleiste/Verschlußkontakt/Engkontakt/Kittleiste/Tight junction (Zonula occludens) tight junction
Schlüssel (Bestimmungsschlüssel) key
Schlüsselart keystone species
Schlüsselbein collarbone, clavicle
Schlüsselräuber keystone predator
Schlüsselreiz/Auslösereiz key stimulus, sign stimulus (release stimulus)
Schmalz (Schweine~)/Schweinefett lard
Schmalzunge/rhachiglosse Radula/stenoglosse Radula rachiglossate radula
Schmalzüngler/Neuschnecken/Neogastropoda/Stenoglossa neogastropods: whelks & cone shells
schmarotzen/parasitieren parasitize
schmarotzend/parasitisch/parasitär parasitic
Schmarotzer/Parasit parasite
Schmarotzertum/Parasitismus parasitism
Schmelz (Zahn~) enamel
Schmelzknospe (Zahn) tooth bud
Schmelzorgan enamel organ
Schmelzschuppe/Ganoidschuppe ganoid scale
Schmerz pain
Schmerzgefühl pain sensation
schmollen pouting
Schnabel (Sepia)/Kiefer jaw, beak
Schnabel (Vögel) bill (general term), beak (strong/short/broad bill)
- **Kernbeißerschnabel** seed-cracking beak
- **Rüssel/Rostrum (Wanzen)** beak, rostrum
- **Seihschnabel** water-straining beak
- **Stocherschnabel** probing bill

Schnabelaufsatz (Nashornvögel) casque
Schnabelfirst/Culmen culmen
Schnabelfliegen/Mecoptera scorpion flies, mecopterans
Schnabelkerfe/Rhynchota/Halbflügler/Hemiptera (Heteroptera & Homoptera) bugs, hemipterans
Schnabelköpfe/Rynchocephalia/Sphenodonta rynchocephalians, sphenodontids
schnäbeln billing
Schnabelspalt (beak/bill) gape
schnappen snap
- **nach Luft schnappen** gape

Schnappreflex snapping reflex
schnattern (Affen) chatter, jabber
schnattern (Gänse) cackle
schnauben snort
Schnauze/Maul snout, muzzle
- **schnabelähnliche Schnauze** bill

Schnecke (Ohren~) cochlea
Schnecken/Bauchfüßer/Gastropoden snails, gastropods
Schneckengang/Scala media cochlear duct
Schneckenhaus/Schneckengehäuse snail shell
schneckenhausförmig eingerollt/schneckenhausartig gewunden/cochlear coiled like a snail's shell, cochleate, cochleiform
Schneidezahn incisor
schnellwachsend fast-growing, rapid-growing
Schnitt (Tier/Mikroskopie) section
Schnittfläche/Schnittebene cutting face, cutting plane
schnittig/geschnitten/eingeschnitten cut, incised
schnuppern/schnüffeln sniff
schnüren (Fuchs) move/run in straight line
schnurren (Katze) purr
Schnurrhaare whiskers
Schnurwürmer/Nemertini/Rhynchocoela nemertines, nemerteans, proboscis worms, rhynchocoelans, ribbon worms(broad/flat), bootlace worms(long)
Schopf/Büschel tuft
schopfig/dichthaarig/haarschopfig tufted, comose
Schorf (Wund~)/Grind scab

schorfig/Schorf... scurfy, scabby, furfuraceous
Schorfwunde scab lesion (crustlike disease lesion)
schränken/verschränken cross (legs), fold (arms)
Schraube/Spirale/Helix spiral, helix
schraubenartig gewunden/ schneckenhausartig gewunden/ cochlear irregularly helical (like a snail shell), cochleate
schraubig/spiralig/helical spiraled, helical, spirally twisted, contorted
Schreck-Schaustellung startle display
Schreckfärbung/Schrecktracht fright coloration
Schreckreflex startle reflex
Schreckstoff/Abschreckstoff deterrent, repellent
Schreckstoff/Alarmstoff/ Alarm-Pheromon alarm substance, alarm pheromone
Schreckverhalten startle behavior
Schreitbein des Pereon/Pereiopode/ Peraeopode pereiopod, pereopod
schreiten wade
Schreitfuß wading foot
Schreitvögel/Stelzvögel/ Ciconiiformes herons & storks & ibises and allies
Schrill-Leiste (mit Schrill-Rille) stridulating file
schrillen/stridulieren stridulate
Schrillorgan/Stridulationsorgan stridulating organ
Schritt step, pace; stride (long step)
– **(Pferd)** walk
Schrittmacher pacemaker (*siehe:* Sinusknoten)
schrotsägeförmig runcinate, hook-backed, retroserrate
Schub (aerodynamisch) thrust
Schubgeißel pushing flagellum
Schule/Schwarm/Zug school, shoal (fish), pod (whales/dolphins/seals), covey (quails), flight/flock (birds)
Schulp/Schulpe cuttlebone
– **pergamentsrtiger Schulp** pen
Schulterblatt shoulder blade, scapula
Schulterfeder/Schulterblattfeder scapular feather
Schultergürtel shoulder girdle, pectoral girdle
Schuppe scale
– **große Schuppe** scute (enlarged scale)
schuppenartig scale-like, scutate
Schuppenbein/Squamosum squamosa
Schuppenflügler/Lepidoptera (Schmetterlinge u. Motten) lepidopterans (butterflies and moths)
schuppenförmig scale-shaped, scutiform
Schuppenkriechtiere/Lepidosauria lepidosaurs
Schuppentiere/Pholidota pangolins, scaly anteaters
schuppig scaly, scabrous
Schuppung scutellation
Schütteltanz/-bewegung (Bienen) shaking dance
Schutzfärbung/Tarnfärbung cryptic coloration, concealing coloration
Schutzgespinst, dreidimensionales barrier web
Schutztracht/Mimikry mimicry
Schutzvorrichtung protective device
Schwämme/Schwammtiere/ Poriferen sponges, poriferans
schwanger/trächtig pregnant, gravid, gestational
Schwangerschaft/Trächtigkeit/ Gestation pregnancy, gravidity, gestation
Schwangerschaftsperiode gestational period
Schwankung/Fluktuation fluctuation
Schwankung/Variation variation
Schwannsche Scheide/Myelinscheide Schwann sheath, myelin sheath
Schwannsche Zelle Schwann cell
Schwanz tail
Schwanz stutzen/anglisieren (Pferde) dock, docking
Schwanzanhang/Cercus cercus, cercopod
Schwanzdrüse (Rektaldrüse) caudal gland (rectal gland)
Schwänzeltanz tail-wagging dance, waggle dance
Schwanzfächer tailfan
– **Hypurale (Fische)** hypural fan
Schwanzfeder quill feather
Schwanzflosse tail fin, caudal fin

– **Schwanzruder/Fluke (Wale)** tail fluke
Schwanzfortsatz coccyx
Schwanzgabel caudal furca
Schwanzlurche/Urodela/Caudata salamanders & newts
Schwanzplatte/Telson (Krebse) telson
Schwanzquaste (Rinder) switch
Schwanzruder/Schwanzflosse (Wale) tail fluke
Schwanzschild/Pygidium (Trilobiten) caudal plate, pygidium
Schwanzstachel tail spine
Schwanzstiel/Pygostyl pygostyle
Schwanzstummel (Pferde) dock
Schwanzwirbel caudal vertebra, coccygial vertebra
Schwanzwurzeldrüse supracaudal gland
Schwanzzange pincer
Schwarm (Bienen) swarm (bees)
Schwarm/Schule/Zug shoal (fish), school, pod (whales/dolphins/seals), covey (quails), flight/flock (birds)
schwarmbildend swarm-forming, schooling
Schwärmer/Zoospore swarmer, swarm cell, zoospore
Schwarte rind (skin of an animal: e.g. pork rind)
Schwarzwasserfieber blackwater fever
Schwarzwild/Wildschweine wild boar
schwebend suspended
Schwebeorgan float
Schwefelbakterien sulfur bacteria
Schweifkern/Nucleus caudatus caudate nucleus
Schwein swine, pig, hog
– **Wildschwein** wild pig, wild hog, boar
Schweinefieber (viral) swine fever, hog cholera
Schweinegrippe *(Hemophilus influenzae suis)* swine influenza, swine flu
Schweinepest *(Pasteurella multocida)* swine plague
Schweiß sweat
Schweißdrüse sweat gland, sudoriferous gland, sudoriparous gland
Schwelle (e.g. Reiz~/Geschmacks~/etc.) threshold
schwellen/anschwellen/turgeszent swell, swelling, turgescent
Schwellenpotential threshold potential
Schwellenwert threshold value
Schwellkörper/Corpora cavernosa erectile tissue, cavernous bodies
Schwellung swelling
Schwellunggrad turgidity
Schweresinn gravitational sense
Schwerestein(chen)/Statolith statolith
Schwermetallbelastung heavy metal contamination
schwertförmig sword-shaped, ensiform, gladiate, xiphoid
Schwesterzelle sister cell
Schwiele/Kallosität callosity
Schwimm .../zum Schwimmen geeignet swim ..., swimming ..., natatorial
Schwimm-Manteltiere, geschwänzte/Appendicularien/Appendicularia/Larvacea appendicularians
Schwimmbein (Insekten) natatorial leg, swimming leg
Schwimmbein/Schwimmfuß/Bauchfuß/Abdominalbein/Pleopodium (Crustaceen) swimmeret, pleopod
Schwimmblase swimbladder, air bladder
Schwimmflosse (groß/fleischig)/Paddel flipper, fluke
Schwimmfuß (z.B. Vögel) webbed foot, swimming foot
Schwimmfuß/Schwimmbein/Bauchfuß/Abdominalbein/Pleopodium (Crustaceen) swimmeret, pleopod
Schwimmglocke/Nectophore swimming bell
Schwimmhaut web
schwimmhäutig/mit Schwimmhäuten webbed
Schwimmplatte/Ruderplatte/Ruderplättchen/„Kamm"/Wimperplättchen (Ctenophoren) ctene, swimming plate, ciliary comb
Schwinge/Flügel/Fittich wing
Schwingkletterer/Hangler brachiator
Schwingklettern/Hangeln/Brachiation brachiation

Schwingkölbchen / Haltere haltere
Schwirrflug (Kolibris) hovering flight
Schwirrgeräusch (Bienen beim Schwänzeltanz) buzzing sound
Schwirrlauf (Bienen) buzzing run
schwitzen sweat, perspire
Schwitzen sweating, perspiration, hidrosis
Schwungfeder / Remex flight feather, remex (*pl.* remiges)
Sclerospongien / Sclerospongiae sclerosponges, coralline sponges
Scolopidium / stiftführende Sensille scolopidium, scolophore, chondrotonal sensilla
Scyphistoma (Semaeostomea) scyphistoma (scyphozoan polyp)
Scyphopolyp scyphozoan polyp
Scyphozoen / Schirmquallen / Scheibenquallen / Echte Quallen scyphozoans, cup animals
sedentär / niedergelassen sedentary
See (Binnensee) sea, lake
See (Ozean) sea, ocean
Seeanemonen / Actiniaria sea anemones
Seedrachen / Seekatzen / Chimären / Holocephali chimaeras, ratfishes, rabbit fishes
Seefeder / Pennatularia sea pens, pennatulaceans
Seehasen / Breitfußschnecken / Aplysiacea / Anaspidea sea hares
Seeigel / Echinoiden / Echinoidea sea urchins, echinoids
Seekühe / Sirenia sea cows & manatees & dugongs, sirenians
Seelilien / Crinoiden (inkl. Haarsterne = Federsterne) / Crinoidea sea lilies, crinoids (incl. feather stars)
- **zirrenlose Seelilien / Millericrinida** sea lilies without cirri
- **zirrentragende Seelilien / Isocrinida** sea lilies with cirri

Seemaus (im Plankton suspendierte Eikapsel einiger Knorpelfische) sea purse
Seemotten / Pegasiformes (Pegasidae) seamoths
Seenadelverwandte / Seepferdchenverwandte / Büschelkiemenartige / Syngnathiformes (bzw. Syngnathoidei) sea horses & pipefishes and allies
Seenkunde / Limnologie limnology
Seescheiden / Ascidien / Ascideacea sea squirts, ascidians
Seeschildkröten turtles
Seeschmetterlinge / Thecosomata / beschalte Flossenfüßer (Flügelschnecken) sea butterflies, shelled pteropods
Seesterne / Asteroidea seastars, starfishes
Seetaucher / Gaviiformes divers, loons
Seeufer lakeshore, shore / banks of a lake
Seewalzen / Seegurken / Holothurien / Holothuroidea sea cucumbers, holothurians
Segel (z. B. Velellina) sail
Segelflug soaring (flight)
- **dynamischer Segelflug** dynamic soaring
- **statischer Segelflug** static soaring
- **Thermiksegelflug / Thermiksegeln** thermal soaring

Segellarve / Veliger / Veligerlarve veliger larva
segeln sail
Seglervögel / Seglerartige / Apodiformes / Micropodiformes swifts (hummingbirds *see* Kolibris)
Segment / Somit (Ursegment) segment, somite
Sehfeld / Blickfeld / Gesichtsfeld field of view, field of vision, range of vision, visual field
Sehkeil / Ommatidium ommatidium, facet, stemma
Sehlappen / Lobus opticus visual lobe, optic lobe
Sehne tendon
Sehnerv / Nervus opticus optic nerve
Sehnervkreuzung / Chiasma opticum optic chiasma
Sehpurpur / Rhodopsin rose-purple, rhodopsin
Sehschärfe visual acuity
seiden / Seiden … silken
seidenartig / seidenhaarig / seidig silky, sericeous, sericate

Seidendrüse / Spinndrüse / Sericterium (Labialdrüse: Raupen) silk gland, sericterium (caterpillars: labial gland)
Seidenraupe silkworm
seihen (z. B. Flamingo) sifting
Seihschnabel water-straining bill
Seitenachse lateral axis, lateral branch
Seitenauge / Lateralauge / Lateralocelle / Stemma (Ocellen) lateral eye / ocellus, stemma
Seitenknospe lateral bud, axillary bud
Seitenlinienorgan / Lateralisorgan lateralis organ
Seitenliniensystem lateral line system, lateralis system, acoustico-lateralis system
Seitenplatte / Seitenstück / Pleurit (Insekten: lateraler Sklerit) pleurite, lateral sclerite
Seitenteil / Pleuron pleuron, lateral plate
seitenwendig / lateral lateral
Seitenwinden sidewinding
seitlich / lateral lateral
Sekret secretion
Sekretdrüse secretory gland
Sekretion secretion
sekretorisch secretory
Sekretzelle secretory cell
Selbstbefruchtung / Autogamie self-fertilization, selfing, autogamy
Selbstputzen self-grooming, autogrooming, autopreening
selbststeril self-sterile, self-incompatible
Selbstversorgerwirtschaft subsistence economy
Selektion / Auslese selection
–, gerichtete directional selection
–, frequenzabhängige frequency-dependent selection
–, disruptive disruptive selection, diversifying selection
–, geschlechtliche / sexuelle sexual selection
–, künstliche artificial selection
–, stabilisierende stabilizing selection
–, natürliche natural selection
Selektionsdruck selective pressure
Selektionsvorteil selective advantage
selten rare, scarce
seltene Art rare species
Seltenheit / Rarität scarcity, rarity
Semaphoront semaphoront
semiterrestrisch semiterrestrial
Sempersche Zelle / Kristallzelle / Cristallogenzelle crystal cell
Senker / Depressor depressor muscle
Sensille sensilla
– stiftführende Sensille / Skolopidium / Scolopidium chordotonal sensilla, scolopidium, scolophore
sensorisch sensory
Sepia (Sekret des Tintenfisches) sepia
Septalfilament septal filament
Septe / Septum / Scheidewand (*pl.* Septen) septum (*pl.* septa), partition, dissepiment, cross-wall, dividing wall
Serie (Rangstufe / Klassifizierung) series
Serie (Sukzessionsfolge) sere (a successional series)
serös serous
Serosa / äußere Keimhülle / äußere Eihülle / äußeres Eihüllepithel serosa, serous membrane
Sesamknöchelchen sesamoid bone
Seßhaftigkeit / Sessilität sessility
sessil / seßhaft / festsitzend / sitzend / festgeheftet sessile (firmly and permantently attached)
Sessilität / Seßhaftigkeit sessility
Sessoblast / sessiler,sitzender Statoblast sessoblast
Setzling / junge Fischbrut *siehe:* Dottersackbrut (v. a. Lachs) alevin, sacfry, yolk fry
Seuche / Epidemie epidemic
Sexualdimorphismus / Geschlechtsdimorphismus sexual dimorphism
Sexualität sexuality
sexuell sexual
sexueller Größenunterschied / Dimegetismus dimegaly
sezernieren / abgeben (Flüssigkeit) secrete (excrete)
sezieren dissect
Sezierung dissection
Sharpeysche Faser Sharpey's fiber
Sich-Totstellen feigning death
sichelförmig sickle-shaped, drepanoid, crescent, falcate, falciform
Sicheltanz (Bienen) sickle dance

Sicherheitsfaden (Spinnen) safety line
sichern (Wild) stop and test the wind, scent
siebenteilig heptamerous
Siebkiemer/Verwachsenkiemer/Septibranchia septibranch bivalves, septibranchs
Siebplatte/Madreporenplatte sieve plate, madreporic plate, madreporite
Signalfaden (Spinnen) signal thread, signal line
Signalfälschung signal forgery
Silbersälmling smolt
Silur (erdgeschichtliche Periode) Silurian, Silurian Period
Sinnesborsten sensory bristle
Sinnesgrube sensory pit
Sinneshaar (allgemein) sensory hair
- **Riechhärchen** olfactory hair
- **Spürhaar/Sinushaar/Tasthaar/Vibrissa** tactile hair, vibrissa

Sinneshügel/Neuromaste neuromast
Sinneskegel/Sinnesstäbchen/Riechkegel (Sensilla styloconica/basiconica) sensory peg, olfactory peg
Sinneskuppel campaniform sensilla
Sinnesorgan sensory organ, sense organ
Sinnespolster/Macula macula
Sinnesstift scolopale
sinoaurikulär sinoauricular, sinoatrial
Sinus/Höhle/Vertiefung/Ausweitung/Lakune sinus, cavity, depression, recess, dilatation, lacuna
Sinus venosus sinus venosus
Sinusdrüse sinus gland
Sinusknoten/Sinoatrialknoten/SA-Knoten sinoauricular node, sinoatrial node (SAN)
Sipho/Trichter/Infundibulum siphon, funnel, infundibulum
siphonal/röhrenartig siphoneous, siphonaceous, tubular
Siphonoglyphe siphonoglyph
Siphunkel/Sipho (Nautilus) siphuncle, siphonet
Sippe/Geschlecht/Verwandtschaft/Familie kin
Sippe/Großfamilie/Klan clan
Sippe/Tribus tribe
Sitzbein/Gesäßbein/Sitzknochen/Os ischii ischium
sitzend/festsitzend/seßhaft/festgeheftet sessile, sedentary
Sitzschwiele/Gesäßschwiele/Analkallosität sitting pad, ischial callosity, anal callosity
Skalid scalid (recurved hook)
Skelett skeleton
- **Achsenskelett/Stammskelett/Rumpfskelett** axial skeleton
- **Extremitätenskelett** appendicular skeleton
- **Kutikularskelett** cuticular skeleton
- **somatisches Skelett** somatic skeleton
- **Viszeralskelett/Visceralskelett** visceral skeleton
- **Zytoskelett/Cytoskelett** cytoskeleton

Skelettmuskulatur skeletal musculature
Skelettnadel (Schwämme) spicule
Sklavenhaltung/Sklavenhalterei/Dulosis (Ameisen) dulosis
Sklerit (stark sklerotisierte Platte/Nadel) sclerite
sklerotisiert sclerotized, hardened
Sklerotisierung sclerotization, hardening
Sklerozyt/Sclerocyt sclerocyte
Skolopidium/Scolopidium/stiftführende Sensille scolopidium, scolophore, chordotonal sensilla
Skorpione/Scorpiones scorpions
Sohlenballen sole pad
Sohlengang/Plantigradie plantigrade gait
Sohlengänger (Plantigrade) plantigrade
Soldat (Insekten) soldier
Solenia solenia (gastrodermal tubes)
Solenozyt solenocyte, archinephridium
solitär/einzeln solitary, single
somatisch somatic
Somatocöl/Somatocoel somatocoel
Somatopleura/somatisches Blatt somatopleure
Somazelle/Körperzelle somatic cell, body cell
Somit/Ursegment somite, somatome
Sommerkleid summer plumage
Sommerschlaf/Trockenschlaf/Ästivation estivation, aestivation
Sonneneinstrahlung insolation

Sonnentierchen/Heliozoen sun animalcules, heliozoans
Sonogramm sonogram
Soziabilität/Geselligkeitsgrad sociability, gregariousness
Sozialtrieb social drive
Sozialverhalten social behavior
Späher/Pfadfinder/Kundschaftler (z. B. soziale Insekten) scout
Spalt/Spalte cleft, crack, slit, crevice
Spaltbein/Schizopodium biramous appendage (schizopodal)
spalten split, cleave
Spaltfuß/Spaltbein branched appendage/leg
– **einfach gegabelter Spaltfuß** two-branched appendage, biramous appendage
Spaltfüßer/Mysidacea opossum shrimps
Spaltungsregel (Mendel) law/principle of segregation
spannen (Fortbewegung bei Spannerraupen) looping
Spannerraupe (allgemein) looper, measuringworm
Spannfaden (Spinnen) mooring thread, guyline (e.g. spiral guyline)
Spannhaut/Flughaut/Gleithaut/Flatterhaut/Patagium patagium
Spannkraft (physiologisch) tonicity
Sparrknochen/Chevron chevron
spatelartig/spatelig spathose
spatelförmig spathulate, spatulate
Spechtvögel/Spechtartige/Piciformes woodpeckers and barbets and toucans and allies
Speck (Schweinespeck) bacon
Speck/Tran/Blubber (Walspeck: Unterhautfettschicht) blubber
Speckschwarte (Schwein) pork rind
Speiche/Radius (auch: Netzspeiche) spoke, radius
Speichel saliva
Speicheldrüse salivary gland
Speicheltasche/Salivarium salivarium
Speichergewebe storage tissue
speien spit
Speisebrei/Magenbrei/Chymus chyme
Speiseröhre/Ösophagus esophagus, oesophagus
Spender/Donor donor
sperlingartig passeriform
Sperlingsvogel/zu den Sperlingsvögeln gehörig passerine
Sperlingsvögel/Passeriformes passerines, passeriforms (perching birds)
Sperma/Samen sperm
Spermanetz (Spinnen) sperm web
Spermatogenese spermatogenesis
Spermienbündel/Spermiozeugme/Spermiodesmos spermozeugma
Spermium/Spermatozoon/Samen/Samenzelle sperm, spermium, spermatozoon
sperren (Schnabel) gape, gaping
Spiculum (Kopulationshaken: Nematoden) penial/copulatory spicule
spießförmig spear-shaped, hastate, hastiform
Spielgesang play song
Spielverhalten play, play behavior
Spinalfortsatz/oberer Dornfortsatz/Neurapophyse neurapophysis
Spinalganglion spinal ganglion
Spinalnerv spinal nerve
Spindel stalk, axis, spindle
Spindel/Columella (Schneckenschale) columella
spindelförmig spindle-shaped, fusiform
Spinndrüse silk gland, spinning gland
Spinndrüse/Seidendrüse/Sericterium (Labialdrüse) spinneret, sericterium (labial gland)
Spinndüse/Tubulus textori (Spinnen) (silk gland) spigot
spinnen (Netz/Kokon) spin
Spinnen/Webspinnen/Araneae spiders
spinnenartig spiderlike, spidery, arachnoid
spinnenartiges Tier arachnid, arachnoid
Spinnenasseln/Scutigeromorpha scutigeromorphs
Spinnenfischartige/Saugfischverwandte/Schildfische/Gobiescociformes clingfishes
Spinnenforscher/Spinnenkundler araneologist, arachnologist *(senso lato)*

Spinnenkunde araneology, arachnology *(senso lato)*
Spinnennetz spiderweb, cobweb
Spinnentiere / Arachniden arachnids
Spinnfaden silk thread / line
Spinngewebe cobweb, spiderweb; silk fabric
Spinnplatte / Spinnsieb / Cribellum cribellum
Spinnseide silk
Spinnsieb / Spinnplatte / Cribellum cribellum
Spinnspule (silk gland) spool
Spinnwarze spinner, spinneret
spinnwebartig / spinnennetzartig spider-web like
Spinnwebenhaut / Arachnoidea (mittlere Hirnhaut) arachnoid
Spiraculum / Stigma spiracle, stigma
Spiralcaecum spiral cecum
Spiraldarm spiral intestine
Spirale / Helix spiral, helix
Spiralfaden / Taenidium spiral thread, taenidium (spiral thickening of intima)
Spiralfalte *(Chondrichthyes)* spiral flap / valve
Spiralfurchung spiral cleavage
spiralig spiral, spiraled, twisted, helical
spiralig aufgewickelt spirally coiled, strombuliform
Spiralklappe (Froschherz) spiral valve
Spiralwindung spiral winding, coiling
spitz acute, sharp, pointed, sharp-pointed
spitz zulaufen / spitz zulaufend tapering (tapered), attenuate
Spitze apex, summit, peak, point, spike, fastigium
Spitze (zulaufende) spire
Spitzhörnchen / Scandentia tree shrews
Splanchnopleura / viscerales Blatt splanchnopleure
Spongozyt / Spongocyt spongocyte
Spore spore
Sporentierchen / Sporozoen spore-former, sporozoans
Sporn spur
Sporogonie sporogony, gamogony (in protozoans)
Sportfischerei sportfishing
Spreite blade, lamina
spreitig / spreitenförmig laminar, laminiform, laminous
Springbein / Sprungbein jumping leg, saltatory leg, saltatorial leg
springen jump, spring, bound, leap
Springschwänze / Collembolen springtails, garden fleas
Springtide spring tide
Spritzloch / Spiraculum (Wale) blow hole, vent, spiracle
Spritzwasserzone / Spritzzone (Supralitoral) splash zone
Spritzwürmer / Sternwürmer / Sipunculiden peanut worms, sipunculoids, sipunculans
Sprossung / Knospung sprouting, budding
Sprungbein / Springbein saltatory leg, saltatorial leg, jumping leg
Sprungbein / Talus talus, astragalus
Sprunggabel / Furca furca
Sprunggabel / Furcula furcula
Sprunggabelhalter / Retinaculum furcal retinaculum
Spule (Feder~) quill
Spule (Spinn~) spool (silk gland spool)
Spülsaum drift line (on shore)
Spulwürmer *(Ascaris spp.)* ascarid worms
Spur / Fährte track; scent
Spur / Überreste trace, remains
Spurbiene / Kundschaftlerin scouting bee, scout bee
Spurenelement / Mikroelement trace element, microelement, micronutrient
Spurenfossil trace fossil
Spürhaar / Sinushaar / Tasthaar / Vibrissa (ein Sinneshaar) tactile hair, vibrissa
Spurnaht / Sulcus groove, sulcus
Spürsinn / Witterungssinn scent
Squamata (Eidechsen & Schlangen) squamata (incl. lizards & amphisbaenians & snakes)
Staat / Tierstaat animal colony
Staatsquallen / Siphonophora siphonophorans
Stäbchen / Stäbchenzelle rod, rod cell
Stabiliment / Stabilimentum (Spinnennetz) stabilimentum
Stabiliment / Stabilimentum, zickzackförmiges hackled band, zig-zag silk

Staborganell ***(Peranema)*** rod organ
Stachel (allgemein) spine
Stachel (Igel/Stachelschwein) quill
Stachel/Stechborsten sting, stinger, piercing stylet
Stachelfische/„Dornhaie"/ Acanthodier/Acanthodii spiny fishes, acanthodians
Stachelhaie/Squaliformes bramble sharks & dogfishes sharks and allies
Stachelhäuter/Echinodermen/ Echinodermata echinoderms
stachelig/stachlig (*sensu lato*) spiky, spikey, spiny, thorny
Stachelscheide sting sheath
Stachelschwänze/Igelwürmer/ Echiuriden/Echiura spoon worms, echiuroid worms
Stadium (zeitlich) stage
Stall stable, sty (pigs), shed (cows), barn
Stallung stables
Stamm (z. B. bei Siphonophora) stem
Stamm (Bakterien~) strain
Stammbaum family tree, dendrogram (pedigree)
stammbildend/stengeltreibend/ cauleszent caulescent (with stem above ground)
Stammesgeschichte/Stammesent-wicklung/Abstammungsge-schichte/Phylogenie/Phylogenese/ Evolution phylogeny, phylogenesis, evolution
stammesgeschichtlich/phyletisch/ phylogenetisch/evolutionär phylogenetic, phyletic, evolutionary
Stammform/Urform primitive form, basic form, parent form
Stammkultur stem culture, stock culture
Stammnematogen stem nematogen
Stammreptilien/Cotylosauria stem reptiles
Stammskelett/Rumpfskelett/ Achsenskelett/Axialskelett axial skeleton
Stammstück/Haftglied/Stipes (Maxille) stipes
Standort habitat, place of growth *(sensu stricto)*; site, location (*see:* Fundort)
Standortansprüche habitat requirements
Standortbewertung habitat assessment (*sensu lato*: site assessment)
Standortlehre habitat ecology
Standvogel nonmigratory bird, resident
Stange (Geweih) main beam
Statoblast (Dauerknospe/ Hibernaculum) statoblast (hibernaculum/winter bud)
Statozyste statocyst
Staubläuse/Psocoptera psocids
stauchen compress
Stauchung compression
Stechborsten/Stachel sting, stinger, piercing stylet
stechend/beizend/ätzend (Geruch) pungent
stechend-saugend (Mundwerkzeuge) piercing-sucking, stylate-haustellate (mouthparts)
Stechrochenartige/Myliobatiformes stingrays
Stechrüssel beak
steifhaarig hispid
Steigbügel/Stapes (Ohr) stirrup, stapes
Steinfliegen/Uferfliegen/Plecoptera stoneflies
Steinkanal stone canal, hydrophoric canal, madreporic canal
Steinkorallen/Riffkorallen/ Madreporaria/Scleractinia stony corals, scleractinians
Steinläufer/Lithobiomorpha lithobiomorphs
Steiß/Steißbein/Os coccygis coccyx
Steißbein/Urostyl (frogs/toads) urostyl
Steißhühner/Tinamiformes tinamous
Stelzvögel/Schreitvögel/ Ciconiiformes herons & storks & ibises and allies
Stenogastrie stenogastry
stenök stenoecious, stenecious, stenoecic
Stenotele stenotele
sterben die
sterblich mortal
Sterblichkeit/Sterberate/Mortalität mortality

Stereocilien (Lateralisorgan) microvilli
stereoskopisches Sehen stereoscopic vision, binocular vision
steril/unfruchtbar sterile, infertile
Sterilität/Unfruchtbarkeit sterility, infertility
Stern (Pferd) snip (white spot)
sternförmig star-shaped, stellate
Sternhaar stellate hair
Sternit (ventraler Sklerit/Teil des Sternum) sternite
Sternum/Brustbein sternum, breastbone
Sternum/Brustplatte/Brustschild/Bauchschild/Bauchteil (Insekten) sternum, ventral plate
Sternwürmer/Spritzwürmer/Sipunculiden peanut worms, sipunculoids, sipunculans
sterzeln (Bienen) vibrating dance, dorsoventral abdominal vibrating dance (DVAV) (fanning with lifted abdomen: exposing scent organ)
Stetigkeit constancy, presence degree
Steuerfeder/Retrix (*pl.* retrices) retrix (*pl.* retrices)
steuern steer, steering
Steuerungsmechanismus regulatory mechanism
Stichlingsartige/Stichlingverwandte/Gasterosteiformes sticklebacks (and sea horses)
Stickstoffixierung nitrogen fixation
Stiel stalk, pedicle, pedicel, peduncle
Stiel (Crinoide) stalk, stem, column, columna
Stielauge stalked eye
Stielchen/Petiolus („Taille"/Hinterleibsstiel) waist, pedicel, petiole, podeon, podeum
Stielquallen/Becherquallen/Stauromedusae stauromedusas
stielrund terete
Stier steer (castrated early)
Stigma/Fleck stigma, spot
– **Tracheenstigma/Spiraculum** tracheal spiracle
Stilett stylet, stiletto
stilettförmig/griffelförmig styliform, prickle-shaped, bristle-shaped
Stimmband (*pl.* Stimmbänder) vocal cord(s)
Stimmbildung/Lautbildung/Phonation phonation
Stimme -voice
Stimmsack/Stimmbeutel vocal sac, vocal pouch, voice box
Stinkdrüse (*siehe:* Wehrdrüse) repugnatorial gland
Stirn/Frons forehead, frons
Stirnauge/Scheitelauge (Stirn-Ocelle) dorsal ocellus
Stirndrüse/Frontaldrüse frontal gland
Stirnherz frontal heart, frontal sac
Stirnhöhle/Sinus frontalis frontal sinus
Stirnlappen/Frontallobus frontal lobe
Stirnleiste/Frontalleiste frontal carina
Stirnorgan frontal organ
Stirnplatte frontal plate
Stocherschnabel probing bill
Stock (Bienen~) beehive
Stock (Korallen~/Bryozoen~)/Tierstock colony (corals/bryozoans); cormus
Stockbiene house bee
stockbildend forming a corm; colonial
Stoffkreislauf (ökologisch) nutrient cycle
Stoffwechsel/Metabolismus metabolism
– **intermediärer Stoffwechsel** intermediary metabolism
Stoffwechselabbauprodukt/Katabolit catabolite
Stoffwechselprodukt/Metabolit metabolite
Stoffwechselrate/Stoffwechselintensität/Metabolismusrate rate of metabolism, metabolic rate
Stoffwechselsyntheseprodukt/Anabolit anabolite
Stoffwechselweg metabolic pathway
Stolo/Stolon/Ausläufer (Hydrozoen) stolon (stalk-like structure)
Stolperfaden trip-line, tripping line, barrier thread
Stomiiformes (Tiefseefische) deep-sea hatchetfishes and relatives
Stomochord stomochord, buccal tube
Störe & Löffelstöre/Acipenseriformes sturgeons & sterlets & paddlefishes
Stoßzahn tusk
Strahl ray; beam (of light)

Strahlenflosse ray fin
Strahlenflosser/Actinopterygii ray-finned bony fishes, actinopterygians
strahlenförmig/aktinomorph/radiär/radiärsymmetrisch/zyklisch actinomorphic, radial, radially symmetrical, regular, cyclic
Strahlentierchen/Radiolarien radiolarians
Strahlung radiation
Strahlungsenergie radiant energy
Strahlungsintensität radiation intensity
Strandriff/Küstenriff fringing reef
Strang strand, cord
– **Nervenstrang** nerve strand, nerve cord
Stratum germinativum/Keimschicht stratum germinativum, germinative layer
Straußenvögel/Strauße/Laufvögel/Struthioniformes ostriches
Strecker/Extensor (Muskel) extensor
Streckung (Muskel) extension
streifenförmig strap-shaped, ligulate
streifig/gestreift striped
– **breitstreifig/breit gestreift/gebändert** fasciate, broadely striped
– **feinstreifig/feingestreift** striate, finely striped
Streptoneurie/Chiastoneurie streptoneurous nerve pattern
streuen/verstreuen/ausstreuen/verteilen scatter, spread, distribute
Streuschicht/Streuhorizont/Förna (Wald) litter layer
Streuung/Ausbreitung dispersal, dissemination
Streuung/Verstreuen/Verteilung scattering, spreading, distribution
Streuung (Licht~) optical diffusion, dispersion, dissipation, scattering (light)
Strichvogel bird of passage
Strickleiternervensystem ladder-type nerve system, double-chain nerve system
Stridulationsorgan/Schrillorgan stridulating organ
striegeln groom, brush, curry-comb (horses)
Strobilation/Strobilisation strobilization
Strom (Volumen pro Zeit) flow rate
Strömung current
Strömungswiderstand flow resistance
Strophe (Vogelgesang) verse (part of song)
Strudel eddy, swirl
strudeln whirl, swirl, eddy
– **Nahrung herbei strudeln** ciliary feeding
Strudelwürmer/Turbellarien free-living flatworms, turbellarians
Strudler (Nahrungs~)/ciliärer Suspensionsfresser ciliary feeder, ciliary suspension feeder
Studiergesang rehearsal song
Stufe (Entwicklungs~) developmental level
Stufenfolge/Rangordnung/Rangfolge/Hierarchie order of rank, ranking, hierarchy
Stuhl/Fäzes/Kot (Mensch) human feces
Stuhlgang/Darmentleerung/Defäkation defecation
Stuhlgang haben/den Darm entleeren defecate, egest
Stummel stump, stub
stummelartig stubby
Stummelbein/Stummelfuß stubby leg
Stummelfüßer/Onychophoren velvet worms, onychophorans
Stummelschwanz (Pferde) dock
stumpf obtuse, blunt
stumpfhöckrig/bunodont with low crowns and cusps, bunodont
Stürzpuppe/Pupa suspensa suspended pupa
Stute mare
stutzen/abschneiden (Fell) trim, crop
Stützgewebe supportive tissue
Stützorgan fulcrum
Stützzelle supporting cell
stylopisieren/stylepisieren stylopize
Süßwasser freshwater
Subgerminalhöhle subgerminal cavity
Subitanei/Jungfernei parthenogenetic egg
Sublitoral (Zone des Kontinentalschelfs) sublittoral (continental shelf zone)

submental / unter dem Kinn submental, beneath the chin
Subsistenz subsistence
Subspezies / Unterart subspecies
Substrat substrate
Substratfresser substrate feeder
südlich (biogeographisch) austral
Suhle wallow
Sukzession succession
Sukzessionsstufe (ökologische) seral stage
Summation, räumliche spatial summation
Summation, zeitliche temporal summation
summen (Insekten / Kolibri, etc.) hum, buzz
Sumpf swamp
Sumpffieber / Malaria *(Plasmodium spp.)* malaria
Sumpfschildkröten terrapins
Superpositionsauge superposition eye
–, neurales neural superposition eye
–, optisches optical superposition eye, clear-zone eye
Surra *(Trypanosoma evansi)* surra
suspensionsfressend suspension-feeding
Suspensionsfresser suspension feeder
Sylvische Furche / Fissura lateralis cerebri lateral cerebral sulcus
Symbiont (allgemein) symbiont
Symbiont (in gegenseitiger Lebensgemeinschaft) mutualist
Symbiose (allgemein) symbiosis
Symbiose (gemeinnützige) mutualistic symbiosis, mutualism
symbiotisch (allgemein) symbiotic
symbiotisch (gemeinnützig) mutualistic
Symmetrie symmetry
- **Bilateralsymmetrie** bilateral symmetry
- **Biradialsymmetrie** biradial symmetry
- **fünfstrahlige Symmetrie** pentamerous / pentameral symmetry, five-sided symmetry
- **Radiärsymmetrie / Radialsymmetrie** radial symmetry

sympathisch (autonomes Nervensystem) sympathetic
sympatrisch (in gleichen Arealen) sympatric
Symphile / echter Gast symphile
Symphilie / Gastpflege symphily
Symphorismus symphorism
symplesiomorph symplesiomorphic
synanthrop synanthropic
synapomorph synapomorphic
Synapomorphie synapomorphy, cladistic homology
Synapse synapse
synaptischer Spalt synaptic cleft
Synarthrose synarthrosis
Synchondrose / Knorpelhaft synchondrosis
syncytial / synzytial syncytial
Syncytium / Synzytium syncytium
Syndaktylie syndactylism
Syngamie / Gametogamie syngamy, gametogamy
Synökologie synecology
Synostose / Knochenhaft synostosis, synosteosis
Synovialmembran synovial membrane
Synthesestoffwechsel / Anabolismus synthetic reactions / metabolism, anabolism
Syntypus / Syntyp syntype
Synusie / Synusia / Lebensverein synusia
Syrinx (Vögel) syrinx, voice box
Systematik systematics
Systematiker systematicist

T

Tag-Nacht-Periodizität/Tag-Nacht-Rhythmus (24-Stunden-Takt) diel periodicity, diel pattern
tagaktiv diurnal
Tagesrhythmik/circadiane Rhythmik circadian rhythm
Tagesrhythmus (Gegensatz zu: Nachtrhythmus) diurnal rhythm
Tagma (*pl.* Tagmata) tagma (fusion of somites)
Tagmatisierung tagmatization, tagmosis
Taille waist
„Taille"/Hinterleibsstiel/Stielchen/Petiolus waist, podeon, podeum, pedicel, petiole
Talg *med* → sebaceous matter, sebum; *zool* → tallow (extracted from animals), suet (from abdominal cavity of ruminants)
Talg .../talgig sebaceous
Talgdrüse sebaceous gland
Tandemlauf tandem running
Tangentialschnitt tangential section
Tanz dance
– **Bienentanz *(siehe dort)***
Tapetum lucidum tapetum lucidum
Tarnfärbung/Schutzfärbung cryptic coloration, concealing coloration
Tarntracht cryptic dress (plumage/pelage/coat)
Tarnung camouflage
Tarpunähnliche/Elopiformes tarpons
Tarsaldrüse tarsal gland
Tarsenspinner/Fußspinner/Embien/Embioptera webspinners, footspinners
Taster/Tastfühler/Palpe/Pedipalpe labial feeler, palp, pedipalp
Tasterträger/Palpiger palpiger
Tasthaar/Spürhaar/Sinushaar/Vibrissa tactile hair, vibrissa
Tastkörperchen tactile sensilla
Tastorgan tactile organ, touch sense organ
Tastsinn tactile sense, sense of touch
Tatze/Pfote paw
taub/gefühllos numb
taub/gehörlos deaf
Taubenschlag dovecote, pigeonry
Taubenvögel/Columbiformes doves & pigeons and allies
Taubheit/Gefühllosigkeit numbness
Taubheit/Gehörlosigkeit deafness
Tauchglocke (Wasserspinne) diving bell
Täuschung deception, delusion; illusion
Tausendfüßler/Myriapoden millipedes, myriapodians
Taxon/taxonomische Einheit taxon, taxonomic unit
Taxonomie (biologische Klassifizierung) taxonomy
Tegula tegula (tile-shaped structure)
Teich pond
– **kleiner Teich/Tümpel** pool
Teil (des Ganzen) moiety, part, section
Teilung division, fission
Tektorialmembran/Deckmembran/Membrana tectoris tectorial membrane
Tenaculum tenacle, tenaculum
Tentaculaten/Kranzfühler/Fühlerkranztiere tentaculates (bryozoans/phoronids/brachiopods)
Tentaculiferen/tentakeltragende Rippenquallen (Ctenophora) tentaculiferans, "tentaculates"
Tentakel tentacle
Tentakelarm tentacular arm
Tentakelebene tentacular plane
Tentakelgefäß (Ctenophoren) tentacular canal
Tentakelscheide (Ctenophoren) tentacle sheath
Tentorium tentorium
Tentoriumbrücke/Corpus tentorii/Corpotentorium tentorial ridge
Tentoriumgrube tentorial pit
Tergit/Rückenplatte (dorsale Sklerite) tergite
Tergum/Rückenschild tergum, back, roof, dorsal plate (consisting of tergites)
Termiten/„Weiße Ameisen"/Isoptera termites
Territorialität territoriality
Territorialverhalten territorial behavior

Territorium / Revier / Gebiet / Wohnbezirk territory, range
Tertiär / Tertiärzeit / Braunkohlenzeit Tertiary, Tertiary Period
Tertiärfollikel / Graafscher Follikel / Graaf-Follikel Graafian follicle
Tetanus ***(Clostridium tetani)*** tetanus
Texasfieber ***(Babesia ssp.)*** Texas fever, red-water fever, hemoglobinuric fever (babesiosis)
Thanatose / Totstellen / Totstellung thanatosis, feigning death
Thekamöben / beschalte Amöben / Testacea testate amebas
Thelytokie thelytoky, thelyotoky
Theorie theory
Thermiksegelflug / Thermiksegeln thermal soaring
Thorakalfuß / Thorakopode / Thoracopod / Thoraxbein / Rumpfbein thoracopod, thoracic leg
Thorakalrückenplatte / dorsales Thorakalschild / Notum notum (dorsal thoracic plate / thoracic tergum)
Thorakalschüppchen thoracic scale
Thorax / Brust / Brustkörper / Brustkasten / Oberkörper thorax, breast, chest, pectus
Thorax / Mittelleib (Insekten) thorax
Thrombozyt / Thrombocyt thrombocyte
Thysanuren (Felsenspringer u. Silberfischchen etc.) thysanurans
Tidebereich / Gezeitenzone tidal zone, intertidal zone
Tiedemannscher Körper / schwammiger Körper Tiedemann's body
Tiefe (Meerestiefe) depth of the ocean, profundal depth
Tiefenschärfe / Schärfentiefe depth of focus, depth of field
Tiefland / Niederung lowland
Tiefsee deep sea
Tiefseebereich, mittlerer / mittlere Tiefseezone / Bathypelagial (Wasser) bathypelagic zone
Tiefseebereich, unterster / unterste Tiefseezone / Abyssopelagial (Wasser) abyssopelagic zone
Tiefseeboden / Abyssal (Boden) abyssal zone
Tiefseeboden bewohnend / Abyssobenthal (Boden) abyssobenthic
Tiefseegrabenbereich (Wasser) hadopelagic zone
Tiefseegrabenzone / Hadal (Hänge) hadal zone
Tiefseequallen / Kranzquallen / Coronatae coronate medusas
Tiefseevampire / Vampirtintenschnecken / Vampyromorpha vampire squids
Tier animal
Tierarzt / Veterinär veterinarian, vet
Tierasyl / Tierheim animal asylum, animal shelter
Tierausbreitung zoochory, animal-dispersal
tierblütig zoophilous
Tierblütigkeit / Zoophilie pollination by animal vectors, zoophily
Tierchen animalcule, little / small animal
Tierexkremente / Tierkot animal feces, droppings
Tierfreund animal lover
Tiergarten / Zoo / Zoologischer Garten zoo, zoological garden(s)
Tiergemeinschaft / Zoozönose animal community, zoocoenosis
Tiergeographie zoogeography
Tiergesellschaft / essentielle Vergesellschaftung / Sozietät (animal) society
Tierheilkunde / Tiermedizin / Veterinärmedizin veterinary science, veterinary medicine
Tierheim / Tierasyl aniaml shelter, animal asylum
Tierkäfig animal cage
– **kleiner Tierkäfig / Verschlag (z. B. Geflügelstall)** hutch, coop
Tierklinik veterinary clinic, animal hospital
Tierkunde / Zoologie zoology
Tierläuse / Phthiriaptera (Mallophaga u. Anoplura) phthiriapterans
Tiermedizin / Tierheilkunde / Veterinärmedizin veterinary medicine, veterinary science

Tierpension (Hunde/Katzen) kennel (dogs/cats)
Tierpfleger/Tierwärter (animal) keeper, warden
Tierphysiologie animal physiology, zoophysiology
Tierpsychologie animal psychology, zoopsychology
Tierquälerei animal abuse
Tierrechtler/Tierschützer animal rightist, animal rights advocate
Tierreich animal kingdom
Tierschutz (advocating of) animal rights, protection of animals
Tierschutzverein animal rights league
Tierseuche/Viehseuche epizooic disease, pest; livestock epidemic
Tierstaat animal society
Tierstock cormus; colony
Tierwelt/Fauna fauna, animal life
Tierzucht/Tierzüchten ***(sensu lato)*** animal breeding
Tierzucht (Nutztiere in der Landwirtschaft) animal husbandry, livestock breeding
Tierzwinger (z. B. in Zoos) cage, enclosure
Tierzwinger (staatl. Verwahrung verwaister Tiere) pound
Tintenfische/Coleoidea/Dibranchiata coleoids
Tintengang inc duct
Tintensack/Tintenbeutel/Tintendrüse inc sac, inc gland
Tintenschnecken, eigentliche/Sepioidea (bzw. Sepiida) cuttlefish & sepiolas
– **achtarmige Tintenschnecken/Kraken/Octopoda/Octobrachia** octopods, octopuses
– **zehnarmige Tintenschnecken/Zehnarmer/Decabrachia/Decapoda** cuttlefish & squids
Tochtercyste exogenous cyst
Tochterzelle daughter cell
Tod death
tödlich/letal deadly, lethal
Toleranzgrenze tolerance limit
Tollwut/Hundswut/Rabies/Lyssa ***(Lyssavirus)*** rabies
Tölt (Gangart bei Pferden) running-step
Tönnchenpuppe/Pupa coarctata coarctate pupa
Tonnensalpen/Doliolida doliolids
Tornaria-Larve tornaria larva
Torsion/Drehung torsion
tot dead
Totenstarre/Leichenstarre rigor mortis
Totraum dead space
totstellen feign death, play dead
Totstellreflex/Sichtotstellen/Akinese akinesis
toxisch/giftig toxic, poisonous
Toxizität/Giftigkeit toxicity, poisonousness
Toxophorium (Schmetterlingsraupen: Brenn- und Gifthaare) toxophore
Toxoplasmose ***(Toxoplasma gondii)*** toxoplasmosis
Trab/Trott (schnelle Gangart) trot (trotting gait)
Trachee/Luftröhre trachea (windpipe), breathing tube
Tracheenkieme tracheal gill
Tracheenöffnung/Spirakulum/Ostium spiracle, ostium
Tracheenstigma (Spiraculum) tracheal spiracle
Tracheentiere/Tracheata tracheates
Tracheole tracheole, tracheal capillary
Tracht/Kleid (Fell/Gefieder) coat, plumage
Tracht (Ertrag an Honig) yield
Tracht (Jungtiere/Wurf) litter
trächtig/schwanger gravid, pregnant
Trächtigkeit/Schwangerschaft/Gravidität gravidity, pregnancy
Trachylina/Trachymedusae trachymedusas, trachyline medusas
Tractus olfactorius olfactory tract
Trägersubstanz carrier
Tragus (Ohr) tragus
Tragzeit/Tragezeit period of gestation
Träne tear
tränenartig/Tränen ... lacrimal (lachrymal)
Tränenbein/Os lacrimale lacrimal bone
Tränendrüse lacrimal gland
Tränengang/Tränenkanal tear duct, lacrimal duct

Tränennasengang/Tränennasenkanal/Ductus naso-lacrimalis nasolacrimal duct
Tränensack tear pouch
Tränke (für Tiere) watering place (for animals)
Transekt (*siehe*: Linien~ und Gürtel~) transect
Transformationsreihe transformation series
Transhumanz transhumance, seasonal livestock movement
Transplantat transplant, graft
- **Autotransplantat** autograft
- **Fremdtransplantat/Xenotransplantat** xenograft (from other species)
- **Gewebetransplantat** tissue graft, tissue transplant
- **Hauttransplantat** skin graft, skin transplant
- **Homotransplantat/Allotransplantat** homograft, syngraft, allograft

Transport transport, transportation
aktiver Transport active transport, uphill transport
Transportwirt/Sammelwirt/Stapelwirt/paratenischer Wirt paratenic host
Transversalgefäß (Ctenophoren) transverse canal
Traufe trough
Treibhauseffekt greenhouse effect
Trennart/Differentialart differential species
treten (begatten: Hahn) tread
treu/fest (Gesellschaftstreue) exclusive
Treue (Gesellschafts~) fidelity
Trias (erdgeschichtliche Periode) Triassic, Triassic Period
Tribus (*pl.* Triben)/Sippe tribe
trichal (haarförmig)/fadenförmig filamentous, filliform, thread-shaped
Trichine *(Trichinella spiralis)* trichina worm
Trichinose *(Trichinella spiralis)* trichinosis
Trichter/Sipho/Infundibulum funnel, siphon, infundibulum
trichterförmig funnel-shaped, infundibulate
Trichtergrube/Subgenitaltasche subgenital pit
Trichternetz/Röhrennetz (Spinnen) funnel web, tube web
Trieb/Drang/Impuls (ethiologisch) urge, drive, compulsion, impulse
Triebkraft (Antrieb: phyisch/mechanisch) propulsive force
Triebverhalten/Instinktverhalten instinctive behavior
trillern warble, trill
triphasisch triphasic
trippeln (Bienen) spasmodic dance
Trochus (vorderer Wimpernkranz) trochus (anterior circlet of cilia)
trocken dry, arid
Trockengewicht (*sensu stricto*: Trockenmasse) dry weight (*sensu stricto*: dry mass)
Trockenheit/Dürre dryness, drought
Trockenlandwirtschaft/Trockenkultur dry farming, dryland farming, dryland culture
Trockenmasse/Trockensubstanz dry mass, dry matter
Trockenperiode dry spell, drought
trockenresistent drought resistant, xerophytic
Trockenschlaf/Sommerschlaf/Ästivation estivation
Trockensubstanz dry matter
Trog trough
Trogons/Trogoniformes trogons
Trommelfell/Ohrtrommel/Tympanalmembran/Tympanum eardrum, tympanic membrane, tympanum
Trophamnion trophamnion
Trophieebene/Trophieniveau/trophisches Niveau trophic level
trophische Stufe/trophische Ebene trophic level, feeding level
Tsetseseuche/Schlafkrankheit *(Trypanosoma rhodesiense/gambiense)* sleep sickness
tuberkulös tuberculate, tuberculated
tuberös tuberous, tuberal
Tularämie/Hasenpest *(Pasteurella tularensis)* tularemia
Tullgren-Apparat Tullgren funnel
Tümpel pond, pool
Turbanauge *(Ephemeroptera)* stalked compound eye

Turbellarien/Strudelwürmer turbellarians, free-living flatworms
Turgor/hydrostatischer Druck turgor, hydrostatic pressure
turmförmig gewunden conispiral
Tympanalorgan/Gehörorgan tympanic organ
Typhlosolis (Clitellata) typhlosole
Typhus/Fleckfieber/Flecktyphus/Typhus exanthematicus *(Rickettsia spp.)* typhus
Typhus/Unterleibstyphus/Typhus abdominalis *(Salmonella typhi)* typhoid fever, typhoid

U

Überaugenwulst/Augenbrauenwulst brow ridge, brow crest
Überbleibsel relic
Übergang/Entwicklungsübergang transition, developmental transition
Übergangsepithel transitional epithelium
Übergangsform/Zwischenstufe intermediary form, transitory form, transient, intergrade
Übergangsfossil transitional fossil
Übergangsgesellschaft/Ökoton ecotone
Übergangszustand (Enzymkinetik) transition state
überlappend, dachziegelartig/schuppenartig imbricate, overlapping
überleben *(vb.)* survive
Überleben *(n.)* survival
Überlebenskampf struggle for survival
Überlebenskurve survivorship curve
Überlebensrate survival rate
überlegen/vorherrschend/dominant superior, dominant
Überlegenheit/Dominanz superiority, dominance
Überordnung superorder
überschießen (z. B. Kapazitätsgrenze) overshoot
übersommern estivate, aestivate, pass summer in dormant stage
Übersommerung estivation, aestivation
Übersprungshandlung displacement activity
Überträger/Überträgerstoff/Transmitter transmitter
Übertragung (z. B. Krankheit) transmission
Übervölkerung overpopulation
Überweidung overgrazing
überwintern overwinter, hibernate
Überwinterung/Winterschlaf hibernation
überwuchert overgrown

ubiquitär/weitverbreitet ubiquitous, widespread
Ubiquist ubiquist
Ufer shore, coast, banks
uferbewohnend/am Ufer lebend (Flußufer) riparious, riparial
uferbewohnend/Meeresküsten bewohnend/am Ufer lebend (Meeresküste) littoral
Uferfliegen/Steinfliegen/Plecoptera stoneflies
Uferregion/Uferzone (Gewässer) littoral zone
Uhr, biologische biological clock
Umfang girth
Umgang (Schneckenschale) whorl
umhüllen sheathe
umkippen (Gewässer) turn over, become oxygen-deficient, turn anaerobic
Umriß contour, outline
Umrißfeder/Konturfeder contour feathers (pluma)
Umsatz turnover
Umsatzgeschwindigkeit/Umsatzrate turnover rate
Umstimmung reorientation
Umstimmungs-Effekt (physiologisch) primer effect
Umtriebsbeweidung rotational grazing
umwälzen (limnologisch) overturn (lake water)
Umwelt environment
Umweltansprüche environmental requirements
Umweltkapazität/Grenze der ökologischen Belastbarkeit carrying capacity
Umweltschmähung environmental insult
Umweltschutz environmental protection
Umweltschützer environmentalist
Umweltsünder person who litters or commits an environmental crime
Umweltverhältnisse environmental conditions
Umweltverträglichkeitsprüfung (UVP) environmental impact assessment (EIA)
Umweltwiderstand environmental resistance
Umweltwissenschaft environmental science
Umweltzerstörung environmental degradation
Unabhängigkeitsregel/Kombinationsregel (Mendel) law/principle of random (independent) assortment
unbefruchtet unfertilized
unbehaart/haarlos hairless, glabrous
unbelebt inanimate, lifeless, nonliving
unbeschränkt/unbegrenzt/unbestimmt (Wachstum) indefinite, unrestricted
unbeweglich/bewegungslos/fixiert nonmotile, immotile, immobile, motionless, fixed
unbewußt unconscious
undulierende Membran undulating membrane
undurchlässig impervious, impermeable
uneßbar inedible, uneatable
unfruchtbar/steril infertile, sterile
Unfruchtbarkeit/Sterilität infertility, sterility
ungeflügelt apterous, unwinged, exalate, wingless
ungefurcht (Gehirn)/lissencephal lissencephalous (no/few convolutions)
ungenießbar/nicht schmackhaft unpalatable
– **uneßbar** uneatable, inedible
ungeschlechtig agamous, neuter
ungeschlechtlich/asexuell asexual
ungestielt (sitzend) not stalked (sessile)
Ungeziefer pest
ungleichmäßig irregular, non-uniform
ungleichzähnig/heterodont heterodont, anisodont
unifazial (ringsum gleiche Oberfläche) unifacial
Uniformitätsregel (Mendel) law/principle of uniformity (F1 of monohybrid cross)
unilokulär/einkammerig unilocular
uniseriat/einreihig uniseriate, uniserial, single rowed
Univolitismus univolinism

univoltin / mit einer Jahresgeneration univoltine
Unpaarhufer / Perssiodactyla odd-toed ungulates, perssiodactyls
unregelmäßig irregular
unreif immature
unscharf (Mikroskopie) not in focus, out of focus, blurred
Unschärfe (Bild) blurredness, blur, obscurity, unsharpness
unsterblich immortal
Unsterblichkeit / Immortalität immortality
Unterarm forearm
Unterart / Subspezies subspecies
Unterbewußtsein subconsciousness
unterernährt undernourished (*siehe:* fehlernährt)
Unterernährung undernurishment
untergeordnet (Gruppenhierarchie) subordinate
untergetaucht / submers submerged, submersed
untergliedert subdivided
Untergliederung subdivision
Untergrund / Boden (allgemein) bottom, floor
Untergrundbereich (Binnensee) profundal zone
untergrundbewohnend (Ozean) benthic
Untergruppe subgroup
Unterhaar / Wollhaar underhair
Unterhaar-Kleid underfur
Unterhaut / Subcutis subcutis
unterirdisch underground, belowground, subterranean
Unterkategorie / Subkategorie subcategory
Unterkiefer / Mandibel / Unterkieferknochen lower jaw, lower jawbone, submaxilla, submaxillary bone, mandible
Unterkiefer / 1. Maxille / Maxilla prima (Insekten) first maxilla
Unterkieferdrüse / Mandibulardrüse mandibular gland
Unterlage / Grundlage / Untergrund / Substrat substrate
unterlegen inferior; defeated
Unterlegenheit inferiority; defeat
unterlegt von subtended by
Unterleib / Abdomen abdomen
Unterlippe / Labium lower lip, labium
Unterlippe / 2. Maxille / Maxilla secunda second maxilla
Unterordnung suborder
Unterscheidungsmerkmal differentiating characteristic
Unterschenkel shank
Unterschenkelknochen / Tibiotarsus (Vögel) tibiotarsus
Unterschlundganglion / Subösophagealganglion subesophageal ganglion
Unterseite underside
Untersuchung investigation, examination
unterteilt septate, divided, compartmentalized
unterwerfen subdue
Unterwerfung / Demut submission, yield
Unterwerfungsgebärde / Unterwerfungshaltung / Demutsgebärde / Demutshaltung submissive gesture, submissive posture
Unterzungendrüse sublingual gland
Unverträglichkeit / Inkompatibilität incompatibility
unverzweigt unbranched, unramified
Ur-Leibeshöhlentiere / Ur-Coelomaten / Archicoelomaten archicoelomates
Urdarm / Gastrocöl / Archenteron gastrocoel, archenteron (primitive gut of embryo)
ureotelisch / harnstoffausscheidend ureotelic, excreting urea
uricotelisch / harnsäureausscheidend uricotelic, excreting ureic acid
Urin / Harn urine
urinieren urinate
Urinsekten / Apterygota / Flügellose apterygotes
Urmund / Blastoporus / Protostom blastopore, protostoma
Urmundtiere / Urmünder / Erstmünder / Protostomia protostomes
Urmützenschnecken / Monoplacophoren monoplacophorans
urnenförmig urn-shaped, flask-shaped, urceolate
Urniere / Mesonephros Wolffian body, deutonephros, mesonephros
Urophyse (Fische) urophysis

Uropod/Uropodium (*pl.* Uropodien) uropod
Urraubsaurier/Pelycosauria pelycosaurians (early synapsids)
Ursamenzelle/Spermatogonium primordial male germ cell, spermatogonium
Urschuppensaurier/Eosuchia/Younginiformes eosuchians (ancient two-arched reptiles)
Ursegment/Myotom myotome
Ursegment/Somit somite, somatome
Ursprung origin
ursprünglich original, basic, simple, primitive
ursprünglich/urtümlich pristine
ursprungsgleich/homolog homologous
Ursuppe primordial soup
Urtierchen/Urtiere/„Einzeller"/Protozoen first animals, protozoans
Urtyp archetype, prototype; stock
Urvögel/Archaeornithes ancestral birds, „lizard birds", archaeornithes
Urwurzelzähner/Thecodontia dinosaur ancestors
Uterus/Gebärmutter uterus
Uterusepithel/Gebärmutterwand/Endometrium uteral epithelium, uteral lining, endometrium
Uterusglocke uterine bell
Uterusmilch (Fische) uterine milk

V

vag/indifferent (Bodentreue/Gesellschaftstreue) indifferent
Vagilität/aktive Ausbreitungsfähigkeit vagility
Vagina/Scheide vagina
Vaginalträchtigkeit vaginal pregnancy
Vakuole vacuole
– **pulsierende/kontraktile Vakuole** contractile vacuole
Valvifer valvifer
Valvula valve, valvula
Valvula uterina uterine valve
Vampirtintenschnecken/Tiefseevampire/Vampyromorpha vampire squids
Vannalfalte/Analfalte vannal fold, anal fold
Vannus/Analfeld/Analregion vannus, anal area
Variabilität/Veränderlichkeit/Wandelbarkeit variability
Variante variant
Variegation/Scheckung variegation
Varietät/Abart/Spielart variety; sport
vegetativ vegetative
vegetative Zelle vegetative cell, somatic cell, body cell
vegetativer Pol vegetal pole, vegetative pole
Velamen velamen
Velichoncha/Pediveliger pediveliger
Veligerlarve/Segellarve veliger larva
Velum velum
Vene vein
Ventil valve
Ventiltrichter/Ventilkropf (Vormagen/Proventriculus der Honigbiene) proventriculus
Ventraldrüse (Nematoden/*siehe auch:* H-Zelle) ventral gland, renette gland
Ventrikel ventricle
Veränderlichkeit/Wandelbarkeit/Variabilität variability
Veränderung change, modification, variation
Verankerung anchorage
verarbeiten process, processing

verarmt/verkümmert depauperate, starved, reduced, underdeveloped; impoverished
Verarmung reduction
Verband/Allianz/Assoziationsgruppe alliance
Verbänderung/Fasziation fasciation
Verbiß/Wildverbiß (an Bäumen) damage caused by game, browsing damage
Verbraucher/Konsument consumer
Verbreitung distribution, expansion; spread, spreading (dispersal *see* Ausbreitung)
Verbreitungsgebiet/Areal geographic range, area of distribution
Verdauung digestion
Verdauungshohlraum digestive cavity, gastrovascular cavity, enteron, coelenteron
Verdauungskanal/Verdauungstrakt alimentary canal/tract, digestive canal/tract
Verdauungssystem digestive system
Verdickung thickening
verdreht/gedreht/verkrümmt/eingewunden contorted
Verdriftung passive dispersal
Verdunstungskälte evaporative cooling
Vereinigung union, unification
vererben transmit, pass on
Vererbung heredity, inheritance, transmission (of hereditary traits)
Vererbungslehre/Genetik genetics
verfaulen/zersetzen foul, rot, decompose, decay
verfault rotten, decomposed, decayed
verfrüht precocious
vergleichende Morphologie comparative morphology
vergrößern magnify, enlarge
Vergrößerung magnification, enlargement
– ***x*-fache Vergrößerung** magnification at *x* diameters
Vergrößerungsglas magnifying glass, lens
Verhalten behavior
– **angeborenes Verhalten** innate behavior
– **erlerntes Verhalten** acquired behavior
Verhaltensbarriere behavioral barrier, ethological barrier, ethological isolation
Verhaltensforschung/Verhaltensbiologie/Ethologie behavioral biology, ethology (study of animal behavior)
Verhaltensökologie/Ethökologie behavioral ecology
Verhaltensstörung/Verhaltensanomalie behavioral disorder, behavioral anomaly, deviant behavior
verhornt cornified, horny
Verjüngung rejuvenation, regeneration
verkalkt calcified
Verkalkung/Kalkeinlagerung/Kalzifizierung/Calcifikation calcification
Verkleinerung (photographisch) (size) reduction
Verknöcherung/Knochenbildung/Ossifikation ossification
verkrüppelt/krüppelig/krüppelhaft crippled, stunted
verkümmert/unterentwickelt vestigial (small and imperfectly developed), underdeveloped, stunted
verkümmert/verarmt depauperate, starved, reduced
Verlangen/Bedürfnis desire, craving (= starkes Verlangen)
Verlangen/Sehnsucht longing, yearning
Verlängerung elongation, extension
Vermehrung/Fortpflanzung/Reproduktion propagation, reproduction
– **geschlechtliche/sexuelle** sexual reproduction
– **ungeschlechtliche/vegetative** asexual/vegetative reproduction
Vermehrungsorgan reproductive organ
Vermehrungsrate reproductive rate
Vermeidestrategie avoidance strategy
Vermeidung avoidance
vermodern/modern rot, decay, decompose, putrefy
Vermutung/Annahme hunch, guess, assumption

Verpflanzung/Transplantation transplantation
verpuppen pupate
Verpuppung pupation, pupating
Verschiedenheit/Mannigfaltigkeit/Vielgestaltigkeit diversity
Verschleierung/Verkleidung (Täuschung) disguise
verschlingen devour
Verschlußkontakt/Engkontakt/Schlußleiste/Kittleiste/Tight junction (Zonula occludens) tight junction
Verschmelzung/Fusion fusion
Verschmutzung pollution, contamination
Verständigung/Kommunikation communication
Verstärkung (Reiz~) (stimulus) reinforcement
Versteck hideout, hideaway, hiding place, retreat, refuge
verstecken hide, conceal
Verstecken hiding, concealment
versteift stiffened
versteinern petrify
versteinert petrified
Versteinerung petrification
verstreuen/ausstreuen spread, scatter, disseminate
Versuch experiment, test
Versuchsanordnung experiment setup
Versuchsdurchführung performing an experiment, performance of an experiment
Versuchsreihe experimental series
Versuchsverfahren experimental procedure/protocol, experimental method
Verteidigung defense
Verteilung/Zerstreuung dispersion, spreading
Vertiefung crypt
verträglich/kompatibel/tolerant compatible, tolerant
Verträglichkeit/Kompatibilität/Toleranz compatibility, tolerance
Verunreinigung contamination
verwachsen/angewachsen fused, coalescent
verwachsen/angewachsen (gleiche Organe) connate
verwachsen/angewachsen (ungleiche Organe) adnate
Verwachsenkiemer/Siebkiemer/Septibranchia septibranch bivalves, septibranchs
Verwachsung (allgemein) fusion; coalescence, symphysis
Verwachsung (gleicher Organe) connation, cohesion
Verwachsung (ungleiche Organe) adnation
Verwandlung/Metamorphose metamorphosis
–, unvollkommene/unvollständige incomplete/gradual metamorphosis
–, vollkommene/vollständige complete metamorphosis
verwandt akin, related
Verwandtenselektion kin selection
Verwandtschaft (generell) relationship, relatedness, kinship
Verwandtschaft (spezifisch) relatives
verwandtschaftliche Beziehung hereditary relationship
Verwandtschaftsselektion kinship selection
Verwandtschaftstheorie kinship theory
Verwesung putrefaction
verwildert feral
verzehren/verschlingen/herunterschlingen devour, gulp down
verzweigen, sich branch out, ramify
verzweigt branched, ramified
Verzweigung/Verästelung/Ramifikation branching, ramification
Verzwergung/Nanismus nanism, dwarfishness
Vestibulum labyrinthi (mit Utriculus und Sacculus) vestibule (with utricle and saccule)
Vibacularie vibraculum
Vieh/Rinder cattle
Vieh/Tier animal
Vieh, Feder~/Geflügel fowl
Vieh, landwirtschaftlich genutztes livestock
Viehfutter animal feed
Viehhaltung livestock keeping, animal husbandry
Viehstall cattle shed, barn

Viehwirtschaft animal husbandry, ranching
Viehzucht (allgemein) animal husbandry, ranging
Viehzucht *(sensu lato)* livestock breeding
Viehzucht/Rinderzucht cattle production, cattle breeding
vielbeinig/polypod polypod
Vielborster/Borstenwürmer/ Polychaeten bristle worms, polychaetes, polychetes, polychete worms
Vielfachteilung multiple fission
Vielfalt/Vielfältigkeit/ Vielgestaltigkeit/Mannigfaltigkeit diversity
– **biologische Vielfalt/Lebensvielfalt** biodiversity, biological diversity, biological variability
Vielfraß polyphage
Vielgestaltigkeit/Vielfalt/ Vielfältigkeit/Mannigfaltigkeit diversity
vielkammerig/vielkämmrig/ polythalam/polythekal with many chambers, polythalamous, polythalamic, polythecal
vielkernig/mehrkernig multinucleate
vielreihig/mehrreihig/multiseriat multiseriate, multiple rowed
vielschichtig/mehrschichtig multilayered
Vielweiberei/Polygamie/Polygynie polygamy, polygyny
Vielzeller multicellular lifeform
Vielzeller/Mitteltiere/Gewebetiere/ Metazoen/Metazoa metazoans
vierfüßig quadrupedal
Vierfüßigkeit quadrupedalism
viergeißlig tetraflagellated
vierhändig four-handed, quadrumanous
Violdrüse (Schwanzwurzeldrüse des Fuchses) violet gland, supracaudal gland
Viszeralganglion visceral ganglion
viszeral/Eingeweide .../zu den Eingeweiden gehörend visceral, splanchnic
Viszeralskelett visceral skeleton
Vitalfärbung vital staining
Vitellinmembran/primäre Eihülle/ Dotterhaut/Dottermembran/ Membrana vitellina vitelline layer, vitelline membrane
Vitellodukt yolk duct
Vitrine/Schaukasten showcase
vivipar/lebendgebärend viviparous, live-bearing
Viviparie/Lebendgebären vivipary, viviparity, live-bearing
Vögel/Aves birds
Vögel betreffend/Vogel ... avian
Vogelbecken-Dinosaurier/ Ornithischia bird-hipped dinosaurs, ornithischian reptiles
Vogelhaus/Voliere bird house, aviary
Vogelkäfig bird cage
„Vogelköpfchen"/Avicularie (Bryozoen) avicularium
Vogelkunde/Ornithologie ornithology
Vogelzucht aviculture
Vogelzüchter aviculturist
Vogelzug bird migration
Voliere/Vogelhaus aviary
Volk/Staat (Bienen~/Ameisen~) colony
Volkmannscher Kanal Volkmann canal, canal of Volkmann (perforating canal)
volkstümlicher Name/ Vernakularname common name, vernacular name
Vollblut (Pferd) thoroughbred
Vollgesang full song
Vollinsekt/Vollkerf/Imago imago, adult insect
Vollschmarotzer/Vollparasit/ Holoparasit holoparasite, obligate parasite
Voraugendrüse/Antorbitaldrüse antorbital gland, preorbital gland
Vorderbein foreleg
Vorderbrust/Prothorax prothorax
Vorderdarm/Stomodaeum foregut, stomodeum
Vorderextremität forelimb
Vorderflügel (Oberflügel/Deckflügel/ Flügeldecke) forewing, front wing, tegmina
Vorderhirn/Prosencephalon (Vertebraten) forebrain, prosencephalon (telencephalon + diencephalon)

Vorderhirn / Protocerebrum (Insekten) protocerebrum
Vorderkiemer / Vorderkiemenschnecken / Streptoneura / Prosobranchia prosobranch snails, prosobranchs
Vorderkörper / Vorderleib / Prosoma / Cephalothorax / „Kopf“ prosoma, proterosoma, cephalothorax
vorderseitig (bauchseitig) front side, ventral
Vorfahre / Ahne ancestor, forebear, progenitor
vorgeburtlich / pränatal prenatal
Vorhand (Pferd) forehand
Vorhaut / Präputium foreskin, preputium, prepuce
vorherrschen predominate
Vorhof / Atrium atrium
Vorhof / Vorraum / Vestibulum vestibule
Vorhofgang / Scala vestibuli vestibular canal
vorkiefrig / prognath prognathous, prognathic
Vorkiefrigkeit / Prognathie prognathism, prognathy
Vorkommen occurrence, presence
Vorläufer precursor
Vormagen / Blättermagen / Psalter / Omasus (Wiederkäuer) third stomach, omasum, psalterium
Vormagen / Vorderdarm / Kropf / Ingluvies (Insekten / Vögel) crop
Vormännlichkeit / Protandrie / Proterandrie protandry
Vormilch / Colostrum foremilk, colostrum
Vorniere / Pronephros fore-kidney, pronephros
Vornierengang / Wolffscher Gang / primärer Harnleiter Wolffian duct, Leydig's duct, mesonephric duct
Vorpuppe / Propupa / Präpupa / Semipupa propupa, prepupa
Vorratshaltung hoarding of food
Vorratsschädling storage pest
Vorrichtung device
Vorriff fore reef
Vorschild / Präscutum prescutum
Vorsteherdrüse / Prostata prostate
Vortrieb / Anschub thrust
Vorweiblichkeit / Protogynie / Proterogynie protogyny
Vorzieher / Protractor (Muskel) protractor muscle

W

Wabe/Honigwabe honeycomb
wabenförmig/wabig honeycombed, alveolate, favose, faveolate
Wachs wax
wachsartig waxy, wax-like, ceraceous
Wachsbelag wax coating
Wachsdrüse wax gland, ceruminous gland
Wachshaut/Cera (am Schnabel) cere (on bill of birds)
Wachstum growth
–, begrenztes/beschränktes Wachstum determinate growth
–, unbegrenztes/unbeschränktes Wachstum indeterminate growth
Wachstumsfaktor growth factor
wachstumsfördernd growth-stimulating
Wachstumsgeschwindigkeit/ Wachstumsrate/Zuwachsrate growth rate
wachstumshemmend growth-retarding, growth-inhibiting
Wachstumskurve growth curve
Wachstumsperiode growth period
Wachstumsrate/Zuwachsrate/ Wachstumsgeschwindigkeit growth rate
Wade calf (of the leg)
Wadenbein/Fibula splint bone, fibula
Wahrnehmung/Empfindung/ Perzeption (Reiz) perception
Wale und Delphine/Cetacea cetaceans: whales & porpoises & dolphins
Wallach (Pferd) gelding
Wallriff/Barrierenriff barrier reef
Walrat spermaceti
Walratöl spermaceti oil, sperm oil
walzenförmig/zylindrisch/ cylindrisch cylindrical
Walzenspinnen/Solifugae/Solpugida sun spiders, windscorpions, solifuges, solpugids
Wamme dewlap
Wanderackerbau shifting agriculture/ cultivation, swidden agriculture/ cropping
Wanderung migration
Wanderverhalten migratory behavior
wandständig/wandbürtig/parietal parietal, borne on the wall
Wange/Gena cheek, gena
Wanzen/Heteroptera (Hemiptera) true bugs, heteropterans
Warnfärbung/Warntracht/ Abschreckfärbung warning coloration, aposematic coloration
Warze (Höcker/Beule/Wölbung) wart, tubercle, warty protuberance
warzenförmig wart-shaped, verruciform
Warzenschnecken/Sternschnecken/ Doridacea/Holohepatica doridacean snails, doridaceans
warzig/höckerig warty, verrucose, tuberculate
Washingtoner Artenschutz- abkommen/Artenschutz- übereinkommen Convention on International Trade in Endangered Species (CITES), Washington 1975
Wasser speien/spritzen/abblasen (Wale) spout, blow (water)
wasserabweisend water-repellent, water-resistant
Wasseraufnahme water uptake
wasserbewohnend/im Wasser lebend/ aquatisch aquatic
Wasserbilanz water balance
Wasserflöhe/Cladocera water fleas
Wassergefäßsystem/Ambulakral- system/Ambulakralgefäßsystem water-vascular system, ambulacral system
Wassergehalt water content
Wassergüte/Wasserqualität water quality
Wasserhärte water hardness
Wasserkreislauf water cycle, hydrologic cycle
Wasserleben aquatic life, life in the water
wasserlebend/im Wasser lebend/ wasserbewohnend/aquatisch aquatic
Wasserlunge (Holothurien) respiratory tree
Wasserlungenschnecken/ Basommatophora (Pulmonata) freshwater snails

Wassernymphe naiad
Wassersack/Ascus (Bryozoen) compensation sac, ascus
Wasserschutzgebiet water reserve
Wasserspeicherung water storage
Wasserspiegel water level
Wasserstreß water stress
Wassertiere aquatic animals, hydrocoles
Wasserverlust water loss
Wasserversorgung water supply
Wasservögel waterfowl
waten wade
watscheln waddle
Watvögel & Möwenvögel & Alken/ Charadriiformes shorebirds & gulls & auks
Weberknechte/Opiliones/ Phalangida harvestmen, "daddy longlegs"
Weberscher Apparat (Fischen) Weberian apparatus
Webersches Knöchelchen Weberian ossicle, otolith
Webspinnen/Spinnen/Araneae spiders
Wechselgesang antiphonal singing
wechselständig alternate
Wechseltierchen/Wurzeltierchen/ Rhizopoden/Amöben amoebas, amebas
wechselwarm/poikilotherm/ ektotherm poikilothermal, poikilothermous, cold-blooded, ectothermal, heterothermal
Wechselwirkung interaction
Wechselwirt alternate host
Wechselzahl k_{cat} (katalyt. Aktivität) turnover number
Weckreaktion arousal reaction
wedeln/wackeln (Schwanz/Kopf) waggle, wag
Wegfaden (Spinnen) trail line
wegführend/ausführend/ableitend efferent
Wehe uterine contraction
Wehen/in den Wehen liegen labor
Wehrdrüse (Schleimdrüse bei *Peripatus*: umgewandelte Schenkeldrüse) defensive gland (slime gland)
Wehrpolyp/Dactylozoid stinging zooid, protective polyp, dactylozooid
Weibchen female
weiblich female
Weichtiere/Mollusken/Mollusca mollusks
Weichtierkunde/Malakologie malacology, study of mollusks
Weide/Weidewiese (Grünland)/Trift (Heide) pasture
Weidefläche range, rangeland
Weidegänger grazer
Weideland rangeland, grazing land, pasture, pastureland, pasturage
weiden/abgrasen/abfressen graze (herbs), pasture, browse (twigs/ leaves of shrubs)
Weideverhalten foraging behavior
Weidevieh grazing animals
Weidewirtschaft pasture farming, pastoral economy, pastoralism, agropastoralism
Weiher (z. B. Fisch~) small pond (e. g. fish pond)
weiße Substanz white matter
Weisel/Bienenkönigin queen bee
weitverbreitet/ubiquitär widespread, ubiquitous
Wellenbewegung/seitliche Schlängelbewegung/horizontale Schlängelbewegung (Schlangen) lateral undulation, lateral undulatory movement
wellig wavy, undulate, repand (slightly undulating)
Welpe (Fuchs/Wolf/Schakal/Bär/ Löwe) whelp, cub
Welpe/junger Hund whelp, pup, puppy
Welse/Welsartige/Siluriformes catfishes
weltweit verbreitet/kosmopolitisch occurring worldwide, cosmopolitan
Wendeglied/Pedicellus (Antenne) antennal pedicel
wenigbeinig/oligopod oligopod
Wenigborster/Oligochaeten oligochetes
Wenigfüßer/Pauropoden pauropods
Werbegesang mating song, courtship song
Werberuf mating call, courtship call
Werbeverhalten courting behavior
werfen (Junge) litter, bear young
Wesen/Kreatur being, creature

Wesen/Wesensart/Charakter/Natur manner, character, nature
Wettbewerb/Konkurrenz/Existenzkampf competition
Wicklung twist, coil, winding, contortion
Widder/Schafbock (männliches Schaf) ram
widerhakig provided with barbs, glochidiate
Widerrist withers
Widersachertum/Antibiose antibiosis
widerstandsfähig resistive, resistant
Widerstandsfähigkeit resistance, resistivity, hardiness
wiederaufstoßen/regurgitieren/hochwürgen regurgitate
Wiederaufstoßen/Regurgitation/Hochwürgen regurgitation
Wiederbesiedlung reestablishment, resettlement
Wiederergänzung/Regeneration regeneration
Wiederhaken barb
wiederkäuen chew the cud (regurgitate)
Wiederkäuer/Retroperistaltiker/Ruminantier/Ruminantia ruminant, „cud chewers"
Wiederverwendung reuse
Wiederverwertung recycling
wiehern neigh, whinny (low/gentle)
Wild/Großwild (jagbare Tiere) game
Wild/Wildbret/Wildfleisch venison
Wildbahn hunting ground
Wildbestand game population, stock of game
Wildbret/Wildfleisch venison
Wilderer/Wilddieb poacher
wildern poach
Wildform wild type
Wildgeflügel wildfowl
Wildgehege game preserve, game reserve, game enclosure
wildlebend wild, living in the wild
Wildnis wilderness
Wildreservat/Wildtierpark/Wildpark wildlife reserve, wildlife park, wild animal reserve, game reserve
Wildschutzgebiet wild animal sanctuary, wildlife sanctuary
Wildtyp wild-type
Wildverbiß (z. B. an Baumrinde) damage caused by game, browsing damage
Wildwechsel deer path, run, runway
Wimper/Augenwimper eyelash
Wimper/Zilie/Cilie/Flimmerhärchen cilium (*pl.* cilia)
Wimperfeder (Ctenophoren) balancer, spring
Wimperflammenzelle flame cell
Wimperfurche (Ctenophoren) ciliated groove
Wimpergrube ciliated pit
Wimperkamm/Wimperplatte/Wimperplättchen/Schwimmplatte/Ruderplatte/Ruderplättchen/„Kamm" (Ctenophoren) comb plate, swimming plate, ciliary comb, ctene
Wimperkölbchen/Wimperkolben flame bulb
Wimperkranzlarve/Trochophora trochophore larva
Wimpermeridian/Wimperrippe/Rippe/Pleurostiche (Ctenophoren) comb row, costa
Wimpernbüschel/Wimpernschopf tuft of cilia, ciliary tuft
Wimperntrichter/Flimmertrichter/Eileitertrichter/Infundibulum (mit Ostium tubae) fimbriated funnel of oviduct, infundibulum
Wimpertierchen/Ciliaten/Ciliata ciliates
winden wind, twist, coil
windgetragen airborne
Windung twist, coil, winding, contortion
Windung (Bewegung) spiral movement, spiral coiling
Windung/Gyros (Schneckenschale) whorl, spiral coil, gyre
Winkel angle
Winterfell winter fur, winter coat
Winterhärte winter hardiness
Winterquartier winter quarters
Winterschlaf hibernation
Wirbel (auch in Bezug auf Ophiuroiden) vertebra
Wirbel/Umbo umbo (*pl.* umbones)
Wirbelbogen/Arcualium arcualium
Wirbelbogen, oberer/Neuralbogen neural arch

Wirbelhöhle (Molluskenschale) umbonal cavity
Wirbelkörper/Centrum centrum
Wirbellose/Wirbellose Tiere/Invertebraten/Evertebraten invertebrates
Wirbelsäule/Rückgrat vertebral column, spinal column
Wirbeltiere/Vertebraten/Vertebrata vertebrates
Wirkungsgrad efficiency
Wirkungsgrad, ökologischer ecological efficiency
Wirt (allgemein: Wirtsorganismus/Wirtstier) host
- **Endwirt** final host
- **Fehlwirt/Irrwirt** accidental host, wrong host
- **Hauptwirt** main host, primary host, definitive host
- **Nebenwirt** secondary host
- **Reservoirwirt** reservoir host
- **Sammelwirt/Stapelwirt/paratenischer Wirt/Transportwirt** paratenic host, transfer host
- **Wechselwirt** alternate host
- **Zwischenwirt** intermediary host

Wirtsorganismus host organism
Wirtspflanze host plant
Wirtsspektrum host range
Wirtsspezifität host specificity
Wirtstier host animal
Wirtswechsel alternation of hosts
Wirtszelle host cell
wittern scent
Wohnkammer (Schneckenschale) body whorl
Wohnquartier/Behausung dwelling
Wölbung (Höcker/Beule/Warze) protuberance, tubercle, wart
Wolffscher Gang/Vornierengang/primärer Harnleiter Wolffian duct, Leydig's duct, mesonephric duct
Wollfettdrüse wool fat gland
Wollhaar wooly hair
Wollhaarkleid undercoat
wollig wooly, lanate
Wollschildläuse (Coccoidea) mealybugs
Wucherung proliferation
Wuchs growth, habit
Wuchsform growth form
Wulst bulge, collar, protuberant seam
Wunde wound
Wundernetz/Rete mirabile rete mirabile
Wundheilung wound healing
Wurf litter
Würfelquallen/Cubozoa box jellies, cubomedusas
Wurfgeschwister/Geschwister eines Wurfes litter mate
Wurfgröße litter size
wurmartig wormlike, vermian, vermicular
wurmförmig worm-shaped, vermiform
Wurmfortsatz des Blinddarms/Appendix/Appendix vermiformis appendix, vermiform appendix
wurmig wormy
Wurmmollusken/Wurmmolluscen/Aplacophoren/Aplacophora aplacophorans
Wurzel (Crinoide) root, radix
wurzelartig rootlike, rhizoid
wurzelförmig root-like, radiciform, rhizoid
Wurzelgalle (durch Nematoden) root gall, root knot
Wurzelmundquallen/Rhizostomeae rhizostome medusas
Wüste desert

X

X-Organ/Bellonci-Organ X-organ
Xenobiose xenobiosis
Xenotransplantat/Fremdtransplantat xenograft (from other species)
Xeromorphismus xeromorphism
Xeroserie xerosere

Y

Y-Organ/Carapaxdrüse Y-organ (molting gland)

Z

Z-Linie / Z-Streifen (Z-Scheibe) Z line (Z disk)
Zacke indentation, projection, spike, notch, serration
zackig / gekerbt crenate
zahm tame
zähmen tame
Zähmung taming
Zahn tooth
Zahnarme / Edentata / Xenarthra / Nebengelenktiere "toothless" mammals, edentates, xenarthrans
Zahnbein / Dentin dentin, dentine, substantia eburnea
Zahnbeinbildner / Odontoblast odontoblast
Zähnchen denticle
Zahnfleisch gums, gingiva
Zahnformel dental formula
Zahngrube (an Schloß der Muschelschale) hinge socket
Zahnhals tooth neck
Zahnhöcker dental ridge, cusp
Zahnkrone corona, dental crown
Zahnleiste dental lamina
zahnlos toothless, edentate
Zahnmark dental pulp, pulpa
Zahnschmelz dental enamel
Zahnschuppe / Placoidschuppe dermal denticle, placoid scale
Zahnwale / Odontoceti toothed whales & porpoises & dolphins
Zahnwechsel second dentition
Zahnwurzel dental root
Zangensterne / Forcipulatida forcipulatids
Zapfen / Zäpfchen / Zapfenzelle cone, cone cell
Zecken / Ixodides ticks
Zeh / Zehe toe
– **großer Zeh / Hallux** big toe, hallux
– **(Rotatorien)** toe
(*see also:* **Sporn** spur)
Zehengang / Digitigradie digitigrade gait
Zehengänger / Digitigrade digitigrade
Zehenglied / Fingerglied / Phalanx phalanx (*pl.* phalanges)
Zehenspitzengang / Hufgang / Unguligradie unguligrade gait
Zehnarmer / Zehnarmige Tintenschnecken / Decabrachia / Decapoda cuttlefish & squids
Zehnfußkrebse / Decapoda decapods
Zeitalter age (geological)
Zeitgeber Zeitgeber, synchronizer
zeitgenössisch extant, contemporary
Zeithorizont time horizon
zeitlebens during an entire life
Zellafter / Zytopyge / Cytopyge / Zytoproct / Cytoproct cell-anus, cytopyge, cytoproct
Zellatmung cellular respiration
Zellcyclus / Zellzyklus cell cycle
Zelle cell
Zellenlehre / Zytologie / Cytologie cell biology, cytology
Zellfaden / Filament chain of cells, filament
zellfrei cell-free
Zellhülle cell envelope
zellig cellular
zellig (nicht~) / azellulär acellular, noncellular
Zellinhalt cell content
Zellinie cell lineage, celline
Zellkern nucleus, karyon
–**, generativer / Mikronukleus** micronucleus
–**, somatischer / Makronukleus** macronucleus, meganucleus
Zellkolonie cell colony
Zellkonstanz / Eutelie cell constancy, eutely
Zellkörper cell body
Zellkultur cell culture
Zellmembran / Plasmamembran / Plasmalemma (outer) cell membrane, unit membrane, plasmalemma
Zellmund / Zellmundöffnung / Zytostom / Cytostom cell-mouth, cytostome, cytostoma
Zellmundhöhlung / Peristom (Protozoen) buccal cavity, peristome, peristomium
Zellsaft cell sap
Zellschlauch siphon

Zellschlund/Zytopharynx/ Cytopharynx gullet, cytopharynx
Zellstoffwechsel cellular metabolism
Zellteilung cell division, cytokinesis
Zelltheorie cell theory
zellulär cellular
Zellverband cell aggregate
Zellverschmelzung cell fusion
Zellwand cell wall
Zellzahl cell count
Zellzyklus/Zellcyclus cell cycle
Zementdrüse/Kittdrüse/Klebdrüse cement gland, adhesive gland, colleterial gland
Zenckersches Organ (Spermatozoen-pumpe) Zencker's organ
Zentralkorn/Centroplast central granule, axoplast, centroplast
Zentralkörper (Insekten) central body
Zentralnervensystem central nervous system
Zerebralganglion cerebral ganglion
Zermahlen/Zerreibung/ Pulverisierung trituration, pulverization
zerreiben/zermahlen triturate
zerschlitzt/geschlitzt, gleichmäßig incised, cut
zerschlitzt/geschlitzt, ungleichmäßig lacerate, torn
zerschnitten dissected
zersetzen decompose, disintegrate, decay
Zersetzer/Destruent/Reduzent decomposer
Zersetzung decomposition, disintegration, decay
Zerstreuung dispersion
Zicklein/Ziegenjunges kid
– **frischgeborenes Zicklein/ Ziegenjunges** yeanling
Zicklein gebären kidding (parturition in goats)
Ziegenbock billygoat, male goat
Zielorgan target organ
Zikaden/Zirpen/Auchenorrhyncha (Homoptera) cicadas
Zilie/Cilie/Wimper/Flimmerhärchen cilium
zilientragend/cilientragend/ bewimpert bearing cilia, cilium-bearing, ciliated, ciliferous
Zirbeldrüse/Pinealorgan/Epiphyse epiphysis (pineal body)
Zirkulationssystem/Kreislaufsystem (offenes/geschlossenes) circulatory system (open/closed)
zirpen/schrillen/stridulieren chirp, stridulate
Zirpen/Schrillen/Stridulation chirping, stridulation
zischen (Schlange) hiss
zittern quiver, tremble
Zitterrochen/elektrische Rochen/ Torpediniformes electric rays
Zitze/Mamille nipple, mamilla, mammilla, teat
Zoarium (Bryozoen-Kolonie) bryozoan colony
Zoecium (Bryozoen: Gehäuse des Einzeltiers) zoecium, zooecium
Zonierung zonation
Zönobium/Cönobium/Coenobium (*pl.* Coenobien) coenobium (*pl.* coenobia), cell family
Zonulafasern zonule fibers
Zoogeographie/Tiergeographie zoogeography
Zoozönose/Tiergemeinschaft zoocoenosis, animal community
Zotte villus
Zottenhaut/Chorion frondosum chorion frondosum
Zottenplazenta/Chorioallantois-plazenta chorioallantoic placenta
Zucht cultivation, breeding, growing
züchten breed, cultivate, grow
Züchterei/Zuchtanlage hatchery
Zuchtform breed
Zuchthengst/Schälhengst/Beschäler stud, studhorse
Zuchtpferd stock horse
Züchtung breed, breeding, cultivation, growing
Zuchtwahl selective breeding, breed selection
Zuckerdrüse sugar gland, subradular organ
Zuckreflex jerk
Zuckung twitching, convulsion
Zufallspaarung random mating
zuführend/hinführend/zuleitend afferent
Zug/Migration (Vögel) migration

Zug/Sog (Wasserleitung) tension, suction, pull
Zügel (Vogel: Bereich zwischen Schnabel und Augen) lore
Zügel/Stützleiste/Frenulum frenulum
zugespitzt attenuate, tapering, pointed
- **lang zugespitzt (konkav zulaufend)** acuminate, taper-pointed

zugewachsen overgrown
Zuggeißel pulling flagellum
Zugspannung (Wasserkohäsion) water tension
Zugstraße migratory route
Zugtier draft animal
Zugunruhe migratory restlessness
Zugvogel migratory bird
Zunge/Glossa/Lingua tongue, glossa, lingua
Zunge/Reibplatte/Radula radula
- **Balkenzunge/docoglosse Radula** docoglossate radula
- **Bandzunge/taenioglosse Radula** taenioglossate radula
- **Bürstenzunge/hystrichoglosse Radula** hystrichoglossate radula
- **Federzunge/ptenoglosse Radula** ptenoglossate radula
- **Fächerzunge/rhipidoglosse Radula** rhipidoglossate radula
- **Pfeilzunge (hohl)/toxoglosse Radula** toxiglossate radula (hollow radula teeth)
- **Schmalzunge/rhachiglosse Radula/stenoglosse Radula** rachiglossate radula

züngeln tongue flicking
Zungen .../die Zunge betreffend lingual
Zungenbein/Hyoideum/Os hyoideum hyoid bone, lingual bone
Zungenbeinbogen/Hyoidbogen hydoid arch
Zungenbogen/Zwischenbogen tongue bar, secondary bar
zungenförmig tongue-shaped, linguiform, ligular, oblanceolate
Zungenpapille lingual papilla
Zungenwürmer/Linguatuliden/Pentastomitiden tongue-worms, linguatulids, pentastomids
Zünglein/Ligula ligule, ligula
zupacken/ergreifen grasping
zurückgeblieben retarded, stunted
zurückgerollt/nach hinten eingerollt rolled backward, revolute
Zusatzbezeichnung epithet
zuspitzen taper
Zuwachs accretion, accrescence, additional/new growth, enlargement
zuwachsen/überwachsen overgrow
Zuwachsrate/Wachstumsrate/Wachstumsgeschwindigkeit growth rate
Zuwanderung/Einwanderung/Immigration immigration
zweiästig/biram two-branched, biramous
zweieiig/dizygot dizygous, dizygotic
Zweifüß(l)er biped
Zweifüßigkeit/Zweibeinigkeit/Bipedie/Bipedität bipedalism, bipedality
zweigabelig/dichotom (einfach gegabelt) bifurcate, dichotomous
zweigeißlig biflagellated
zweigeschlechtlich/zwittrig bisexual, hermaphroditic
zweigeteilt two-parted
zweigliedrige Benennung/Bezeichnung binomial/binary nomenclature
zweihäusig/getrenntgeschlechtlich/diözisch diecious, dioecious
Zweihäusigkeit/Getrenntgeschlechtlichkeit/Diözie dioecy, dioecism
zweihöckrig (Zahn) bicuspid
zweihörnig (z. B. Uterus) two-horned, bicornate, bicornuate, bicornuous
zweikammerig/zweikämmrig/dithalam/dithekal with two chambers, dithalamous, dithalamic, dithecal
zweikammreihig bipectinate
zweireihig in two rows, two-row, biseriate
zweischeidig didelphic
Zweiseitentiere/Bilateria bilaterians
zweiseitig/bifazial/dorsiventral bifacial, dorsiventral
zweispaltig bifid
zweiteilig bipartite, dimeric, in two parts
Zweiteilung/binäre Zellteilung binary fission, bipartition

Zweitmünder/Neumundtiere/ Neumünder/Deuterostomia deuterostomes
zweiwirtig/dixen dixenous, dixenic
zweizählig/dimer dimerous
zweizeilig distichous, two-ranked
Zwerchfell/Diaphragma diaphragm, diaphragma
Zwerchfellatmung/Bauchatmung diaphragmatic respiration, abdominal breathing
Zwergfadenwurm *(Strongyloides spp.)* threadworms (causing strongyloidiasis)
Zwergfüßer/Symphyla symphylans
Zwergmännchen dwarf male
Zwergmutante dwarf mutant
Zwergwuchs dwarfed growth, stunted appearance, dwarfism, nanism
zwergwüchsig stunt, dwarf
Zwilling(e) twin(s)
- **eineiige Zwillinge** monozygous/ monozygotic (identical) twins
- **zweieiige Zwillinge** dizygous/ dizygotic (fraternal) twins

Zwinger/Käfig (z. B. in Zoos) cage, enclosure
Zwinger (staatl. Verwahrung verwaister Tiere) pound
- **Hundezwinger** dog pound
- **Hundezwinger/Hundepension/ Hundeheim** dog kennel

zwischenartlich/interspezifisch interspecific
Zwischenfeder/Mesoptile mesoptile
zwischengeschlechtlich intersexual
Zwischenhirn diencephalon, interbrain, betweenbrain
Zwischenkieferknochen incisive bone
Zwischenstufe/Übergangsform intergrade, intermediary form, transitory form, transient
Zwischenwirbelkörper/Intercentrum intercentrum, hypocentrum
Zwischenwirbelscheibe/Bandscheibe/ Discus intervertebralis intervertebral disk
Zwischenwirt intermediary host
Zwischenzehendrüse/interdigitale Drüse/Interdigitaldrüse interdigital gland
Zwischenzellraum/Interzellulare intercellular space
zwitschern twitter, chirp, (singen) sing/warble
Zwitter/Hermaphrodit *(siehe auch dort)* hermaphrodite
Zwitterdrüse ovotestis, hermaphroditic gonad/gland
Zwittergang hermaphroditic duct
zwitterig/zwittrig/hermaphroditisch (zweigeschlechtlich) hermaphroditic (bisexual)
Zwittertum/Zwittrigkeit/ Hermaphroditismus hermaphroditism, hermaphrodism
- **Scheinzwittertum/ Pseudohermaphroditismus** pseudohermaphrodism

Zwölffingerdarm/Duodenum duodenum
Zygapophyse zygapophysis ("yoking" process)
zygomorph zygomorphic, monosymmetrical, irregular
Zygote zygote
Zygotenkern/Synkaryon zygote nucleus, synkaryon
Zylinderepithel/Säulenepithel columnar epithelium
- **hohes Zylinderepithel (hochprismatisches Epithel)** simple columnar epithelium

Zylinderrosen/Ceriantharia tube anemones
Zylinderzelle (Dicyemida) axial cell
zylindrisch/cylindrisch/ walzenförmig cylindric, cylindrical
zymös/cymös/cymos (sympodial verzweigt) cymose, cymoid (sympodially branched)
Zynthie/Cynthia cynthia
Zyste/Cyste cyst
zystieren/enzystieren encyst
Zytologie/Cytologie/Zellenlehre/ Zellbiologie cytology, cell biology
Zytopharynx/Cytopharynx/ Zellschlund cytopharynx, gullet
Zytoplasma/Cytoplasma cytoplasm
Zytoplasmaströmung cytoplasmic streaming
Zytoproct/Cytoproct/Zytopyge/ Cytopyge/Zellafter cytoproct, cytopyge, cell-anus
Zytoskelett/Cytoskelett cytoskeleton

A Pocket Dictionary of Zoology

Theodor C. H. Cole

English – German

A

A band (muscle) A-Bande
aardvark (of Africa)/Tubulidentata Erdferkel (Röhrchenzähner)
abdomen Abdomen, Unterleib, Hinterleib
abdomen/opisthosoma Hinterkörper, Hinterleib, Abdomen, Opisthosoma
abdominal breathing/diaphragmatic respiration Bauchatmung, Zwerchfellatmung
abdominal cavity Bauchhöhle
abdominal pregnancy Leibeshöhlenträchtigkeit, Leibeshöhlenschwangerschaft
abdominal somite/pleomere Abdominalsegment, Pleomer
abductor muscle Abzieher, Abduktor, Abductor (Muskel)
abomasum/fourth stomach/reed/rennet-stomach Labmagen, Abomasus
aboveground/overground/superterranean oberirdisch
abscission/falling off/dropping off/shedding Abszission, Abwerfen, Abwurf
abscission layer/separation layer Abszissionsschicht
abundance Abundanz, Individuenzahl
abundance index/cover abundance index/species importance value Artmächtigkeit
abyssal/deep-sea floor/ocean floor Abyssal, Meeresgrund, Tiefseeboden
abyssobenthic Abyssobenthal, den Tiefseeboden bewohnend
abyssopelagic zone Abyssopelagial, unterster Tiefseebereich, unterste Tiefseezone (Wasser)
acanthor larva Acanthor-Larve, Hakenlarve
acarology Acarologie, Milbenforschung
accessory akzessorisch
accessory gland akzessorische Drüse, Anhangsdrüse
accidental host/wrong host Fehlwirt, Irrwirt
acclimate (artificial conditions)/acclimatize (climate/seasons) akklimatisieren, anpassen
acclimation/acclimatization/adaptation Anpassung, Adaptation
– **(climate/seasons)** Klimaanpassung
acclimatize (climate/seasons)/acclimate (artificial conditions) akklimatisieren
accommodation (eye) Akkommodation, Scharfstellung
accrescent fortwachsend
accretion/accrescence/additional, new growth/enlargement Zuwachs
accumbent (along/against other body) anliegend (entlang anderem Gegenstand)
accumulation Anhäufung, Akkumulation
acellular/noncellular azellulär, nicht zellig
acelous/acoelous acöl, acoel
Achilles' tendon/tendon of the heel Achillessehne
acicular/needle-shaped nadelförmig
acidic azid, sauer
acidity Azidität, Säuregrad
acinus cell Acinuszelle
acoelous/acelous acöl, acoel
acontium (anthozoans) Acontium
acorn worms/enteropneusts/Enteropneusta Eichelwürmer, Enteropneusten
acoustical hair/trichobothrium/vibratory sensory hair Hörhaar, Becherhaar, Trichobothrium
acquired characteristic erworbenes Merkmal
acranians/Acrania Schädellose
acron/prostomium Acron, Kopflappen, Prostomium
acronematic flagellum/whiplash flagellum Peitschengeißel
acrorhagus (tubercle with stinging cells) Acrorhagus, Nesselsack
acrostichal acrostich
acrostichoid acrostichisch
acrotony Akrotonie
actinomorphic/actinomorphous/star-shaped/radial/radially symmetrical/regular/cyclic aktinomorph, strahlenförmig, radiär, radiärsymmetrisch, zyklisch

action potential Aktionspotential
activated sludge Belebtschlamm
activation energy/energy of activation Aktivierungenergie
active transport/uphill transport aktiver Transport
acuity (visual acuity) Sehschärfe
acuminate/taper-pointed zugespitzt/lang (konkav zulaufend)
acute/sharp/pointed/sharp-pointed spitz
Adam's apple (largest cartilage of larynx) Adams Apfel
adamantoblast/ameloblast/enamel cell Adamantoblast
adaptability Adaptabilität, Anpassungsfähigkeit
adaptation/accustomation/habituation Adaptation, Anpassung, Gewöhnung, Eingewöhnung
adapted angepaßt, adaptiert
adaptive radiation adaptive Radiation
adaptive value/selective value Anpassungswert, Selektionswert
addorsed/addossed adossiert, rückseitig
adductor muscle Anzieher, Schließmuskel, Adduktor, Adductor(-Muskel)
adecticous pupa Pupa adectica
adhesion Adhäsion
adhesive disc/disk Haftplatte, Haftscheibe, Saugnapf; Kletterorgan
adhesive gland/colleterial gland/cement gland (insects) Haftdrüse, Klebdrüse, Kittdrüse, Zementdrüse
– **pedal gland** Fußdrüse
adhesive pad/pulvillus Haftlappen, Pulvillus, Lobulus lateralis
adhesive sac/metasomal sac/internal sac (bryozoans) Anheftungsorgan
adhesive thread (spiderweb: viscid, sticky line) Klebfaden
adipose fin Fettflosse
adjustment/focus adjustment/focus (microscope) Justierung
adjustment knob (microscope) Justierschraube, Justierknopf, Triebknopf
adnate angewachsen, verwachsen (der Länge nach/ungleiche Organe)
adnation Verwachsung (ungleiche Organe)
adolescence/juvenile stage/juvenile phase Jugendstadium, Jugendphase, Jugendzeit
adrenal gland Nebenniere
adsorption/apposition Anlagerung, Apposition
aedaegus/penis (insects) Aedaegus, Aedoeagus, Penis
aeolidacean snails/aeolidaceans/Aeolidiacea/Eolidiacea Fadenschnecken
aeration Belüftung, Durchlüftung
aerial courtship Flugbalz
aerobic aerob (sauerstoffbedürftig)
afferent hinführend, zuführend, zuleitend, aufsteigend
affixment/attachment Anheftung
African elephant shrews/Macroscelidea Rüsselspringer
African eyeworm disease/loa *(Loa loa)* Kamerunbeule
afterbirth Nachgeburt
afterbrain/marrow brain/myelencephalon Nachhirn, verlängertes Rückenmark, Myelencephalon
afterdischarge (nerval) nachfeuern
afterripening Nachreifen
aftershaft/afterfeather Afterschaft
agamous/neuter ungeschlechtig
age *(n.)* Alter
age (geological) Zeitalter
age/become old/senesce altern
age distribution Altersverteilung
age group/age class Altersgruppe
age structure Altersaufbau, Ätilität (Population)
ageing/aging/senescence Alterung, Altern, Seneszenz
aggradation Anlandung
aggression Aggression
aggressive inhibition Angriffshemmung, Aggressionshemmung
aggressiveness Aggressivität
aging/ageing/senescence Alterung, Altern, Seneszenz
agriculture/farming Landwirtschaft
agronomist Agronom, diplomierter Landwirt

agronomy Agronomie, Ackerbaukunde, Ackerbaulehre
air bladder/swimbladder Schwimmblase
air sac Luftsack
airborne windgetragen
akin/related verwandt
akinesis Akinese, Sichtotstellen, Totstellreflex (reflektorische Bewegungslosigkeit)
alarm substance/alarm pheromone Alarmstoff, Schreckstoff, Alarm-Pheromon
alary/alar/winglike flügelartig, schwingenartig
albedo Albedo, Rückstrahlvermögen
albumen gland Eiweißdrüse
alevin/sacfry/yolk fry (salmon larvae) Setzling, junge Fischbrut, Dottersackbrut (v. a. Lachs)
alimentary canal/alimentary tract/digestive canal/digestive tract Verdauungskanal, Verdauungstrakt
alive/living lebend
alkaline/basic alkalisch, basisch
all-or-none response Alles-oder-Nichts Antwort, Alles-oder-Nichts Reaktion
allantoic placenta Allantoisplazenta
allantois Allantois, Harnhaut
alliance Allianz, Verband, Assoziationsgruppe
allochthonous bodenfremd (biotopfremd)
allofeeding füttern
allogamy/xenogamy/cross-fertilization Allogamie, Fremdbefruchtung
allograft/homograft/syngraft Allotransplantat, Homotransplantat
allogrooming Allogrooming, Fremdputzen (z. B. Fell bei Säugern)
allometry Allometrie
allopatric allopatrisch (in getrennten Arealen)
allopreening Fremdputzen, Putzen an fremdem Körper (Vögel: Gefiederkraulen/Gefiederputzen (gegenseitiges)
alpine alpin
alternate host Wechselwirt
alternate wechselständig
alternation Alternanz
– **of hosts** Wirtswechsel
– **of nuclear phase** Kernphasenwechsel
– **of generations** Generationswechsel
alternation rule Alternanzregel
altitude (above sea level) Höhe (über dem Meeresspiegel)
altitude/elevation/higher location Höhenlage
altitudinal zone/~ region/~ belt Höhenstufe
altricial animal/nidicolous animal (e.g. birds) Nesthocker
altruism/self-sacrifice Altruismus, Selbstlosigkeit, Selbstaufopferung, Uneigennützigkeit, Gemeinnutz
alula (insects wing: small lobe) Alula (Insekten: Flügellappen)
alula/spurious wing/bastard wing (birds) Alula, Daumenfittich, Afterflügel, Nebenflügel, Ala spuria (Federngruppe an 1. Finger)
alular quill Daumenfeder
amacrine cell amakrine Zelle
amble/pace Paßgang
ambrosia cell (fungus cell) Ambrosiazelle
ambulacral foot/tube foot/podium Ambulakralfüßchen, Saugfüßchen
ambulacral groove Ambulakralfurche
ambulacral plate Ambulakralplatte
ambulacral system/water-vascular system Ambulakralsystem, Wassergefäßsystem
ambush auflauern, aus dem Hinterhalt angreifen
ambush predator Laurer
amebas/amoebas/Amoebozoa Amöben, Wechseltierchen, Wurzeltierchen, Rhizopoden
amebas, testate/Testacea Thekamöben, beschalte Amöben
amebic dysentery/amebiasis *(Entamoeba histolytica)* Amöbenruhr, Amöbiasis
amebocyte Amöbozyt
ameboid amöboid
amensalism Amensalismus
American Society for the Prevention of Cruelty to Animals (New York) U.S. nationale Tierschutzvereinigung
amictic amiktisch

Ammon's horn/anterior hippocampus/pes hippocampi Ammonshorn
ammoniotelic ammoniotelisch
ammonites/Ammonoidea Ammoniten
amnion Amnion, Schafhaut, innere Eihaut, innere Keimhülle, inneres Eihüllepithel
amniote egg amniotisches Ei, Ei amniotischer Tiere
amniotic cavity Amnionhöhle
amniotic fluid/"water" Amnionflüssigkeit, Fruchtwasser
amniotic fold Amnionfalte
amphiarthrosis Amphiarthrose
amphibian/amphibious amphibisch
amphibians/Amphibia Amphibien, Lurche
amphicelous amphicöl, amphicoel
amphid (nematodes) Amphid
amphidromous amphidrom
amphitoky/amphitokous parthenogenesis Amphitokie
amplexus (mating embrace of male amphibians) Umklammerung (Amphibien)
ampulla Ampulle
ampullary organ (fish) Ampullenorgan
amyocerate antenna (muscles only in base segment) Geißelantenne, Ringelantenne, amyocerate Antenne
anabiosis/suspended animation Anabiose, latentes Leben
anabolic (synthetic reactions of metabolism) anabol, anabolisch, aufbauend
anabolism/synthetic reactions/synthetic metabolism Aufbau (Stoffwechsel), Synthesestoffwechsel
anabolite Stoffwechselsyntheseprodukt, Anabolit
anadromous anadrom
anaerobic anaerob
anaerobic fermenation anaerobe Dissimilation, anaerobe Gärung
anagenesis Anagenese
anal callosity/ischial callosity/sitting pad Gesäßschwiele, Sitzschwiele, Analkallosität
anal cell Analzelle
anal cone/anal tube (crinoids) Afterhügel, Afterröhre, Analtubus
anal fan Analfächer
anal field/anal area/vannal area/vannus Analfeld, Vannus
anal fin Afterflosse, Analflosse
anal fold/vannal fold/anal fold-line/vannal fold-line Analfalte, Vannalfalte, Plica analis, Plica vannalis
anal gland/rectal gland (shark) Analdrüse (Hai)
anal loop (draggonflies) Analschleife (Libellen)
anal margin Analrand
anal proleg/anal leg (caterpillars) letzter Afterfuß, Nachschieber, Postpes, Propodium anale (Raupen)
anal tubercle/anal papilla (spiders) Analhügel
analogize analogisieren
analogous analog, funktionsgleich
analogy Analogie
analysis (*pl.* analyses) Analyse
anamorphosis Anamorphose
anapophysis Anapophyse
anastomize (blood vessels) ineinandermünden; verästeln
anastomosis Anastomose/Einmündung/Querverbindung/Ineinandermünden
anatomy (internal structure) Anatomie (Morphologie der inneren Gestalt)
anatropous anatrop
ancestor/forebear/progenitor Vorfahre, Ahne
ancestral birds/"lizard birds"/Archaeornithes Urvögel
ancestrula (larva) Ancestrula
anchorage Verankerung
androgenesis Androgenese
anellus Anellus
anerobiosis/anoxybiosis Anerobiose
angle Winkel
anglerfishes/Lophiiformes Anglerfische, Armflosser
angular kantig
animal Tier
animal abuse Tierquälerei
animal asylum/animal shelter Tierheim
animal breeding Tierzucht, Tierzüchten *(sensu lato)*

animal cage Tierkäfig
animal community/zoocoenosis Tiergemeinschaft, Zoozönose
animal feces/animal droppings/dung Tierexkremente, Tierkot; Losung
animal feed Viehfutter
animal husbandry/ranching/ranging Viehwirtschaft, Viehzucht
animal keeper Tierpfleger, Tierwärter
animal kingdom Tierreich
animal lover Tierliebhaber
animal physiology/zoophysiology Tierphysiologie
animal pole (cell) animaler Pol
animal psychology/zoopsychology Tierpsychologie
animal rightist/animal rights advocate Tierrechtler, Tierschützer
animal shelter Tierheim
animal society Tiergesellschaft (essentielle Vergesellschaftung, Sozietät), Tierstaat
animalcule/little, small animal Tierchen (*see:* mikroskopisch kleines Tierchen)
animate belebt (**inaminate** unbelebt)
anisogamy Anisogamie
ankle (foot)/malleolus Knöchel (*see:* Fußknöchel)
ankle bone/tarsal Fußwurzelknochen, Fußgelenksknochen, Tarsal
ankle joint Fußgelenk
ankylosis Ankylose
anlage/precursor/preformation/early form/primordium Anlage, Keim, Ansatz, Primordium
annelids/segmented worms/Annelida Anneliden, Ringelwürmer, Gliederwürmer, Borstenfüßer
annular ringförmig
annular cartilage/cricoid cartilage Ringknorpel, Cartilago crinoidea
annulus Annulus, Anulus
anoxic anoxisch
ant eaters/Vermilingua (Xenarthra) Ameisenbären
ant hill Ameisenhaufen
antenna/feeler Antenne, Fühler
–, aristate grannenartiger Fühler
–, brachycerous/with short antennae mit kurzen Fühlern
–, bristlelike/setaceous antenna borstenartiger Fühler
–, capitate (with a knoblike head) kolbenförmiger Fühler
–, clubbed/clavate antenna keulenförmiger, gekeulter Fühler
–, comblike/pectinate antenna gekämmter Fühler
–, elbowed/geniculate antenna geknieter Fühler
–, fan-shaped/flabelliform antenna/flabellate antenna fächriger Fühler, gefächerter Fühler, Fächerfühler
–, filiform/threadlike antenna/hairlike antenna fadenförmiger Fühler, Fadenfühler
–, flabelliform/flabellate antenna/fan-shaped antenna fächriger Fühler, gefächerter Fühler, Fächerfühler
–, geniculate/elbowed antenna geknieter Fühler
–, lamellate blätterförmiger Fühler, lamellenartiger Fühler
–, moniliform Perlschnurfühler, rosenkranzförmiger Fühler
–, pectinate/comblike antenna gekämmter Fühler
–, sawlike/serrate antenna gesägter Fühler
–, setaceous/bristlelike antenna borstenartiger Fühler
–, stylate stilettförmiger Fühler
–, threadlike/hairlike antenna/filiform antenna fadenförmiger Fühler, Fadenfühler
antennal aperture Fühleröffnung, Antennalforamen
antennal club Fühlerkeule
antennal furrow/antennal pit Antennengrube, Fühlergrube, Fossa antennalis
antennal gland/antennary gland/green gland Antennendrüse, Antennennephridium, grüne Drüse
antennal organ Antennalorgan
antennal pedicel Wendeglied/Pedicellus (Fühler)
antennal scale/scaphocerite Antennenschuppe, Scaphocerit
antennal scape Fühlerschaft, Scapus
antennal segment/antennomer Antennensegment, Antennomer

antennal socket Fühlerpfanne
antennal sulcus Fühlerfurche, Antennalfurche, Fühlerrinne
antennal suture Antennennaht, Antennalnaht, Fühlerringnaht
antennary gland/antennal gland/ green gland Antennendrüse, Antennennephridium, grüne Drüse
antennate Fühler besitzend
antennation (insects) Antennenweisung, Antennenkommunikation, Kommunikation durch Antennenberührung
antennifer/socket of antenna Antennifer, Antennenträger
antennomer/antennal segment Antennomer, Fühlersegment, Antennensegment, Antennal-segment
antennule (1. antenna: crustaceans) Antennula
antenodal antenodal
antenodal cross vein Antenodalquerader
anthophilous/flower-frequenting Blüten besuchend
anthropoid apes/"apes"/ Hominoidea Menschenartige
antibiosis Antibiose, Widersachertum
antibody Antikörper
antigen Antigen
anting (birds) einemsen
antiphonal singing Wechselgesang
antler rubbing fegen (Geweih)
antlers Geweih (Gefänge)
- **bez tine** Eisproß
- **brow tine** Augsproß
- **burr (base of antler)** Geweihbasis, Hornbasis
- **main beam** Stange
- **pedicel** Geweihrose
- **prong/spike** Geweihzacke, Geweihsproß
- **rubbing** *(vb.)* fegen
- **velvet** Bast

antorbital gland/preorbital gland Voraugendrüse, Antorbitaldrüse
anus Anus, After
anus vent/anal aperture/vent After, Analöffnung
anvil/incus (ear) Amboß, Incus
aortic arch Aortenbogen
aperture/opening/orifice Apertur, Öffnung, Mündung, Blende (Mikroskop)
apes/anthropoid apes/Hominoidea Menschenartige
- **great apes/pongids/Pongidae** Menschenaffen
- **lesser apes/gibbons/Hylobatidae** Gibbons
- **old-world monkeys & apes/ Catarrhina** Altweltaffen, Schmalnasenaffen

apex/summit/peak/point/spike/ fastigium Spitze
aphids/Aphidina Blattläuse
aphthous fever/foot-and-mouth disease *(Aphthovirus)* Maul- und Klauenseuche
apiary/bee yard Bienenhaus, Bienenstand
apical sense organ/statocyst (ctenophores) Scheitelorgan, Apikalorgan, Statocyste
apiology Bienenzüchterei
aplacophorans/Aplacophora Aplacophoren, Wurmmollusken
apocrine gland apokrine Drüse
apod apod, fußlos, beinlos
apomorphic apomorphisch
apomorphism Apomorphie
apopyle Apopyle
appearance Erscheinungsbild, Erscheinungsform
appeasement gesture Befriedungsgebärde
appeasement ritual Befriedungs-ritual
appendage/appendix Anhang, Anhängsel, Anhangsgebilde
appendicular musculature Extremitätenmuskulatur
appendicular skeleton Extremitätenskelett
appendicularians/Appendicularia/ Larvacea Appendicularien, geschwänzte Schwimm-Manteltiere
appendix (*see:* **vermiform appendix)** Appendix, Wurmfortsatz des Blinddarms, Appendix vermiformis
appetitive behavior Appetenzverhalten
applied angewandt
apposition eye Appositionsauge

appressorium/holdfast Appressorium, Haftscheibe, Haftorgan (allgemein)
apterial/featherless federlos
apterium (*pl.* apteria)/featherless space Federrain, federlose Stelle, Apterium
apterous/unwinged/exalate/wingless ungeflügelt
apterygial (without fins) flossenlos
apterygotes/Apterygota Flügellose, Urinsekten
apyrene (sperm) apyren
aquarium/fishtank Aquarium
aquatic/aquatisch wasserlebend, im Wasser lebend, wasserbewohnend
aquatic animals/hydrocoles Wassertiere
aquatic life/life in the water Wasserleben
arable land/tillable land anbaufähiger Boden
arachnid/arachnoid *(n.)* spinnenartiges Tier
arachnids/Arachnida Arachniden, Spinnentiere
arachnoid/arachnoidea (membrane of brain) Spinnwebenhaut
arachnoid/spiderlike/spidery spinnenartig
arachnology/araneology *(senso lato)* Spinnenkunde
araneologist/arachnologist *(senso lato)* Spinnenforscher, Spinnenkundler
araneology/arachnology *(senso lato)* Spinnenkunde
arboricole/arboricolous/arboreal/tree-dwelling/living in trees arborikol, baumbewohnend
arboroid/dendroid/dentritic baumartig
archaeocyte/archeocyte Archäozyt, Archäocyt, Archaeozyt, Archaeocyt
archaeornithes/ancestral birds/"lizard birds"/Archaeornithes Urvögel
Archean Era/Archeozoic Era (early Precambrian) Archaikum (erdgeschichtliches Zeitalter)
archeopulmonates/Archaeopulmonata Altlungenschnecken
archetype/prototype (*also in the sense of:* stock) Urtyp
archicoel/archicoele (blastocoel/blastocoele) Archicöl, Archicoel (Blastocöl/Bastocoel)
archicoelomates/Archicoelomata Archicoelomaten, Ur-Leibeshöhlentiere, Ur-Coelomaten
arctic/polar arktisch, polar
arcualium Arcualium, Wirbelbogen
area Gegend, Gebiet
area of distribution/geographic range Areal, Verbreitunggebiet
area of expansion Ausbreitungsgebiet
arenaceous (living in sand or sandy soil) sandartig, in sandigem Boden lebend
arenicolous im Sand lebend, im Sand wohnend
arista Arista
Aristotle's lantern Laterne des Aristoteles
arks/Arcidae Archenmuscheln
arm Arm
arm/pinnule (crinoids) Arm
arm bone/humerus Oberarmknochen, Oberarmbein, Humerus
arm canal/brachial canal Mundarmgefäß
arm disc (*also:* disk) Mundarmscheibe
armadillos (Xenarthra: Cingulata/Loricata) Gürteltiere
armor/test/theca/lorica/case Panzer
armored/thecate gepanzert
armpit/axilla Achsel, Achselhöhle (Arm)
arolium (pretarsus) Arolium, Haftläppchen
arousal/exitement Erregung, Aufregung
arousal reaction Weckreaktion
arrangement Anordnung
arrhenotokous arrhenotok
arrhenotoky/arrhenotokous parthenogenesis Arrhenotokie, arrhenotoke Parthenogenese
arrow worms/chaetognathans Borstenkiefer, Pfeilwürmer, Chaetognathen
arrowhead-shaped/sagittate/sagittiform pfeilförmig
artery Arterie

arthrobranch/arthrobranchia/joint gill Arthrobranchie
arthropods/Arthropoda Arthropoden, Gliederfüßer
articular gegliedert, Gelenk…, Glieder…
articular bristle Gliederborste
articular capsule/joint capsule Gelenkkapsel
articular cartilage Gelenksknorpel
articular pivot of antenna Fühlergelenk
articular process Gelenkfortsatz
articular socket/acetabulum Gelenkpfanne, Gelenkgrube, Acetabulum
articulate(d)/jointed gegliedert, mit Gelenk, gelenkig, gelenkartig verbunden, Glied…, Glieder…, Gelenk…
articulates/articulated animals/Articulata Articulaten, Gliedertiere
articulation Artikulation, Gelenkverbindung, Gelenk
artificial light(ing) künstliche Beleuchtung
artificial selection künstliche Selektion/Auslese
ascarid worms ***(Ascaris spp.)*** Spulwürmer
aschelminths/nemathelminths/pseudocoelomates Aschelminthen, Schlauchwürmer, Rundwürmer *(sensu lato)*, Nemathelminthen (Pseudocölomaten)
ascidiate kannenartig, krugartig, sackartig, schlauchartig
ascidiform kannenförmig, krugförmig, schlauchförmig
asexual asexuell, ungeschlechtlich
asexual reproduction/vegetative reproduction ungeschlechtliche Vermehrung/Fortpflanzung, vegetative Vermehrung/Fortpflanzung
ASPCA (American Society for the Prevention of Cruelty to Animals, New York) U.S. Nationale Tierschutzvereinigung
aspect ratio Flügelstreckung
assemblage Gruppierung
assimilation (anabolism) Assimilation
associative learning/learning by experience Assoziationslernen, Erfahrungslernen
astichous astich
astomous/astomatous astom, mundlos, ohne Mund, ohne Öffnung
atavism/throwback (primitive features) Atavismus, Rückschlag
atoke atok
atoll Atoll, Atollriff, Lagunenriff
atrial cavity/peribranchial cavity (ascidians/lancelets) Peribranchialraum
atrium Atrium, Vorhof
atrium/auricle (heart) Atrium, Aurikel, Herzvorhof, Herzvorkammer
atropous/orthotropous atrop
attachment/affixment Anheftung
attachment site Ansatzstelle
attack ***(n.)*** Attacke, Angriff
attack ***(vb.)*** attackieren, angreifen
attack and rend (prey) reißen
attenuate/tapering (keilförmig) zugespitzt
attract/lure locken, anlocken
attractant Lockmittel, Lockstoff
attracting call (birds) Lockruf
attracting song (birds) Lockgesang
attraction Anlockung
audition Hörvermögen, Gehör
auditory das Gehör/die Ohren betreffend, Gehör…, Hör…
auditory canal/auditory meatus Gehörgang
auditory nerve Hörnerv
auditory ossicle/ear ossicle/ossiculum Ohrenknöchelchen, Gehörknöchelchenauditory- tube Ohrtrompete
auks/Alcidae (Charadriiformes) Alken
aulopiform fishes/Aulopiformes Fadensegelfische
auricle/atrium Aurikel, Atrium, Herzvorhof, Herzvorkammer
- **pinna/ear conch/external ear/outer ear** Ohrmuschel, äußeres Ohr, Pinna
- **pollen press/pollen packer** Aurikel (Bienen)

auriculars (ear coverts) Ohrenfedern
auriculate/eared/ear-like geöhrt
austral (biogeographical) südlich
autecology Autökologie

autochthonous bodenständig
autoecious autözisch
autogamy/orthogamy/ self-fertilization Autogamie
autograft Autotransplantat
automictic automiktisch
autopreening (birds) Gefiederputzen, Gefiederkraulen (selbst)
autopreening/autogrooming/ self-grooming (mammals) Putzen (am eigenen Körper putzen, Selbstputzen)
autotomize autotomieren, selbst verstümmeln
autotomy Autotomie, Selbstverstümmelung
autotroph/autotrophic autotroph
autozooid (Octocorallia) Autozooid, Zooid, Fangpolyp, Freßpolyp
auxillary heart Nebenherz, auxilläres Herz
auxotrophic auxotroph
average Durchschnitt (Mittelmaß)
avian Vögel betreffend, Vogel...
aviary Voliere, Vogelhaus
avicularium (*pl.* avicularia) Avicularie, „Vogelköpfchen"
aviculture Vogelzucht
aviculturist Vogelzüchter
avoidance Vermeidung, Meidung
avoidance behavior Meideverhalten
avoidance reaction Meidereaktion
avoidance strategy Vermeidestrategie
axenic culture/pure culture Reinkultur
axial/axile achsenständig
axial cell Zylinderzelle (Dicyemida)
axial skeleton Axialskelett, Achsenskelett, Stammskelett, Rumpfskelett, Skelett des Stammes
axil Achsel
axillary achselständig
axillary feathers/axillars Achselfedern
axopodium Axopodium

B

back (*n.*) Rücken
back of the knee/bend of the knee Kniekehle
back of the head Hinterkopf
backcrossing/backcross Rückkreuzung
bactericidal bakterizid, keimtötend
bacterium (*pl.* bacteria) Bakterie, Bakterium (*pl.* Bakterien)
bacterivorous/bactivorous bakterienfressend
bailer/gill bailer/scaphognathite Atemplatte, Scaphognathide, Scaphognathit
bait Köder
balance/equilibrium Gleichgewicht
balancer/spring (ctenophores) Wimperfeder
bald/bare/barren/glabrous kahl
baleen/whalebone Fischbein, Walbein
ball-and-socket joint/spheroid joint Kugelgelenk
ballooning Fadenflug/„Luftschiffen"/ "Ballooning" (Spinnen: Altweibersommer)
band-shaped/fascial/fasciate bandförmig
banded/fasciate gebändert, breit gestreift
bank reef/patch reef Fleckenriff
bank(s)/shore/coast Ufer
barb Widerhaken
barb/main branch of feather Federast, Ramus
barbels/barbs/beard Barteln
barbs/barbels/whiskers Bartfäden, Barthaare (Fische)
barbule (notched, hooked barbule) Federstrahl, Radius (Bogenstrahl, Hakenstrahl)
bare/barren/bald/glabrous kahl
bark (*vb.*) (e.g. dog) bellen
bark/cortex Rinde
barn/shed Stall
barnacles (cirripedes/Cirripedia) Seepocken (Rankenfüß(l)er/ Cirripeden)
barrier reef Barriereriff, Wallriff

barrier web (spiders) dreidimensionales Schutzgewebe
basal disc/basal disk/pedal disc/pedal disk (anthozoa) Fußscheibe
basal fold/plica basalis Basalfalte
basal ganglion/corpus striatum Basalganglion
basal lamina/basement membrane Basallamina, Basalmembran
basal layer/basal zone Basalschicht
basal rate, metabolic/metabolic base rate Grundstoffwechselrate, Grundumsatz
basapophysis Basapophyse
base material/ground substance/matrix Grundsubstanz, Grundgerüst, Matrix
basement membrane/basal lamina Basalmembran, Basallamina
basic/alkaline basisch, alkalisch
basilar membrane Basilarmembran
basipodite Basipodit
bastard/hybrid Bastard, Hybride
bastardization/hybridization Bastardisierung, Hybridisierung
bat pollination/chiropterophily Fledermausbestäubung, Fledermausblütigkeit, Chiropterophilie
bat-pollinated flower/chiropterophile Fledermausblume
Batesian mimicry Batessche Mimikry
bathyal zone (*upper*: continental slope; *lower*: continental rise) Bathyal (Meeresboden)
bathypelagic zone Bathypelagial, mittlerer Tiefseebereich, mittlere Tiefseezone
bats/chiropterans/Chiroptera Fledermäuse, Flattertiere
battery of nematocysts/cnidophore Nesselbatterie, Cnidophore
beach hoppers/sand hoppers and relatives (Amphipoda) Flohkrebse, Flachkrebse
beak (strong/short/broad bill) Schnabel
beak/rostrum (e.g. bugs) Schnabel, Rüssel (Stechrüssel), Rostrum (Wanzen)
beak, seed-cracking Kernbeißerschnabel, Kernbeißer
bear young/give birth/bear offspring gebären, niederkommen, Junge bekommen
– litter Junge werfen
beard Bart
beard worms/beard bearers/pogonophorans Bartwürmer, Bartträger
bearded/barbate (having hair tufts) gebärtet
beast of burden/pack animal Lasttier
beaver lodge Bieberburg
bedrock/rock base/parent rock Grundgestein, Muttergestein, Ausgangsgestein
bee Biene, Imme
bee bread/cerago Bienenbrot, Cerago
bee colony Bienenvolk
bee dance Bienentanz
bee language Bienensprache
bee milk/royal jelly Königin-Futtersaft, Gelée Royale
bee pollination/melittophily Bienenbestäubung
bee yard/apiary Bienenhaus, Bienenstand
beehive (artificial nest) Bienenstock, Bienenkorb (künstliche Behausung)
beekeeper/apiarist Bienenzüchter, Imker
beekeeping/apiculture Bienenzucht
beeswax Bienenwachs
beetle pollination/cantharophily Käferbestäubung
beetles/Coleoptera Käfer
begging behavior Bettelverhalten
behavior Verhalten
behavioral barrier/ethological barrier Verhaltensbarriere
behavioral disorder/behavioral anomaly/deviant behavior Verhaltensstörung, Verhaltensanomalie
behavioral ecology Verhaltensökologie, Ethökologie
being/creature Wesen, Kreatur
belemnites/Belemnitida Belemniten
bell *(vb.)* (deer/stag) röhren (Hirsch)
bell *(n.)* (medusa) Glocke
bell-shaped/campanular/campaniform glockenförmig
bellows/lung Lunge

belly/undersurface of animal's body Bauchseite
belly/venter/abdomen Bauch, Abdomen
belt desmosome Gürteldesmosom
belt transect Gürteltransekt
bend of the arm/crook of the arm/ inside of the elbow Armbeuge, Ellenbeuge
beneficial insect/beneficient insect Nutzinsekt
beneficial species/beneficient species Nutzart, Nützling
benign gutartig
benignity/benign nature Gutartigkeit
benthic/benthonic den Meeresboden bewohnend, bodenbewohnend, untergrundbewohnend (Ozean)
benthic zone Benthal, Meeresbodenbereich
benthos/benthos community Benthos, Meeresbodenorganismen (Organismen des Benthal)
Berlese funnel Berlese-Apparat
betweenbrain/interbrain/ diencephalon Zwischenhirn
bez tine (antlers) Eisproß (Geweih)
bezoar (stomach ball/hair ball) Bezoar (Magenkugel)
bichirs & reedfishes and allies/ Polypteriformes Flösselhechte, Flösselhechtverwandte
bicuspid zweihöckrig
Bidder's organ (toads) Bidder'sches Organ
bidiscoidal placenta Placenta bidiscoidalis
bifacial/dorsiventral/zygomorph bifazial, zweiseitig, dorsiventral, zygomorph
bifid zweispaltig
biflagellated zweigeißlig
bifurcate/dichotomous zweigabelig, dichotom (einfach gegabelt)
bilateral cleavage Bilateralfurchung, bilaterale Furchung
bilateral symmetry Bilateral-symmetrie
bilaterians/Bilateria Zweiseitentiere
bile Galle, Gallflüssigkeit
bile duct Gallengang
bilharziosis/schistosomiasis/blood fluke disease *(Schistosoma spp.)* Bilharziose, Schistosomiasis
bill *(general term)* (*see* beak) Schnabel, schnabelähnliche Schnauze)
– **probing bill** Stocherschnabel
– **water-straining bill** Seihschnabel
billing schnäbeln
billygoat/male goat Ziegenbock
binary fission/bipartition binäre Zellteilung, Zweiteilung
binomial nomenclature/binary nomenclature binäre/binominale Nomenklatur, zweigliedrige Benennung/Bezeichnung
biocenosis/biotic community Biozön, Biozönose, Biocönose, Lebensgemeinschaft, Organismengemeinschaft
biodegradable biologisch abbaubar
biodegradation biologischer Abbau
biodiversity/biological diversity/ biological variability biologische Vielfalt, Lebensvielfalt
biogenetic law/biogenetic principle/ Haeckel's law biogenetische Regel, biogenetisches Grundgesetz
biological/biotic biologisch, biotisch
biological clock biologische Uhr
biological pest control biologische Schädlingsbekämpfung
biologist/life scientist Biologe
biology/life sciences Biologie, Biowissenschaften
bioluminescence Biolumineszenz
biomass Biomasse
– **total biomass** Gesamtbiomasse
biosphere Biosphäre
biotic/biological biotisch, biologisch
biotic community/biocenosis Lebensgemeinschaft, Organismengemeinschaft, Biozön, Biozönose, Biocönose
biotic pyramid Nahrungspyramide
biotope/life zone Biotop, Lebensraum
bipartite/dimeric/in two parts zweiteilig
bipectinate zweikammreihig
biped *(n.)* Zweifüß(l)er
bipedal biped, bipedisch, zweibeinig, zweifüßig

bipedalism/bipedality Bipedie, Bipedität, Zweibeinigkeit, Zweifüßigkeit
bipennate gefiedert, zweifach pennat/pinnat
biradial symmetry Biradialsymmetrie
biramous biram, einfach verzweigt/gegabelt (in zwei Hauptäste)
biramous appendage (schizopodal) Spaltbein, Schizopodium
bird cage Vogelkäfig
bird house/aviary Vogelhaus, Voliere
bird migration Vogelzug
bird of passage Strichvogel
bird of prey/predatory bird/raptorial bird Raubvogel, Greifvogel
bird pollination/ornithophily Vogelbestäubung, Vogelblütigkeit, Ornithophilie
bird-hipped dinosaurs/ornithischian reptiles/Ornithischia Vogelbecken-Dinosaurier
birds/Aves Vögel
birefringence/double refraction Doppelbrechung
birth Geburt
birthrate/natality Geburtenrate, Natalität
biseriate/in two rows/two-row zweireihig
bisexual/hermaphroditic zweigeschlechtlich, zwittrig
bite Biß
biting beißend
biting lice/chewing lice/Mallophaga Haarlinge & Federlinge
biting-chewing/mandibulate (mouthparts) beißend-kauend (Mundwerkzeuge)
bivalves/pelecypods/"hatchet-footed animals"/Pelecypoda/Bivalvia/Lamellibranchiata (clams: sedimentary/mussels: freely exposed) Muscheln
bivium (holothurians) Bivium, Interradie
bivouac (ants) Biwak
black horse Rappe
black smoker (white smoker) schwarzer Raucher (weißer Raucher)
blackwater fever Schwarzwasserfieber
bladder Blase
bladderlike/bladdery/utriculate/utricular blasenartig, blasenförmig
bladderworm/cysticercus (tapeworm larva) Blasenwurm, Finne, Cysticercus
blade/lamina Spreite
blastocoel/blastocoele Blastula-Höhle, Blastocöl, Furchungshöhle, primäre Leibeshöhle, primäre Körperhöhle
blastogenesis Blastogenese, Furchungsteilung
blastokinesis Blastokinese, Keimesbewegung
blastomere Blastomere, Furchungszelle
blastopore/protostoma Blastoporus, Protostom, Urmund
blastozooid Blastozooid
blastula Blastula, Blasenkeim
blaze (horse: white stripe) Blesse
bleach bleichen, ausbleichen
bleak (goat) meckern
bleat blöken
bleed bluten
bleeding/hemorrhage Bluten, Blutung, Hämorrhagie
blepharoplast/blepharoblast/mastigosome/kinetosome (flagellar basal granule/corpuscle/body) Blepharoplast, Kinetosom, Basalkörper
blind spot (optic disc) blinder Fleck
blood Blut
blood cell (red/white) Blutkörperchen (rotes/weißes)
blood clot Blutgerinnsel, Blutkoagulum
blood clotting Blutgerinnung
blood fluke/schistosome ***(Schistosoma spp.)*** Pärchenegel
blood group Blutgruppe
blood island Blutinsel
blood meal Blutmahlzeit
blood plasma Blutplasma
blood platelet/thrombocyte Blutplättchen, Thrombozyt, Thrombocyt
blood supply/circulation Blutversorgung, Durchblutung
blood vessel Blutgefäß
blood-brain barrier Blut-Hirn-Schranke

blood-sucking/sanguivorous/hematophagous blutsaugend, sich von Blut ernährend
blotch mine Platzmine
blowhole/vent/spiracle (wales) Spritzloch, Blasloch, Spiraculum
blubber Speck, Tran, Blubber (Walspeck: Unterhautfettschicht)
blurredness/blur/obscurity/unsharpness (photograph) Unschärfe
boar (male pig: not castrated) Eber (männliches Schwein)
body/soma Körper
body cavity Körperhöhle, Leibeshöhle
–, primary/blastocoel/blastocoele primäre Körperhöhle, primäre Leibeshöhle, Blastocöl
–, secondary/coelom/perigastrium sekundäre Körperhöhle, sekundäre Leibeshöhle, Cölom, Coelom
body cell/somatic cell Körperzelle, Somazelle
body covering/integument (skin) Körperdecke, Integument
body covering/vesture/vestiture Körperhülle, Mantel
body fluid Körperflüssigkeit
body of water/water body Gewässer
body plan/construction/structure Bauplan
body surface Körperoberfläche
boil disease ***(Myxobolus pfeifferi)*** Beulenkrankheit
bone Knochen
– fishbone Gräte
bone marrow Knochenmark
bone meal Knochenmehl
bone tissue/osseous tissue Knochengewebe
bony Knochen…, knöchern
book gills (gill book) Buchkiemen, Kiemenbeine, Blattbeine, Blattfüße (dichtstehende Kiemenlamellen: Xiphosuriden)
book lice/psocids/Psocoptera/Copeognatha Bücherläuse
book lung Buchlunge, Fächerlunge, Fächertrachee
botfly & cattle grub infestation (*Hypoderma bovis* et spp.) Dasselbeule
bothrium Bothrium, Sauggrube
bothryoidal tissue (hirudinids) Bothryoidgewebe
bottom (basis) Untergrund
bottom (sea/ocean) Boden (Meeres~, Gewässeruntergrund)
bottom dweller Grundbewohner
bovine Rinder betreffend, Rinder…
Bowman's capsule Bowman-Kapsel
box jellies/cubomedusas/Cubomedusae/Cubozoa Würfelquallen
brachial/arm-like brachial, Arm…, armartig
brachial canal/arm canal Mundarmgefäß
brachiate/brachiferous/having arms armtragend, mit Armen
brachiate (swing using arms: gibbons) (mit Armschwung von Halt zu Halt) hangeln
brachiation Brachiation, Hangeln, Schwingklettern
brachiator Hangler, Schwingkletterer
brachidium (brachiopods) Brachidium, Armgerüst
brachiomeric musculature Brachialmuskulatur
brachycerous/short-horned kurzgehörnt
brachydont/brachyodont (with low crowns) brachyodont, niedrigkronig
brachypodous/with short legs kurzfüßig, mit kurzem Fuß
brachypterous/with short wings kurzflüglig
brachystomatous/with a short proboscis (insects) mit kurzem Rüssel
brachyural/brachyurous kurzschwänzig (Krabben: Abdomen und den Thorax geklappt)
brackish water (somewhat salty) Brackwasser
bract (siphonophorans) Deckstück
brain Gehirn (*see also:* Hirn)
brain stem/Truncus cerebri Hirnstamm
braincase/skull/head capsule/cranium Hirnkapsel, Schädel, Cranium
bramble sharks & dogfishes sharks and allies/Squaliformes Stachelhaie
branch out/ramify sich verzweigen

branched/ramified verzweigt
branched appendage/branched leg (arthropods) Spaltfuß, Spaltbein
branchial arch/gill arch/visceral arch/gill bar Branchialbogen, Kiemenbogen
branchial gut/branchial basket/pharynx Kiemendarm, Pharynx
branchial pump Kiemenpumpe
branchiferous kiementragend
branching/ramification Verzweigung, Verästelung, Ramifikation
branchiomeric musculature Branchialmuskulatur
branchiostegal ray/Radius branchiostegus Branchiostegalstrahl, Kiemenhautstrahl
breast/mamma/bosom weibliche Brust, Busen
breast/thorax Brust, Thorax
breastbone/sternum Brustbein, Sternum
breastbone keel/breastbone ridge/carina Brustbeinkamm, Carina
breath *(n.)* Atem
breath *(vb.)* atmen
breathing/respiration Atmung, Respiration
breed/breeding/cultivation/growing *(n.)* Züchtung
breed/cultivate/grow *(vb.)* züchten
breed (form with new characteristics) Zuchtform
breeding period/incubation period Brutdauer
breeding place/breeding ground Brutstätte
breeding season Brutzeit, Brützeit (Jahreszeit)
bridge line/bridging thread (spiderweb) Brückenfaden
bright field (microscopy) Hellfeld
bristle/seta Borste
bristle worms/polychetes/polychete worms Borstenwürmer, Vielborster, Polychaeten
bristle-like/setaceous borstenartig
bristle-shaped/setiform borstenförmig
bristletails/thysanurans Borstenschwänze, Thysanuren (Felsenspringer, Fischchen)
bristly/setose/setaceous/chaetigerous borstig
brittle stars/serpent stars & basket stars *(Gorgonocephalus/Astrophyton)* Schlangensterne, Ophiuroiden
brochure/pamphlet Broschüre, Informationsschrift
bromatium/gongylidium (*pl.* gongylidia) Bromatium, Gongylidie, „Kohlrabi"
bronchiole Bronchiole, Bronchiolus, Bronchulus
bronchus (*pl.* bronchi) Bronchus (*pl.* Bronchien), Ast der Luftröhre
brood/breed/incubate *(vb.)* bebrüten, brüten, inkubieren
brood/hatch *(n.)* Brut (Nachkommen)
brood capsule Brutkapsel
brood chamber *(Daphnia)* Brutraum
brood parasite Brutparasit, Brutschmarotzer
brood parasitism Brutparasitismus
brood pouch/marsupium Brutbeutel, Marsupium
brood provisioning/brood care/brooding/parental care Brutfürsorge, Brutpflege
brood spot/brood patch (birds) Brutfleck
brook/creek Bach
brotulas & cusk-eels & pearlfishes/Ophidiiformes Eingeweidefische
brow ridge/brow crest Überaugenwulst, Augenbrauenwulst
brow tine (antlers) Augsproß (Geweih)
brown body (bryozoans) brauner Körper
brown fat braunes Fett
browse (woody shoots/leaves/bark) abfressen
browser (woody shoots/leaves/bark) junge Sprößlinge abfressendes Tier
browsing damage Fraßschaden
brush border Bürstensaum, Stäbchensaum, Mikrovillisaum, Rhabdorium
bubble shells/Cephalaspidea Kopfschildschnecken, Kopfschildträger

bubonic plague ***(Yersinia pestis)*** Beulenpest
buccal buccal, den Mund betreffend, Mund...
buccal cavity/peristome/peristomium (protozoans) Zellmundhöhlung, Peristom
buccal field/mouth field Buccalfeld, Mundfeld
buccal nerve ring Schlundring (Nervenring)
buck (adult male goat/deer/antilope) adultes Säugermännchen: Bock (Ziegen~/Reh~), Männchen (**male rabbit** → Rammler)
bud ***(n.)*** Knospe
bud ***(vb.)*** knospen
bud/frustule (polyps) Knospe, Frustel, Frustula
budding ***(n.)*** Knospung
budding ***(adj./adv.)*** knospend
budding/frustulation (polyps) Knospung, Frustulation
buffering puffern
bugs/hemipterans/Rhynchota/Hemiptera (Heteroptera & Homoptera) Schnabelkerfe, Halbflügler
bulb-shaped knollenförmig
bulbourethral gland/Cowper's gland Bulbourethraldrüse, Cowpersche Drüse
bulge/collar/protuberant seam Wulst, Kragen
bull (adult male mammal: cattle/elephant/whale/seal) Bulle (erwachsenes männliches Tier)
bullate/bubblelike bläschenartig
bulliform/bubble-shaped bläschenförmig
bunch/cluster/tuft Büschel
bundle/fascicle Bündel, Faszikulus
bundled/fasciculate gebündelt
bunodont (with low crowns and cusps) bunodont, stumpfhöckrig
buoyancy Auftrieb
burr (base of antler) Geweihbasis, Hornbasis
burrow ***(vb.)*** einen Gang/Höhle graben
burrow/earth hole/cave Bau, Loch, Erdloch, Höhle, Erdhöhle (auch: Fraßgang)
bursa copulatrix/genital pouch Begattungstasche
bursa of Fabricius Bursa Fabricii
butterfly pollination/psychophily Schmetterlingsbestäubung
buttocks/posterior/behind/rump Gesäß
buttocks display Gesäßweisen
button gall/spangle gall (oak) große Linsengalle, Bechergalle
buttress zone/spur-and-groove zone (reef) Grat-Rinnen-System
buzzing run (bees) Schwirrlauf
buzzing sound (bees during waggle dance) Schwirrgeräusch

C

cackle (geese) schnattern
cadaver/carcass/corpse Kadaver, Leiche
caddis flies/Trichoptera Haarflügler, Köcherfliegen
cage Käfig
Cainozoic Era/Cenozoic/Cenozoic Era/Neozoic Era Känozoikum, Kaenozoikum, Erdneuzeit, Neozoikum (erdgeschichtliches Zeitalter)
Cala-Azar/kala azar *(Leishmania donovani)* Cala-Azar, Kala-Azar, schwarzes Fieber, viszerale Leishmaniasis
calamistrum Calamistrum, Kräuselkamm
calcareous kalkig, kalkartig, kalkhaltig
calcareous corpuscle/calcareous body Kalkkörper
calcareous shell Kalkschale
calcareous sponges/Calcarea Kalkschwämme
calcicole calcicol, kalzikol, kalkhold
calciferous gland Kalkdrüse
calcification Calcifikation, Kalzifizierung, Verkalkung, Kalkeinlagerung
calcified verkalkt
calcified cartilage verkalkter Knorpel
calcifuge calcifug, kalzifug, kalkmeidend
calf *(n.)* Kalb, Jungtier
calf *(vb.)* kalben
calf (of the leg) Wade
call *(vb.)* rufen
call/note/call note *(n.)* Ruf
callosity Kallosität, Schwiele
callosum/corpus callosum Balken
callus Kallus, Hornhaut (verhornte Haut)
calving *(n.)* Kalben
calyx Kelch
Cambrian/Cambrian Period Cambrium, Kambrium (erdgeschichtliche Periode)
camellia gall Weidenrose (Galle)
cameral fluid (nautilus) Kammerflüssigkeit
camouflage Tarnung
campaniform sensilla Sinneskuppel
campylotropous/bent gekrümmt, campylotrop, kampylotrop
cancellous bone/spongy bone spongiöser Knochen
candelabra-shaped kandelaberförmig
canine (tooth) Eckzahn
canine *(adj./adv.)* Hunde betreffend, Hunde…, Hunds…
canine *(n.)* Hund (Hundeverwandte)
canine ascarid *(Toxocara canis)* Hundespulwurm
cannibalism Kannibalismus
cannibalistic kannibalistisch
cannon bone Kanonenbein (Mittelfußknochen der Huftiere)
canter/Canterbury gallop/slow gallop Kanter, leichter Galopp
cantharophily/beetle pollination Käferbestäubung
cap cell (scolopidium) Kappenzelle
capillary Kapillare
capitulum/rounded articular eminence/rounded articular extremity Capitulum, Gelenkkopf
captacula (Scaphopoda) Captacula, Fangfäden(büschel)
captivity Gefangenschaft
capturing zone (web) Fangzone, Fangnetz (innerhalb Radnetz)
carapace (insects/turtles) Carapax
carbon source Kohlenstoffquelle
Carboniferous/Carboniferous Period Karbon, Steinkohlenzeit (erdgeschichtliche Periode)
carcass/corpse/cadaver Leiche, Kadaver
cardia (opening between esophagus and stomach) Magenmund
cardia/cardiac stomach/gizzard (insects) Kaumagen, Cardia
cardiac kardial, das Herz betreffend, Herz…
cardiac muscle Herzmuskel
cardiac output Herzausstoß, Herzminutenvolumen
cardiac valve/heart valve Herzklappe
cardo (basal segment of maxilla) Cardo (*pl.* Cardines), Angelstück

care/provide for *(vb.)* pflegen, versorgen
care/provisioning *(n.)* Pflege, Versorgung, Fürsorge
caretaker/nurse (e.g. asexual individual in social insects) Amme
carinate/keeled/having a keel gekielt
carinate birds Carinaten
carnassial Fleischfresser..., Reiß...
carnivore/flesh-eater/meat-eater Carnivor, Karnivor, Fleischfresser
carnivores/Carnivora Carnivore, Karnivore, Raubtiere
carnivores, terrestrial/Fissipedia Landraubtiere
carnivorous/flesh-eating/meat-eating carnivor, karnivor, fleischfressend
carotid artery Halsschlagader
carotid body Glomus caroticum
carpopodite Carpopodit
carposis Karpose
carps & characins & minnows & suckers & loaches/Cypriniformes Karpfenfische, Karpfenartige
carpus Carpus, Karpus, Handwurzel
carrier Träger; Trägersubstanz
carrion/decaying carcass Aas
carrion feeder/scavenger Aasfresser, Unratfresser
carrying capacity Kapazitätsgrenze, Umweltkapazität, Belastungsfähigkeit, Grenze der ökologischen Belastbarkeit, Tragfähigkeit (Ökosystem)
cartilage Knorpel
cartilage cell/chondrocyte Knorpelzelle, Chondrozyt
cartilaginous knorpelig
cartilaginous fishes/chondrichthians/Chondrichthyes Knorpelfische
caruncle (birds) Fleischlappen, Fleischauswuchs
case/casing/shell Gehäuse, Panzer
case/chamber/valve Kammer, Fach
case (*Trichoptera:* in some species *see:* tube) Köcher
casque (bill) Schnabelaufsatz (Nashornvögel)
cassowaries & emus/Casuariiformes Kasuare & Emus
caste Kaste
casting (lugworm: *Arenicola*) Kotwurst
castor gland/preputial gland (beaver) Präputialdrüse
castrate/geld kastrieren
catabolic (degradative reactions) catabol, katabol, katabolisch, abbauend
catabolite Katabolit, Stoffwechselabbauprodukt
catadromous katadrom
catalepsy Katalepsie
catalysis Katalysation
catalyst Katalysator
catalytic katalytisch
catastrophism Katastrophentheorie
catch tentacle/tentacular arm Fangarm, Tentakelarm
categorization Kategorisierung, Einstufung
categorize kategorisieren, einstufen, einteilen, einer Rangstufe zuordnen
category Kategorie, Rangstufe
caterpillar Raupe
caterpillar movement/rectilinear movement (snakes) Raupenbewegung, Integumentbewegung
catfishes/Siluriformes Welse, Welsartige
cattle Vieh, Rinder
cattle grub & botfly infestation (*Hypoderma bovis* et spp.) Dasselbeule
cattle production/cattle breeding Viehzucht, Rinderzucht
cattle ranching Rinderwirtschaft
cattle shed/barn Viehstall
caudal den Schwanz betreffend, Schwanz...
caudal furca Schwanzgabel
caudal gland (rectal gland) Schwanzdrüse (Rektaldrüse)
caudal plate/pygidium (trilobites) Schwanzschild, Pygidium
caudal shield/pygidium (bugs) Analschild, Pygidium
caudal vertebra/coccygial vertebra Schwanzwirbel
caudate nucleus/nucleus caudatus Schweifkern
caudate/tail-pointed geschwanzt
caudofoveates/Caudofoveata Schildfüßer

caulescent (with stem above ground) stammbildend, stengeltreibend, cauleszent
causal morphology Entwicklungsmechanik
cave/crypt/cavity Höhle (allgemein)
cave-dwelling/cavernicolous (troglophilic) höhlenbewohnend
cavernous bodies/erectile tissue Corpora cavernosa, Schwellkörper
cavity/chamber/ventricle Höhle, Kammer, Ventrikel (kleine Körperhöhle)
cavity/lumen Hohlraum, Höhlung, Lumen
cecidology Cecidologie, Gallenkunde, Lehre von den Gallen
cecidozoa Cecidozoen, gallerzeugende Tiere
cell Zelle
cell aggregate Zellverband
cell biology/cytology Zellenlehre, Zellbiologie, Cytologie, Zytologie
cell body Zellkörper
cell colony Zellkolonie
cell constancy/eutely Zellkonstanz, Eutelie
cell content Zellinhalt
cell count Zellzahl
cell count (*see:* **germ count** Keimzahl) Anzahl von Mikroorganismen
cell culture Zellkultur
cell cycle Zellcyclus, Zellzyklus
cell division/cytokinesis Zellteilung
cell envelope Zellhülle
cell fusion Zellverschmelzung
cell lineage/celline Zellinie
cell membrane (outer)/unit membrane/plasmalemma Zellmembran, Plasmamembran, Plasmalemma
cell sap Zellsaft
cell theory Zelltheorie
cell wall Zellwand
cell-anus/cytopyge/cytoproct Zellafter, Zytopyge, Cytopyge, Zytoproct, Cytoproct
cell-free zellfrei
cell-mouth/cytostome/cytostoma Zellmund, Zellmundöffnung, Zytostom, Cytostom
cellular zellulär, zellig
cellular metabolism Zellstoffwechsel
cellular respiration Zellatmung
cement gland/adhesive gland Zementdrüse, Kittdrüse, Klebdrüse
Cenozoic/Cenozoic Era/Cainozoic Era/Neozoic Era Känozoikum, Kaenozoikum, Erdneuzeit, Neozoikum (erdgeschichtliches Zeitalter)
centipedes/chilopodians Hundertfüßer, Chilopoden
central body (insect brain) Zentralkörper
central fibril/axial filament/axoneme Achsenfaden, Axonema
central granule/axoplast/centroplast Zentralkorn, Centroplast
central nervous system Zentralnervensystem
centro-acinar cell centroacinäre Zelle
centromere Centromer, Zentromer
centroplast/central granule/axoplast Centroplast, Zentralkorn
centrum Wirbelkörper, Centrum
cephalic den Kopf betreffend, Kopf...
cephalic gland/frontal gland Kopfdrüse, Stirndrüse, Frontaldrüse
cephalization/head development Cephalisation, Kopfbildung
cephalopods Cephalopoden, Kopffüßer
ceraceous/waxy/wax-like wachsartig
cerago/bee braed Cerago, Bienenbrot
cerata (nudibranchs) Cerata, Rückenanhänge
cercaria Cercarie
cercus/cercopod (clasping organs) Cercus, Aftergriffel, Afterraife, Afterfühler, Schwanzborsten (Schwanzanhang)
cere (on bill of birds) Cera, Wachshaut (am Schnabel)
cerebellum/epencephalon Kleinhirn, Hinterhirn, Cerebellum
cerebral cerebral, zerebral, das Hirn betreffend, Hirn...
cerebral commissure Cerebralkommissur, Zerebralkommissur
cerebral cortex Großhirnrinde
cerebral ganglion Cerebralganglion, Zerebralganglion

cerebral meninga (*pl.* meninges) Hirnhaut, Gehirnhaut
cerebrospinal fluid Hirnflüssigkeit, Gehirn-Rückenmarks-Flüssigkeit
cerebrum/endbrain/telencephalon Großhirn, Endhirn, Telencephalon
ceruminous gland/wax gland Wachsdrüse
cervical cervikal, zervikal
cervical sclerite Halsschild
cervical vertebra Halswirbel, Cervikalwirbel
cervix Cervix, Zervix, Gebärmutterhals
cespitose/caespitose/caespitulose (growing densely in tufts) grasbüschelartig, rasig, rasenartig
cetaceans: whales & porpoises & dolphins/Cetacea Wale und Delphine
chaetiferous/chaetiphorous mit Borsten versehen, Borsten...
chaetotaxy Chaetotaxie
Chagas disease *(Trypanosoma cruzi)* Chagas Krankheit
chain of cells/filament Zellfaden, Filament
chalaza Chalaze, Hagelschnur
chamber/valve/case Kammer, Fach
chambered/valvate gekammert, gefächert, fächerig
change/modification/variation Veränderung
characins: tetras & piranhas/ Characiformes Salmler
character/characteristic Charakter, Eigenschaft, Merkmal
character displacement Merkmalsverschiebung
character species Charakterart, Leitart
chase *(n.)* (hunt) Hatz, Hetzjagd
chase *(vb.)* jagen, hetzen
chatter/jabber (monkeys/apes) schnattern
cheek/gena Backe, Wange, Gena
cheek pouch (e.g. hamster) Backentasche
– **cheek gland** Backendrüse
cheek tooth Backenzahn
cheekbone/zygomatic bone/malar bone/os zygomaticum Backenknochen
cheese-skipper (Piophilidae) Käsefliegenlarve
cheilostomates/Cheilostomata (bryozoans) Lappenmünder, Lippenmünder
chelate/claw-bearing mit Scheren versehen
chelicera/fang/cheliceral fang Chelicere, Kieferfühler, Scherenkiefer, Klaue, Freßzange
cheliceral fang Chelicerenklaue, Scherenfinger (Unguis)
cheliferous mit Scheren versehen, scherentragend, Scheren...
cheliform/chelate/pincerlike/ clawlike scherenartig, zangenartig
chest/thorax Oberkörper, Brustkorb, Brustkasten, Thorax
chevron Sparrknochen, Chevron
chew/masticate kauen, zerkauen
chew the cud (regurgitate) wiederkäuen
chewing/mastication *(n.)* Kauen, Zerkauen
chewing/masticatory *(adj.)* kauend
chewing lice/biting lice/Mallophaga Haarlinge & Federlinge
chewing-biting (mouthparts) kauend-beißend
chicken Huhn (**hen** Henne)
chicken coop Hühnerstall
chief association Hauptassoziation
chief cell (stomach) Hauptzelle
chiggers/"red bugs" (parasitic red mite larva) Erntemilbenlarve, parasitische Larve von Trombidiidae
childbed fever/puerperal fever (bacterial) Kindbettfieber, Wochenbettfieber, Puerperalfieber
childbirth Kindesgeburt, Niederkunft
childhood Kindheit
chimaeras/ratfishes/rabbit fishes/ Holocephali Chimären, Seedrachen, Seekatzen
chiropatagium (bats) Chiropatagium (Flughaut der Fledermäuse)
chirp/cheep (bird) piepen, piepsen
chirp/stridulate (insects) zirpen, schrillen, stridulieren
chirping/stridulation Zirpen, Schrillen, Stridulation
chitin Chitin
chitinous shell Chitinschale
chitterlings/chitlins (hog intestines) Gedärme, Gekröse (Schweine)

chloragogen cell/chloragogue cell (oligochetes) Chloragogzelle
chloride cell (fish) Chloridzelle, Ionocyt
chondroid tissue chondroides Gewebe, Knorpelgewebe (Parenchymknorpel)
chondrotonal sensilla/scolopidium/ scolophore stiftführende Sensille, Scolopidium
chordates Chordaten, Chordatiere, Rückgrattiere
chordotonal chordotonal
chordotonal organ Chordotonalorgan, Saitenorgan
chorioallantoic placenta Chorioallantoisplazenta, Zottenplazenta
chorion (external extraembryonic membrane) Chorion, äußere Eihaut
chorion/eggshell (insect egg) Chorion, Eischale
chorion frondosum Zottenhaut
chorionic placenta Chorionplazenta
chorionic villi Chorionzotten
choroid/chorioid/chorioidea Aderhaut
chorology/biogeography Chorologie, Arealkunde, Verbreitungslehre
chromatophore/pigment cell Chromatophore, Pigmentzelle, Farbzelle
chrysalis Chrysalis, Puppe holometaboler Insekten
chyle Chylus, Darmlymphe
chylific ventricle/chylific cecum Chylusblindsack
chyme Chymus, Speisebrei, Magenbrei
cicadas/Auchenorrhyncha (Homoptera) Zikaden, Zirpen
cicatrix/cicatrice/scar Cicatricula, Narbe, Wundnarbe
cidaroids/Cidaroida Lanzenseeigel
ciliary body/corpus ciliare Ciliarkörper
ciliary feeder/ciliary suspension feeder ciliärer Suspensionsfresser, Nahrungsstrudler
ciliary feeding Nahrung herbei strudeln
ciliated/bearing cilia/cilium-bearing/ ciliferous bewimpert, gewimpert, zilientragend, cilientragend
ciliated/ciliferous/bearing cilia/ cilium-bearing cilientragend, zilientragend, bewimpert
ciliated crown/ciliated organ/ corona Räderorgan, Krone (Rotatorien)
ciliated epithelium Flimmerepithel, Wimperepithel, Geißelepithel
ciliated groove Wimperfurche (Ctenophoren)
ciliated pit Wimpergrube
ciliates/Ciliata Ciliaten, Wimpertierchen
ciliation Bewimperung
cilium (*pl.* cilia) Cilie, Zilie, Wimper, Flimmerhaar, Flimmerhärchen, Kinozilie, Kinozilium (Haarzelle)
circadian rhythm circadiane Rhythmik, Tagesrhythmus
circannual rhythm circannuelle Rhythmik, Jahresrhythmus
circinate/coiled/volute aufgerollt (schneckenförmig)
circuit (neural circuit) Schaltkreis (Nerven)
circulation (blood) Kreislauf, Blutkreislauf
circulatory system (open/closed) Zirkulationssystem, Blutkreislaufsystem, Kreislaufsystem (offenes/geschlossenes)
circumapical band (rotifers) Circumapicalband
circumcise/circumcising beschneiden (Präputium/Clitoris)
circumcision Beschneiden (Präputium/Clitoris)
cirrus Cirre
cirrus/feeding leg (thoracopod of barnacles) Rankenfuß
cirrus pouch Cirrisbeutel
CITES (Convention on International Trade in Endangered Species): Washington 1975 Washingtoner Artenschutzabkommen/ Artenschutzübereinkommen
cladistics/phylogenetic analysis Kladistik, Cladistik
cladogenesis Kladogenese,
cladogram Cladogramm Kladogramm
clam shrimps/Conchostraca Muschelschaler

clam shrimps & water fleas / Diplostraca / Onychura Doppelschaler, Krallenschwänze
clan Klan, Sippe, Großfamilie
clasp reflex Klammerreflex
clasper (sharks / rays / skates) Haftorgan
class Klasse
classical conditioning klassische Konditionierung
classification / classifying Klassifizierung, Klassifikation, Gliederung (taxonomic ~ *see:* **Gruppeneinteilung**)
classify klassifizieren, gliedern
claustral cell (sealed queen ant cell) Kessel, Brutkammer
claw / nail Kralle, Klaue, Nagel, Unguis
claw / talon (birds) Kralle, Klaue
claw gland Klauendrüse
cleaning symbiosis Putzsymbiose
clear-zone eye / optical superposition eye optisches Superpositionsauge
clearant / clearing agent Aufheller, Aufhellungsmittel
cleavage (egg cleavage) / segmentation Furchung (Eifurchung), Furchungsteilung
–, **bilateral** bilaterale Furchung, Bilateralfurchung
–, **complete / holoblastic cleavage** totale Furchung, vollständige Furchung, holoblastische Furchung
–, **determinate** determinative Furchung, determinierte Furchung (nichtregulative)
–, **equal** äquale Furchung, gleichmäßige Furchung
–, **holoblastic / complete cleavage** holoblastische / vollständige / totale Furchung
–, **irregular** unregelmäßige Furchung
–, **meridional** Meridionalfurchung
–, **regulative** regulative Furchung (nichtdeterminativ)
–, **spiral** Spiralfurchung
–, **superficial** superfizielle Furchung, oberflächliche Furchung, Oberflächenfurchung
–, **total** totale Furchung
–, **unequal** inäquale Furchung, ungleichmäßige Furchung
cleave (groove / striate / furrow / fissure) furchen
cleft / crack / slit / crevice Spalt, Spalte
cleidoic egg / shelled egg / "land egg" (reptiles / birds) kleidoisches Ei, beschaltes Ei
cleptobiosis Cleptobiose, Kleptobiose
clicking sound (whales) Klicklaut
cliff Fels (Klippe)
climax community Klimaxgesellschaft
climax formation Klimaxformation
climbing foot Kletterfuß
climbing / scandent klimmend, kletternd
cline (phenotypic / character gradient) Cline, Kline, Klin, Merkmalsgefälle, Merkmalsgradient
clingfishes / Gobiescociformes Saugfischverwandte, Schildfische, Spinnenfischartige
clitellates / Clitellata Clitellaten, Gürtelwürmer
clitellum Clitellum, Drüsengürtel
clitoris Clitoris, Klitoris, Kitzler
cloaca Kloake
cloacal opening / cloacal aperture / vent Kloakenöffnung
cloaked adult / coarctate pupa coarctate Puppe
clonal selection theory Klonselektionstheorie, klonale Selektionstheorie
clone *(n.)* Klon
clone *(vb.)* klonieren
closing mechanism Schließmechanismus
clot *(n.)* Gerinnsel
clot *(vb.)* gerinnen
clotting factor (blood) Gerinnungsfaktor
cloven-hoofed paarzehig
cloven-hoofed animals / even-toed ungulates / artiodactyls / Artiodactyla Paarhufer
club-like / clubbed / clavate keulenartig
cluster analysis Clusteranalyse
clutch (nest of eggs) Gelege, Eigelege, Brut, Nest mit Eiern
cnida / thread capsule / urticator / nematocyst Cnide, Nesselkapsel, Nematocyste

cnidarians/coelenterates/Cnidaria/ Coelenterata Hohltiere, Nesseltiere, Coelenteraten
cnidocyte/cnidoblast/nematocyte/ stinging cell Cnidocyt, Cnidozyt, Nematocyt, Nematozyt, Nesselzelle
coagulate/set/curdle koagulieren, gerinnen
coarctate larva/larva coarctata/ pseudocrysalis Scheinpuppe, Pseudocrysalis
coarctate pupa/pupa coarctata Tönnchenpuppe
coarse/sturdy/rough/robust/tough/ hard derb
coarse adjustment Grobjustierung
coast/seaboard/shore Küste
coastal desert Küstenwüste
coastal dune Küstendüne
coastal strip Küstenstreifen, Küstenstrich
coastal waters Küstengewässer
coastal zone/littoral zone Küstenzone, Uferzone
coastline/shoreline/waterline Küstenlinie
coat/plumage Tracht, Kleid (Fell/Gefieder)
coated vesicle Korbvesikel
coccal coccal, kokkal
coccoid coccoid, kokkoid
coccolith Coccolit, Kokkolit Kalkplättchen, Kalkkörperchen
coccus (*pl.* cocci) Kokkus (*pl.* Kokken)
coccygial vertebra/caudal vertebra Schwanzwirbel
coccyx/os coccygis Steiß, Steißbein, Schwanzfortsatz
cochlea (ear) Schnecke
cochlear/spoon-like cochlear, löffelartig
cochlear duct/scala media Cortischer Kanal, Schneckengang
cochleate/cochleiform/irregularly helical/coiled like a snail's shell cochlear, schraubenartig gewunden, schneckenhausförmig eingerollt, schneckenhausartig gewunden
cockerel (under 1 year) Hähnchen
cockroaches/Blattodea Schaben
cocoon Kokon, Puppenhülle, Gespinst (Raupenkokon)
codfishes & haddock & hakes/ Gadiformes Dorschfische
coelom Cölom
coelomic fluid Cölomflüssigkeit
coenenchyme Coenenchym
coenobium (*pl.* coenobia)/cell family Coenobium, Cönobium, Zönobium (*pl.* Coenobien)
coenocytic coenocytisch
coevolution Koevolution
coexistance Koexistenz
coffin bone (horses) Hufbein
cohort Kohorte
coiled/twisted/wound aufgewickelt
coiling Aufwinden
coitus/coition/copulation/sexual intercourse Koitus, Kopulation, Kopulationsakt, Begattungsakt, Geschlechtsverkehr
coleoids/Coleoidea/Dibranchiata Tintenfische
colies/Coliiformes Mausvögel
collar Kragen
collar cell/choanocyte Kragengeißelzelle, Kragenzelle, Choanozyt
collarbone/clavicle Schlüsselbein
collateral kollateral
collection Kollektion, Sammlung
collenchyma Collenchym
collencyte Collencyt
colleterial gland/adhesive gland/ cement gland (insects) Kittdrüse, Klebdrüse, Zementdrüse (Lepidoptera: Glandula sebacea)
colloblast/lasso cell/adhesive cell Colloblast, Kolloblast, Klebzelle
colonial/colony-forming koloniebildend (forming a corm *see:* stockbildend)
colonization Kolonisation, Besiedlung
colony Kolonie
colony (ants/bees) Volk, Staat (Bienenvolk/Ameisenstaat)
colony/cormus (corals/bryozoans) Stock, Tierstock (Korallenstock/ Bryozoenstock)
color vision Farbensehen
color-matching Farbanpassung
colt (male horse/pony under 4 years) männliches Fohlen
colulus Colulus

columella (snail shell) Columella, Spindel (Schneckenschale)
columnar epithelium Zylinderepithel, Säulenepithel
comb/crest/ridge/pecten Kamm, Crista (rooster *see:* Hahnenkamm)
comb jellies/sea combs/sea gooseberries/sea walnuts/ ctenophores/Ctenophora Rippenquallen, Kammquallen, Ctenophoren
comb plate/swimming plate/ciliary comb/ctene Wimperkamm, Wimperplatte, Wimperplättchen, Schwimmplatte, Ruderplatte, Ruderplättchen, „Kamm"
comb row/costa Wimpermeridian, Wimperrippe, Rippe
comb row / costa *(ctenophores)* Wimpermeridian, Wimperrippe, Rippe, Pleurostiche
comb-shaped/cteniform kammförmig
comblike/rakelike/ctenoid/ctenose/ pectinate/pectiniform kammartig, kammförmig, gekämmt
comestible/edible genießbar, eßbar
commensal *(n.)* Kommensale, Mitesser
commensalism Kommensalismus
– **hostile commensalism/synechthry/ synecthry** Raubgastgesellschaft, Synechthrie
commissure Kommissur
common name/vernacular name volkstümlicher Name, Vernakularname
communal breeding system/ cooperative breeding kooperatives Brutpflegesystem
communal courtship Gruppenbalz
communication Kommunikation, Verständigung
community Gemeinschaft, Gesellschaft (z.B. Tier~)
comose/tufted schopfig, dichthaarig, haarschopfig
compact bone/dense bone kompakter Knochen
company Gesellschaft, Beisammensein
comparative embryology vergleichende Embryologie
comparative morphology vergleichende Morphologie
compartmentation/compartmentalization/sectionalization/ division Kompartimentierung, Unterteilung, Fächerung
compatibility/tolerance Kompatibilität, Verträglichkeit, Toleranz
compatible/tolerant kompatibel, verträglich, tolerant
compensation point Kompensationspunkt
compensation sac/ascus (bryozoans) Wassersack, Ascus
competition Kompetition, Wettbewerb, Konkurrenz, Existenzkampf
– **evasion of competition** Konkurrenzvermeidung
competitive exclusion, principle of/ exclusion principle (Gause's rule/ principle) Konkurrenz-Ausschluß-Prinzip, Konkurrenz-Exklusions-Prinzip
competitor Konkurrent
compound eye/facet eye Komplexauge, Fazettenauge, Netzauge, Seitenauge
compound eye, stalked *(Ephemeroptera)* Turbanauge
compress stauchen
compressed/contracted gestaucht, zusammengezogen
compression Stauchung
concentration gradient Konzentrationsgefälle
concentricycloids/ concentricycloideans/sea daisies/Concentricycloidea Concentricycloidea
concertina movement (snakes) Harmonikabewegung, Regenwurmbewegung
conch Muschel, Muschelschale von Gastropoden (speziell: große gewundene Meeresschnecken-Muschelschale)
conch/ear conch/external ear/outer ear/auricle/pinna Ohrmuschel, äußeres Ohr, Pinna
conchology Konchyliologie
conditioned (behavior) angepaßt, beeinflußt

conditioned reflex (classical conditioning) bedingter Reflex
conditioning/training Konditionierung, Dressur
conducting tissue/vascular tissue Leitgewebe
conduction/conductance/transport/translocation Leitung, Fortleitung, Weiterleitung, Transport
condyle Condylus, Gelenkhöcker, Gelenkfortsatz
cone Kegel, Zapfen, Zäpfchen
cone cell Zapfenzelle, Zapfen, Zäpfchen
cone gall Kegelgalle
cone-shaped/conical kegelförmig, konisch
conflict Konflikt, Auseinandersetzung
congenial kongenial, verwandt, gleichartig
congenital/innate/inborn kongenital, angeboren, ererbt
conical/cone-shaped konisch, kegelförmig
conies/Hyracoidea Schliefer
conispiral turmförmig gewunden
connate verwachsen, angewachsen (gleiche Organe)
connation/cohesion Verwachsung (gleicher Organe)
connecting link Bindeglied (Brückentier)
connective tissue Bindegewebe
consanguineal blutsverwandt
consanguinity Konsanguinität, Blutsverwandtschaft
conscious bewußt
consciousness Bewußtsein
conservation (environmental ~) Erhaltung, Schutz (Naturschutz)
conservationist Naturschützer
consistency Konsistenz, Beschaffenheit
conspecific ***(adj.)*** konspezifisch (von der gleichen Art)
conspecific ***(n.)*** **(member of the same species)** Artgenosse
conspecificity Konspezifität
constancy Konstanz
– presence degree Stetigkeit
construction/structure/body plan Bau, Aufbau, Bauplan (Struktur)
consumer Konsument, Verbraucher
consummatory act Konsumhandlung
consummatory behavior Konsumverhalten
contact inhibition Kontakthemmung
contagion/infection Ansteckung, Infektion
contagious/infectious ansteckend, infektiös
contamination Belastung (Verschmutzung), Verunreinigung
contiguous/adjoining/boardering/touching angrenzend, anliegend, anstoßend, berührend
continental climate Kontinentalklima, Binnenklima, Landklima
continental fringe Kontinentalrand
continental shelf Festlandsockel, Kontinentalsockel, Kontinentalschelf, Schelf
continental slope Kontinentalböschung
contort drehen, verdrehen, krümmen
contorted verdreht, gedreht, verkrümmt, eingewunden
contour/outline Umriß
contour feather (birds) Konturfeder, Umrißfeder
contractile fiber kontraktile Faser
contractile vacuole kontraktile Vakuole, pulsierende Vakuole
contraction period Kontraktionsphase
Convention on International Trade in Endangered Species (CITES): Washington 1975 Washingtoner Artenschutzabkommen/Artenschutzübereinkommen
convergence Konvergenz
convergent konvergent
convergent circuit konvergenter Schaltkreis
coop/pen/hutch (e.g. chickens) kleiner Tierkäfig, kleiner Verschlag, Auslauf (z. B. Geflügelstall)
copepods/Copepoda Ruderfußkrebse, Ruderfüßer
coprodeum Coprodeum, Kotdarm
coprophagist Coprophage, Koprophage, Kotfresser, Dungfresser
coprophagous/coprophagic coprophag, koprophag, kotfressend, dungfressend

coprophagy Coprophagie, Koprophagie, Dungfressen, Kotfressen
copulate / mate kopulieren, begatten, paaren
copulation / coitus / sexual union / mating / sexual intercourse Kopulation, Kopulationsakt, Koitus, Begattungsakt, Geschlechtsverkehr, Paarung
copulatory organ / intromittent organ / penis Begattungsorgan (männliches), Penis
coracoid Coracoid, Rabenbein, Rabenschnabelbein
coral reef Korallenriff
coral reef pinnacle Korallenpfeiler
corals Korallen
corals, soft / Alcyonaria / Alcyonacea Lederkorallen
cordate / cordiform / heart-shaped herzförmig
coriaceous / leathery ledrig, lederartig
cormidium (siphonophores) Cormidium
cormus / colony Tierstock (corals: Korallenstock)
cornea (eye) Cornea, Hornhaut
cornified / horny verhornt
cornified sheath / horn sheath Hornscheide
corona / crown (teeth) Zahnkrone
coronal / wreath-shaped kranzförmig
coronal groove Coronalfurche, Ringfurche
coronal stomach / coronal sinus Kranzdarm
coronate medusas / Coronatae Kranzquallen, Tiefseequallen
coronet (at hoof) Krone, Haarkranz (am Huf)
corpora allata Corpora allata
corpora cardiaca Corpora cardiaca
corpora pedunculata / pedunculate bodies / mushroom bodies Corpora pedunculata, Pilzkörper
corpse / carcass / cadaver Leiche, Kadaver
corpus luteum Gelbkörper
corpus striatum Corpus striatum, Basalkern, Basalkörper
corresponding entsprechend
corrugative / corrugated / rugose / wrinkled gewellt, geriffelt, runzelig, gerunzelt
corset bearers / loriciferans / Loricifera Korsettierchen, Panzertierchen, Loriciferen
cortical layer / cortical zone Cortexschicht
cortication Rindenbildung
cosmine Cosmin
cosmoid scale Cosmoidschuppe
cosmopolitan / cosmopolite *(n.)* Kosmopolit
cosmopolitan / occurring worldwide *(adj.)* kosmopolitisch, weltweit verbreitet
costa / rib Costa (große Längsader), Rippe
costal field Costalfeld, Remigium
costal fold Costalfalte
cotyledonary placenta Placenta cotyledonaria, Placenta multiplex
couch (otter) Bau, Lager (höhlenartig)
countercurrent Gegenstrom
counterevolution Evolutionsumkehr
countershading Gegenschattierung, Hintergrundsfärbung
counterstain (microscopy) Gegenfärbung
courting behavior Werbeverhalten
courtship / mating behavior / display Liebeswerbung, Balz
courtship song / mating song Balzgesang
cover *(n.)* Decke, Abdeckung, Schutz
cover / protect abdecken, zudecken, schützen
cover / serve / leap decken, begatten, bespringen
cover abundance index / species importance value Artmächtigkeit
cover value Deckungswert
coverage percentage / coverage level Deckungsgrad
covering gall Umwallungsgalle
coverslip / coverglass Deckglas
covert / shelter / hiding place Deckung, Schutz, Versteck, Schlupfwinkel

covert/wing covert/protective feather/tectrix (*pl.* tectrices) Decke, Deckfeder, Tectrix
- **lesser/minor covert or tectrix** kleine Decke (Flügeldecke/Flügelfeder)
- **median covert/tectrix** mittlere Decke
- **marginal covert/tectrix** Randdecke

covey (quails) Schwarm
cow dropping/cow pat/cow dung Kuhfladen
Cowper's gland/bulbourethral gland Cowpersche Drüse, Cowper-Drüse, Bulbourethraldrüse
coxal gland Coxaldrüse
coxopodite Coxopodit
crab pincers/chela Krebsschere, Klaue
crabs/Brachyura Krebse, echte Krabben
cram/stuff (fowl: geese) mästen (Gefügel)
cranes & rails and allies/Gruiformes Kranichvögel, Kranichverwandte
crawl kriechen
crayfishes/crawdads Flußkrebse
creature/being Kreatur, Wesen
crèche/nesting colony Nistkolonie
creeping/crawling/repent kriechend (am Boden entlang ~)
creeping foot (mollusks) Kriechfuß
creeping frustule (asexual polyp bud) Kriechfrustel (Polypenknospe)
cremaster Cremaster
crenate zackig, gekerbt
crenulate/finely notched feinkerbig, feingekerbt
crepuscular dämmerungsaktiv, im Zwielicht erscheinend
crescentic/with crescent-shaped ridges/selenodont halbmondförmig, selenodont (Zahnhöcker)
Cretaceous/Cretaceous Period Kreide, Kreidezeit (erdgeschichtliche Periode)
crevice Riß, Spalte
cribellum Cribellum, Spinnplatte, Spinnsieb
crippled/stunted krüppelig, krüppelhaft, verkrüppelt
croak (frog) quaken
crochet (e.g. lepidopterous larvae) Häkchen (krallenartige/unechte Borsten an Fußsohle des Bauchfüße)
crocodiles/Crocodilia Krokodile, Panzerechsen
crook of the arm/bend of the arm/inside of the elbow Ellenbeuge, Armbeuge
crop Vormagen, Vorderdarm, Kropf, Ingluvies (Insekten, Vögel)
crop milk/pigeon milk (milky secretion from crop lining) Kropfmilch, Kropfsekret (Tauben)
cross *(n.)* (e.g. between different species) Kreuzung, Kreuzungsprodukt
cross *(vb.)* (legs)/fold (arms) schränken, verschränken
cross bridge (myosin filament) Querbrücke
cross section/transverse section Querschnitt
cross vein Querader
cross-fertilization/allogamy/xenogamy Kreuzbefruchtung, Fremdbefruchtung, Allogamie
cross-fostering Fremdaufzucht
crossing/cross/crossbre(e)d/breed/crossbreeding/interbreeding Kreuzung, Züchtung
croup (horse) Kruppe, Hinterteil
crow *(vb.)* krähen
crowded/tufted gedrängt
crown/calyx (crinoids) Calyx (kelchförmiger Körper der Crinoiden)
crustaceans Crustaceen, Krebstiere, „Krebse“
crustaceous/crustose krustig
crypt Höhlung, Vertiefung
crypt of Lieberkühn Lieberkühnsche Krypte
cryptic coloration/concealing coloration Tarnfärbung, Schutzfärbung
cryptic dress (plumage/pelage/coat) Tarntracht
crystal cell Kristallzelle, Cristallogenzelle, Sempersche Zelle
crystalline cone Kristallkegel, Kristallkörper, Linsenzylinder, Conus
crystalline style (bivalves) Kristallstiel

ctene/swimming plate/ciliary comb Schwimmplatte, Ruderplatte, Ruderplättchen, „Kamm", Wimperplättchen
cteniform/comb-shaped kammförmig
ctenoid scale Ctenoidschuppe, Kammschuppe
ctenose/ctenoid/pectinate/pectiniform/comblike/rakelike kammartig, kammförmig, gekämmt
ctenostomates/Ctenostomata (bryozoans) Kammünder
cuboidal epithelium kubisches Epithel, Pflasterepithel
cubomedusas/box jellies/Cubomedusae/Cubozoa Würfelquallen
cuckoos and turacos and allies/Cuculiformes Kuckucksvögel
cud wiedergekäutes Futter
cue Signal, Bedeutung, Hinweis, Orientierungshinweis, Schlüssel, Auslöser
cull *(n.)* Merzvieh
cull/culling *(vb.)* Merzvieh aussondern
culmen Schnabelfirst, Culmen
cultivar/domestic variety Kulturform
cultivation/breeding/growing Kultivierung, Zucht, Züchtung
cumaceans/Cumacea Kumazeen
cuneate/cuneiform/sphenoid/wedge-shaped keilförmig
cup animals/scyphozoans/Scyphozoa Schirmquallen, Scheibenquallen, Echte Quallen, Scyphozoen
cupule/cupula Cupula, Gallertkuppe
curd (milk) geronnene/dicke Milch
curd/coagulate *(n.)* Gerinnsel, Koagulat
curdle/set/coagulate gerinnen, koagulieren
curiosity/inquisitiveness (behavior) Neugier, Neugierverhalten
current Strömung
cut/incised schnittig, geschnitten, eingeschnitten
cutaneous respiration/cutaneous breathing/integumentary respiration Hautatmung
cutaway drawing Ausschnittszeichnung
cuticle/cuticula Cuticula, Kutikula
cuticle of the hair Oberflächenhäutchen
cuticular skeleton Cuticularskelett, Kutikularskelett
cuticularization Cutikularisierung, Cutin/Kutin Auflagerung, Cutin/Kutin Anlagerung
cutis/skin Cutis, Haut
cutis vera/dermis/corium Lederhaut, Korium, Corium
cutting face/cutting plane Schnittfläche, Schnittebene
cuttlebone Schulp
cuttlefish & squids/Decabrachia/Decapoda zehnarmige Tintenschnecken, Zehnarmer
cuttlefish & sepiolas/Sepioidea (Sepiida) eigentliche Tintenschnecken
cutworm Raupe bestimmter Eulenfalter
Cuvierian tubules/tubules of Cuvier Cuvier'sche Schläuche
cycle Kreis, Kreislauf
cycloid scale Cycloidschuppe, Rundschuppe
cyclostomes/Cyclostomata Rundmäuler, Kreismünder
cydippid larva Cydippe-Larve
cylindric/cylindrical cylindrisch, zylindrisch, walzenförmig
cymose/cymoid (sympodially branched) cymös, cymos, zymös (sympodial verzweigt)
cynthia Zynthie, Cynthia
cypris larva Cypris-Larve
cyst Cyste, Zyste
cyst wall Cystenwand, Zystenwand
cystacanth Cystacanthus, Hakencyste
cystid/zooecium ***(senso lato)*** Cystid
cytokinesis Cytokinese
cytology/cell biology Cytologie, Zytologie, Zellenlehre, Zellbiologie
cytopharynx/gullet Cytopharynx, Zytopharynx, Zellschlund
cytoplasm Cytoplasma, Zytoplasma
cytoplasmic streaming Cytoplasmaströmung, Zytoplasmaströmung
cytoproct/cytopyge/cell-anus Cytoproct, Zytoproct, Cytopyge, Zytopyge, Zellafter
cytoskeleton Cytoskelett, Zytoskelett

D

dabble (waterfowl) gründeln (Wasservögel)
dactylopodite Dactylopodit
dairy Molkerei
dairy cattle Milchvieh
dairy husbandry Milchwirtschaft
dairy product Molkereiprodukt
dam Damm
dam (mother animal: horses etc.) Muttertier
damage caused by game / browsing damage Wildverbiß (z. B. an Baumrinde)
dapple-grey horse Apfelschimmel
dark field (microscopy) Dunkelfeld
dark reaction Dunkelreaktion
darners / darning needles große Libellen (einige Arten speziell in Nordamerika)
dart / love dart (gastropods) Pfeil, Liebespfeil
dart sac (mollusks) Pfeilsack
dauer larva (temporarily dormant larva) Dauerlarve
daughter cell Tochterzelle
dead tot
dead space Totraum
deadly / lethal tödlich, letal
deaf taub, gehörlos
deafness Taubheit, Gehörlosigkeit
death Tod
decapods / Decapoda Zehnfußkrebse
decay / rot / putrefaction *(n.)* Fäulnis, Moder
decay / rot / putrefy *(vb.)* faulen, modern
decaying / rotting verfaulend, modernd, moderig
deception / delusion / illusion Täuschung
decidua (brain) Decidua, Hinfallhaut
deciduous dentition / lacteal dentition / primary dentition Milchgebiß
decompose / disintegrate / decay zersetzen, zerfallen
decomposer Zersetzer, Destruent, Reduzent
decomposing wood holzzersetzend
decomposition / degradation *(biochem. / physiol.)* Abbau
decomposition / disintegration / decay Zersetzung, Zerfall
decticous pupa Pupa dectica
decurrent herablaufend, herabhängend
decussate dekussiert, kreuzgegenständig
deep sea Tiefsee
deer (*see:* **fallow deer** Damwild)
– **venison *(culinary)*** Rotwild
deer path / run / runway Wildwechsel
defecate / egest den Darm entleeren, Stuhlgang haben (*see:* Mensch)
defecation / egestion Defäkation, Darmentleerung, Klärung, Stuhlgang (*see:* Mensch)
defense Verteidigung, Abwehr
defensive gland (*Peripatus*: slime gland) Wehrdrüse (Schleimdrüse)
deficiency Defizienz, Mangel
deficiency symptom Defizienzerscheinung, Mangelerscheinung, Mangelsymptom
defoliation, complete (by pests) Kahlfraß (durch Schädlinge)
degeneration / regression Degeneration, Rückbildung
degree of latitude / parallel Breitengrad
dehisce / break open aufplatzen, aufspringen
dehiscence / breaking open Aufplatzen, Aufspringen, Dehiszenz
dehydration Dehyratation, Entwässerung
dehydrogenation Dehydrierung
delamination (endoderm) Delamination, Abblätterung (Entodermbildung)
delouse / delousing lausen, Lausen
demanding / having high requirements / having high demands anspruchsvoll
deme Dem
demersal auf den Meeresboden sinkend, nahe dem Meeresboden lebend
demosponges / Demospongiae Gemeinschwämme
den (bear: often a hollow or cavern) Bau

den (lions) Lager, Rastplatz
denatured (DNA/protein: egg white) denaturiert (DNS/Proteine: Eiweiß)
denaturing/denaturation Denaturierung
dendrite Dendrit, Markfortsatz
dendrogram (phylogenetic relationships) Dendrogramm
dendroid/dentritic/arboroid baumartig
dendronotacean snails/ dendronotaceans/Dendronotacea Bäumchenschnecken
dense body dense body *(not translated!)*
density Dichte
dental enamel Zahnschmelz
dental formula Zahnformel
dental lamina Zahnleiste
dental pulp/pulpa Zahnmark
dental ridge/cusp Zahnhöcker
dental root Zahnwurzel
dentate/toothed gezähnt
denticle Zähnchen
dentin/dentine/substantia eburnea Dentin, Zahnbein
dentition/teeth Gebiß
– **deciduous dentition/lacteal dentition/primary dentition** Milchgebiß
depauperate/starved/reduced/ underdeveloped/impoverished verarmt, verkümmert
depopulation Entvölkerung
deposit feeder Depositfresser
depressor muscle Depressor, Senker
depth of focus/depth of field Tiefenschärfe, Schärfentiefe
derivation Ableitung
derivative Derivat (abgeleitet), Abkömmling
derive ableiten
derived abgeleitet
derived characteristic abgeleitetes Merkmal
dermal/dermic/dermatic dermal, Haut...
dermal bone Hautknochen, Deckknochen, Belegknochen
dermal branchiae/skin gills/papulae Papulae
dermal denticle/placoid scale Hautzahn, Zahnschuppe, Placoidschuppe, Dentikel
dermal gland Dermaldrüse, Hautdrüse
dermal musculature Hautmuskulatur
dermal papilla Dermispapille, Hautpapille
dermal papula Papula
dermal plate Hautplatte
dermal skeleton/dermatoskeleton/ exoskeleton Hautskelett, Außenskelett, Hautpanzer, Exoskelett
dermal tissue/boundary tissue/ exodermis Abschlußgewebe
dermatoskeleton/dermal skeleton/ exoskeleton Hautskelett, Außenskelett, Hautpanzer, Exoskelett
dermotrichium Dermotrichium, Flossenstrahl (aus Hautknochen)
descendant/offspring/progeny Deszendent, Abkömmling, Nachkomme
descent/origin Abstammung
desert Wüste
desiccate/dry up/dry out austrocknen
desiccation Austrocknung
desiccation avoidance Austrocknungsvermeidung
desiccation tolerance Austrocknungstoleranz
desire/craving starkes Verlangen, Bedürfnis
desmoneme Desmonem
desmosome/bridge corpuscule/ macula adherens Desmosom, Macula adhaerens
– **belt desmosome** Gürteldesmosom
– **spot desmosome** Plaquedesmosom
determinate/restricted beschränkt, begrenzt, bestimmt
determinate cleavage determinative Furchung, determinierte Furchung (nichtregulative)
determinate growth begrenztes Wachstum, beschränktes Wachstum
deterrent/repellent Abschreckstoff, Schreckstoff
detorsion (gastropods: nerve cords) Detorsion, Rückdrehung
detritivore/detritus-feeder Detritophage, Abfallfresser

detritus Detritus
detritus food chain Detritusnahrungskette
detritus-feeder/detritivore Detritusernährer, Detritusfresser, Detritivor
deuter cell/pointer cell/eurycyst Deuter
deuterostomes/Deuterostomia Zweitmünder, Neumundtiere, Neumünder
deuterotoky Deuterotokie
deutocerebrum (insects) Deutocerebrum, Mittelhirn
deutoplasm Deutoplasma, Nahrungsdotter
develop/emerge/unfold entwickeln, entstehen
development Entwicklung
– **course of development** Entwicklungsgang
developmental cycle Entwicklungszyklus
developmental level Entwicklungsstufe
developmental stage/developmental phase Entwicklungsstadium, Entwicklungsphase
deviation Abweichung
device Vorrichtung
Devonian/Devonian Period Devon (erdgeschichtliche Periode)
devour/gulp down verschlingen, verzehren, herunterschlingen
dewclaw/false foot Afterklaue
dewlap (cattle) Wamme
dewlap/wattle (birds/reptiles) Kehllappen
diadromous diadrom
diagnostic species Kennart
diagonal gait Diagonalgang, Kreuzgang
diapause Diapause
diaphragm/diaphragma Diaphragma, Zwerchfell
diaphragmatic respiration/abdominal breathing Zwerchfellatmung, Bauchatmung
diapophysis (transverse process of neural arch for rib attachment)) Diapophyse, Rippenfortsatz
diarthrosis Diarthrose, echtes Gelenk
diaspore/disseminule Diaspore, Ausbreitungseinheit, Disseminule
diatomaceous earth Kieselerde
diatropism Diatropismus
dichotomous/forked dichotom, gabelig verzweigt
dichotomous venation Gabeladerung, Gabelnervatur, Fächeraderung
dichotomy/(repeated) forking/bifurcation Dichotomie, Gabelung, Gabelteilung
didelphic zweischeidig
diductor muscle Klaffmuskel
die sterben
die off absterben
dieback absterben/teilweise
diecious/dioecious diözisch, zweihäusig, getrenntgeschlechtlich
diel pattern/diel rhythm/diel periodicity 24-Stunden Rhythmus/-Takt, Tag-Nacht-Rhythmus, Tag-Nacht-Periodizität
diencephalon/interbrain/betweenbrain Zwischenhirn
diet/food/feed/nutrition Diät, Kost, Speise, Nahrung
difference/differing/variability Verschiedenartigkeit, Unterschiedlichkeit, Variabilität
differential interference (Nomarski) Differential-Interferenz
differential species Differentialart, Trennart
differentiating characteristic Unterscheidungsmerkmal
differentiation Differenzierung
diffuse placenta Placenta diffusa
dig graben
digestion Verdauung
digestion/degradative reactions/degradative metabolism/catabolism Abbau, Stoffwechselabbau
digestive canal/digestive tract/alimentary canal/alimentary tract Verdauungskanal, Verdauungstrakt
digestive cavity/gastrovascular cavity/enteron Verdauungshohlraum
digestive gland/"liver" (mollusks/echinoderms) Mitteldarmdrüse, Darmdivertikel

digestive gland duct (echinoderms) Darmkanal
digestive system Verdauungssystem
digging / fossorial / burrowing grabend, Grab ...
digitate venation fingerförmige Nervatur / Aderung
digitigrade Digitigrade, Zehengänger
digitigrade gait Digitigradie, Zehengang
dilator muscle Dilator, Erweiterer
dimegaly Dimegetismus, sexueller Größenunterschied
dimerous dimer, zweizählig
dimorphism Dimorphismus
dinergate / soldier Dinergat, Soldat
dinoflagellates Dinoflagellaten, Panzergeißler
dinosaur ancestors / thecodonts / Thecodontia Urwurzelzähner
dinosaurs Dinosaurier
dioecious / diecious (postnatal: gonochoric / gonochoristic) diözisch, zweihäusig, getrenntgeschlechtlich (speziell postnatal: gonochor)
dioecy / dioecism (postnatal: gonochory / gonochorism) Diözie, Zweihäusigkeit, Getrenntgeschlechtlichtkeit (speziell postnatal: Gonochorismus)
dioestrus Diöstrus, Dioestrus
diphasic diphasisch
diphycercal diphycerk, diphyzerk, protocerk, protozerk
diphyodont diphyodont (einmaliger Zahnwechsel)
directional orientation Richtungsorientierung
directional selection gerichtete Selektion / Auslese
discal cell / discoidal cell Discalzelle, Diskalzelle, Discoidalzelle
discoidal / disk-like discoidal, diskoidal
discoidal cleavage discoidale / diskoidale / scheibenförmige Furchung
discoidal placenta Placenta discoidalis
disease / illness Krankheit
disease-causing / pathogenic krankheitserregend, pathogen
disease-causing agent / pathogen Krankheitserreger
disguise Verschleierung, Verkleidung
disjunct / disjunctive disjunkt, zerstückelt, voneinander isoliert
disjunction / discontinuity / isolation Disjunktion, Isolierung
disk-shaped / disc-shaped scheibenförmig
disorder / disease Störung, Krankheit, Erkrankung
dispersal / dissemination Ausbreitung, Streuung
– **passive dispersal** passive Ausbreitung, Verdriftung
dispersal unit / propagule / diaspore Ausbreitungseinheit, Propagationseinheit, Fortpflanzungseinheit, Diaspore
dispersion / spreading Verteilung, Zerstreuung
displacement activity Übersprungshandlung
display Schaustellung (protzig)
display behavior Imponierverhalten, Imponiergehabe, Imponiergebaren
disruptive selection / diversifying selection disruptive Selektion / Auslese
dissect sezieren
dissected zerschnitten
dissection Sezierung
dissimilation / catabolism Dissimilation, Katabolismus
dissymmetrical / asymmetrical dissymmetrisch, asymmetrisch, unsymmetrisch
distichous / two-ranked zweizeilig
distribution / expansion / spread / spreading Verbreitung (Ausbreitung *see* dispersal)
disymmetrical / bilateral / biradial / bilaterally symmetrical / radially symmetrical disymmetrisch, bilateral
dithalamous / dithalamic / with two chambers / dithecal dithalam, zweikammerig, zweikämmrig, dithekal
diurnal tagaktiv
diurnal birds of prey (falcons and others) / Falconiformes Greifvögel
diurnal rhythm Tagesrhythmus (*as opposed to*: Nachtrhythmus)
divergence / divergency Divergenz

divergent circuit divergenter Schaltkreis
divers/loons/Gaviiformes Seetaucher
diverse divers, vielfältig
diversity Vielfalt, Vielfältigkeit, Vielgestaltigkeit, Verschiedenheit, Mannigfaltigkeit
diverticulum/cecum (blind-ended) Divertikulum, Divertikel, Aussackung, Blindsack, Blinddarm, Darmblindsack, Darmdivertikulum, Caecum
divided/parted/partite (divided into parts) geteilt, gegliedert, unterteilt
dividing wall/cross-wall/partition/dissepiment/septum Scheidewand, Septe, Septum
diving bell (water spiders) Tauchglocke
division Division, Teilung, Unterteilung
dixenous/dixenic dixen, zweiwirtig
dizygous/dizygotic dizygot, zweieiig
docile gelehrig, folgsam, gefügig, fromm (Pferd)
docility Gelehrigkeit, Folgsamkeit, Fügsamkeit, Gefügigkeit
dock *(n.)* (horses) Schwanzstummel, Stummelschwanz
dock/docking (horses) Schwanz stutzen, anglisieren
docoglossate radula docoglosse Radula, Balkenzunge
doe adultes Säugerweibchen, Geiß (Rehgeiß/Hirschkuh; auch: Ziege/Hase/Känguruh etc.)
doliolids/Doliolida Tonnensalpen
dome (ctenophores) Kuppel
dome web (spiders) Haubennetz
domestic variety/cultivar Kulturform
domesticate domestizieren
domesticated animal domestiziertes Tier, Haustier
domestication Domestikation
dominance Dominanz
dominant dominant
donor Donor, Spender
doridacean snails/doridaceans/Doridacea/Holohepatica Warzenschnecken, Sternschnecken
dories (John Dory) and others/Zeiformes Petersfischartige: Petersfische und Eberfische
dormancy Dormanz (endogen bedingte Ruheperiode/Ruhezustand)
dormancy period Ruhephase, Ruheperiode
dormant egg/resting egg (winter egg) Latenzei, Dauerei
dorsal dorsal, rückseitig
dorsal fin Rückenflosse
dorsal horn Flügelplatte (Neuralrohr)
dorsal ocellus Stirnauge, Scheitelauge (Stirn-Ocelle)
dorsal shield/carapace (turtles) Rückenschild, Carapax
dorsal suture/dorsal seam Dorsalnaht, Rückennaht
dorsoventral/bifacial dorsoventral
dorsoventral abdominal vibrating dance (DVAV)/vibrating dance (bees) Schütteltanz, Schüttelbewegung
double refraction/birefringence Doppelbrechung
dourine *(Trypanosoma equiperdum)* Beschälseuche
doves & pigeons and allies/Columbiformes Taubenvögel
down Flaum
down feather/down/plumule Daune, Dune, Dunenfeder, Flaumfeder, dunenartige Feder
downward classification Runterstufung
downward stroke of wing Flügelabschlag
downy/pubescent flaumig, feinstflaumig
draft animal Zugtier
dragline (spiders) Schleppfaden, Schleppleine, Zugleine
dragonflies (anisopterans) and damselflies (zygopterans)/Odonata Libellen
drainage/draining Drainage, Entwässerung
drake Enterich, Erpel
drepanoid/sickle-shaped/crescent/falcate/falciform sichelförmig
drift line (on shore) Spülsaum
drive Antrieb, Trieb
drone (bee) Drohne, Drohn
drooping schlaff herabhängend
droppings Tierexkremente, Dung, Tiermist

drought Dürre
drought avoidance Dürrevermeidung
drought hardiness/drought tolerance Dürrehärte, Dürrefestigkeit, Dürrebeständigkeit
drought resistance Dürreresistenz
drought-avoiding dürremeidend
drought-enduring dürreertragend, dürreüberdauernd
drought-resistant dürreresistent, dürrefest
drought-tolerant dürretolerant, dürreduldend
dry/arid trocken
dry farming/dryland farming Trockenkultur, Trockenlandwirtschaft
dry mass/dry matter Trockenmasse, Trockensubstanz
dry spell/drought Trockenperiode
dry weight (*sensu stricto*: dry mass) Trockengewicht (*sensu stricto:* Trockenmasse)
dryness/drought Trockenheit, Dürre
duetting Duettgesang, Paargesang
Dufour's gland Dufour Drüse
dulosis (ants) Dulosis, Sklavenhaltung, Sklavenhalterei
dung/manure Dung (tierische Exkremente)
duodenum Duodenum, Zwölffingerdarm
dura mater/pachymeninx (tough membrane around brain) Dura mater, Pachymeninx, harte Gehirnhaut, harte Hirnhaut
dust cell (a pulmonary histiocyte) Lungengewebs-Makrophage
dwarf Zwerg
dwarf male Zwergmännchen
dwarf mutant Zwergmutante
dwarfed growth/stunted appearance/dwarfism/nanism Zwergwuchs
dwelling Wohnquartier, Behausung
dyable/stainable anfärbbar
dye (technical) Farbstoff
dynamic soaring dynamischer Segelflug
dysentery Ruhr
dystrophic dystroph, nährstoffarm und humusreich

E

ear Ohr
"ear bone"/"ear stone"/otolith Hörsteinchen, Gehörstein, Otolith
ear conch/auricle/external ear/outer ear/pinna Ohrmuschel, äußeres Ohr, Pinna
ear opening/auditory meatus Ohrenöffnung
eardrum/tympanic membrane/tympanum Trommelfell, Ohrtrommel, Tympanalmembran, Tympanum
earlobe Ohrläppchen
Earth/World Erde, Welt
earth history/history of the Earth/geologic history Erdgeschichte
earwax/cerumen Ohrenschmalz, Cerumen
earwigs/Dermaptera Ohrwürmer
eccrine ekkrin
ecdysis/molt/molting Ecdysis, Ekdyse
– **loosing feathers** Federverlust
– **loosing hair** Haarverlust
– **shedding skin** Häutung
echinoderms/Echinodermata Echinodermen, Stachelhäuter
echiuroid worms/spoon worms/Echiura Echiuriden, Igelwürmer, Stachelschwänze
echolocation Echolotpeilung, Echoortung
eclosion Entpuppung
ecobalance (life cycle assessment/analysis) Ökobilanz
ecocline (gradient of vegetation and biotopes) Ökokline
ecological ökologisch
ecological efficiency ökologischer Wirkungsgrad
ecologist Ökologe
ecology Ökologie
ecophene Ökophäne
ecosphere Ökosphäre
ecosystem Ökosystem
ecotone Ökoton, Übergangsgesellschaft
ecotope Ökotop
ecotype Ökotyp

ectocochlea / external shell Ectocochlea, Außenschale
ectoderm Ectoderm, Ektoderm, primäres Keimblatt, äußeres Keimblatt
ectoparasite / exoparasite / epizoon (*see also*: skin parasite) Ektoparasit, Exoparasit, Außenparasit (*siehe:* Hautparasit)
eddy / swirl Strudel
edentate / toothless zahnlos
edentates / "toothless" mammals / xenarthrans / Edentata / Xenarthra Zahnarme, Nebengelenktiere
edge / margin Rand
eel-like / anguilliform aalartig, anguilliform
eels / Anguilliformes Aalfische, Aalartige
effective stroke Kraftschlag, Wirkungsschlag
effector organ Erfolgsorgan
efferent wegführend, ausführend, ableitend, absteigend
efficiency Effizienz, Wirkungsgrad
egest / excrete ausscheiden (Exkrete/ Exkremente)
egestion / excretion Ausscheidung, Exkretion
egg / egg cell / ovum (female gamete) Ei, Eizelle (weibliche Geschlechtszelle)
egg (reproductive body: embryo & nutrients & hard shell) Ei (Fortpflanzungseinheit: Embryo & Nährstoffe & Schale)
egg burster / hatching spine (insects) Eizahn, Oviruptor
egg capsule / ovicapsule / ootheca Eikapsel, Oothek
egg case Eiertasche, Eierbeutel
egg cell / egg / ovum (female gamete) Eizelle, Ei (weibliche Geschlechtszelle)
egg cell / ovocyte / oocyte (before and during meiosis) Eizelle, Ovozyt, Oozyt, Ovocyt, Oocyt (vor und während Meiose)
egg glue Eierleim
egg guide / gonapophysis Gonapophyse
egg jelly (amphibians) gallertige Eihülle
egg membrane Eihaut, Eihülle, „Eimembran", Oolemma
egg raft (gastropods / culicids) Eischiffchen, Eiplatte
egg sac / "cocoon" (spiders) Eisack, Eipaket, Eikokon
egg sac (copepods) Eisäckchen
egg string Laichschnur, Laichkette
egg tooth (reptiles) Eizahn, Eischwiele
egg tube / ovarian tube / ovariole Eiröhre, Eischlauch, Ovariole, Ovariolschlauch (Insekten)
egg white / egg albumen Eiweiß
egg-laying / egg deposition / deposit of eggs / oviposition *(n.)* Eiablage, Oviposition
egg-laying / oviparous *(vb.)* eierlegend, ovipar
egg-laying apparatus / egg-laying organ / egg depositor / ovipositor Legeapparat, Legeorgan, Ovipositor (Insekten)
egg-rolling Eirollbewegung
egg-string Eischnur
eggshell Eischale
eggshell / chorion (insect egg) Eischale, Chorion
eglandulous / eglandular drüsenlos
ejaculation / seminal discharge Ejakulation, Samenerguß, Samenausstoß
ejaculatory duct / ductus ejaculatorius Samenausführgang, Samengang
ejectisome / ejectosome Ejectisom
elastic cartilage elastischer Knorpel
elbow Ellenbogen, Cubitus
electric rays / Torpediniformes elektrische Rochen, Zitterrochen
elephant birds / Aepyornithiformes Elefantenvögel
elephant shrews, African / Macroscelidea Rüsselspringer
elephants and relatives / Proboscidea Rüsseltiere
elicitation Auslösung (einer Reaktion)
eliminate / eradicate / extirpate eliminieren, ausrotten, ausmerzen
ellipsoidal joint Eigelenk
elongation / extension Elongation, Verlängerung
elver junger Aal

elytron/elytrum (*pl.* elytra)/wing sheath/wing cover/wing case (insects) Elytre, Deckflügel, Flügeldecke
emanate hervorquellen
embed einbetten
embedded specimen Einbettungspräparat
embedding Einbettung
embolism (obstruction) Embolie
embolium (insect wing) Embolium
embolus Embolus
emboly/invagination Embolie, Invagination, Einstülpung, Einfaltung
embryo Embryo, Keimling
embryonal/embryonic embryonal
embryonal development/embryonic development/embryogenesis/embryogeny Embryonalentwicklung, Embryogenese, Embryogenie, Keimesentwicklung
embryonic shell
- **prodissoconch (mollusks: bivalves)** Embryonalschale, Larvenschale, Primärschale, Prodissoconch
- **protoconch (mollusks: gastropods)** Embryonalschale, Larvenschale, Primärschale, Protoconch

emerge herauskommen, hervorkommen, hervortreten, auftauchen (– Wasser)
emergence Emergenz
emigration Emigration, Abwanderung, Auswanderung
emission Emission, Ausstoß, Ausstrahlung
enamel Zahnschmelz
enamel organ Schmelzorgan
encapsulation Einkapselung
enclosed pasture/fenced pasture Koppel (Weide)
enclosure (e.g. within zoos) Gehege (Tiergehege)
enclosure/game preserve/game reserve Wildgehege
encrusting krustenbildend
encyst encystieren, enzystieren, zystieren
encystment Encystierung, Enzystierung
end-product inhibition/feedback inhibition negative Rückkopplung
endangered gefährdet
endbrain/cerebrum/telencephalon Endhirn, Großhirn, Telencephalon
endemic species/endemic organism/endemic lifeform Endemit
endemism Endemismus
endite Endit
endocrine gland endokrine Drüse
endocuticle Endocuticula, Endokutikula
endocytosis Endocytose, Endozytose
endoderm/entoderm Endoderm, Entoderm, inneres Keimblatt, primäres Keimblatt
endodermis Endoderm, Innenhaut
endolymph Endolymphe
endoparasite Endoparasit, Innenparasit
endoplasmatic reticulum endoplasmatisches Retikulum
endopod/endopodite (inner branch) Endopodit (Innenast)
endoskeleton Endoskelett, Innenskelett
endosymbiont theory Endosymbiontentheorie
endotheliochorial placenta endothelio-choriale Plazenta
endothelium Endothel
endurance/persistence/hardiness/perseverance Ausdauer, Dauerhaftigkeit
endysis Endysis, Federneubildung (feathers), Fellneubildung (fur/pelage)
enemy/predator Feind, Freßfeind
energy flux Energiefluß
energy requirements Energiebedarf
engulf einverleiben, verschlingen
enrichment Anreicherung
enteral/enteric enterisch
enterocoel/"intestine coelom" Enterocöl
entocodon Glockenkern
entoderm/endoderm Entoderm, Endoderm, inneres Keimblatt, primäres Keimblatt
entoecism Entökie
entomology Entomologie, Insektenkunde

entrails/innards/viscera/guts (fish viscera etc.) Innereien, Eingeweide
entrainment (rhythm adjustment) Rhythmus-Anpassung (circadiane)
enurination/urine spraying Harnspritzen
environment Umwelt
environmental die Umwelt betreffend, Umwelt...
environmental conditions Umweltverhältnisse
environmental degradation Umweltzerstörung
environmental geology/geoecology Geoökologie
environmental impact assessment (EIA) Umweltverträglichkeitsprüfung (UVP)
environmental insult Umweltschmähung
environmental protection/nature protection/environmental conservation/nature conservation/nature preservation Umweltschutz, Naturschutz
environmental requirements Umweltansprüche
environmental resistance Umweltwiderstand
environmental science Umweltwissenschaft
environmentalist Umweltschützer
enzymatic enzymatisch, Enzym...
enzymatic catalysis Enzymkatalyse
enzymatic degradation enzymatischer Abbau
enzymatic inhibition/enzymatic repression/inhibition of enzyme Enzymhemmung
enzymatic pathway enzymatische Reaktionskette
enzymatic reaction Enzymreaktion
enzymatic specificity Enzymspezifität
enzyme Enzym, Ferment
enzyme activation/activation of enzyme Enzymaktivierung
enzyme cascade Enzymkaskade
Eocene/Eocene Epoch Eozän (erdgeschichtliche Epoche)
eosuchians (ancient two-arched reptiles)/Eosuchia/Younginiformes Urschuppensaurier
epaxial epaxionisch (Rumpfmuskulatur)
ependymal cell Ependymzelle
ephemere Ephemere
ephippium Ephippium
epi-illumination (microscopy) Auflicht
epiblast Hypoblast
epiboly Epibolie (Umwachsung)
epicardium Epikard
epicuticle Epicuticula, Epikutikula, Grenzlamelle
epidemic Epidemie, Seuche
epidermis Epidermis, primäres Abschlußgewebe; Oberhaut
epidermis (certain invertebrates) Hypodermis
epididymis Epididymis, Nebenhoden
epifauna Epifauna
epigean/epigeal/epigeous (insects living on surface) auf der Oberfläche lebend, auf dem Erdboden lebend
epiglottis Epiglottis, Kehldeckel
epigynum Epigyne
epiphysis (pineal body) Epiphyse, Zirbeldrüse, Pinealorgan
epipod/epipodite Epipodit
epithelial tissue Epithelgewebe
epitheliochorial placenta epithelio-choriale Plazenta
epitheliomuscular cell/epitheliomuscle cell Hautmuskelzelle
epitheliomuscular tube Hautmuskelschlauch
epithelium (*pl.* epithelia) Epithel (*pl.* Epithelien)
–, ciliated Flimmerepithel, Wimperepithel, Geißelepithel
–, columnar Zylinderepithel, Säulenepithel
–, cuboidal kubisches Epithel, Pflasterepithel
–, germinal Keimepithel
–, glandular Drüsenepithel
–, olfactory/nasal mucosa Nasenschleimhaut, Riechepithel
–, pseudostratified columnar hohes-mehrschichtiges Epithel
–, sensory Sinnesepithel
–, simple columnar hochprismatisches Epithel, hohes Zylinderepithel

epithelium (*pl.* **epithelia)**
–, squamous Plattenepithel, Säulenepithel, Zylinderepithel
–, stratified zweischichtiges Epithel, mehrschichtiges Epithel
–, transitional Übergangsepithel
epithet (specific epithet) Zusatzbezeichnung, zusätzliche Bezeichnung, Beiname, Epitheton (Artbezeichnung/Artname)
epitoke epitok
epizooic disease/epizooic pest/livestock epidemic Tierseuche, Viehseuche
epoch (lower/upper *or* **early/late)** Epoche (frühe/späte)
equal cleavage äquale Furchung, gleichmäßige Furchung
equally pinnate/equally pennate/paripinnate paarig gefiedert, paarig pinnat, paarig pennat
equatorial cleavage Äquatorialfurchung, äquatoriale Furchung
equatorial division Äquatorialteilung
equidistance Äquidistanz
equilibrium organ (static, dynamic) Gleichgewichtsorgan (statisches, dynamisches)
equine Pferde betreffend, Pferde...
eradicate/extirpate/eliminate ausrotten, ausmerzen, eliminieren
erect/strict/upright/straight aufrecht
erectile tissue/cavernous bodies Schwellkörper, Corpora cavernosa
ergate/worker (ants) Ergat, Arbeiterin
eruciform larva with more than 5 pairs of abdominal prolegs (Tenthredinidae) Afterraupe (Blattwespenlarven)
esophageal gland (gastropods) Schlunddrüse
esophagus/oesophagus/gullet Ösophagus, Speiseröhre, Kehle
establishment/settlement/naturalization/acclimatization Einbürgerung
establishment phase Eingewöhnungsphase
esthetasc/aesthetasc Ästhetask, Riechschlauch
esthete/aesthete (photosensitive structure in chitons) Ästhet (*pl.* Ästheten)
estival/aestival frühsommerlich
estivate/aestivate/pass summer in dormant stage übersommern
estivation/aestivation Ästivation, Sommerschlaf, Trockenschlaf, Übersommerung
estrous/estral östrisch, östral
estrous cycle Östruszyklus
estrus Östrus
estuary Ästuar, Flußmündung
ethogram Ethogramm
ethology Ethologie, Verhaltensforschung, Verhaltensbiologie
eukaryote/eucaryote Eukaryont, Eukaryote, Eucaryont, Eucaryot
eukaryotic/eucaryotic eukaryontisch, eukaryotisch, eucaryontisch, eucaryotisch
eulamellibranch bivalves/Eulamellibranchia Lamellenkiemer, Blattkiemer
euphotic zone euphotische Zone
eupyrene (sperm) eupyren
euryoecious/euryecious/euryoecic euryök
eurytele Eurytele
eustachian tube Eustachische Röhre
eutely/cell constancy Eutelie, Zellkonstanz
euthyneural nerve pattern Euthyneurie, sekundäre Orthoneurie
eutrophicate eutrophieren
eutrophication Eutrophierung
evaporative cooling Verdunstungskälte
even-toed ungulates/cloven-hoofed animals/artiodactyls/Artiodactyla Paarhufer
eversed evers
eviscerate (sea cucumber) auswerfen der Eingeweide (Cuviersche Schläuche)
evolution/phylogeny/phylogenesis Evolution, Phylogenie, Phylogenese, Abstammungsgeschichte, Stammesgeschichte, Stammesentwicklung
evolutionary/phylogenetic/phyletic evolutionär, abstammungsgeschichtlich, phylogenetisch, phyletisch
evolutionary studies Abstammungslehre

ewe Mutterschaf
exalbuminous eiweißlos
exarate pupa / pupa exarata (free appendages) gemeißelte Puppe
excavation Ausgrabung
exchange Austausch
excitation / irritation Erregung, Irritation
exclusion Exklusion, Ausschluß
exclusive (sociality) treu, fest (Gesellschaftstreue)
excretions / excreta Exkretion, Exkrete, Exkremente, Ausscheidungen
excretory canal Exkretionskanal
excretory cell Exkretzelle
excretory organ Exkretionsorgan, Ausscheidungsorgan
excretory system Exkretionssystem, Ausscheidungssystem
excretory tissue / secretory tissue Ausscheidungsgewebe
excurrent überragend, heraustretend, auslaufend
excurrent aperture / exhalant aperture (egestive aperture) Ausströmöffnung (Egestionsöffnung)
excursion / field trip Exkursion
exhalation Exhalation, Ausatmung, Expiration
exhibition / show / display Zurschaustellung, Ausstellung
existing / extant existierend, bestehend
exite (arthropods) Exit
exodermis Exodermis, Außenhaut
exogenous cyst Tochtercyste
exoparasite / ectoparasite / epizoon (*see also*: skin parasite) Exoparasit, Ektoparasit, Außenparasit (*siehe:* Hautparasit)
exopod / exopodite (outer branch) Exopodit (Außenast)
expansion / dilation / dilatation Expansion, Dilatation, Ausweitung
experiment / test Versuch
experiment setup Versuchs- anordnung
experimental procedure / experimental protocol / experimental method Versuchsverfahren
experimental series Versuchsreihe
exploratory behavior Erkundungsverhalten
extant / contemporary zeitgenössisch
extension Streckung (Muskel)
extensor Strecker, Extensor
external shell / ectocochlea Außenschale, Ectocochlea
external stimulus Außenreiz
extinct, become / die out aussterben
extinct / died out ausgestorben
extinction / dying out Aussterben
extirpation / eradication Ausrottung, Ausmerzung
extracellular extrazellulär, außerzellulär
extraembryonic membrane Embryonalhülle, Keimhülle
extremity / limb Extremität
extrusome / extrusive organelle Extrusom, Ausschleuderorganelle
exudate / exudation / secretion Exsudat, Absonderung, Abscheidung
exuvia (cast-off skin, shell etc.) Exuvie
exuvial fluid / molting fluid Exuvialflüssigkeit, Häutungs- flüssigkeit, Ecdysialflüssigkeit
eye Auge
eye chamber Augenkammer
eye facet Augenfacette, Augenfazette
eyeball Augapfel
eyebrow Augenbraue
eyelash Augenwimper, Wimper
eyelid Augenlid, Lid, Augendeckel
eyespot / stigma Augenfleck, Stigma
eyestalk Augenstiel
eyeworm disease, African / loa (*Loa loa*) Kamerunbeule

F

fabric/mesh/network (e.g. spiders) Gewebe (z. B. Spinngewebe)
face Gesicht
facet eye/compound eye Fazettenauge, Komplexauge, Netzauge, Seitenauge
facial expression Miene, Gesichtsausdruck
facial features Gesichtszüge
facies Fazies
facilitation Facilitation, Bahnung
facultative/optional fakultativ
fairy shrimps/anostracans/ Anostraca Schalenlose, Kiemenfüße
falcate/falciform/sickle-shaped sichelförmig
falconer/hawker Falkner
falconery Falknerei
Fallopian tube/uterine tube (oviduct of mammals) Eileiter
fallow deer Damwild
false/spurious falsch
false scorpions/Pseudoscorpiones/ Chelonethi Afterskorpione
falx cerebri (sickle-shaped fold in dura mater) Großhirnsichel
family tree/dendrogram (pedigree) Stammbaum
fan (bees) fächeln
fan/fanning with lifted abdomen (bees: exposing Nasanov organ) sterzeln
fan-shaped/flabellate fächerförmig
fang/carnassial tooth (carnivores) Reißzahn, Fangzahn, Fang
- **poison fang/venomous fang/ unguis (chelicerates)** Giftklaue
- **poison tooth/venom tooth (snakes)** Giftzahn

fanning (bees) Fächeln
fanning with lifted abdomen (exposing Nasanov organ) sterzeln
farming/agriculture Landwirtschaft, Ackerwirtschaft
farmland/tillage/tilth/cultivated land/ arable land Ackerland
farrow (bring forth young pig litter) ferkeln (Wurf kleiner Schweine hervorbringen)
fascia (ensheating band of connective tissue) Bindegewebshülle, Faszie
fascial/fasciate/band-shaped bandförmig
fasciate/banded/broadely striped (breit~), breit gestreift, breit streifig, gebändert
fasciation Fasziation, Verbänderung
fast-growing/rapid-growing schnellwachsend
fasting Fasten
fat Fett
fat body Fettkörper, Corpus adiposum
fat cell/adipocyte Fettzelle
fatten mästen
fatty/adipose fettartig, fetthaltig, Fett...
fatty tissue/adipose tissue Fettgewebe
fauna/animal life Fauna, Tierwelt
fauna (faunal work/manual: with key) Fauna, Tierbestimmungsbuch
faunal faunistisch
faunistics Faunistik
fawn Rehkitz
feather Feder
feather papilla Federpapille, Federbalg
feather parasite (bird louse/body louse: *Mallophaga*) Federling
feather ruffling Fiedersträuben
feather stars/comatulids/ Comatulida Haarsterne, Federsterne
feather tract/pteryla Federflur, Pteryla
featherless/apterial federlos
featherless space/apterium (*pl.* apteria) Federrain, federlose Stelle, Apterium
feathery/plumose fedrig, federig
feces Fäkalien, Kot, Stuhl
fecundity Fekundität
feed *(n.)* Futter
feed *(vb.)* füttern
feed on something/ingest fressen, sich ernähren, etwas zu sich nehmen, sich von etwas ernähren
feedback Rückkopplung
feedback inhibition/end-product inhibition negative Rückkopplung
feedback system Regelkreis

feeding habits Freßgewohnheiten
feeding polyp/nutritive polyp/ gastrozooid/trophozooid Freßpolyp, Nährtier, Gasterozoid, Trophozoid
feeler/antenna (*see also under:* antenna) Fühler, Antenne
feeling/sensation Gefühl
feign death/play dead totstellen
feigning death Sich-Totstellen
feline katzenartig, Katzen betreffend, Katzen... (Felidae)
felty/felt-like/tomentose filzig
female Weibchen
femoral gland (follicular gland: lizards) Schenkeldrüse (Follikulärorgan: Eidechsen)
femur Femur, Schenkel
fenestrated gefenstert
fenestrated flame cell (protonephridia) Reusengeißelzelle, Cyrtocyte (*siehe*: Flammenzelle)
feral verwildert
fermentation Fermentation, Gärung
fertile fertil, fruchtbar
fertility Fertilität, Fruchtbarkeit
fertilization Fertilisation, Befruchtung
fertilization cone Empfängnishügel
fertilization membrane Befruchtungsmembran
fertilize befruchten
– **(soil with plant nutrients)** düngen
fertilizer/manure Dünger, Düngemittel
fetlock (horse: metatarso-phalangeal articulation) Köte, Fesselkopf, Fesselgelenk (Pferd)
fetlock hair Kötenbehang, Kötenhaare, Fesselhaare
fiber Faser
fibril Fibrille
fibrillar fibrillär
fibrous/stringy faserig
fibrous bone Faserknochen, Geflechtknochen
fibrous cartilage/fibrocartilage Faserknorpel
fiddle-shaped/panduriform geigenförmig
fidelity (to a community) Gesellschaftstreue
field/land/farmland Acker
field bee/forager Sammelbiene, Sammlerin
field boundary strip/balk Ackerrain, Feldrain
field capacity (moisture) Feldkapazität
field excercise Geländeübung
field of vision//field of view/range of vision/visual field Gesichtsfeld, Blickfeld, Sehfeld
field study/field investigation/field trial Feldversuch, Freilanduntersuchung, Freilandversuch
fight-or-flight reaction Kampf-oder-Flucht Reaktion
fighting behavior Kampfverhalten
filament/thread Filament, Faden
filamentous/filliform/thread-shaped/ threadlike trichal (haarförmig), fadenförmig
filarial worms Filarien
filibranch bivalves/Filibranchia Fadenkiemer
filibranch gill Filibranchie, Fadenkieme
filiform/filamentous/threadlike/ hairlike fadenförmig, fadenartig, haarförmig, trichal
filling (of palps) Laden (der Palpen)
filly (female horse/pony under 4 years) weibliches Fohlen/Füllen
filoplume Filopluma, Fadendune, Fadenfeder
filopodium Filopodium
filter feeder Filtrierer, Filterer
filter-feeding Filtern, Nahrungsfiltern
filz gall Filzgalle
fimbriate/fimbriated/fringed fransenartig, gefranst, befranst
fimbriated funnel of oviduct/ infundibulum Flimmertrichter, Wimperntrichter, Eileitertrichter, Infundibulum (mit Ostium tubae)
fin Flosse
fin rot Flossenfäule
final host Endwirt
fine adjustment Feinjustierung
finely notched/serrulate feingesägt
finely striped/striated fein gestreift
finger/digit Finger, Digitus
fingered/digitate gefingert
fingerlike/fingershaped/digitiform fingerförmig, handförmig
fingernail Fingernagel

firmly attached (permanently)/sessile festsitzend, festgewachsen, festgeheftet, aufsitzend, sessil
first animals/protozoans Urtierchen, Urtiere, „Einzeller", Protozoen
fish (culinary) Fisch (kulinarisch)
fish eggs/roe Fischlaich, Rogen
fish lice/Branchiura/Argulida Fischläuse, Karpfenläuse, Kiemenschwänze
fish-eater/piscivore Fischfresser
fish-eating/piscivorous fischfressend
fishes/Pisces Fische
fist Faust
fist-walking Faustgang (Handknöchel)
fitness/suitability Fitness, Eignung
fixation Fixierung
fixative Fixativ, Fixiermittel
fixed action pattern Erbkoordination (formkonstante Verhaltenselemente)
flabellate/fan-shaped fächerförmig
flabellate antenna/flabelliform antenna/fan-shaped antenna Fächerfühler
flagellar basal body/flagellar corpuscle/flagellar granule/kinetosome/mastigosome/blepharoplast/blepharoblast Basalkörper, Kinetosom, Blepharoplast
flagellar pocket/reservoir/anterior pocket Geißelsäckchen
flagellate(d) flagellat, begeißelt
flagellates/mastigophorans/Flagellata/Mastigophora Geißeltierchen, Geißelträger, Flagellaten
flagellation Begeißelung
flagellomer Flagellomer
flagellum Flagelle, Geißel (Antenne: Fühlergeißel)
– **pleuronematic flagellum/tinsel flagellum/flimmer flagellum** Flimmergeißel
– **pulling flagellum** Zuggeißel
– **pushing flagellum** Schubgeißel
– **tinsel flagellum/flimmer flagellum/pleuronematic flagellum** Flimmergeißel
– **trailing flagellum** Schleppgeißel
flame bulb Wimperkölbchen, Wimperkolben
flame cell/flame bulb (terminal flame bulb) Flammenzelle, Wimperflammenzelle
– **fenestrated flame cell (protonephridia)** Reusengeißelzelle, Cyrtocyte (*siehe*: Flammenzelle)
flamingoes and allies/Phoenicopteriformes Flamingos
flap of skin Hautfalte
flapping flight Flatterflug
flatfishes/Pleuronectiformes Plattfische
flatworms/platyhelminths/Platyhelminthes Plattwürmer, Plathelminthen, Plathelminthes
flatworms, free-living/turbellarians/Turbellaria Strudelwürmer, Turbellarien
flavor/flavoring Geschmacksstoff
flea-bitten grey/white horse Fliegenschimmel
fleas/Siphonaptera/Aphaniptera/Suctoria Flöhe
fledge flügge werden
fledged, fully/full-fledged (able to fly) flügge (flugfähig)
fledgling eben flügge gewordener Vogel/Jungvogel
flense flensen (abhäuten/Walspeck abziehen)
flesh/meat Fleisch
flesh-eater/meat-eater/carnivore Fleischfresser, Karnivor, Carnivor
flesh-eating/meat-eating/carnivorous fleischfressend, karnivor, carnivor
fleshy fleischig
fleshy-finned fishes/sarcopterygians/Sarcopterygii/Choanichthyes Fleischflosser
flews (dogs) Lefze(n)
flex/bend/curve back (arm/leg) beugen (Arm/Bein)
flexion (muscle) Beugung
flexor (muscle) Flexor, Beuger
flight/flock (birds) Schwarm, Schar (Vogelschar)
flight feather/remex (*pl.* remiges) Schwungfeder, Remex
flight reaction/escape reaction Fluchtreaktion
flightless/unable to fly flugunfähig

flightlessness/unableness to fly Flugunfähigkeit
flimmer/tinsel Flimmerhärchen
flimmer flagellum/tinsel flagellum/pleuronematic flagellum Flimmergeißel
flipper/fluke Schwimmflosse (groß/fleischig), paddelartig Flosse (z.B. bei Delphinen), Paddel
float/air sac/pneumatophore Schwebeorgan, Gasbehälter, Pneumatophor
floatoblast (bryozoans) Flottoblast
floccose flockig
flock *(vb.)* **(e.g. birds)** sammeln, versammeln, zusammenscharen, zu Scharen zusammenkommen
floral guide Blütenmal
flourish/thrive florieren
flow rate (volume per time) Strom
flow resistance Strömungswiderstand
flower animals/anthozoans/Anthozoa Blumentiere, Blumenpolypen, Anthozoen
fluctuation Schwankung
fluctuation of population Populationsschwankung, Bevölkerungsschwankung
fluence Flußrate
fluid-mosaic model Flüssigmosaikmodell
flukes/trematodes/Trematoda Saugwürmer, Egel, Trematoden
flutter/flap (the wings) flattern (mit den Flügeln schlagen)
flux (volume per time per transect; light/energy) Fluß
fly-pollinated flower/myiophile Fliegenblume, Myiophile
flying lemurs/dermopterans/Dermoptera Pelzflatterer
foal Fohlen, Füllen
foaling gebären eines Fohlens, Fohlengebären
foam *(n.)* Schaum
foam *(vb.)* schäumen
focal length Brennweite
focal plane Brennebene
focal point/focus Brennpunkt
focus/adjustment (fine/coarse) Justierung (Scharfeinstellung des Mikroskops: fein/grob)
focus/focussing fokussieren
focus, not in/out of focus/blurred (microscopy/photography) unscharf
focussing Scharfeinstellung
fodder/forage Futterpflanze
fold gall (leaf margin) Blattrandgalle
fold/plication/wrinkle Falte
folded/pleated/plicate gefaltet, faltig
follicle Follikel
follicular gland (femoral gland) Follikulärorgan, Follikulärdrüse (Schenkeldrüse: Eidechsen)
follower Laufsäugling
following behavior Nachfolgeverhalten
fontanel Fontanelle
food Essen, Nahrung
food begging Futterbetteln
food chain Nahrungskette
food hoarding Futterhorten
food vacuole/gastriole Nahrungsvakuole
food web Nahrungsnetz, Nahrungsgefüge
foot Fuß
foot/haustorium Fuß, Haustorium
foot sole/pedal sole/planta Fußsohle, Planta (*also*: Kriechsohle/Kriechfußsohle)
foot-and-mouth disease/aphthous fever ***(Aphthovirus)*** Maul-und-Klauenseuche
forage *(vb.)* auf Nahrungssuche gehen
forager Sammler
forager/field bee Sammelbiene, Sammlerin
foraging behavior Weideverhalten
foraminicidal foraminicid, foraminizid, fensterspaltig
foraminiferans/forams Lochträger, Foraminiferen
forcipulatids/Forcipulatida Zangensterne
fore reef Vorriff
fore-kidney/pronephros Vorniere, Pronephros
forearm Unterarm
forebear/ancestor/progenitor Vorfahre, Ahne
forebrain/prosencephalon (telencephalon & diencephalon) Vorderhirn, Prosencephalon

foregut/stomodaeum/stomodeum Vorderdarm, Munddarm, Mundbucht, Stomodaeum
forehand (horse) Vorhand
forehead/frons Stirn, Frons
foreleg Vorderbein
forelimb Vorderextremität
foremilk/colostrum Vormilch, Biestmilch, Colostrum
foreskin/preputium/prepuce Vorhaut, Präputium
forewing/front wing/tegmina Vorderflügel (Oberflügel/Deckflügel/Flügeldecke)
forficulate/forficiform scherenförmig
forked/furcate gegabelt
forking/bifurcation/dichotomy Gabelung, Gabelteilung, Dichotomie
formation Formation
fornix Fornix, Gewölbe
fossil Fossil
fossil fuel fossiler Brennstoff
fossil record fossiles Zeugnis, Fossilieninventar
fossil remains fossile Überreste
fossiliferous (strata) fossilienführend, Fossilien enthaltend
fossilization Fossilisierung
fossilized fossilisiert
fossorial zum Graben geeignet, Grab...
fossorial leg Grabbein
foster/nurture/rear/bring up aufziehen, erziehen
foster raising Ammenaufzucht
foulbrood (bees) Faulbrut
foul/rot verfaulen
founder polyp/primary polyp Gründerpolyp, Primärpolyp
founder principle Gründerprinzip
four-handed/quadrumanous vierhändig
fovea/small pit Grübchen, kleine Grube
foveolate/having small depressions grubig, kleingrubig
fowl Federvieh, Geflügel
fowl/poultry (domestic) Geflügel (Hausgeflügel)
fragrance/perfume (strong pleasant scent) (angenehmer) Geruchsstoff
fragrance/scent/smell Duft, Geruch (angenehm)
fragrant/pleasantly smelling (angenehm) duftend
frame line (spiderweb) Rahmenfaden
frass (debris produced by insects) Fraßmehl
frass (feces of insect larvas) Kot von Insektenlarven
frayed/fringed/fimbriate(d) fransig
free pupa/pupa libra freie Puppe
free zone (web) freie Zone
free-floating/pendulous frei schwebend
free-living freilebend
free-living flatworms/turbellarians/Turbellaria Strudelwürmer, Turbellarien
freeze-dry Gefriertrocknung
freeze-etching Gefrierätzung
freeze-fracture/cryofracture Gefrierbruch
frenulum Frenulum, Zügel, Stützleiste
frequence-dependent selection frequenzabhängige Selektion/Auslese
frequency of occurrence/abundance Häufigkeit
fresh weight (*sensu stricto*: fresh mass) Frischgewicht (*sensu stricto:* Frischmasse)
freshwater Süßwasser
freshwater snails/Basommatophora (Pulmonata) Wasserlungenschnecken
fright coloration Schreckfärbung, Schrecktracht
fringe community/gallery community Saumgesellschaft
fringed/fimbriate/fimbriated gefranst, befranst
fringing reef Saumriff, Küstenriff, Strandriff
frogs and toads/anurans/Salientia/Anura Froschlurche (Frösche und Kröten)
front side/ventral vorderseitig (bauchseitig), ventral
frontal carina Frontalleiste, Stirnleiste
frontal gland/cephalic gland Frontaldrüse, Stirndrüse, Kopfdrüse
frontal heart/frontal sac Stirnherz
frontal lobe Frontallobus, Stirnlappen
frontal membrane (bryozoans) Frontalmembran

frontal organ Stirnorgan
frontal plate Stirnplatte
frontal sinus/sinus frontalis Stirnhöhle (Nebenhöhle: Schädel)
frost/rime frost/white frost Frost
frost damage/frost injury/freezing injury Frostschaden, Frostschädigung
frost hardening Frosthärtung
frost hardiness Frosthärte, Frostbeständigkeit
frost tolerance Frostverträglichkeit
frost-resistant/frost hardy frostbeständig, frostresistent
frost-tender/susceptible to frost frostempfindlich
frugivore/fructivore Frugivor, Fruktivor, Fruchtfresser
frugivorous/fruit-eating/feeding on fruit/carpophagous frugivor, fruktivor, fruchtfressend, karpophag
frustule (diatoms) Schale
fry (fish) Brut, Fischbrut
fugacious/short-living/short-lived/soon disappearing kurzlebig, hinfällig
fulcrum Stützorgan
full song Vollgesang
full-grown ausgewachsen
functional system/behavior system Funktionskreis
fundus gland Fundusdrüse
fungus garden Pilzgarten
funnel/siphon/infundibulum Trichter, Sipho, Infundibulum
funnel web/tube web (spiders) Trichternetz, Röhrennetz
funnel-shaped/infundibulate trichterförmig
fur/coat Fell, Pelz
furca Furca, Sprunggabel
furcal retinaculum Retinaculum, Sprunggabelhalter
furcate/forked gegabelt
furcula (insects) Furcula, Sprunggabel
furcula/fourchette (united clavicles of birds) Furcula, Gabelbein
furfuraceous/scurfy schorfig, Schorf..., kleinschuppig
furrowed/grooved/fissured/sulcate gefurcht, furchig, gerieft
fused/coalescent verwachsen, angewachsen
fusion Fusion, Verschmelzung
fusion of nuclei/caryogamy Kernverschmelzung, Karyogamie
fusion/coalescence/symphysis Verwachsung

G

gait/pace Gang, Gangart
- **canter/Canterbury gallop/slow gallop** Kanter, leichter Galopp
- **diagonal gait** Diagonalgang, Kreuzgang
- **digitigrade gait** Digitigradie, Zehengang
- **gallop (fast three-beat gait)** Galopp (Sprunglauf)
- **orthograde gait/erect gait/upright gait** aufrechter Gang, aufrechte Gangart
- **plantigrade gait** Plantigradie, Sohlengang
- **running-step (horses)** Tölt
- **trot/trotting gait** Trab, Trott (schnelle Gangart)
- **unguligrade gait** Unguligradie, Zehenspitzengang, Hufgang

galea/outer lobe of maxilla Galea, Außenlade

gall/cecidium Galle, Pflanzengalle, Cecidium
- **covering gall** Umwallungsgalle
- **knopper gall** Knoppergalle
- **leaf gall** Blattgalle
- **marble gall** Schwammkugelgalle
- **medullar/mark gall** Markgalle
- **petiolar gall** Blattstielgalle
- **pin cushion gall/bedeguar** Schlafapfel, Bedeguar
- **pineapple gall** Ananasgalle
- **pouch gall** Beutelgalle
- **roll gall** Rollgalle
- **root gall/root knot (nematodes)** Wurzelgalle
- **twig gall** Stengelgalle, Zweiggalle

gall apple Gallapfel

gall bladder Gallenblase

galler(s)/gallmaker(s) Gallerreger *(sg. & pl.)*

gallery Gallerie, unterirdischer Gang, Stollen, Laufgang

gallicolous gallicol, gallenbewohnend, Gall…

gallinaceous hühnerartig

gallinaceous birds/fowl-like birds/Galliformes Hühnervögel

gallop (fast three-beat gait) Galopp (Sprunglauf)

game Wild (jagbare Tiere), Wildbret

game birds (legally hunted) Jagdgeflügel

game population/stock of game Wildbestand

game preserve/game reserve/game enclosure Wildgehege

gamete/sex cell Gamet, Keimzelle, Geschlechtszelle

gametocyst Gametocyst, Gametozyst

gametocyte Gametocyt, Gametozyt

gametogamy/syngamy Gametogamie, Syngamie

gametogony/gamogony Gametogonie, Gamogonie

gander (adult male goose) Gänserich

ganglion Ganglion, Nervenknoten

ganoid scale Ganoidschuppe, Schmelzschuppe

ganoine Ganoin

gap Lücke

gap junction Kommunikationskontakt, Macula communicans, Nexus, Gap junction (Zellkontakte)

gape *(n.)* (beak/bill) Schnabelspalt

gape/gaping *(vb.)* klaffen, offen stehen (Muschel); sperren, aufsperren (Schnabel)

gape/gaping *(vb.)* (for air) schnappen (nach Luft)

gars/Lepisosteiformes Knochenhechte

gas chamber (nautilus) Gaskammer

gas exchange/gaseous interchange Gasaustausch

gas gland Gasdrüse

gaskin (horse) Hinterschenkel

gaster Gaster

gastric cecum/digestive cecum/gastric diverticulum/digestive diverticulum Magenblindsack, Magendivertikel

gastric filament Gastralfilament

gastric gland (rotifers) Magendrüse

gastric juice Magensaft

gastric mill/triturating mill Magenmühle

gastric mucosa/mucous tunic (mucosal layer of stomach) Magenschleimhaut, Tunica mucosa

gastric pit/foveola gastrica Magengrübchen
gastric pouch Gastraltasche, Darmsack
gastrocoel/archenteron (primitive gut of embryo) Gastrocöl, Urdarm, Archenteron
gastrodermal tube/solenia Gastrodermis-Kanal, Solenie
gastrointestinal tract Gastrointestinaltrakt, Magen-Darm-Trakt
gastrolith Gastrolith, Magenstein, Magensteinchen, Hummerstein
gastrotrichs Gastrotrichen, Bauchhaarlinge, Bauchhärlinge, Flaschentierchen
gastrovascular system Gastrovaskularsystem
gastrula Gastrula, Becherkeim, Becherlarve
gated ion channel Ionenschleuse
gatherer/collector Sammler
gel Gallerte
gelatin Gelatine
gelatinous/gel-like gallertartig
geld/castrate (stallion) reißen (Hengst), kastrieren
gelding kastriertes Tier (Pferd: Wallach)
gender/sex Geschlecht
gene Gen, Erbfaktor
gene flow Genfluß
genealogy Genealogie
generalist Generalist
generation period Generationsdauer
generator potential Generatorpotential
generic name Gattungsname
genetic drift Gendrift
genetics (study of inheritance) Genetik (Vererbungslehre)
genicular knieartig, Knie…
geniculate/bent like a knee knieförmig gebogen
genital display Genitalpräsentieren
genital opening/genital aperture/genital pore/gonopore Genitalöffnung, Begattungsöffnung, Genitalporus, Geschlechtsöffnung, Gonopore
genital plate Genitalplatte
genital pouch/bursa copulatrix Begattungstasche
genital primordium Genitalanlage
genitals/genitalia/genital organs/sexual organs Genitalien
genotype Genotyp, Genotypus
genu/patella (arthropods) Knie, Patella
genus (*pl.* genera) Gattung
geocole/geodyte/terricole/soil-dwelling organism Bodenorganismus
geoecology/environmental geology Geoökologie
geographic range/area of distribution Verbreitungsgebiet, Areal
geographical geographisch, erdkundlich
geography Geographie, Erdkunde
geological geologisch, erdgeschichtlich
geological era Erdzeitalter
geology/Earth science Geologie
geophagous geophag, erdeessend
geophagy/geophagism Geophagie, Erdeessen
geophilomorphs/Geophilomorpha Erdläufer
geophilous geophil
germ (microorganism) Keim
germ/embryo Keim, Keimling, Embryo
germ band (insect egg) Keimstreifen
germ layer (embryo) Keimschicht, Keimblatt, Blatt
germ line Keimbahn
germ plasm/idioplasm/gonoplasm Keimplasma, Idioplasma
germ spot/macula germinativa Keimfleck
germinal disc/germinal disk/germ disc/germ disk/blastodisc Keimscheibe, Embryonalschild, Diskus, Discus
germinal epithelium Keimepithel
germinal layer *(Echinococcus)* Keimschicht
germinal streak/primitive streak Keimstreifen, Primitivstreifen
germinal vesicle Keimbläschen
germinate/sprout keimen

gestation/pregnancy/gravidity Gestation, Schwangerschaft, Trächtigkeit, Gravidität
- **period of gestation** Tragzeit, Tragezeit

gestational period Schwangerschaftsperiode
gesture Gestik, Geste, Gebärde
giant fiber/Mauthner's cell Riesenfaser, Mauthnersche Zelle, Mauthner-Zelle (Fische)
giardiasis *(Giardia lamblia)* Giardiasis, Lamblienruhr
gibbose/gibbous (on bill of birds) höckerig, buckelig
gibbosity (on bill of bird) Höcker, Buckel, Wölbung
giblets (edible viscera of fowl) Innereien (eßbare Organe des Geflügels)
gill Kieme
gill arch/branchial arch/visceral arch Kiemenbogen, Branchialbogen, Viszeralbogen (Gesamtheit der Teile)
gill bailer/bailer/scaphognathite Atemplatte, Scaphognathide, Scaphognathit
gill bar/branchial bar/visceral bar (skeleton only) Kiemenbogen, Branchialbogen, Viszeralbogen (nur Knorpelspange)
gill basket Kiemenkorb
gill cavity/gill chamber Kiemenhöhle, Kiemenkammer
gill cleaner Kiemenbürste (Flabellum)
gill comb/gill plume/ctenidium Kammkieme, Fiederkieme, Ctenidie
gill cover/operculum Kiemendeckel, Operkulum
gill filament Kiemenfilament, Kiemenfaden
gill heart/branchial heart (cephalopods) Kiemenherz
gill lamella (fish/bivalves) Kiemenblatt, Kiemenblättchen, Kiemenlamelle, Hemibranchie (Fische, Muscheln)
gill opening/gill aperture Kiemenöffnung
gill plume/gill comb/ctenidium Fiederkieme, Kammkieme, Ctenidie
gill pouch/branchial sac/pharyngeal pouch Kiementasche, Kiemensack
gill raker Kiemendorn
gill ray Kiemenstrahl
gill rod (cephalochordates) Kiemenbalken
gill slit/pharyngeal slit/gill cleft/branchial cleft/pharyngeal cleft Kiemenspalte, Viszeralspalte
ginglymus joint/hinge joint Scharniergelenk
girdle/cingulum Gürtel, Gurt, Cingulum
girdled pupa/pupa cingulata Gürtelpuppe
girdling/ringing Gürteln, Ringelung (Baumrinde)
girth Umfang
give birth/bear young/bear offspring gebären, niederkommen, Junge bekommen
giving birth/parturition Gebären, Niederkunft
gizzard (birds) Muskelmagen
gizzard/proventriculus (insects/crustaceans) Kaumagen, Proventriculus
gladius/pen (chitinous internal shell) Gladius, Rückenfeder
gland Drüse
gland cell Drüsenzelle
glandular drüsig
glandular epithelium Drüsenepithel
glandular portion of stomach Drüsenmagen
glass sponges/Hexactinellida Glasschwämme, Hexactinelliden
glaucous/grey-green graugrün, blaugrün
glial cell Gliazelle
glide/gliding (flight) Gleitflug
glochidiate/provided with barbs widerhakig
glochidium (larva) Glochidium
glossiness Lackglanz
glossy glänzend
gluteal fold Gesäßfalte
glutinant Glutinante, Klebkapsel
glycocalyx (cell coat) Glykokalyx
gnathobase/blade (crustaceans) Kaulade
gnathochilarium Gnathochilarium
gnathopod Gnathopod

gnathos Gnathos
gnathosoma/capitulum Gnathosoma, Capitulum
gnathostomulids/Gnathostomulida Kiefermäuler, Kiefermündchen, Gnathostomuliden
gnaw nagen (an etwas nagen)
gnawer/rodent Nager, Nagetier
gnawing nagend
Goblet cell (mucous-producing) Becherzelle, Schleimzelle
Golgi apparatus/Golgi complex Golgi-Apparat
Golgi vesicle Golgi-Vesikel
gonad/sex gland Gonade, Keimdrüse, Geschlechtsdrüse
gongylidium (*pl.* gongylidia)/ bromatium Gongylidie, Bromatium, „Kohlrabi"
gonopalpon Genitaltaster
gonopod/gonopodium Gonopodium, Genitalfuß, Begattungsfuß
gooseflesh/goose pimples/goose bumps Gänsehaut
gorger (animal which gulps down entire prey) Schlinger
gorgonians/Gorgonaria Rindenkorallen, Hornkorallen
gosling junge Gans, Gänschen
gossamer (film of cobwebs floating in air) Altweibersommer (Spinnengewebe)
Graafian follicle Graafscher Follikel, Graaf-Follikel, Tertiärfollikel
gradation Abstufung, Staffelung, Stufenfolge
grade (group at same organizational level) Gruppe (derselben Organisationsstufe)
graded ethanol series Alkoholreihe, aufsteigende Äthanolreihe
gradient Gradient, Gefälle
graft/transplant (tissue/skin) Transplantat (Gewebe~/Haut~)
granular granulär
granular gland/poison gland (amphibians) Körnerdrüse
granulocyte Granulocyt, Granulozyt
grasp Klammergriff
grasping/prehensile/able to grasp/ raptorial Greif..., zum Greifen geeignet, zupackend, ergreifend
grasping claws/clasper(s)/clasps Greifzange, Haltezange, Klasper
grasping foot/prehensile foot Greiffuß
gravid/pregnant trächtig, schwanger
gravidity/pregnancy Trächtigkeit, Schwangerschaft, Gravidität
gravitational sense Schweresinn
graze/pasture (herbaceous plants) grasen, abgrasen, abfressen, weiden (Wild: äsen)
grazer (herbs) grasendes Tier
grazer (invertebrates) Weidegänger
grazing/browsing Weiden (Wild *see:* Nahrungsaufnahme: Äsung/Geäse)
grazing animals Weidevieh
grazing food chain Fraßnahrungskette, Abweide-Nahrungskette
grebes/Podicipediformes Lappentaucher
green forage/greenstuff/soilage Grünfutter, Grünzeug
green gland/antennal gland/ antennary gland grüne Drüse, Antennendrüse, Antennennephridium
green manure Gründünger
greenhouse effect Treibhauseffekt
gregarious Herden..., in Herden lebend, Gruppen..., in Gruppen lebend, gesellig (Herdentiere/ Insekten)
gregariousness/sociability Geselligkeitsgrad, Soziabilität
gressorial/gressorious/adapted for walking zum Laufen geeignet, Lauf...
gressorial leg/walking leg Laufbein
grey crescent grauer Halbmond
grey horse Schimmel
grey matter graue Substanz
grey-green/glaucous graugrün, blaugrün
grilse Jackobslachs, Bartolomäuslachs
grinding tooth Mahlzahn
grizzly (grizzled coat/fur) grauhaarig (mit gräulichem Fell)
groin Hüftbeuge, Leiste
groom/brush/curry-comb (horses) pflegen, striegeln
groove/furrow/sulcus Furche, Rinne, Sulcus

gross production Bruttoproduktion, Gesamtproduktion
gross productivity Bruttoproduktivität
ground pecking Bodenpicken
ground tissue/fundamental tissue/parenchyma Grundgewebe, Parenchym
group/assemblage Gruppe
group importance value Gruppenmächtigkeit
group value Gruppenwert
growl (bear) brummen
growth Wachstum; Wuchs
growth curve Wachstumskurve
growth factor Wachstumsfaktor
growth form/habit/external appearance Wuchsform, Habitus, äußere Gestalt, äußeres Erscheinungsbild
growth period Wachstumsperiode
growth rate Zuwachsrate, Wachstumsrate (Wachstumsgeschwindigkeit)
growth-retarding/growth-inhibiting wachstumshemmend
growth-stimulating wachstumsfördernd
grub/thick wormlike larva/scarabeiform larva (Coleoptera/Hymenoptera/certain Diptera) Engerling (im Boden lebende Käferlarve), Bienenlarve u. a. (*see:* maggot)
grunt grunzen
guard hair Deckhaar (Grannenhaare & Leithaare)
– **long & smooth guard hair** Leithaar
– **short guard hair** Grannenhaar
guest Gast
guide/pamphlet/brochure Führer (Broschüre/Informationsschrift)
guide/tour guide Führer (Führungsperson)
guided tour Führung
guild Gilde
guinea worm/medina worm *(Dracunculus medinensis)* Drachenwurm, Medinawurm, Guineawurm
guitarfishes & skates/Rajiformes Rochenartige
guitarfishes/Rhinobatoidei Geigenrochen
gular den Kehlbereich betreffend
gular plate/gula (fish/prognathous insects) Gularplatte, Kehlplatte, Schlundplatte
gular pouch Kehlsack (Pelikan, Frosch)
gullet/cytopharynx Zellschlund, Zytopharynx, Cytopharynx
gullet/pharynx/hypostome/oral cone/manubrium Mundrohr, Magenstiel, Manubrium
gulls & shorebirds & auks/Charadriiformes Möwenvögel & Watvögel & Alken
gums/gingiva Zahnfleisch
gustatory den Geschmack betreffend, Geschmacks…
gustatory nerve Geschmacksnerv
gut *(n.)* Darmkanal
gut/eviscerate/disembowel (fish) ausweiden, ausnehmen
guyline (e. g. spiral guyline) Spannfaden (beim Netzbau der Spinnen)
gymnophionas/caecilians/wormlike amphibians (legless)/Gymnophiona/Caecilia/Apoda Blindwühlen
gynandromorph/gyander/sex mosaic Gynandromorph, Gynander
gynandromorphism Gynandromorphismus
gynogenesis Gynogenese
gyrencephalous/gyrencephalic (convoluted surface) gyrencephal, gefurcht (Gehirn)
gyroconic gyrocon (Cephalopoden: Gehäuse)

H

H zone (muscle) H-Zone
habit (regular performance) Gewohnheit
habit/external appearance/aspect/growth form Habitus, äußeres Erscheinungsbild, Wuchsform
habitat/place of living ***(sensu stricto)*** Habitat, Standort, Lebensraum
habitat assessment (*sensu lato:* site assessment) Standortbewertung
habitat ecology Standortlehre
habitat imprinting Biotopprägung
habitat requirements Standortansprüche
habituation Habituation, Gewöhnung (*see:* Gewöhnungslernen)
hackle (dog: erectile hairs along neck and back) aufstellbare Rücken- bzw. Nackenhaare
hackle (domestic fowl: neck plumage *see:* long narrow feathers) lange Nackenfedern
hackled band/zig-zag silk (spiders) zickzackförmiges Stabiliment, Stabilimentum
hadal zone (slopes) Hadal, Tiefseegrabenzone
hadopelagic zone Tiefseegrabenbereich (Wasser)
Haeckel's law/biogenetic law/biogenetic principle biogenetische Regel, biogenetisches Grundgesetz
haemapophysis/hemapophysis Hämapophyse, unterer Dornfortsatz
hagfishes/Myxiniformes (Myxinida) Schleimaale, Ingerartige, Inger
hair Haar
hair bulb Haarbulbus, Haarzwiebel
hair cell Haarzelle
hair cortex Haarrinde
hair erector muscle/arrector pili muscle Musculus arrector pili, Haarmuskel
hair follicle Haarfollikel, Haarbalg
hair medulla Haarmark
hair pencil/tibial tuft (butterflies) Haarpinsel, Duftpinsel
hair root Haarwurzel
hair root sheath Haarwurzelscheide
hair sensilla Haarsensille
hair shaft Haarschaft
hair/hairiness/pilosity Behaarung
hair-covering/indumentum/coat of hair/furcoat Haarkleid
hair-tuft Haarschopf, Haarbüschel, Haarkranz
hairless/glabrous/bald haarlos, unbehaart, kahl
hairworms/horsehair worms/threadworms/nematomorphans/nematomorphs/Nematomorpha Saitenwürmer
hairy haarig (*siehe*: behaart)
Haller's organ (ticks) Hallersches Organ
haltere Haltere, Schwingkölbchen
hammer/malleus (ear) Hammer, Malleus
hand-shaped/palmate handförmig
haptocyst (an extrusome) Haptocyste
haptor (trematodes) Haptor
hardening *(n.)* Abhärtung
hardening off abhärten
hardy/persistent/enduring ausdauernd (wiederstandsfähig)
hare Hase
harem Harem
harmful/causing damage schädlich
harmful organism/harmful lifeform Schadorganismus
harpagone/harpe (insects: male claspers) Harpagon, Harpe (Valven bei Insekten)
harvestmen/"daddy longlegs"/Opiliones/Phalangida Weberknechte
hatch/brood (eggs/young) ausbrüten
hatch/emerge (from egg/chrysalis/pupa) schlüpfen, ausschlüpfen
hatchery Züchterei, Zuchtanlage
"hatchet-footed animals"/bivalves/pelecypods/Pelecypoda/Bivalvia/Lamellibranchiata (clams: sedimentary/mussels: freely exposed) Muscheln
hatchetfishes and relatives (deep-sea)/Stomiiformes Stomiiformes (Tiefseefische)
hatchling frisch ausgebrütetes Junges
haustellate mit saugenden Mundwerkzeugen

haustorium/foot Haustorium, Fuß
haustorium/sucker Haustorium, Saugorgan
haversian canal (central canal) Haversscher Kanal
Haversian system/osteon Haverssches System, Osteon
hawker (Anisoptera) große Libelle
hay infusion Heuaufguß
head (cephalon/caput) Kopf
head-body length Kopf-Rumpf-Länge
head-foot (mollusks) Kopffuß, Cephalopodium
hearing/sense of hearing Gehör, Gehörsinn
hearing threshold/auditory threshold Hörgrenze
heart Herz
heart beat Herzschlag
heart urchins/Spatangoida Herzigel, Herzseeigel
heart valve/cardial valve Herzklappe
heartworm *(Dirofilaria spp.)* Herzwurm
heat (female) Brunst (weibliche)
– **in heat (female)/sexually aroused** brünstig, in der Brunst, geschlechtlich erregt
heat-resistant hitzebeständig
heat-tolerant hitzeverträglich
heavy metal contamination Schwermetallbelastung
hectocotylus/hectocotylized arm/heterocotylus Geschlechtstentakel, Geschlechtsarm, Hectocotylus
hedonic gland (amphibians) hedonische Drüse
heel Ferse
heel/calcaneum/calcaneus/hypotarsus (birds) Fersenbein, Hypotarsus
heelbone/calcaneum/calcaneus/os calcis Fersenbein
heifer Färse (junge Kuh: noch nicht gekalbt)
helical helical, helikal, treppenhausförmig gewunden, spiralig
– **irregularly helical (like a snail shell)/cochleate** schraubenartig gewunden, schneckenhausartig gewunden, cochlear
helicone (gastropod shell) Kegelspirale
helix/spiral Helix, Spirale
hemal arch Hämalbogen, Haemalbogen
hemal canal/hemal duct Hämalkanal, Haemalkanal
hemal system Hämalsystem, Haemalsystem
hematocyte/hemocyte Hämatocyt, Hämatozyt, Hämocyt, Hämozyt, Blutzelle
hematophagous/sanguivorous/blood-sucking blutsaugend, sich von Blut ernährend
hematopoiesis Hämatopoese, Haematopoese, Blutbildung, Blutzellbildung
hemichordates/Branchiotremata/Hemichordata Hemichordaten, Kragentiere
hemicyclic hemizyklisch
hemielytron/hemelytron Hemielytre, Halbdecke
hemihomocercal hemihomocerk, hemihomozerk
hemimetabolic development/hemimetabolous development hemimetabole Entwicklung
hemipenis Hemipenis
hemochorial placenta haemo-choriale Plazenta
hemoendothelial placenta Labyrinthplazenta
hemolymph Hämolymphe
hen Henne
– **young hen/pullet** Hühnchen
hepatic die Leber betreffend, Leber…
hepatic sacculation Lebersack, Lebersäckchen, Leberblindsack (*siehe*: Mitteldarmdrüse)
hepatopancreas (decapods) Hepatopankreas, Mitteldarmdrüse
heptamerous siebenteilig
herbivore Herbivore, Pflanzenfresser, pflanzenfressendes Tier
herd/flock Herde
herd instinct/herding instinct Herdentrieb, Herdeninstinkt
herding (guarding behavior) Herden (Hüteverhalten)
herding zu einer Herde sammeln
hereditary erblich, Erb…
hereditary disease Erbkrankheit

hereditary material Erbgut, Erbträger
hereditary relationship verwandtschaftliche Beziehung
hereditary trait Erbmerkmal
heredity/inheritance/transmission (of hereditary traits) Vererbung
hermaphrodism Hermaphroditismus, Zwittertum, Zwittrigkeit
hermaphrodite Hermaphrodit, Zwitter
–, sequential Suczedanhermaphrodit
–, simultaneous/synchronous hermaphrodite Simultanhermaphrodit
hermaphroditic (bisexual) hermaphroditisch, zwittrig (zweigeschlechtlich)
hermaphroditic duct Zwittergang
hermaphroditic gland/hermaphroditic gonad/ovotestis Zwitterdrüse
hermatypic/reef-building hermatypisch, riffbildend
herons & storks & ibises and allies/Ciconiiformes Stelzvögel, Schreitvögel
herpetology Herpetologie (Amphibien- und Kriechtierkunde/Reptilienkunde)
herrings and relatives/Clupeiformes Heringsfische, Heringsverwandte
heterocelous/heterocoelous heterocöl, heterocoel
heterocercal heterocerk, heterozerk
heterochronous heterochron
heterochrony/heterochronism Heterochronie
heterodont/anisodont heterodont, ungleichzähnig
heteroecious/heterecious/heteroxenous heterözisch
heteroecy/heteroecism Heteröcie, Heterözie
heterogamy Heterogonie, zyklische Parthenogenese
heterogeneous (consisting of dissimilar parts) heterogen, ungleichartig, verschiedenartig, andersartig
heterogenous (of different origin) heterogen, unterschiedlicher Herkunft
heterotroph/heterotrophic heterotroph
heterozygous heterozygot, mischerbig
heuristic heuristisch
hexacorallians/hexacorals/Hexacorallia Hexacorallia
hibernaculum/winter bud Hibernaculum, Dauerknospe
hibernation Überwinterung, Winterschlaf
hide *(n.)* (esp. large/heavy skins: cowhide) Fell, Haut
hide/conceal verstecken
hideout/hideaway/hiding place/retreat/refuge Versteck
hiding/concealment Verstecken
hierarchical hierarchisch
hierarchy Hierarchie
high tide/flood Flut, Tide
hindbrain/rhombencephalon Rautenhirn, Rhombencephalon
hindgut/proctodeum Hinterdarm, Enddarm (Colon & Rectum), Proctodaeum
hindlegs/posterior legs Hinterbeine
hindlimb Hinterextremität
hindquarter/haunch Hinterteil, Hinterleib, Hinterviertel (Pferd: Hinterhand)
hindwing Hinterflügel (Unterflügel)
hinge Scharnier, Schloßleiste (Muscheln)
hinge joint/ginglymus joint Scharniergelenk
hinge ligament Schloßligament
hinge socket (bivalves) Zahngrube (an Schloß der Muschelschale)
hinge teeth (bivalves) Schloßzähne
hip joint/coxa Hüftgelenk, Coxa
hipbone/innominate bone (lateral half of pelvis) Hüftbein, Hüftknochen, Os coxae (Beckenhälfte: Darm~, Sitz~, Schambein)
hirsute borstig (rauhhaarig)
hispid kurzborstig, steifhaarig
hiss (e.g. snake) fauchen, zischen
histiocyte Histiozyt, Gewebswanderzelle, Gewebs-Makrophage
histocompatibility complex Histokompatibilitätskomplex
histology Histologie, Gewebelehre

hoard *(vb.)* hamstern, raffen, horden
hoarding *(n.)* Hamstern
hoarding of food Vorratshaltung
hock (slaughter animals) Hachse
hock (birds) Mittelfußgelenk
hog/swine Schwein
hog cholera/swine fever (viral) Schweinefieber
holdfast/appressorium Haftscheibe, Haftorgan, Appressorium
hole/burrow Erdhöhle, Erdloch, Bau
holistic holistisch
hollow *(adj./adv.)* hohl
hollow bone/pneumatic bone Hohlknochen
holoblastic cleavage/complete cleavage holoblastische/vollständige/totale Furchung
Holocene/Recent/Holocene Epoch/Recent Epoch Holozän, Jetztzeit, Alluvium (erdgeschichtliche Epoche)
holocrine holokrin
holometabolic development holometabole Entwicklung
holometabolism Holometabolie
holonephros Holonephros
holoparasite/obligate parasite Holoparasit, Vollschmarotzer, Vollparasit
holotype Holotypus
homeostasis Homöostase, Homöostasie
homing instinct Heimkehrvermögen, Heimfindevermögen, Zielflug
homocelous homocöl, homocoel
homocercal homocerk, homozerk
homodont/isodont homodont, gleichartig bezahnt
homogeneous (having same kind of constituents) homogen, einheitlich, gleichartig
homogenous (of same origin) homogen, gleicher Herkunft
homograft/syngraft/allograft Homotransplantat, Allotransplantat
homoiosmotic homoiosmotisch
homoiothermic/homothermic/endothermic/warm-blooded homoiotherm, gleichwarm, endotherm, warmblütig
homologize homologisieren
homologous homolog, ursprungsgleich
homology Homologie, Ursprungsgleichheit
homopterans (cicadas & aphids & scale insects)/Homoptera Pflanzensauger
homozygous/true-bred/pure-bred homozygot, reinerbig, reinrassig
honey crop (bees) Kropf, Honigmagen, Honigdrüse, Futterdrüse
honeycomb Wabe, Honigwabe
honeycomb stomach/honeycomb bag/reticulum Netzmagen, Haube, Retikulum
honeycombed/alveolate/favose/faveolate wabenförmig, wabig
honeydew Honigtau
hood (nautilus) Kopfkappe
hoof/ungula Huf, Lauf (Huftier)
hoof-shaped/unguliform hufförmig
hoofed/ungulate behuft, mit Hufen, Huf...
hoofed game Schalenwild
hoofed mammals/ungulates Huftiere
hoof-like/ungulate hufartig
hook Haken
hook-shaped/unciform/hamiform hakenförmig
hooked/hook-like/uncinate/hamate hakig
hooklet/barbicel/hamulus (*pl.* hamuli) Häkchen, Hamulus (an Feder)
hookworms ***(Ancylostoma/Necator spp.)*** Hakenwürmer
hoot (owl) heulen, schreien
hop/jump/skip/leap hüpfen
hop (e.g. rabbit) hoppeln
hormone Hormon
horn Horn
horn sharks/Heterodontiformes Doggenhaiartige
horned gehörnt
horns Gehörn, Hörner (Geweih *see:* antlers)
hornworm (hawk moth/sphinx moth larva) Schwärmerlarve, Schwärmerraupe (mit Afterhorn)
horny sponges/Cornacuspongiae Hornschwämme, Netzfaserschwämme

horsehair worms/hairworms/ threadworms/nematomorphans/ nematomorphs/Nematomorpha Saitenwürmer
horseshoe crabs/Xiphosura Pfeilschwanzkrebse
host Wirt (allgemein: Wirtsorganismus/Wirtstier)
- **alternate host** Wechselwirt
- **final host** Endwirt
- **intermediary host** Zwischenwirt
- **main host/primary host/definitive host** Hauptwirt
- **paratenic host/transfer host** paratenischer Wirt, Sammelwirt, Stapelwirt, Transportwirt
- **reservoir host** Reservoir-Wirt
- **secondary host** Nebenwirt

host animal Wirtstier
host cell Wirtszelle
host organism Wirtsorganismus
host plant Wirtspflanze
host range Wirtsspektrum
host specificity Wirtsspezifität
hostile commensalism/synechthry/ synecthry Raubgastgesellschaft, Synechthrie
house bee Stockbiene
hovering flight (hummingbirds) Schwirrflug (Kolibris)
howl heulen
hub/nub (web) Netznabe
huddling Kontaktverhalten
hum/buzz (insects/hummingbirds etc.) summen
humeral cross-vein Humeralquerader
humeral feathers/humerals/tertiaries/ tertial feathers Humeralflügel
humid biotope Feuchtbiotop
humidity/moisture Feuchtigkeit
hummingbirds/Trochiliformes Kolibris
hump (cattle/camels) Höcker, Fetthöcker
humped höckerig, buckelig
humpless ohne Höcker
hunch/guess/assumption Vermutung, Annahme
hunger Hunger
hungry hungrig
hunt *(vb.)* jagen
hunt/hunting *(n.)* Jagd, Jägerei
hunter Jäger
hunting ground Wildbahn
hunting range/hunting grounds/ hunting territory Jagdgründe
husk/coat/cover Schale, Schutzschicht, Hülle
hutch/coop/pen (e.g. chickens) kleiner Tierkäfig, kleiner Verschlag, Auslauf (z. B. Geflügelstall)
hyaline cartilage hyaliner Knorpel
hybrid/crossbred ***(adj./adv.)*** hybrid, durch Kreuzung erzeugt
hybrid/crossbreed ***(n.)*** Hybride
hybridization/bastardization Hybridisierung, Bastardisierung
hydatid Hydatide
hydoid arch Hydoidbogen, Zungenbeinbogen
hydration Hydratation (Wassereinlagerung/ Wasseranlagerung)
hydrocoel/hydrocoele Hydrocoel
hydrocoles/aquatic animals Wassertiere
hydrogenation Hydrierung (Wasserstoffanlagerung)
hydrologic cycle/water cycle Wasserkreislauf
hydrosere Hydroserie
hydroskeleton/hydrostatic skeleton Hydroskelett, hydrostatisches Skelett
hydrothermal vent hydrothermaler Schlot
hydrozoans/hydra-like animals/ hydroids/Hydroidea Hydrozoen
hymen Hymen, Jungfernhäutchen
hymenopterans/Hymenoptera Hautflügler
hymenopterous wing Hautflügel
hyoid arch Hyoidbogen, Zungenbeinbogen (Gesamtheit der Teile)
hyoid bar (skeleton only) Hyoidbogen, Zungenbeinbogen (nur Knorpelspange)
hyoid bone/lingual bone/os hyoideum Hyoideum, Zungenbein
hypaxial hypaxionisch (Rumpfmuskulatur)
hyperparasite Hyperparasit
hyperphagia Hyperphagie, Freßsucht
hypobranchial furrow/endostyle Hypobranchialrinne, Endostyl
hypocercal hypocerk, hypozerk

hypognathous hypognath
hypophyseal pouch/hypophyseal sac/ Rathke's pouch Hypophysentasche, Rathkesche Tasche
hypostome/oral cone/peduncle/ gullet/manubrium Magenstiel, Mundrohr, Manubrium
hypothesis Hypothese
hypsodont (with high crowns) hypsodont, hypselodont, hochkronig
hypural fan (fish) Hypurale, Schwanzfächer
hystrichoglossate radula hystrichoglosse Radula, Bürstenzunge

I

I band (muscle) I-Bande
Ice Age/Glacial Epoch/Pleistocene Epoch/Diluvial Eiszeit, Glazialzeit, Pleistozän, Diluvium
ichthyology Ichthyologie, Fischkunde
ichthyosaurs (ocean-living reptiles)/ Ichthyosauria Fischsaurier
identification Bestimmung (Tierbestimmung)
identify (animals) bestimmen (Tiere bestimmen)
idioplasm/germ plasm/gonoplasm Idioplasma, Keimplasma
ileum Ileum, Hüftdarm
ilium/os ilium Ilium, Darmbein
illumination/illuminance Beleuchtung
imaginal anlage Imaginalanlage
imaginal disc/imaginal bud Imaginalscheibe
imaginal ring Imaginalring
imago (*pl.* imagoes/imagines)/adult insect Imago (*pl.* Imagines), Vollinsekt, Adultinsekt
imbibition/hydration Imbibition, Hydratation
imbricate/overlapping dachziegelartig, dachig, schindelartig überlappend
imitate/mimic nachahmen, mimen
imitating/mimetic nachahmend, fremde Formen nachbildend, mimetisch
imitation Nachahmung
immature unreif
immigration Immigration, Einwanderung, Zuwanderung
immortal unsterblich
immortality Immortalität, Unsterblichkeit
immune reaction Immunreaktion
immunity Immunität
immunization Immunisierung
immunology Immunologie
impervious/impermeable undurchlässig
implant (egg) implantieren, einnisten
implant (organ) einpflanzen
implant *(n.)* Implantat

implantation/nidation (egg) Implantation, Nidation, Einnistung
implantation (organ) Einpflanzung
imprinting Prägung
impulse Impuls, Erregung
impulse propagation Nervenleitung
in focus/sharp (microscopy) scharf
inactive state/dormant state/dormancy Ruhezustand
inanimate/lifeless/nonliving unbelebt
inbreeding/endogamy Inzucht, Reinzucht
inc Tinte
inc duct Tintengang
inc sac/inc gland Tintensack, Tintenbeutel, Tintendrüse
incest Inzest
inchworm/measuring worm (geometer moth larva) Spannerraupe
incised/evenly notched/evenly cut gleichmäßig geschlitzt/zerschlitzt/eingeschnitten
incision/indentation/cut Einschnitt
incisive bone Zwischenkieferknochen
incisor/front tooth Schneidezahn, Vorderzahn, Beißzahn
inciting/chasing hetzen
inclusion/intercalation Einlagerung
incompatible inkompatibel, unverträglich
incompatibility Inkompatibilität, Unverträglichkeit
incomplete metamorphosis/gradual metamorphosis unvollkommene/unvollständige Metamorphose/Verwandlung
incrustation/encrustation Inkrustierung
incubate inkubieren, bebrüten
incubation Inkubation, Bebrüten
incubation period/breeding period Inkubationszeit, Brutdauer
incurrent aperture/inhalant aperture/ingestive aperture Einström-öffnung, Ingestionsöffnung
indefinite/unrestricted (growth) unbeschränkt, unbegrenzt, unbestimmt
indentation/crenation/indenture, notch Einbuchtung, Kerbe, Einkerbung, Kerbung
indentation/projection/spike/notch/serration Zacke
indeterminate cleavage nichtdeterminative Furchung (regulative Furchung)
indeterminate growth unbegrenztes Wachstum, unbeschränktes Wachstum
index fossil/zone fossil/zonal fossil Leitfossilie
indicator Indikator, Anzeiger
indifferent (soil/fidelity) indifferent, vag (Bodentreue/Gesellschaftstreue)
indifferent species indifferente Art
indigenous/native/endemic einheimisch
indigenous species/native species/native organism/native lifeform Indigen
industrial melanism Industriemelanismus
inedible/uneatable uneßbar
infancy Säuglingsalter, frühe Kindheit
infant Säugling
infant mortality Säuglingssterblichkeit
infanticide Kindermord
inferior (defeated) unterlegen
inferiority Unterlegenheit
infertile/sterile unfruchtbar, steril
infertility/sterility Unfruchtbarkeit, Sterilität
infestation (with pests/parasites) Befall (Parasitenbefall)
inflated aufgeblasen
infundibulum/fimbriated funnel of oviduct Infundibulum, Wimperntrichter, Flimmertrichter, Eileitertrichter (mit Ostium tubae)
infusiform infusiform
infusorigen Infusorigen
ingest einnehmen, etwas zu sich nehmen (Nahrung)
ingestion Einnahme, Nahrungsaufnahme
ingress einwandern
ingression (cells) Einwanderung
ingrown eingewachsen
inguinal inguinal, Leisten…
inguinal gland Leistendrüse
inhabit/dwell bewohnen
inhabitant/dweller Bewohner
inhalation Inhalation, Einatmung, Inspiration

inherit erben, ererben
inhibition Inhibition, Hemmung
inhibition, aggressive Angriffshemmung, Aggressionshemmung
inhibitory inhibierend, hemmend
inland sea Binnenmeer (Salzwasser), Binnensee (Süßwasser)
inland waterbody Binnengewässer
innate behavior angeborenes Verhalten
inner ear Innenohr
inner layer/interior layer Innenschicht
innervation Innervation, Innervierung
inquiline (mussels/snails etc.) mitbewohnend
inquilinism Inquilinismus, Einmietung, Synökie
insect Insekt, Kerf, Kerbtier
insect frass (debris from feeding) Fraßmehl
insect frass (feces) Insektenfäkalien/-kot in Bohrgängen und Minen
insect pollination/entomophily Insektenbestäubung, Insektenblütigkeit, Entomophilie
insect-trap Insektenfalle
insecticide Insektizid, Insektenvernichtungsmittel
insectivore Insektivore, Insektenfresser
insectivores Insectivoren, Insektenfresser
insectivorous insektivor, insektenfressend
insects Insekten, Kerfe, Kerbtiere
insects, wingless/Apterygota ungeflügelte Insekten
inseminate besamen
insemination Insemination, Besamung, Samenübertragung
inserted inseriert
insolation Sonneneinstrahlung
inspection (on-site inspection) Begehung, Besichtigung (z. B. Geländebegehung)
instar Entwicklungsstadium zwischen Häutungen bei Insekten, Erscheinungsform
instinct Instinkt
instinct behavior/instinctive behavior Instinktverhalten, Triebverhalten
instinct-training-interlocking Instinkt-Dressur-Verschränkung
insula (brain) Insel, Inselfeld
integrated pest management (IPM) integrierte Schädlingsbekämpfung (integrierter Pflanzenschutz)
integument/covering (e.g. body covering, skin) Integument, Decke, Hülle (z. B. Körperdecke, Haut)
interaction Interaktion, Wechselwirkung
intercalary (inserted between others) intercalar, interkalar, eingeschoben
intercalary vein Intercalarader, Interkalarader
intercalated disc (bivalves) Glanzstreifen, Kittlinie
intercellular interzellulär
intercellular space Interzellulare, Zwischenzellraum
intercentrum/hypocentrum Intercentrum, Zwischenwirbelkörper
interdigital gland interdigitale Drüse, Interdigitaldrüse, Zwischenzehendrüse
interference microscopy Interferenz-Mikroskopie
intergrade/intermediary form/transitory form/transient Zwischenstufe, Übergangsform
intermediary form/transitory form/transient/intergrade Übergangsform, Zwischenstufe
intermediary host Zwischenwirt
internal nostril/choana innere Nasenöffnung, Choane
intersexual zwischengeschlechtlich
interspecific interspezifisch, zwischenartlich
interstitial fauna Interstitialfauna, Sandlückenfauna
intertidal zone/tidal zone/littoral zone Tidebereich, Gezeitenzone (Eulitoral)
intervertebral disk/discus intervertebralis Zwischenwirbelscheibe, Bandscheibe,
intestine Darm
– **spiral intestine** Spiraldarm

intestines/entrails/innards/guts/ viscera (human: bowels/intestines/ guts) Gedärme, Eingeweide, Innereien, Viscera, Splancha
– **large intestines** Dickdarm
– **small intestines** Dünndarm
intracellular intrazellulär
intrasexual innerhalb des gleichen Geschlechts
introduce/import einführen
introduced/imported (allochthonous) eingeführt
introgression Introgression
introrse intrors
introvert Introvert
intruder Eindringling
intussusception (cell wall growth) Intussuszeption, Einlagerung (Zellwandwachstum)
invagination/emboly Invagination, Embolie
inventory (to make an ~) Bestandsaufnahme
invertebrates Invertebraten, Evertebraten, Wirbellose, Wirbellose Tiere
inverted invers
investigation/examination Untersuchung
involuntary musculature unwillkürliche Muskulatur
involution Involution, Einrollung
ion channel Ionenkanal
ion transport Ionentransport
iridocyte/iridophore/leucophore/ guanophore Iridocyt, Iridozyt, Flitterzelle, Leucophor, Guanophor
iris Iris, Regenbogenhaut
irradiance/fluence rate/radiation intensity/radiant-flux density Bestrahlungsintensität, Bestrahlungsdichte
irradiation Bestrahlung
irregular unregelmäßig
irregular/non-uniform ungleichmäßig
irregular cleavage unregelmäßige Furchung
irritability/excitability/sensitivity Reizbarkeit, Erregbarkeit
irritable/excitable/sensitive reizempfänglich, reizbar
irritable/sensible empfindlich
isabelline isabellfarben (gelb-olivbraun)
ischial callosity/sitting pad/anal callosity Gesäßschwiele, Sitzschwiele, Analkallosität
ischiopodite Ischiopodit
ischium/os ischii Sitzbein, Gesäßbein, Sitzknochen
islet of Langerhans Langerhanssche Insel
islet organ Inselorgan
isogamy Isogamie
isolecithal isolecithal, isolezithal (mit gleichmäßig verteiltem Dotter)
isomerous isomer, gleichzählig
isophene Isophän
isthmus (of oviduct) Isthmus, Eileiterenge
ivory Elfenbein

J

jacket cell ***(Dicyemida)*** Hüllzelle
Jacobson's organ / vomeronasal organ Jacobsonsches Organ, vomeronasales Organ
jamming avoidance reaction elektrische Meidereaktion
japygids / diplurans / Diplura Doppelschwänze
jaw Kiefer, Maul; Schlund, Kehle, Rachen, Mundöffnung
- **lower jaw / lower jawbone / submaxilla / submaxillary bone / mandible** Unterkiefer, Unterkieferknochen, Mandibel

jaw / beak (squid / cuttlefish) Kiefer, Schnabel
jaw(s), pharyngeal / trophi (rotifers) Kiefer, Trophi
jawbone Kieferknochen
jawed vertebrates / jaw-mouthed animals / gnathostomatans / Gnathostomata Kiefermünder
jawless fishes / agnathans / Agnatha Kieferlose, Agnathen
jejunum Jejunum, Leerdarm
jelly Gelee
jellyfishes Quallen
jerk Zuckreflex
Johnstonsches Organ Johnston's organ
joint / articulation / hinge Gelenk, Verbindung, Angelpunkt
joint capsule / articular capsule Gelenkkapsel
joint cavity Gelenkspalt
jointed (*see:* articulate / articulately jointed) gelenkig, gelenkartig verbunden
Jordan's organ / chaetosoma / chaetosema Jordansches Organ, Chaetosoma, Chaetosema
jostling run (bees) drängeln
jugal (bone) Jugale, Jochbein
jugal cell / jugal region / jugum / neala Jugalfeld, Jugum, Neala
jugal fold Jugalfalte
jugal vein Jugalader
jump / spring / bound / leap springen
jungle Dschungel
Jurassic / Jurassic Period Jura, Jurazeit (erdgeschichtliche Periode)
juvenile jugendlich, Jugend…
juvenile form Jugendform
juvenile song / subsong Jugendgesang, Dichten (Jungvögel)
juvenile stage / juvenile phase / adolescence Jugendstadium, Jugendphase, Jugendzeit
juvenility Jugendlichkeit, Jugend

K

kala azar / Cala-Azar *(Leishmania donovani)* Kala-Azar, Cala-Azar, schwarzes Fieber, viszerale Leishmaniasis
kamptozoans / Entoprocta Kelchwürmer, Nicktiere, Kamptozooen
karyogamy / nuclear fusion Karyogamie, Kernvereinigung, Kernverschmelzung
karyoplasm / nucleoplasm Kernplasma, Karyoplasma, Nucleoplasma
keel / carina Kiel
keeled / having a keel / carinate gekielt
kennel (commercial caretaking of cats / dogs) öffentlich-kommerzielle Tierpension
- **dog kennel** Hundepension, Hundeheim
- **pack of dogs** Hundemeute

key (for identification) Bestimmungsschlüssel
key stimulus / sign stimulus (release stimulus) Schlüsselreiz, Auslösereiz
keystone predator Schlüsselräuber
keystone species Schlüsselart
kidding (parturition in goats) Zicklein gebären
kidney Niere
kidney-shaped / reniform nierenförmig
killifishes / Cyprinodontiformes Kleinkärpflinge
kin Sippe, Geschlecht, Verwandtschaft, Familie
kin selection Verwandtenselektion
kind / species Art, Spezies
kinesis Kinese
kinetium / kinety Kinet
kinetochore Kinetochor
kinetocyst Kinetocyst
kinetoplast Kinetoplast
kinetosome / basal body Kinetosom, Basalkörper
kingfishers & bee-eaters & hoopoes & rollers & hornbills / Coraciiformes Rackenvögel
kinorhynchs / Kinorhyncha Hakenrüßler
kinship Verwandtschaft, Blutsverwandtschaft
kinship selection Verwandtschaftsselektion
kinship theory Verwandtschaftstheorie
kitten Kätzchen, junge Katze, Katzenjunges
kiwis / Apterygiformes Kiwis
kleptoparasite / cleptoparasite Kleptoparasit
knee Knie
knee joint Kniegelenk
kneecap / knee bone / patella Kniescheibe, Patella
knopper gall Knoppergalle
knuckle (hand) Knöchel, Handknöchel
knuckle-walking Knöchelgang (Fußknöchel)
Krause's end bulb / bouton Krause'sches Körperchen
krill and allies / Euphausiacea Krill, Leuchtkrebse

L

labial gland Labialdrüse
labial palp/labipalp/labial feeler/palp/palpus/palpus labialis (pedipalp) Labialpalpus, Lippentaster, Taster, Tastfühler, Palpe (Pedipalpe)
labial suture Labialnaht
labidognathous labidognath
labium/lower lip (vertebrates) Labium, Unterlippe
labium/second maxilla (insects) Labium, Unterlippe, 2. Maxille
labium (folds at margin of vulva) Labium vulvae, Schamlippe
labor Wehen, in den Wehen liegen
labrum/upper lip Labrum, Oberlippe
lacerate/torn ungleichmäßig zerschlitzt/geschlitzt, ungleichmäßig eingeschnitten
lacinia/inner lobe of maxilla Lacinia, Innenlade
lacrimal/lachrymal tränenartig, Tränen...
lacrimal bone/os lacrimale Tränenbein
lacrimal duct/tear duct Tränengang, Tränenkanal
lacrimal gland Tränendrüse
lacuna/space/cavity Lakune, Spalt, Hohlraum
lacunar system Lakunensystem
lacustrine Seen betreffend (Binnenseen), See...
ladder-shaped/scalariform leiterförmig
ladder-type nerve system/double-chain nerve system Strickleiternervensystem
lagoon Lagune
lair (resting/living place: game/wild animal) Lager, Rastplatz
lakeshore/shore of a lake/banks of a lake Seeufer
lamb/little sheep Lamm, Schäfchen
lambing Lamm gebären
lame *(adj./adv.)* lahm
lame *(vb.)* lahmen
lamella Lamelle
lamellar gill/sheet gill/lamellibranch/eulamellibranch Blattkieme, Lamellibranchie, Eulamellibranchie
lamellate antenna lamellenartiger Fühler, blätterförmiger Fühler
laminar/laminiform/laminous spreitig, spreitenförmig, blättrig, plättchenartig geschichtet
laminar bone lamellärer Knochen, Lamellenknochen
laminated laminiert, geschichtet
lampreys/Petromyzontida Neunaugen, Neunaugenartige
lampshells/brachiopods/Brachiopoda Armfüßer, Brachiopoden
lancelet/cephalochordates (Amphioxiformes) Lanzettfischchen, Cephalochordaten
lanceolate lanzettförmig, lanzettlich
land life/life on land/terrestrial life Landleben
land snails/Stylommatophora (Pulmonata) Landlungenschnecken
Lang's vesicle Bursalorgan
lanternfishes & blackchins/Myctophiformes Laternenfische
lappet Hautlappen, Fleischlappen
lard Schmalz (Schweineschmalz), Schweinefett
large intestines/colon Dickdarm
larnyx (Adam's apple) Larynx, Kehlkopf (Adamsapfel)
larva (*pl.* larvas/larvae) Larve
- **coarctate larva/larva coarctata/pseudocrysalis** Scheinpuppe, Pseudocrysalis
- **primary larva** Primärlarve, Junglarve, Eilarve

larval proleg/false leg Abdominalbein, Bauchfuß, Propes, Pes spurius (larval)
larviform larvenförmig
larviparous larvipar
larvipary Larviparie
lasidium (larva) Lasidium
latency period Latenzzeit
lateral lateral, seitlich, seitenwendig
lateral axis/lateral branch Seitenachse
lateral bud/axillary bud Seitenknospe

lateral cerebral sulcus/fissura lateralis cerebri Sylvische Furche
lateral eye/lateral ocellus Lateralauge, Seitenauge, Lateralocelle
– **stemma** Stemma (Seitenauge/Lateralauge)
lateral heart Lateralherz
lateral line system/lateralis system/acoustico-lateralis system Seitenliniensystem
lateral pore Lateralpore
lateral undulation/lateral undulatory movement (snakes) seitliche/horizontale Wellenbewegung, Schlängelbewegung, Schlängeln
lateralis organ Seitenlinienorgan, Lateralisorgan
Laurer's canal (vestigial copulatory canal) Laurerscher Kanal
law of uniformity/principle of uniformity (Mendel: F1 of monohybrid cross) Uniformitätsregel
law of segregation/principle of segregation (Mendel) Spaltungsregel
law of random assortment/principle of independent assortment (Mendel) Kombinationsregel, Unabhängigkeitsregel
lay eggs/deposit eggs Eier legen, ablegen
layering Schichtung
leader (animal in group) Leittier
leaf cutter Blattschneider
leaf gall Blattgalle
leaf-eating/folivorous blattfressend, blätterfressend
leaf-like/phylloid/foliaceous/foliose blattartig, blattförmig
learned behavior Lernverhalten, erlerntes Verhalten
learning Lernen
learning theory Milieutheorie
lectotype Lectotypus
leeches/hirudineans/Hirudinea (Annelida) Egel, Blutegel, Hirudineen
left-handed/sinistral linkshändig
leg Bein, Keule
leg/foot (birds) Lauf
leg beat Laufschlag
leishmaniasis, cutaneous/oriental sore *(Leishmania spp.)* kutane Leishmaniose, Hautleishmaniose, Orientbeule
leishmaniasis, visceral/kala azar/Cala-Azar *(Leishmania donovani)* viszerale Leishmaniose, Kala-Azar, Cala-Azar, schwarzes Fieber
lek (communal mating ground) Balzarena
lemniscus (*pl.* lemnisci) Lemnisk (*pl.* Lemnisken)
lens/magnifying glass Lupe, Vergrößerungsglas
lens eye/lenticular eye Linsenauge
lense Linse
lentic lentisch (in stehendem Gewässer lebend)
lepidopterans (butterflies & moths)/Lepidoptera Schuppenflügler (Schmetterlinge & Motten)
lepidosaurs/Lepidosauria Schuppenkriechtiere
leptospirosis/Weil's disease/swamp fever/infectious anemia *(Leptospira interrogans)* Leptospirose, Weil-Krankheit, Weilsche Krankheit
lesion Lesion, krankhafte Veränderung
lesion/injury/harm Verletzung
lesser covert/minor covert kleine Decke (Flügeldecke/Flügelfeder)
lestobiosis Lestobiose
lethal/deadly letal, tödlich
levator/lifter (muscle: raising an organ or part) Levator, Heber
leverage mechanism Hebelmechanismus
lick lecken
lid/opercle/operculum (e.g. gill cover) Deckel, Operculum, Operkulum (z.B. Kiemendeckel)
lid-like/operculiform deckelförmig, deckelartig
life Leben
life community/biotic community/biocoenose Lebensgemeinschaft, Biocönose
life cycle/"life history" Lebenszyklus, Lebenskreislauf, Entwicklungs-Zyklus
life expectancy Lebenserwartung
life processes Lebensvorgänge
life sciences/biology Biowissenschaften, Biologie

life scientist/biologist Biologe
life size Lebensgröße
life span Lebensdauer, Lebensspanne
life zone/biotope Lebenszone, Lebensraum, Biotop
lifeform/organism Lebensform, Lebewesen, Organismus
lifeless/inanimate/dead leblos, tot
lifestyle/mode of life/way of life/habits Lebensweise
lifetime Lebenszeit
ligament Ligament, Band
ligament sac Ligamentsack
light intensity Lichtstärke, Lichtintensität
light microscope Lichtmikroskop
light sensitivty Lichtempfindbarkeit
light stimulus Lichtreiz
light-sensitive lichtempfindlich (leicht reagierend)
ligulate/strap-shaped streifenförmig
ligule/ligula Zünglein, Ligula
limb/extremity/appendage (articulated) Gliedmaße, Extremität (*pl.* Gliedmaßen, Extremitäten)
- **ascending limb (loop of Henle)** aufsteigender Ast (Henlesche Schleife)
- **descending limb (loop of Henle)** absteigender Ast (Henlesche Schleife)

limb muscle/appendicular muscle Extremitätenmuskel
lime Kalk
liming Kalkung
limiting factor Grenzfaktor, begrenzender Faktor
limnetic limnisch, im Süßwasser lebend
limnology Limnologie, Seenkunde (Binnengewässerkunde)
limnomedusas/Limnomedusae/Limnohydrina Limnomedusen, Limnohydrinen
limp schlaff (welk)
limpets/archeogastropods/Archaeogastropoda/Taenioglossa Altschnecken
line transect Linientransekt
lineal/linear linealisch, linear
lingual Zungen…, die Zunge betreffend
lingual papilla Zungenpapille
lining Auskleidung, Überzug, Oberflächenschicht
lip/labellum Lippe, Labellum
- **lower lip/labium** Unterlippe, Labium

lip-curling/"flehmen" flehmen
liquid manure (urine) Jauche
lissencephalous (no/few convolutions) lissencephal (ungefurcht/glattes Gehirn)
lithobiomorphs/Lithobiomorpha Steinläufer
litter *(n.)* Wurf, Tracht (Jungtiere/Wurf)
litter/bear young *(vb.)* Junge werfen
litter layer (forest) Streuschicht, Streuhorizont, Förna
litter mate Wurfgeschwister, Geschwister eines Wurfes
litter size Wurfgröße
littoral *(adj./adv.)* küstenbewohnend, uferbewohnend, am Ufer lebend
littoral/littoral zone (marine) Litoral, Litoralzone, Litoralbereich
littoral/littoral zone (lake) Uferregion, Uferzone (Gewässer)
littoral fringe Küstensaum, Ufersaum
live-bearing/viviparous *(adj./adv.)* lebendgebärend, vivipar
live-bearing/vivipary/viviparity *(n.)* Lebendgebären, Viviparie
live-birth Lebendgeburt
liver Leber
livestock landwirtschaftlich genutztes Vieh
livestock breeding Tierzucht (Nutztiere in der Landwirtschaft), Viehzucht *(sensu lato)*
livestock keeping/animal husbandry Viehhaltung
living fossil Fossil/lebendes
lizard-hipped dinosaurs/saurischian reptiles/Saurischia Echsenbecken-Dinosaurier
lizards/Lacertilia (Squamata) Echsen, Eidechsen
lobe Lappen
lobe fin Quastenflosse
lobe-finned fishes/crossopterygians/Crossopterygii Quastenflosser
lobed/lobate gelappt, lappig
lobopodium Lobopodium

local / endemic heimisch
locate orten
location Lage (Ort)
lock-and-key principle Schloß-Schlüssel-Prinzip
locomotion Lokomotion, Ortsveränderung (Bewegung)
locomotory Lokomotorik
locule / loculus Loculament, Lokulament
loculicidal loculizid, lokulicid, fachspaltig
lodge (beaver) Bau, Lager (höhlenartig)
loin Lende
long-distance transport Ferntransport
long-lived langlebig
longevity Langlebigkeit
longing / yearning Verlangen, Sehnsucht
longisection / longitudinal section / long section Längsschnitt
longitudinal division / fission Längsteilung
longitudinal muscle Längsmuskel
longitudinal vein Längsader
loop of Henle Henle-Schleife, Henlesche Schleife
looper / measuringworm Spannerraupe
looping (movement of loopers) Spannen (Fortbewegung bei Spannerraupen)
lophodont (with transverse ridges) lophodont, mit Querjochen
lore (birds) Zügel (Vogel: Bereich zwischen Schnabel und Augen)
Lorenzini flask Lorenzinische Ampulle (Ampullenrezeptor)
lorica (a girdle-like skeleton) / case Lorica, Panzerplatte
lotic lotisch
lower primates / prosimians / Prosimii Halbaffen
Lower Triassic (epoch) Buntsandstein
lowland Tiefland, Niederung
lumbar lumbar, Lenden…
lumbar vertebra Lumbalwirbel, Lendenwirbel
luminescence Lumineszenz
luminescent bacteria Leuchtbakterien
luminous organ / light-emitting organ / photophore Leuchtorgan, Photophore
lunar periodicity Lunarperiodik, Lunarperiodizität, Mondperiodik
lung Lunge
lungfishes / Dipnoi Lungenfische
lunule Lunula
lure / attract locken, anlocken
lymph Lymphe
lymph heart Lymphherz
lymph node Lymphknoten
lymph vessel Lymphgefäß
lymphatic lymphatisch
lymphatic gland Lymphdrüse
lymphatic system Lymphsystem, Lymphgefäßsystem
lymphocyte Lymphocyt, Lymphozyt
lyre-shaped / lyrate / lyriform leierförmig, lyraförmig
lysigenous / lysigenic lysigen
lysis Lyse
lysosome Lysosom

M

mackerel sharks and relatives/ Lamniformes Makrelenhaiverwandte
macrergate (ants) Makroergat
macrocyte Makrocyt, Makrozyt
macrogyne (ant queen) Makrogyne
macromere Makromer
macronucleus/meganucleus Makronukleus, somatischer Zellkern
macula Macula, Sinnespolster
mad cow disease (bovine spongiform encephalopathy) Rinderwahnsinn
madreporian body Madreporenköpfchen
madreporic canal/stone canal/ hydrophoric canal Steinkanal
madreporic plate/madreporite/sieve plate Madreporenplatte, Siebplatte
maggot (apodal larva) Made (apode Larve)
magnification/enlargement Vergrößerung
magnification at *x* diameters *x*-fache Vergrößerung
magnify/enlarge vergrößern
magnifying glass/lens Vergrößerungsglas
main axis/principal axis Hauptachse
main beam (antler) Stange (Geweih)
main eye Hauptauge
main host/primary host/definitive host Hauptwirt
Mal de Calderas *(Trypanosoma equinum)* Kreuzlähme
malacology/study of mollusks Malakologie, Weichtierkunde
malar region Backenregion, Jochbeingegend (Vögel)
malaria *(Plasmodium spp.)* Malaria, Sumpffieber
male *(adj./adv.)* männlich
male *(n.)* Männchen
male chicken/cock/rooster Hahn
male clasper/harpagone/harpe Haltezange (Insektenmännchen), Harpagon, Harpe
male dog Rüde
malignancy Malignität, Bösartigkeit
malignant maligne, bösartig
mallard wilder Enterich
malleolus/ankle Malleolus, Knöchel, Fußknöchel
malnourished fehlernährt
malnutrition Fehlernährung
Malpighian body Malpighi-Körperchen
Malpighian layer/germinal layer/ germinative layer/stratum germinativum Keimschicht, Stratum germinativum
Malpighian tubule Malpighi-Gefäß, Malpighisches Gefäß, Malpighi-Schlauch
mamilla/mammilla/nipple (multiple ducts)/teat (single duct) Mamille, Brustwarze, Zitze
mammallike reptiles (advanced synapsids)/Therapsida säugetierähnliche Reptilien, Therapsiden
mammalogy Mammalogie, Säugerkunde, Säugetierkunde
mammals/Mammalia Säugetiere, Säuger
- **pouched mammals/metatherians/ Metatheria/Didelphia** Beutelsäuger (**marsupials/ Marsupialia** Beuteltiere)
- **"toothless" mammals/edentates/ xenarthrans/Edentata/Xenarthra** Zahnarme, Nebengelenktiere

mammary gland Brustdrüse, Milchdrüse
mandible Mandibel
mandibular arch Mandibularbogen, Kieferbogen (Gesamtheit der Teile)
mandibular bar (skeleton only) Kieferbogen, Mandibularbogen (nur Knorpelspange)
mandibular gland Mandibulardrüse, Unterkieferdrüse
mane Mähne
maned gemähnt, mit einer Mähne
manner/character/nature Wesen, Wesensart, Charakter, Natur
mantids/Mantodea/Mantoptera Gottesanbeterinnen & Fangschrecken
mantis shrimps/Stomatopoda Fangschreckenkrebse, Maulfüßer
mantle/pallium (mollusks) Mantel, Pallium
mantle/tunic Mantel, Tunica

mantle cavity / pallial cavity Mantelhöhle
mantle fold Marginalfalte, Mantelfalte (Mantelrand)
mantle girdle (chitons) Mantelgürtel, Gürtel, Perinotum
mantle lobe (brachiopods) Mantellappen, Kragenlappen
manual (for identification) Bestimmungsbuch
manubrium Manubrium, Schlundrohr
manure / dung / droppings (Tierkot) Mist, Dung
manure (liquid: total excretions diluted with water) Gülle, Flüssigmist
manyplies / third stomach / psalterium / omasum Blättermagen, Vormagen, Psalter, Omasus
mapping / plotting Kartierung
marble gall Schwammkugelgalle
mare Stute
marginal marginal, randständig
marginal coverts / marginal tectrices Randdecken
marine marin, meeresbewohnend
marine animal Meerestier
marine carnivores (seals / sealions / walruses) / Pinnipedia Flossenfüßer, Robben
marine phosphorescence Meeresleuchten
maritime climate / marine climate / oceanic climate Meeresklima, ozeanisches Klima
mark / brand / earmark markieren
marking of territory / territorial marking Reviermarkierung
marrow cavity / medullary cavity Markhöhle
mass extinction Massensterben
mass spread / mass outbreak Massenvermehrung
mast / fattening / stuffing Mast (Vieh~, Tier~)
mast cell Mastzelle
mastication / chewing ***(n.)*** Kauen, Zerkauen
masticatory / chewing ***(adj.)*** kauend
masticatory muscle / muscle of mastication Kaumuskel
mastigonema Geißelhärchen
mate / copulate begatten, kopulieren
mate / pair sich paaren
mate / mating partner Geschlechtspartner
mate feeding Partnerfüttern
mating Paarung
mating behavior Paarungsverhalten
mating call / courtship call Paarungsruf, Werberuf
mating line / mating thread (male spider) Begattungsfaden
mating song / courtship song Werbegesang
mating system Partnerschaftssystem
mating type Kreuzungstyp, Paarungstyp
matriarchal matriarchalisch
mature / ripe reif
maturing / ripening Reifen
maturity / ripeness Reife
Mauthner's cells Mauthnersche Zellen, Riesenfasern
maxilla Maxille, Kiefer
maxilla / upper jawbone (vertebrates) Oberkiefer
– **first maxilla / maxilla prima (insects)** 1. Maxille, Unterkiefer
– **second maxilla / labium (insects)** 2. Maxille, Labium, Unterlippe
maxillary gland Schalendrüse, Maxillendrüse, Maxillennephridium
maxillary palp / palpus maxillaris Maxillarpalpus, Maxillartaster, Kiefertaster
maxillary plate / maxilliped plate (insects: galea & lacinia) Kaulade
maxilliped / maxillipede / gnathopodite / jaw-foot / foot-jaw / pes maxilliaris Maxilliped, Maxillarfuß, Kieferfuß
maxillopods Kieferfüßer
mayflies / Ephemeroptera Eintagsfliegen
mealworm Mehlwurm
mealy / farinaceous mehlig
mealybugs (Coccoidea) Wollschildläuse
meat / flesh Fleisch
meat inspection Fleischbeschau
Meckel's cartilage Meckelscher Knorpel (Mandibulare)
Meckel's diverticulum Meckelsches Divertikel
media Media, Medianzelle
median covert mittlere Decke

median eye / midline eye (a dorsal ocellus) Mittelauge, Medianauge (Stirnocelle)
median layer / median zone Mittelschicht
median longitudinal plane Sagittalebene (parallel zur Mittellinie)
medulla / pith / core Mark
medulla oblongata verlängertes Rückenmark
medullar / medullary / pithy medullär, markhaltig, markig, Mark...
medullar gall / mark gall Markgalle
medullary cavity / marrow cavity Markhöhle
medusa Meduse
medusas, coronate / Coronatae Kranzquallen, Tiefseequallen
megalopterans: dobsonflies, fishflies, alderflies (neuropterans) / Megaloptera Schlammfliegen
Mehlis' gland / shell gland (cement gland) Mehlissche Drüse, Schalendrüse
meiosis / reduction division Meiose, Reifeteilung, Reduktionsteilung
Meissner's corpuscle Meissner Körperchen
melittophily / bee pollination Bienenbestäubung
membrane Membran
–, basement / basal lamina Basalmembran, Basallamina
–, basilar Basilarmembran
–, cerebral / meninx Hirnhaut, Meninx
–, egg „Eimembran", Eihaut, Eihülle
–, extraembryonic Embryonalhülle, Keimhülle
–, fertilization Befruchtungsmembran
–, frontal (bryozoans) Frontalmembran
–, mucous / mucosa Schleimhaut, Schleimhautepithel
–, nuclear Kernmembran
–, peritrophic peritrophische Membran
–, plasma / (outer) cell membrane / unit membrane / ectoplast / plasmalemma Plasmamembran, Zellmembran, Ektoplast, Plasmalemma
–, tympanic / eardrum / tympanum Trommelfell, Ohrtrommel, Tympanalmembran, Tympanum
–, vitelline / vitelline layer / membrana vitellina Vitellinmembran, Dotterhaut, Dottermembran, primäre Eihülle
membranelle Membranelle
membraneous membranös
memory Gedächtnis
– long-term memory Langzeitgedächtnis
– short-term memory Kurzzeitgedächtnis
memory cell Gedächtniszelle
menarche (first menstruation) Menarche
meninx (*pl.* meninga / meninges) Hirnhaut, Gehirnhaut
menopause (cessation of ovulation / menstruation) Menopause
menstrual cycle Menstruationszyklus
menstruation Menstruation, Regel
meridional canal / gastrovascular canal (ctenophores) Meridionalkanal, Rippengefäß
meridional cleavage Meridionalfurchung
Merkel's corpuscle / Merkel's disc Merkelsches Körperchen
mermaid's purse / sea purse Seemaus, Eikapsel der Knorpelfische
meroblastic cleavage / incomplete cleavage meroblastische Furchung, unvollständige Furchung, partielle Furchung
merocrine gland merokrine Drüse
merocyte Merocyt, Merozyt
merogamy Merogamie
merogenesis / segmentation Merogenese, Segmentierung
merognathite Merognathit
merogony Merogonie
meropodite Meropodit
merospermy Merospermie
merostomes / merostomates / Merostomata Hüftmünder
Mertensian mimicry Mertenssche Mimikry
mesenchymal mesenchymatisch
mesenchyme Mesenchym (embryonales Bindegewebe)
mesentery Mesenterium

mesh web (spiders) Maschennetz
mesic/moderately moist gekennzeichnet durch mittlere Feuchtigkeitsmenge
mesocoel/mesocoele Mesocöl, Mesocoel
mesoderm Mesoderm, sekundäres Keimblatt
mesogastropods: periwinkles & cowries/Mesogastropoda Mittelschnecken
mesogloea/mesoglea Mesoglöa, Stützschicht
mesohyl Mesohyl
mesolecithal mesolecithal, mesolezithal, mäßig dotterreich
mesonotum Mesonotum, Mesothorakalschild (dorsal)
mesoptile Mesoptile, Zwischenfeder
mesoscutellum (bugs) Mesoscutellum
mesothelium Mesothel
mesothorax Mesothorax, Mittelbrust
Mesozoic/Mesozoic Era Mesozoikum, Erdmittelalter (erdgeschichtliches Zeitalter)
metabolic pathway Stoffwechselweg
metabolism Metabolismus, Stoffwechsel
metabolite Metabolit, Stoffwechselprodukt
metacarpal Metacarpus, Mittelhand
metacarpal bone Mittelhandknochen
metacercaria/adolescaria Metacercarie
metamere/segment Metamer, echtes Segment
metamerism/segmentation Metamerie, Segmentierung
metamorphosis Metamorphose, Verwandlung
–, complete vollkommene/vollständige Metamorphose, vollkommene/vollständige Verwandlung
–, incomplete unvollkommene/unvollständige Metamorphose, unvollkommene/unvollständige Verwandlung
metanephros Metanephros, Nachniere
metatarsal Metatarsus, Mittelfuß
metatarsal bone Mittelfußknochen
metatarsal gland Metatarsaldrüse
metathorax Metathorax, Hinterbrust
metazoans/Metazoa Metazoen, „Vielzeller", Mitteltiere, Gewebetiere
metoestrus/metestrus Metöstrus, Metoestrus
metonotum Metanotum, Metathorakalschild (dorsal)
micellation Micellierung
micrergate/microergate/dwarf worker (ants) Mikrergat
micrograph/microscopic image/microscopic picture mikroskopische Aufnahme, mikroskopisches Bild
micromere Mikromer
micronema (*pl.* micronemas) Mikronema (pl. Mikronemen)
micronucleus Mikronukleus, generativer Zellkern
micropyle Mikropyle
microscope Mikroskop
microscope slide Objektträger
microscope stage Objekttisch
microscopic/microscopical mikroskopisch
microscopic image/microscopic picture/micrograph mikroskopisches Bild, mikroskopische Aufnahme
microscopic preparation/mount mikroskopisches Präparat
microscopy Mikroskopie
– **brightfield microscopy** Hellfeld-Mikroskopie
– **darkfield microscopy** Dunkelfeld-Mikroskopie
– **interference microscopy** Interferenzmikroskopie
– **light microscopy** Lichtmikroskopie
– **scanning electron microscopy (SEM)** Rasterelektronenmikroskopie (REM)
– **scanning tunneling microscopy (STM)** Raster-Tunnelmikroskopie (RTM)
– **transmission electron microscopy (TEM)** Transmissionselektronenmikroskopie, Durchstrahlungselektronenmikroskopie
microtome Mikrotom
microtubule Mikrotubulus
microvilli Microvilli, Stereocilien (Lateralisorgan)

microwhipscorpions/palpigrades/ Palpigradi Palpigraden
mictic miktisch
micturate/urinate harnen, urinieren
mid intestine Mitteldarm *(sensu stricto)*
midbrain/mesencephalon Mittelhirn
middle ear/midear Mittelohr
Middle Triassic (epoch) Muschelkalk
midgut/intestine Nahrungsdarm
midgut/mesenteron/ventricle/ ventriculus/"stomach" Mitteldarm, Mesenteron, „Magen", Ventriculus (Insekten)
midgut gland/digestive gland/ "liver" Mitteldarmdrüse, „Leber"
midgut gland/hepatopancreas Mitteldarmdrüse, Hepatopankreas
– **midgut diverticulum/cecum** Mitteldarmdivertikel, Mitteldarmventrikel (Blindsack)
migration Migration, Wanderung, Zug (Vögel)
migratory animal Durchzügler
migratory behavior Wanderverhalten
migratory bird Zugvogel
migratory restlessness Zugunruhe
migratory route Zugstraße
milk *(n.)* Milch
milk *(vb.)* melken
milk line/mammary ridge Milchleiste
milk teeth/deciduous teeth/first teeth/primary teeth Milchzähne
milkfishes and relatives/ Gonorhynchiformes Milchfischverwandte, Sandfische
milleporine hydrocorals/Milleporina Feuerkorallen
milling (fish school) Kreisen (Fischschwärme)
millipedes/diplopods/myriapodians/ Myriapoda Doppelfüßer, Diplopoden, Tausendfüßler, Myriapoden
mimicry Mimikry, Schutztracht, Angleichung
mine Mine, Blattmine, Fraßgang
– **blotch mine** Platzmine
Miocene/Miocene Epoch Miozän (erdgeschichtliche Epoche)
missing link fehlende Zwischenstufe
misty dunstig
mites & ticks/Acari/Acarina Milben & Zecken
mitochondrion (*pl.* mitochondria) Mitochondrion, Mitochondrium (*pl.* Mitochondrien)
mitosis/nuclear division/duplication division Mitose, Kernteilung
mixis Mixis
moas/Dinornithiformes Moas
mobbing behavior Hassen, Haßverhalten
mobbing call (birds) Sammelruf
mock-hunting Jagdspiel
modern bowfin/Amiiformes Kahlhechte (Schlammfische)
moiety/part/section Teil (des Ganzen)
molar Molar, hinterer Backenzahn
mollusks/Mollusca Mollusken, Weichtiere
molt/molting *(n.)* (shedding plumage/ feathers) Gefiederwechsel, Mauser
– **shedding skin/shedding exoskeleton** Häutung
molt/shed feathers *(vb.)* mausern
– **shed skin or exoskeleton** häuten
molting fluid/exuvial fluid Häutungsflüssigkeit, Ecdysialflüssigkeit, Exuvialflüssigkeit
molting season/molting time/ molting period/molt/ deplumation Mauser, Mauserzeit, Gefiederwechsel
monecious/monoecious einhäusig
monecy/monoecy/monecism/ monoecism Monözie, Einhäusigkeit, Gemischtgeschlechtlichkeit
moniliform antenna rosenkranzförmiger Fühler, Perlschnurfühler
monkey Äffchen
monkfishes/angel sharks/ Squatiniformes Engelhaie, Engelhaiartige
monocyte/mononuclear leucocyte Monocyt, Monozyt
monodelphic einscheidig
monoecious/monecious monözisch, einhäusig, gemischtgeschlechtlich
monoestrous/monestrous monöstrisch
monogamous monogam

monogamy Monogamie, Einehe
monogonont monogonont
monogynous monogyn, einweibig
monolayer/monomolecular layer einlagige Schicht, monomolekulare Schicht
monophasic monophasisch
monophyletic monophyletisch
monophyodont monophyodont
monoplacophorans/Monoplacophora Urmützenschnecken, Monoplacophoren
monopodial (branching) monopodial (Verzweigung)
monosymmetrical/zygomorphic monosymmetrisch, zygomorph
monothalamous/monothalamic/single-chambered/monothecal monothalam, einkammerig, einkämmrig, monothekal
monothetic monothetisch
monotremes (prototherians)/Monotremata (Prototheria) Kloakentiere
monoxenous/monoxenic einwirtig, homoxen
monozygous/monozygotic eineiig, monozygot
monozygous twins/monozygotic twins/identical twins eineiige Zwillinge
moonfishes/Lampriformes Glanzfische, Glanzfischartige, Gotteslachsverwandte
mooring thread/guyline (siperweb) Spannfaden
morbidity Morbidität
mordant Beizenfärbungsmittel, Beize
mormyrids/Mormyriformes Nilhechte
morphogenesis Morphogenese
morphology Morphologie
morphology (external/descriptive ~) Eidonomie (Morphologie der äußeren Gestalt)
mortal sterblich
mortality Mortalität, Sterblichkeit, Sterberate
mortality rate Absterberate
morula Morula, Maulbeerkeim
mosaic development Mosaikentwicklung
mosaic egg Mosaikei
mosquitoes/Nematocera (Diptera) Mücken & Schnaken
moss animals/bryozoans/Ectoprocta/Polyzoa/Bryozoa Moostierchen, Bryozoen
moth pollination/phalaenophily Mottenbestäubung
moths/Heterocera Motten
motile/vagile motil, beweglich, vagil
motility/vagility Motilität, Beweglichkeit, Vagilität
motion/movement/locomotion Bewegung, Fortbewegung, Lokomotion
motoneuron/motor neuron Motoneuron
motor endplate/myoneural junction motorische Endplatte
motor unit motorische Einheit
motoric/motor ... motorisch
mottled gesprenkelt
mount/cover *(vb.)* (copulate) bespringen
mountain chain/mountain range Gebirgskette, Bergkette
mountain crest/mountain ridge Gebirgskamm, Berggrat
mountain slope/hillslope Berghang
mountains Gebirge
mountant/mounting medium Einbettungsmittel, Einschlußmittel
mouth Mund
mouth cavity/oral cavity/buccal cavity Mundhöhle
mouth field/buccal field Mundfeld, Buccalfeld
mouth of the uterus/orifice of the uterus/orificium uteri Gebärmuttermund, Muttermund
mouthbreeder Maulbrüter
mouthbreeding/oral gestation/buccal incubation Maulbrüten
mouthpart/oral appendage Mundgliedmaße (*pl.* Mundgliedmaßen)
mouthparts Mundwerkzeuge
movement/motion/locomotion Fortbewegung, Bewegung, Lokomotion
mucous/slimy schleimig
mucous gland Schleimdrüse
mucous membrane/mucosa Schleimhaut, Schleimhautepithel

mucro Mucrone
mucus / slime / ooze Schleim
Mueller's larva Müllersche Larve
Muellerian mimicry Müllersche Mimikry
multicellular vielzellig, mehrzellig
multicellular lifeform Vielzeller
multilayered vielschichtig, mehrschichtig
multinucleate vielkernig, mehrkernig
multiple fission Vielfachteilung
multiseriate / multiple rowed / in several rows multiseriat, mehrreihig, vielreihig
multivoltine / polyvoltine multivoltin, polyvoltin
murine Mäuse / Ratten betreffend, zu den Mäusen / Ratten gehörig, von Mäusen / Ratten stammend, Maus... / Ratten...
muscle Muskel
muscle fiber Muskelfaser
muscle twitching Muskelzucken
musculature Muskulatur
–, appendicular Extremitätenmuskulatur
–, brachiomeric Brachialmuskulatur
–, dermal Hautmuskulatur
–, involuntary unwillkürliche Muskulatur
–, obliquely striated schräggestreifte Muskulatur
–, skeletal Skelettmuskulatur
–, smooth (plain muscle / non-striated muscle / unstriped muscle) glatte Muskulatur
–, trunk Rumpfmuskulatur
–, visceral viscerale Muskulatur, Eingeweidemuskulatur
–, voluntary willkürliche Muskulatur
mushroom bodies / pedunculate bodies / corpora pedunculata Pilzkörper *(pl.)*, Corpora pedunculata
musk bag Moschusbeutel
musk gland (scent gland) Moschusdrüse (Duftdrüse)
mussels / Mytiloidea Miesmuscheln
must / musth (elephants) Brunst-Wut männlicher Elefanten
mutability Mutabilität, Mutierbarkeit
mutagenic mutagen, mutationsauslösend
mutation rate Mutationsrate
mutual / mutualistic gegenseitig
mutualism / mutualistic symbiosis Mutualismus, Gegenseitigkeit
mutualist Symbiont (in gegenseitiger / gemeinnütziger Lebensgemeinschaft)
mutualistic symbiotisch, gemeinnützig
mutualistic symbiosis / mutualism gemeinnützige Symbiose
muzzle / snout Maul, Schnauze
mycophagy Mykophagie, Mycetophagie
myelin sheath Myelinscheide, Markscheide
myelinated myelinisiert
myiasis (Diptera larva) Myiasis, Madenkrankheit
myocerate antenna (muscles in each antennal segment) myocerate Antenne, Gliederantenne
myofibril Myofibrille, Muskelfibrille
myomere / myotome Myomer, Myotom
myoneme Myonem
myotome Myotom, Ursegment
myrmecochory / ant-dispersal Ameisenausbreitung
mysis larva Mysis-Larve

N

nacreous perlmuttartig glänzend, perlmutterartig glänzend
nacreous layer/hypostracum Nacréschicht, Perlmutterschicht, Hypostracum
nacrine/mother-of-pearl colored permuttfarben, perlmutterfarben
nagana/nagana disease *(Trypanosoma spp.)* Nagana, Naganaseuche
naiad Wassernymphe
nail Nagel
name tag Namensetikett, Namensschildchen
naming/designation (nomenclature) Namensgebung, Benennung, Bezeichnung (Nomenklatur)
nanism/dwarfishness/dwarfism Nanismus, Verzwergung
nape/back of the neck/nucha Nacken, Genick
narcomedusas/Narcomedusae Narkomedusen
nare/naris (mostly *pl.*: nares)/nostril of vertebrates Nasenloch, Nasenöffnung (Vertebraten)
nasal bone/os nasale Nasenbein
nasal cavity/nasal chamber Nasenhöhle
nasal opening/nasal aperture Nasenloch, Nasenöffnung
nasolacrimal duct/ductus naso-lacrimalis Tränennasengang, Tränennasenkanal
Nassanov gland/Nassanov's gland Nassanov Drüse, Nassonoffsche Drüse
nasute (termites) Nasensoldat, Nasutus-Soldat
natal down/neossoptile/neoptile (a down feather) Nestdune, Neossoptile, Neoptile
natality/birthrate Natalität, Geburtenrate
natatorial/swim…/swimming … zum Schwimmen geeignet, Schwimm…
natatorial leg/swimming leg (insects) Schwimmbein
national park Nationalpark
native egg white natives Eiweiß, Eiklar
natural natürlich
natural enemy natürlicher Feind (Freßfeind)
natural environment/natural setting Naturlandschaft
natural history Naturgeschichte
natural history museum Naturkundemuseum
natural sciences/science Naturwissenschaften
natural scientist/scientist Naturwissenschaftler
natural selection natürliche Selektion/Auslese
nature Natur
nature conservation league/nature protection league/environmentalist group Naturschutzbund, Naturschutzverein
nature conservation movement Naturschutzbewegung
nature reserve/protected area Naturreservat, Naturschutzgebiet, Naturpark
nature-versus-nurture Veranlagung contra Umwelt und Erziehung
naupliar eye (median eye) Naupliusauge
naupliar larva/nauplius Naupliuslarve, Nauplius
nautilus (*pl.* nautili)/Nautiloidea Nautilusverwandte
navel/umbilicus/ophamos Nabel
navel-like/umbilicate/omphaloid nabelartig, omphaloid
neap tide Nipptide
neck Hals
neck (tooth) Zahnhals
nectophore/nectocalyx/swimming bell (siphonophores) Nectophore, Schwimmglocke
needle-shaped/acicular nadelförmig
neigh/whinny (low/gentle) wiehern
nekton (high mobility) Nekton (starke Eigenbewegung)
nemathelminths/aschelminths/Nemathelminthes/Aschelminthes Nemathelminthen, Aschelminthen, Schlauchwürmer, Rundwürmer *(sensu lato)*

nematocyst/cnida/thread capsule/urticator Nematocyste, Nematozyste, Cnide, Nesselkapsel
- **adherent nematocyst** Glutinant
- **penetrant nematocyst** Penetrant
- **volvent neamtocyst** Volvent

nematocyte/cnidocyte/cnidoblast/stinger cell Nematocyt, Nematozyt, Cnidocyt, Cnidozyt, Cnidoblast, Nesselzelle
nematogen ***(Dicyemida)*** Nematogen
nematophore/nematocalyx Nematophore
nemertines/nemerteans/proboscis worms/rhynchocoelans/ribbon worms(broad/flat)/bootlace worms(long)/Nemertini/Rhynchocoela Schnurwürmer
neocortex/neopallium Neocortex, Neopallium, Neuhirnrinde
neogastropods: whelks & cone shells/Neogastropoda/Stenoglossa Neuschnecken, Schmalzüngler
neossoptile/neoptile/natal down (a down feather) Neossoptile, Neoptile, Nestdune
neoteny Neotenie
nephridiopore Nephridialporus, Nephridialöffnung, Nierenöffnung (Exkretionsporus)
nephrocyte Nephrocyt, Nephrozyt
nephrostome Nephrostom
neritic zone/neritic province neritische Region, Flachmeerzone
nerve Nerv
nerve cell Nervenzelle
nerve cord Nervenstrang, Markstrang
nerve ending Nervenendigung
nerve impulse Nervenimpuls
nerve net Nervennetz
nerve ring Nervenring
- **buccal nerve ring** Schlundring

nerve root Nervenwurzel
nerve system/nervous system Nervensystem
- **autonomic/vegetative/visceral/involuntary nerve system** autonomes/vegetatives/viscerales/unwillkürliches Nervensystem
- **double-chain nerve system/ladder-type nerve system** Strickleiternervensystem
- **peripheral nerve system** peripheres Nervensystem

nest Nest
nest relief Brutablösung
nesting/nestling/nidulant nistend (eingebettet in einer Aushöhlung)
nesting colony/crèche Nistkolonie
nesting site Nistplatz
nestling Nestling
net/web Netz (web types *see also under:* web)
net-like/reticulate/reticular netzartig, netzförmig, retikulär
net production Nettoproduktion
nettle ring Nesselring
network Netzwerk
neural arch/basidorsale Neuralbogen, oberer Wirbelbogen
neural crest Neuralleiste
neural fold Neuralfalte, Neuralwulst, Medullarwulst
neural groove Neuralrinne
neural plate Neuralplatte, Medullarplatte
neural superposition eye neurales Superpositionsauge
neural tube/nerve cord/spinal cord Neuralrohr, Rückenmark
neurapophysis Neurapophyse, Spinalfortsatz, oberer Dornfortsatz
neurocranium Neurocranium, Hirnschädel, Gehirnschädel
neurogenesis Neurogenese
neurohemal organ Neurohämalorgan
neuromast Neuromaste, Sinneshügel
neuropterans (dobson flies, ant lions)/Planipennia/Neuroptera Hafte, echte Netzflügler
neurotransmitter Neurotransmitter
neuter/agamous ungeschlechtig
neuter/castrate ***(vb.)*** kastrieren
new-world monkeys (South American monkeys and marmosets)/Platyrrhina Neuweltaffen, Breitnasenaffen
nibble (rabbits) knabbern
niche Nische
nicked/notched eingekerbt, gekerbt, kerbig
nictitating membrane Nickhaut, Blinzelhaut
nidamental gland Nidamentaldrüse, Eischalendrüse, Schalendrüse

nidifugous animal / precocial animal (bird) Nestflüchter
nightjars / goatsuckers / Caprimulgiformes Nachtschwalben
nipple / mamilla / mammilla / teat Zitze, Mamille
nit (lice) Nisse
nitrification Nitrifizierung
nitrogen fixation Stickstoffixierung
nocturnal nachtaktiv
nocturnal animal Nachttier
nod nicken
nodding nickend
node Nodium, Knoten
nomenclature / designation / name Nomenklatur, Fachausdruck, Name
nomenclature (system of terms) Nomenklatur, Bezeichnungssystem (Gesamtheit der Fachausdrücke)
non-point source Flächenquelle
nonmigratory bird / resident bird Standvogel
nonmotile / immotile / immobile / motionless / fixed unbeweglich, bewegungslos, fixiert
northern / boreal nördlich
"nose brain" / rhinencephalon Riechhirn, Rhinencephalon
nosema disease / nosemosis *(Nosema apis)* Nosemaseuche
nostril Nüster, Nasenloch
notacanthiforms / Notacanthiformes Dornrückenaale
notaspideans / Notaspidea Flankenkiemer
notched / nicked / crenate gekerbt, kerbig
notched zone / strengthening zone (orb web) Befestigungszone
notochord Notocorda, Rückensaite, Chorda dorsalis
notochordal sheath Chordascheide
notopodium Notopodium
notum (*pl.* nota) (thoracic tergum) Notum (Thorakalrückenplatte / dorsales Thorakalschild)
nub / hub (web) Netznabe
nuchal crest Nackenkamm
nuchal organ Nuchalorgan
nuclear dimorphism Kerndimorphismus
nuclear division / mitosis (karyokinesis) Kernteilung, Mitose
nuclear dualism Kerndualismus
nuclear envelope Kernhülle
nuclear membrane Kernmembran
nuclear phase Kernphase
nuclear pore Kernpore
nucleolus Nukleolus, Kernkörperchen
nucleus / karyon Zellkern
nudibranchs / sea slugs / Nudibranchia Nudibranchier, Nacktkiemer, Meeresnacktschnecken
numb taub, gefühllos
numbness Taubheit, Gefühllosigkeit
nuptial dress / nuptial plumage / courtship plumage Brutkleid, Hochzeitskleid (Vögel)
nuptial flight Brautflug
nurse bee (worker bee) Ammenbiene (Arbeitsbiene / Arbeiterin)
nursery web (nursery tent) Brutgespinst, Eigespinst (Schutzgespinst für Jungspinnen)
nursing mother / foster mother Pflegemutter
nursing position Saugstellung
nurture *(n.)* Pflege, Erziehung
nurture / bring up / rear / foster aufziehen, erziehen
nurture / feed ernähren, nähren, füttern
nut clams / Nuculacea Nußmuscheln
nutrient Nährstoff
nutrient cycle Nahrungskreislauf, Stoffkreislauf
nutrient deficiency Nährstoffarmut, Nährstoffverknappung
nutrient demand / nutrient requirement Nährstoffbedarf
nutrient medium / substrate Nährboden, Substrat
nutrient requirements / nutritional requirements Nahrungsbedürfnisse
nutrient solution Nährlösung
nutrient tissue Nährgewebe
nutrient uptake Nährstoffaufnahme
nutrient-deficient / oligotroph / oligotrophic nährstoffarm
nutrient-rich / eutroph / eutrophic nährstoffreich
nutrition Nahrung, Ernährung
nutritive / nutritional Nahrung betreffend, Ernährung betreffend, Nähr…
nutritive / nourishing nahrhaft

nutritive animal/gasterozooid/ trophozooid (nutritive polyp) Nährtier, Freßpolyp, Gasterozoid, Trophozoid (Freßpolyp)
nuzzle/sniff at beschnuppern, beschnüffeln
nymph Nymphe
nymph/naiad (water) Wassernymphe
nymphiparous nymphipar
nymphipary Nymphiparie

O

oak apple Eichenschwammgalle
objective Objektiv
obligate parasite/holoparasite obligater Parasit, Vollschmarotzer, Vollparasit, Holoparasit
obligatory/oligate obligatorisch, obligat
obliquely striated musculature schräggestreifte Muskulatur
obliterative shading unauffällige Färbung, unauffälliger Farbton (z. B. Süßwasserfische)
oblong länglich
obstetrics Geburtshilfe
obtect pupa/pupa obtecta Mumienpuppe
obtuse/blunt stumpf
occiput (dorsal/posterior part of head) Occiput, Hinterhaupt
occlusion Okklusion, Kieferschluß
occlusor Occlusor, Okklusor
occurrence/presence Vorkommen
ocean Ozean
ocean floor/seafloor Meeresgrund, Meeresboden
oceanic ozeanisch
oceanic location/coastal location Meeresküstenlage
oceanic zone/oceanic region ozeanische Region
ocellar center Ocellenzentrum
ocellar pedicel Ocellenstiel
ocellus/eye spot (Lepidoptera) Ocellus, Augenfleck
ocellus/simple eye (dorsal and lateral) Ocellus, Ocelle, Einzelauge, Punktauge, Nebenauge (*siehe:* Scheitelauge/Stirnauge)
octocorallians/octocorals/ Octocorallia Octocorallia
octopods/octopuses/Octopoda/ Octobrachia achtarmige Tintenschnecken, Kraken
ocular/eyepiece Okular
odd-toed ungulates/Perissodactyla Unpaarhufer
odontoblast Odontoblast, Zahnbeinbildner

odontophore / radula support Odontophor, Radulapolster
odor trail Geruchsfährte, Geruchsspur
odoriferous gland / scent gland Duftdrüse, Brunftdrüse, Brunftfeige (Gemse)
oenocyte Oenocyt, Oenozyt
oestrous östrisch, östral, Brunst…
oestrus / estrus Östrus
offspring / young Nachwuchs
oil gland Öldrüse, Schmierdrüse
old-world monkeys (incl. apes) / Catarrhina Altweltaffen, Schmalnasenaffen
olfactory den Geruchssinn betreffend, Geruchs…, Riech…
olfactory dome (sensory dome) / olfactory bulb / bulbus olfactorius Riechhügel, Riechkolben
olfactory epithelium / nasal mucosa Nasenschleimhaut, Riechepithel
olfactory hair Riechhärchen (Sinneshaar)
olfactory mucosa Riechschleimhaut
olfactory nerves Riechnerven, Geruchsnerven
olfactory organ Riechorgan
olfactory peg / sensory peg (sensilla styloconica / basiconica) Riechkegel, Sinneskegel, Sinnesstäbchen
olfactory pit (a sensory pit) Riechgrube
olfactory plate (sensory plate) Riechplatte, Porenplatte (Sensilla placodea)
olfactory sense olfaktorischer Sinn, Geruchssinn
olfactory tract Tractus olfactorius
olfactory trail / scent trail Duftspur
olfactory tubercle Riechwulst
Oligocene / Oligocene Epoch Oligozän (erdgeschichtliche Epoche)
oligochetes / Oligochaeta Wenigborster, Oligochaeten
oligolecithal (with little yolk) oligolecithal, oligolezithal, mikrolecithal, dotterarm
oligomerous oligomer
oligopod oligopod, wenigbeinig
oligotrophic oligotroph, nährstoffarm
omasum / third stomach / manyplies / psalterium Omasus, Blättermagen, Vormagen, Psalter
ommatidium / facet / stemma Ommatidium, Sehkeil
omnivore Omnivore, Allesfresser
omnivorous omnivor, allesfressend
one-horned / unicornate / unicornuate / unicornuous einhörnig
one-toed einzehig
ontogenesis / ontogeny / development (of the individual) Ontogenese, Ontogenie, Entwicklungsgeschichte (des Einzelorganismus)
ontogenetic ontogenetisch, entwicklungsgeschichtlich
oogamy Oogamie, Eibefruchtung
oogenesis Oogenese, Eibildung
ooplasm Ooplasma, Bildungsplasma, Eiplasma
oostegite (crabs) Oostegite, Brutplatte
ootype Ootyp
open sea / pelagic zone / oceanic zone / oceanic province Hochsee, offenes Meer, Hochseebereich, ozeanische Region
opening / aperture / orifice / mouth / perforation / entrance Öffnung, Mund, Mündung
operant conditioning instrumentelles Lernen
operculate / opercular / operculiferous / bearing a lid gedeckelt, mit Deckel versehen, Deckel…
ophidian / snake-like schlangenartig, Schlangen…
ophiology Ophiologie, Schlangenkunde
opisthaptor / opisthohaptor / Baer's disk Opisthaptor, Opisthohaptor
opisthobranch snails / opisthobranchs / Opisthobranchia Hinterkiemer, Hinterkiemenschnecken
opisthocelous / opisthocoelous opisthocöl, opisthocoel
opisthognathous opistognath
opisthonephros Opisthonephros, Rumpfniere
opossum shrimps / Mysidacea Spaltfüßer
opportunistic opportunistisch
opposable opponierbar, entgegenstellbar

opposite/opposing gegenständig, gegenüberliegend
optic/optical optisch
optic chiasma/chiasma opticum Sehnervkreuzung
optic diffusion/optical diffusion/dispersion/dissipation/scattering (light) Lichtstreuung
optic lobe Lobus opticus
optic nerve/nervus opticus Sehnerv
optic refraction optische Brechung, Lichtbrechung
optic superposition eye/clear-zone eye optisches Superpositionsauge
optic tectum/optic lobe/tectum opticum Mittelhirndach
oral apparatus (ciliates) Oralapparat, Buccalapparat
oral arm (polyps/echinoderms) Mundarm
oral disk/oral disc/peristome/peristomium Oralscheibe, Mundscheibe, Peristom
oral vestibule Mundbucht, Vestibulum
orb web (spiders) Radnetz
orbicular/circular kreisförmig, kreisrund
orbiculate/nearly round kreisförmig, fast rund
orbit/eye socket Augenhöhle
order Ordnung
order of rank/ranking/hierarchy Rangordnung, Rangfolge, Stufenfolge, Hierarchie
Ordovician/Ordovician Period Ordovizium (erdgeschichtliche Periode)
organ Organ
organ of Corti Cortisches Organ
organ of Jullien Julliensches Organ
organic debris/organic waste organische Abfallstoffe
organic matter organisches Material
organism/lifeform Organismus, Lebensform, Lebewesen
organismal organismisch
organizational form Organisationstyp, Organisationsform
organizational level/grade of organization Organisationsstufe
organizer Organisator (dorsale Blastoporenlippe)
organogenesis Organogenese, Organbildung
oriental sore/cutaneous leishmaniasis *(Leishmania spp.)* Orientbeule, Hautleishmaniose, kutane Leishmaniose
orientation/orientational behavior Orientierung, Orientierungsverhalten
orientational movement/taxy/taxis (*pl.* taxes) Orientierungsbewegung, Taxie, Taxis
origin/descent/provenance (Provenienz) Herkunft, Ursprung, Abstammung
original/basic/simple/primitive ursprünglich
ornithischian reptiles/bird-hipped dinosaurs/Ornithischia Vogelbecken-Dinosaurier
ornithology Ornithologie, Vogelkunde
orobranchial cavity Orobranchialhöhle, Mund-Kiemenhöhle
orthogenesis Orthogenese
orthognathous orthognath
orthopterans/Orthoptera Geradflügler
osmeterium/osmaterium Osmaetherium
osmosis Osmose
osmotic potential osmotisches Potential
osphradium Osphradium (*pl.* Osphradien)
ossicle/small bone Knöchelchen
ossification Ossifikation, Verknöcherung, Knochenbildung
osteoblast Osteoblast
osteoclast Osteoklast
osteocyte Osteocyt, Osteozyt
osteogenesis Osteogenese, Knochenbildung, Knochenentstehung
osteoglossiforms/Osteoglossiformes Knochenzüngler, Knochenzünglerartige
ostium Ostium, Öffnung
ostium (of oviduct)/ostium tubae Eileiteröffnung
ostracoderms/Ostracodermata Schalenhäuter
ostriches/Struthioniformes Laufvögel, Strauße, Straußenvögel

otic otisch
outbreeding durch Kreuzung entfernt verwandter Individuen gezüchtet
outer layer/exterior layer Außenschicht
outgrowth/protrusion Auswuchs
outpocketing/protrusion Ausbuchtung, Ausstülpung (z. B. Darmdivertikel)
ovarian ball Ovarialballen
ovarian pregnancy Ovariolenträchtigkeit, Ovarialträchtigkeit, Ovarialschwangerschaft
ovariole/egg tube (insects) Ovariole, Ovariolschlauch, Eischlauch, Eiröhre
ovary Ovar, Ovarium, Eierstock
ovary/germarium Keimstock, Germarium
ovate/egg-shaped eiförmig
overgrazing Überweidung
overgrow überwachsen, zuwachsen
overgrown überwuchert, zugewachsen
overpopulation Übervölkerung
overshoot (carrying capacity) überschießen (Kapazitätsgrenze)
overturn (lake water) umwälzen (limnologisch)
overwinter/hibernate überwintern
ovicell (bryozoans) Ovicelle, Ooecie, Embryosack
oviduct Ovidukt, Eileiter
oviger (egg-carrying leg: certain arachnids/pycnogonids) Oviger, Eiträger (Brutbein)
ovigerous oviger, eitragend, eiführend
ovine Schafe betreffend, Schafs …
oviparous/egg-laying ovipar, eierlegend
ovipositor (insects)/egg-laying apparatus/egg-laying organ/egg depositor Ovipositor, Legeapparat, Legeorgan
ovipositor sheath Legescheide
ovisac/brood pouch/egg case Eisack
ovotestis/hermaphroditic gonad/hermaphroditic gland Zwitterdrüse
ovulation Ovulation, Eisprung, Follikelsprung
owls/Strigiformes Eulen
ox Ochse
oxygen debt Sauerstoffschuld

P

pacemaker Schrittmacher (*siehe:* Sinusknoten)
Paciinian corpuscle Pacinisches Körperchen, Lamellenkörperchen, Endkörperchen
pack (dogs/wolves) Rudel, Meute
pad (finger ~/foot ~/toe ~/paw ~) Ballen (Finger~/Fuß~/Zehen~/Sohlen~)
paddock (*dial.*: frog/toad) Kröte, Frosch
paedogenesis/pedogenesis Pädogenese
pain Schmerz
pain sensation Schmerzgefühl
pair/mate (copulate) paaren (begatten/kopulieren)
pairing/mating (copulating) Paarung (Begattung/Kopulation)
pairing season/mating season Paarungssaison, Paarungszeit
palatable genießbar, schmackhaft
palate/roof of mouth (vertebrates)/roof of pharynx (insects) Gaumen
– **hard palate** harter Gaumen
– **soft palate/velum palatinum** wicher Gaumen, Gaumensegel, Velum
palatine bone/os palatinum Palatinum, Gaumenbein
Paleocene/Paleocene Epoch Paläozän (erdgeschichtliche Epoche)
paleocortex Palaeocortex, Archicortex, Althirnrinde
paleontology Paläontologie
Paleozoic/Paleozoic Era Paläozoikum, Erdaltertum (erdgeschichtliches Zeitalter)
palingenesis Palingenese
palisade worm (*Strongylus equinus* et spp.) Palisadenwurm
pallial line Palliallinie, Mantellinie
pallial sinus Pallialraum, Mantelhöhle
pallium/mantle Pallium, Mantel
palp/palpus Palpe
palp proboscis/palp appendage (bivalves) Mundlappenanhang

palpal endite (with scapula) Pedipalpenlade
palpiger Palpiger, Tasterträger
panacea Panazee, Allheilmittel, Universalmittel, Wundermittel
pancreas Pankreas, Bauchspeicheldrüse
panduriform / fiddle-shaped geigenförmig
pangolins / scaly anteaters / Pholidota Schuppentiere
pant / panting (e.g. dog) hecheln
pantophagous / pantophagic pantophag
papilla Papille
parabiosis Parabiose
parabronchus (*pl.* parabronchi) Parabronchus (*pl.* Parabronchien), Lungenpfeife
parachute (patagium) Fallschirm (Spannhaut)
paraglossa Paraglossa, Nebenzunge
parallel venation Paralleladerung
parallely striped parallelgestreift
parallely veined paralleladrig
paralysis Paralyse, Lähmung
paralyze paralysieren, lähmen
paramere Paramer
paraparietal organ / parapineal organ / parietal organ of epiphysis Parietalorgan, Parapinealorgan
parapod / side-foot Parapodium
parasite Parasit, Schmarotzer
- **facultative parasite** fakultativer Parasit, Gelegenheitsparasit
- **obligate parasite / holoparasite** Vollschmarotzer, Vollparasit, Holoparasit

parasitic parasitär, parasitisch, schmarotzend
parasitism Parasitismus, Schmarotzertum
parasitize parasitieren, schmarotzen
parasitoid Parasitoide
parasitologist Parasitologe
parasitosis Parasitose
parasympathetic parasympathisch (autonomes Nervensystem)
paratenic host / transfer host paratenischer Wirt, Sammelwirt, Stapelwirt, Transportwirt
parathyroid gland / parathyroidea Nebenschilddrüse, Beischilddrüse, Epithelkörperchen
paraxial rod Achsenstab (Kinetoplastida)
parchmentlike (wings) pergamentartig
parent Elternteil
parental care elterliche Fürsorge
parenthood Elternschaft
parents Eltern
parietal / borne on the wall parietal, wandständig, wandbürtig
parietal cell (*HCl* production) Belegzelle
parietal eye *(Sphenodon)* Parietalauge
parietal organ of epiphysis / paraparietal organ / parapineal organ Parietalorgan, Parapinealorgan
paroesism Parökie
parotid gland / parotis / parotid (mammals: salivary gland) Parotis, Ohrspeicheldrüse
parotoid gland (amphibians) Parotoiddrüse, Parotisdrüse, Ohrdrüse, Duvernoysche Drüse
parovarium / epoophoron Nebeneierstock, Epoophoron
parr (stage between fry and smolt) Sälmling, Lächsling (junge Lachsbrut)
parrots & parakeets / Psittaciformes Papageien
parsimony Parsimonie
parthenogenesis Parthenogenese, Jungfernzeugung
parthenogenetic egg Subitanei, Jungfernei
parturition / delivery / giving birth Niederkunft, Gebären
party (wild boar) Rudel, Schar
passageway Ausführgang
passeriform sperlingartig
passerines / passeriforms (perching birds) / Passeriformes Sperlingsvögel
passive dispersal passive Ausbreitung, Verdriftung
pastern (horse) Fessel
pastern bone Fesselknochen, Fesselbein
pastern joint Fesselbeingelenk

pasture Weide, Weidewiese (Grünland), Trift (Heide)
pasture farming/pastoral economy/ pastoralism/agropastoralism Weidewirtschaft
pasturing Beweidung
patagium Patagium, Flughaut, Flatterhaut, Spannhaut, Gleithaut
patch reef/bank reef Fleckenriff
patella/knee bone/genu Patella, Kniescheibe
pathogenic (causing or capable of causing disease) pathogen, krankheitserregend
pathogenicity Pathogenität
pathological (altered or caused by disease) pathologisch, krankhaft
pathology Pathologie, Lehre von den Krankheiten
patriarchal patriarchalisch
pattern Muster
paturon/basal segment of chelicera Chelicerengrundglied
pauropods/Pauropoda Wenigfüßer, Pauropoden
paw Pfote, Tatze
pawing/paw the ground (horse: scraping the ground) scharren
peanut worms/sipunculoids/ sipunculans Spritzwürmer, Sternwürmer, Sipunculiden
pear-shaped/pyriform birnenförmig
pearl Perle
pebrine *(Nosema bombycis)* Fleckenkrankheit (Seidenraupen)
peck/pick picken
peck order/pecking order Hackordnung
Peckhamian mimicry Peckhamsche Mimikry
pecten (bird's eye) Pecten
pecten/comb/brush/rake Pecten, Kamm, Bürste, Rechen
pecten/pollen comb Pollenkamm
pectinate/pectiniform/ctenose/ ctenoid/comblike/rakelike kammartig, kammförmig, gekämmt
pectinella Pektinelle
pectoral brustständig, Brust...
pectoral fin Brustflosse
pectoral girdle/shoulder girdle Brustgürtel, Schultergürtel
pedal ganglion Pedalganglion
pedal gland/adhesive gland/cement gland (rotifers) Fußdrüse, Klebdrüse, Kittdrüse
pedal retractor muscle Fußretraktor
pedal sole/foot sole/planta Fußsohle, Planta (auch: Kriechfußsohle)
pedate fußförmig
pedicel (antler) Geweihrose
pedicellaria Pedicellarie, Pedizellarie
pedicellus/pedicel Pedicellus, Pedizellus
pediveliger Pediveliger, Velichoncha
pedogamy/paedogamy Pädogamie
pedogenesis/paedogenesis Pädogenese
pedology/soil science Pedologie, Bodenkunde
pedomorphosis Pädomorphose
peep/squeak (mouse) piepen, piepsen
pelage/furcoat (mammals: hairy covering/thick coat of hair) dichte Haarbedeckung, Körperbedeckung der Säugetiere
pelagial zone Freiwasserzone, Pelagial
pelagic/pelagial/open-sea pelagisch, pelagial
pelagic organisms/pelagic community Pelagos (Organismen des Pelagial)
pelagic zone pelagische Zone, Pelagial
pellet(s) (feed) Pellet, Futterkügelchen
- **rabbit feces (dry/round/brown)** Hasenkot (trocken/rund)
- **reingested rabbit feces (soft/ greenish)** Blinddarmkot, Vitaminkot
- **regurgitated matter (predatory birds)** Gewölle

pellicula/pellicle Pellicula
pelt Fell, Tierhaut, Tierpelz (die ganze abgezogene Tierhaut)
pelvic bone/pelvis (ilium & ischium) Beckenknochen (Darmbein & Sitzbein)
pelvic girdle/hip girdle Beckengürtel
pelvis Pelvis, Becken
pelycosaurians (early synapsids)/ Pelycosauria Urraubsaurier
pen/coop/hutch (e.g. chickens) kleiner Tierkäfig, kleiner Verschlag, Auslauf (z. B. Geflügelstall)
pen/female swan weiblicher Schwan

pen/fold (small fenced-in area for sheep/cattle/pigs etc.) Pferch (kleines Gehege)
pen/gladius Rückenfeder, Gladius, pergamentartiger Schulp
pen shells/Pectinidae Kammuscheln
pendulous hängend
penetrance Penetranz
penguins/Sphenisciformes Pinguine
penial spicule/copulatory spicule (nematodes) Spiculum (Kopulationshaken: Nematoden)
penis/aedaegus (insects) Penis, Aedaegus, Aedoeagus
penis/phallus/copulatory organ/intromittent organ Penis, Phallus, männliches Glied, Rute, männliches Begattungsorgan, Rute
penis bone/baculum/os penis Penisknochen
penis bulb (trematoda) Bursa
pentadactyl/limb with five digits (five-toed) fünffingerig, fünffingrig, fünfstrahlig, pentadaktyl (Fünfzahl von Fingern, Zehen)
pentadactylism/pentadactyly Pentadaktylie, Fünffingerigkeit, Fünfzahl von Fingern und Zehen
pentameric/pentamerous pentamer, fünfzählig, fünfstrahlig, fünfteilig
pentamerous symmetry/pentameral symmetry/five-sided symmetry pentamere Symmetrie, fünfstrahlige Symmetrie
pentamery Pentamerie, fünfstrahlige Radiärsymmetrie
perceptible/sensible wahrnehmbar, empfindbar
perception Perzeption, Wahrnehmung, Empfindung
perch & perchlike fishes/Perciformes Barschfische, Barschartige
percolation/flowing through Durchfluß
perennial perennierend, ausdauernd (mehrjährig)
pereon/pereion Pereion, Peraeon, Pereon (Brust/Thorax bei Crustaceen)
pereopod/pereiopod (walking leg of pereion) Pereiopode, Peraeopode (Schreitbein/Brustfuß des Pereon)
perforated perforiert, löcherig
peribranchial cavity/atrial cavity (ascidians/lancelets) Peribranchialraum
pericardial cavity/pericardial chamber/pericardial sac/pericardial sinus Perkardialhöhle, Perikardialraum, Perikardialsack, Perikardialbeutel, Perikardialsinus
pericardial septum/diaphragm Perikardialseptum, Diaphragma
pericardium Pericard, Perikard, Herzbeutel
perichondrium Perichondrium, Knorpelhaut
perigonadial cavity/gonocoel Gonadenhöhle, Gonocoel
perilymph Perilymphe
perineal perineal, den Damm betreffend, Damm...
perineal swelling (chimpanzee) Dammschwiele
perineum Perineum, Damm
period of gestation Tragzeit, Tragezeit
periodicity Periodizität
periosteum Periost, Knochenhaut
periostracum Periostracum, Schalenhäutchen
peripheral nervous system peripheres Nervensystem
periproct Periprokt, Afterfeld
peristalsis Peristaltik
peristome/peristomium/buccal cavity Peristom (Protozoen: Zellmundhöhlung)
peritoneum Peritoneum, Bauchfell
peritrophic membrane peritrophische Membran
permanent mount/permanent slide (microscopy) Dauerpräparat
permanent pasture Dauerweide
permanent tissue/secondary tissue Dauergewebe
permeability Permeabilität, Durchläßigkeit
permeable permeabel, durchlässig
persistent spore Dauerspore
pest Schädling, Ungeziefer
pest control Schädlingskontrolle, Schädlingsbekämpfung
– **biological pest control** biologische Schädlingsbekämpfung
pest infestation Schädlingsbefall
pest insect Schadinsekt

pesticide/biocide Pestizid, Biozid, Schädlingsbekämpfungsmittel
pet zahmes Haustier (Liebhaberei)
petaloid Petalodium
petasma Petasma
petiolar gall Blattstielgalle
petiole/podeon/podeum (hymenopterans) Petiolus, Hinterleibsstiel, „Taille"
petrification Versteinerung
petrified versteinert
petrify versteinern
phalanx (*pl.* phalanges) Phalanx, Fingerglied, Zehenglied
phallic threat Phallusdrohen
phallus/penis/copulatory organ/intromittent organ Phallus, Penis, männliches Glied, männliches Begattungsorgan
pharate (cloaked adult/coarctate pupa) pharat (coarctate Puppe)
pharyngeal jaws/trophi (rotifers) Kiefer, Trophi
pharyngeal plane Schlundebene
pharynx/air pipe Pharynx, Luftröhre
pharynx/gullet Pharynx, Schlund
pharynx/mastax (rotifers) Pharynx, Mastax, Kaumagen
phase boundary Phasengrenze
phase contrast (microscopy) Phasenkontrast
phasic fiber phasische Faser
phasmid Phasmid, Schwanzpapillendrüse
phenogram (numerical taxonomy) Phänogramm
phenotype Phänotyp, Phaenotypus
pheromone Pheromon
philopatry/homing Philopatrie, Ortstreue
phonation Phonation, Lautbildung, Stimmbildung
phoresy/phoresia/phoresis Phoresie
phoronids/Phoronidea Phoroniden, Hufeisenwürmer
phorozooid Phorozoid, Pflegetier
phosphorescence Phosphoreszenz
– **marine phosphorescence** Meeresleuchten
photoallergenic photoallergen
photophore/luminous organ/light-emitting organ Photophore, Leuchtorgan
phragmocone Phragmokon
phthiriapterans/Phthiriaptera (Mallophaga & Anoplura) Tierläuse
phyllopod (a swimming appendage) Phyllopodium (*pl.* Phyllopodien), Blattbein
phyllopods/branchiopods/Phyllopoda/Branchiopoda Blattfußkrebse, Kiemenfüßer
phylogenesis/phylogeny/evolution Phylogenese, Phylogenie, Stammesgeschichte, Stammesentwicklung, Abstammungsgeschichte, Evolution
phylogenetic/phyletic/evolutionary phylogenetisch, phyletisch, stammesgeschichtlich, evolutionär
phylogeny/phylogenesis/evolution Phylogenie, Phylogenese, Stammesgeschichte, Stammesentwicklung, Abstammungsgeschichte, Evolution
phylum (division) Phylum, Abteilung
physiological physiologisch
physiologist Physiologe
physiology Physiologie
physogastry Physogastrie
phytobezoar (stomach ball) Phytobezoar (Magenkugel)
phytocecidium Phytocecidium, von Pilzen hervorgerufene Pflanzengalle
phytophagous/herbivorous/plant-eating/feeding on plants pflanzenfressend
pia mater Pia mater
piercing-sucking/stylate-haustellate (mouthparts) stechend-saugend (Mundwerkzeuge)
piglet/little pig Ferkel
pigment/colorant Pigment, Farbstoff
pigment cell/chromatophore Pigmentzelle, Farbzelle, Chromatophore
pigment cup eye/inverted eye Pigmentbecherauge, Becherauge
pigment layer (eye) Pigmentschicht
piliferous/piligerous/bearing hairs (hairy) behaart (haarig)
piliform/trichoid haarartig
pill bugs/woodlice/sowbugs/Isopoda Asseln
piloerection Haarsträuben, Fellsträuben
pilose/downy/pubescent feinbehaart, flaumig

piloting lotsen, lenken, führen
pin cushion gall / bedeguar Schlafapfel, Bedeguar
pinacocyte Pinacocyt, Pinakozyt
pincer Schwanzzange
pineal body / pineal gland / conarium / epiphysis Pinealorgan, Epiphyse, Zirbeldrüse
pineal eye / epiphyseal eye (median eye) Pinealauge (bei Neunauge: *Petromyxon*)
pineapple gall Ananasgalle
pinnate / pennate pinnat, pennat, federförmig, fiedrig, fiederig, gefiedert
pinnate appendage / pinnate leg Fiederfuß
pinnate venation Fiederaderung
pinnately veined / pinnately nerved / penninerved fiederaderig, fiedernervig
pinnation Fiederung
pinnule Pinnula, Fiederchen
pinworm ***(Enterobius vermicularis)*** Madenwurm
pioneer species Pionierart
pipe / tube Rohr, Röhre
pirate perch and freshwater relatives / Percopsiformes Barschlachse
pit / crypt (snakes) Grube
pit organ (snakes) Grubenorgan
pitted / foveate grubig
pituitary gland / hypophysis Hirnanhangsdrüse, Hypophyse
placenta Plazenta, Mutterkuchen
–, allantoic Allantoisplazenta
–, bidiscoidal Placenta bidiscoidalis
–, chorioallantoic Chorioallantoisplazenta, Zottenplazenta
–, cotyledonary Placenta cotyledonaria, Placenta multiplex
–, diffuse Placenta diffusa
–, discoidal Placenta discoidalis
–, hemochorial haemo-choriale Plazenta
–, hemoendothelial Labyrinthplazenta
–, syndesmochorial syndesmo-choriale Plazenta
–, zonary Placenta zonaria, Gürtelplazenta
placentals / eutherians / Placentalia / Eutheria Plazentatiere
placentome Plazentom
placode Plakode
placoderms / Placodermi Placodermen, Plattenhäuter
placodontians (mollusk-eating euryapsids) / Placodontia Pflasterzahnsaurier
placoid / plate-like tellerförmig, schildförmig
placoid scale / dermal denticle Placoidschuppe, Zahnschuppe, Hautzahn, Dentikel
placophorans (incl. chitons) / Placophora Käferschnecken
plagiotropic / plagiotropous / obliquely inclined plagiotrop
planarians / Tricladida Planarien
planispiral planspiral, flach-scheibenförmig gewunden
plankton (passive drifters) Plankton (passiv schwebend)
plankton strainer (a food-strainer) Planktonseiher
planktonic planktonisch
plant consumer Pflanzenkonsument
plant pest Pflanzenschädling
plant-eating / phytophagous / herbivorous pflanzenfressend
plantigrade (animal) Plantigrade, Sohlengänger
plantigrade gait Plantigradie, Sohlengang
plasma cell Plasmazelle
plasma membrane / (outer) cell membrane / unit membrane / ectoplast / plasmalemma Plasmamembran, Zellmembran, Ektoplast, Plasmalemma
plasma streaming / cytoplasmic streaming / cyclosis Plasmaströmung, Dinese
plasmodesm / plasmodesma Plasmodesmos, Plasmadesma (*pl.* Plasmodesmen)
plasmolysis Plasmolyse
plasticity Plastizität
plastron / plastrum Plastron, Bauchpanzer, Bauchplatte, Brustschild (Schildkröten / Vögel)
plate, maxilliary / maxilliped plate (insects: galea and lacinia) Kaulade
play / play behavior Spielverhalten
play song Spielgesang

pleated / plicate / folded gefaltet, faltig
plectognath fishes / Tetraodontiformes / Plectognathi Kugelfischverwandte
Pleistocene Epoch / Glacial Epoch / Diluvial / Ice Age Pleistozän, Diluvium, Glazialzeit, Eiszeit (erdgeschichtliche Teilepoche)
pleomere / abdominal somite Pleomer, Abdominalsegment
pleon (abdomen of crustaceans) Pleon
plerocercoid Plerocercoid
plesiomorphic plesiomorphisch
plesiomorphism Plesiomorphie
plesiosaurs / Plesiosauria Plesiosaurier
pleura / pleura parietalis Brustfell
– **pulmonary pleura / pleura pulmonalis** Lungenfell
pleurapophysis Pleurapophyse
pleurite / lateral sclerite Pleurit, Seitenplatte, Seitenstück, lateraler Sklerit
pleurobranch / pleurobranchia Pleurobranchie
pleuron / lateral plate Pleuron, Seitenteil
pleuronematic flagellum / tinsel flagellum / flimmer flagellum Flimmergeißel
plicate / pleated / folded gefaltet, faltig
plication / wrinkle / fold Falte
Pliocene / Pliocene Epoch Pliozän (erdgeschichtliche Epoche)
ploughshare bone / vomer Pflugscharbein, Vomer
pluck *(n.)* (innards) Innereien (Schlachttiere: Schweine / Rinder)
pluck *(vb.)* (feathers) rupfen (Federn)
plumage / ptilosis Gefieder, Federkleid, Ptilosis
plumage ruffling / feather ruffling Gefiedersträuben
plumose / feathery fedrig, federig
plurilocular / multilocular plurilokulär, mehrkammerig
pneumathode Pneumatode, Atemöffnung
pneumonia Pneumonie, Lungenentzündung
pneumonic plague *(Yersinia pestis)* Lungenpest
poach wildern
poacher Wilderer, Wilddieb
pod (whales / dolphins / seals) Koppel, Schwarm, Zug (Gruppe: Wale / Delphine / Seehunde)
podeon / podeum / petiole (hymenopterans) Hinterleibsstiel, „Taille", Petiolus
podium / tube-foot / ambulacral foot Ambulakralfüßchen, Saugfüßchen
podobranch / podobranchia / foot-gill Podobranchie
podocyte Podocyt, Podozyt
poikilothermal / poikilothermous / cold-blooded / ectothermal / heterothermal poikilotherm, wechselwarm, ektotherm
point mutation Punktmutation
point source Punktquelle
poison / toxin Gift, Toxin
poison fang / venomous fang (unguis) Giftklaue
poison gland Giftdrüse
poison tooth / venom tooth / fang (snakes) Giftzahn
poisonous / toxic giftig, toxisch
poisonousness / toxicity Giftigkeit, Toxizität
polar body Polkörper, Richtungskörper
polar cap (within polar sac) Polkappe
polar capsule Polkapsel
polar fiber (microtubule) Polfaden
polar field (ctenophores) Polplatte
polar lobe (cleavage) Pollappen
polar nucleus Polkern
polar plates (coelenterates) Polfelder
polian vesicle Polische Blase
poll / back of the head (crest / top / apex: *esp.* horses / cattle) Hinterkopf
pollen basket / corbiculum Pollenkörbchen, Corbiculum
pollen brush Pollenbürstchen
pollen comb / pecten Pollenkamm
pollination Bestäubung (fertilization *see* Befruchtung)
pollination by animal vectors / zoophily Tierbestäubung, Tierblütigkeit, Zoophilie
pollinator Bestäuber
polliwog / tadpole Kaulquappe
pollution / contamination Verschmutzung, Umweltverschmutzung
polyandry Polyandrie, Vielmännerei

polyenergid polyenergid
polygamous polygam, einehig
polygamy/polygyny Polygamie, Polygynie, Vielweiberei
polygynous polygyn, vielweibig
polylecithal polylecithal, polylezithal, makrolecithal, dotterreich
polyoestrous/polyestrous polyöstrisch
polyp/hydroid Polyp
polyp (outgrowth: throat) Polyp, Rachenmandel
polyphage Vielfraß
polyphagous/polyphagic polyphag, allesfressend (begrenzte Nahrungsauswahl)
polyphyletic polyphyletisch
polyphyodont polyphyodont
polypide Polypid
polypod polypod, vielbeinig
polypoid stage Polypenstadium
polythalamous/polythalamic/with many chambers/polythecal polythalam, vielkammerig, vielkämmrig, polythekal
polythetic polythetisch
polyvoltine/multivoltine polyvoltin, plurivoltin, mit mehreren Jahresgenerationen
polyxenous/polyxenic mehrwirtig, heteroxen
pond Teich
- **small pond (e.g. fish pond)** Weiher (z. B. Fisch~)
pongids/great apes/Pongidae Menschenaffen
pons varolii Varolsbrücke, Brücke
pool Tümpel
population/reproductive group Population, Bevölkerung, Fortpflanzungsgemeinschaft
population crash Populationszusammenbruch, Bevölkerungszusammenbruch
population curve Populationskurve, Bevölkerungskurve
population density Populationsdichte, Bevölkerungsdichte, Abundanz
population ecology Populationsökologie, Demökologie
population growth Populationszuwachs, Bevölkerungswachstum
population size Populationsgröße, Bevölkerungsgröße
porcine schweineartig, Schweine betreffend, Schweine…
porker Mastferkel
porosity Porosität
porous porig
portal vein/vena portae Pfortader
postabdomen/metasoma Postabdomen, Metasoma
postantennal organ Postantennalorgan, Hinterfühlerorgan
postcopulatory behavior Nachbalz
posture/stance Haltung, Stellung, Lage
potamodromous potamodrom
pouch/marsupium Beutel, Brutbeutel, Marsupium
pouch/sac/sac-like cavity/pocket/bursa Beutel, Sack, Tasche, Bursa
pouch (birds) Kehlhautsack
pouch gall Beutelgalle
pouched/saccate sackförmig, taschenförmig
pouched mammals/marsupials/metatherians/Metatheria/Didelphia Beuteltiere, Marsupialia
pound (public enclosure for stray dogs/cats) institutionalisierter Zwinger für verwaiste Hunde/Katzen
- **dog pound** Hundezwinger
pouting schmollen
powder-down feather/pulviplume Puderdune, Pulvipluma
Precambrian/Precambrian Era Präkambrium, Präcambrium (erdgeschichtliches Zeitalter)
precision grip Präzisionsgriff
precocial animal/nidifugous animal (bird) Nestflüchter
precocious verfrüht
precopulatory rite/precopulatory behavior Begattungsvorspiel
precursor Vorläufer
predation Raub, Räubertum, Jagd
predator/predatory animal Prädator, Räuber, Raubfeind, Raubtier, Freßfeind, Jäger
predatory/raptorial (greifend) räuberisch, Raub…
predatory bird/bird of prey/raptorial bird Raubvogel, Greifvogel

predatory insect Raubinsekt, räuberisches Insekt
predominate vorherrschen
preening Körperpflege
preening (birds: plumage) Gefiederputzen, Gefiederkraulen
preening behavior Putzverhalten
preferential/favorably associated preferentiell, hold (Boden, Gesellschaftstreue)
pregnancy/gravidity/gestation Schwangerschaft, Trächtigkeit, Gestation
pregnant/gravid/gestational schwanger, trächtig
prehensile/grasping/able to grasp/raptorial zum Greifen geeignet, zupackend, ergreifend, Greif...
prehensile foot/grasping foot Greiffuß
prehensile hand/grasping hand Greifhand
prehensile mask (dragonfly larva: retractible prehensile labium) Fangmaske
prehensile organ Greiforgan
prehensile tail Greifschwanz
prehensile tentacle Greifarm (Tentakel)
prehensility Fähigkeit zum Greifen, Greiffähigkeit
premaxilla Prämaxille
premolar/bicuspid tooth Prämolar, vorderer Backenzahn
prenatal pränatal, vorgeburtlich
prepare/dissect/mount präparieren
prepatent period Präpatenz
prepupa/propupa Präpupa, Propupa, Vorpuppe, Semipupa
preputial gland/castor gland (beaver) Präputialdrüse
preputial sac (insects) Präputialsack, Penisblase
prescutum Präscutum, Vorschild
preservation Preservierung, Bewahrung, Erhaltung
preservation of species Arterhaltung
preserved specimen Präparat
pretarsus (insects) Prätarsus, Klauenglied, Krallenglied, Krallensegment, Krallensockel
prey *(n.)* Beute, Jagdbeute, Beutetier
prey *(vb.)* erbeuten, auf Beutejagd gehen
priapulans Priapuliden, Priapswürmer
prickle-shaped/bristle-shaped/styliform stilettförmig, griffelförmig
pride (a company of lions) Rudel
primaries/primary feathers (primary remiges) Handschwingen, Hautschwingen
primary host/main host/definitive host Hauptwirt
primary larva Primärlarve, Junglarve, Eilarve
primary production Primärproduktion
primary settlement/primary succession Erstbesiedlung, primäre Sukzession
primary tectrices (birds) Handdecken
primates Primaten, Herrentiere
– **lower primates/prosimians/Prosimii** Halbaffen
primer effect Umstimmungs-Effekt
primiparous erstgebärend
primitive form/basic form/parent form Stammform, Urform
primitive ray-finned bony fishes/Chondrostei Altfische
primitive streak/germinal streak (gastrulation) Primitivstreifen, Keimstreifen
primordial soup Ursuppe
prismatic layer Prismenschicht
pristine ursprünglich, urtümlich
probing bill Stocherschnabel
proboscis Proboscis, Rüssel
proboscis/acorn (prosoma/protocoel of enteropneusts) Eichel
proboscis receptacle/rhnychocoel Rüsselscheide, Rhynchocoel
proboscis receptacle retractor Rüsselscheidenretraktor
procoel/procoele Procöl, Procoel
procoelous procöl, procoel
procurved procurv, prokurv
prodissoconch (bivalve larva: premetamorphic shell) Prodissoconch, Prodissoconcha
producer Produzent, Erzeuger
productivity Produktivität
proestrus/pro-oestrus Proöstrus
profundal depth Meerestiefe
profundal zone (inland waterbody) Untergrundbereich (Binnensee)

progenesis (precocious reproduction) Progenese
progenitor / forebear / ancestor Vorfahre, Ahne
progeny / descendant / offspring Nachkomme
proglottis / proglottid / tape "segment" (tapeworms) Proglottide, „Segment"
prognathism / prognathy Prognathie, Vorkiefrigkeit
prognathous / prognathic prognath, vorkiefrig
prokaryote / procaryote Prokaryont, Procaryont, Prokaryote, Procaryot
prokaryotic / procaryotic prokaryontisch, procaryontisch, prokaryotisch, procaryotisch
proleg / pes spurius Propes, Bauchfuß (larvales Abdominalbein)
– **with crochets on planta in a circle** Kranzfuß, Pes coronatus (Bauchfüße bei Kleinschmetterlinglarven)
– **with crochets on planta in a row** Klammerfuß, Pes semicoronatus (Bauchfüße bei Großschmetterlinglarven)
proliferate proliferieren, wuchern
proliferation Proliferation, Wucherung
proliferative zone / budding zone (tapeworms) Proliferationszone, Sprossungszone
promiscuity Promiskuität
promiscuous promiskuitiv, in Promiskuität lebend
prong / spike (antler) Geweihzacke, Geweihsproß
pronotum Pronotum, Prothorakalschild, dorsales Halsschild
propagation / reproduction Fortpflanzung, Reproduktion
proper name Eigenname
propodite Propodit
proprioceptor / proprioreceptor Proprioceptor
propulsion Antrieb, Voranbringen (Fortbewegung)
propulsive flight (birds) Kraftflug, Schlagflug
propulsive force Antriebskraft, Triebkraft
propupa / prepupa Propupa, Präpupa, Vorpuppe, Semipupa
prosimians / lower primates / Prosimii Halbaffen
prosobranch snails / prosobranchs / Streptoneura / Prosobranchia Vorderkiemer, Vorderkiemenschnecken
prosoma / proterosoma / cephalothorax Prosoma, Vorderkörper, Vorderleib, Cephalothorax, „Kopf"
prosopyle (sponges) zuführende Kammerpore
prostate Prostata, Vorsteherdrüse
prostatic gland (annelids: spermiducal gland) Kornsekretdrüse
prostomium Prostomium, Kopflappen
prostrate / procumbent / trailing / lying liegend, niederliegend
protandric / protandrous protandrisch, proterandrisch
protandric hermaphrodite proterandrischer Hermaphroditismus, protandrisches Zwittertum
protandry Protandrie, Proterandrie, Vormännlichkeit
protected geschützt
protective device Schutzvorrichtung
protective polyp / stinging zooid / dactylozooid Wehrpolyp, Dactylozoid
Proterozoic Era (late Precambrian) Proterozoikum (erdgeschichtliches Zeitalter)
prothoracic gland (an ecdysial, molting gland) Prothoraxdrüse
prothorax Prothorax, Vorderbrust
protists / Protista Protisten
protobranch (gills) Protobranchie, Kammkieme
protobranch bivalves / Protobranchiata (Bivalvia) Kammkiemer, Fiederkiemer
protocerebrum (insects) Protocerebrum, Vorderhirn
protocoel / protocoele Protocöl, Protocoel, Axocöl, Axocoel
protoconch (nuclear whorls) Protoconch, Larvenschale, Embryonalschale, Embryonalgewinde
protofrogs / proanurans / Proanura Proanura
protogynous protogyn, proterogyn

protogyny Protogynie, Proterogynie, Vorweiblichkeit
protopod/protopodite (basal part) Protopodit (Sympodit)
protostomes/Protostomia Urmundtiere, Urmünder, Erstmünder
protozoans/"first animals" Protozoen, „Einzeller", Urtierchen, Urtiere
protractor muscle Protractor, Vorzieher
protrude vorstehen, hervorstehen
protruding vorstehend, hervorstehend
protrusive (e.g. pharynx of turbellarians) ausstülpbar
protuberance/tubercle Auswuchs, Wölbung (Höcker/Beule/Warze)
proturans Beintastler, Protura
proventriculus Proventrikulus, Ventiltrichter, Ventilkropf (Vormagen der Honigbiene)
proximal proximal, ursprungsnah
pselaphognaths/Pselaphognatha Pinselfüßer
pseudogamy/pseudomixis Pseudogamie
pseudogrooming Scheinputzen
pseudohermaphrodism Pseudohermaphroditismus, Scheinzwittertum
pseudohermaphrodite Pseudohermaphrodit, Scheinzwitter
pseudolamellar gill/pseudolamellibranch Pseudolamellibranchie, Scheinblattkieme
pseudopod Pseudopodium, Scheinfüßchen
pseudostigmatic organ (orbatids) pseudostigmatisches Organ
pseudostratified columnar epithelium hohes-mehrschichtiges Epithel
psocids/Psocoptera Staubläuse
ptenoglossate radula ptenoglosse Radula, Federzunge
pterergate Pterergat (Arbeiterin mit Stummelflügeln)
pterobranchs/Pterobranchia Flügelkiemer
pteropods/Pteropoda Flügelschnecken, Flossenfüßer
– **naked pteropods/Gymnosomata** Ruderschnecken, nackte Flossenfüßer (Flügelschnecken)
– **shelled pteropods/sea butterflies/Thecosomata** Seeschmetterlinge, beschalte Flossenfüßer (Flügelschnecken)
pterosaurs (extinct flying reptiles)/Pterosauria Flugsaurier
pterostigma Pterostigma, Flügelmal, Flügelrandmal, Makel an Flügelrand
pterygiophore Pterygophor, Flossenträger, Radius
pterygoid bone/pterygoid process/os pterygoides Pterygoid, Flügelbein
pteryla/feather tract Pteryla, Federflur
pterylosis Pterylographie, Flurenmuster
puberty Pubertät
pubescence Flaumbehaarung, Feinbehaarung
pubic bone/os pubis Schambein
puerperal fever/childbed fever (bacterial) Puerperalfieber, Kindbettfieber, Wochenbettfieber
pullet/young hen Hühnchen
pulling flagellum Zuggeißel
pulmonary die Lunge betreffend, Lungen …
pulmonary alveolus/alveola Lungenalveole, Lungenbläschen, Alveole
pulmonary artery Lungenarterie
pulmonary circulation Lungenkreislauf, kleiner Blutkreislauf
pulmonary pleura/pleura pulmonalis Lungenfell
pulmonate snails (freshwater & land snails and slugs)/Pulmonata Lungenschnecken, Pulmonaten
pulp (tooth) Pulpa, Pulpe
pulp cavity of quill Pulpa, Federseele
pulp cavity of tooth Pulpahöhle
pumping stomach Saugmagen (Vorratsmagen: Kropf der Culiciden)
punctuated gepunktet
pungency stechender Geruch
pungent stechend, beizend, ätzend

pupa Puppe
–, adecticous/pupa adectica Pupa adectica
–, decticous/pupa dectica Pupa dectica
–, exarate/pupa exarata (free appendages) gemeißelte Puppe
–, free/pupa libra freie Puppe
–, girdled/pupa cingulata Gürtelpuppe
–, obtect/pupa obtecta Mumienpuppe
–, suspended/pupa suspensa Stürzpuppe
puparium/pupal instar Puparium
pupate verpuppen
pupation/pupating Verpuppung
pupil Pupille
pupiparous pupipar
pupipary Pupiparie
pure culture/axenic culture Reinkultur
Purkinje cell Purkinje-Zelle
Purkinje fiber Purkinje-Faser
purr (cat) schnurren
purse web Gespinstschlauch, Röhrennetz, Röhrengespinst
pushing flagellum Schubgeißel
pusule Pusule
putrefaction Verwesung
putrefactive fäulniserregend
putrefactive bacteria Fäulnisbakterien
pycnogonids/pantopods/seaspiders/Pycnogonida/Pantopoda Asselspinnen
pygidial gland/anal gland Pygidialdrüse, Analdrüse
pygidium/caudal shield (arthropods) Pygidium, Afterlappen, Afterschild, Analschild
pygostyle (ploughshare bone/vomer of birds) Pygostyl, Schwanzstiel (Pflugscharbein/Vomer der Vögel)
pyloric cecum Pylorus-Anhang
pyloric stomach (echinoderms) Mitteldarm
pylorus (crustaceans: posterior region of gizzard) Pylorus, Filtermagen
pylorus (lower opening of stomach into duodenum) Pylorus, Pförtner
pyramid tract/corticospinal tract Pyramidenbahn (verlängertes Rückenmark)
pyriform/pear-shaped birnenförmig
pyriform organ/piriform organ (bryozoans) birnenförmiges Organ
pyrosomes/Pyrosomida (phosphorescent tunicates) Feuerwalzen

Q

quack (duck) quaken
quadrumanous/four-handed vierhändig
quadrupedal vierfüßig
quadrupedalism Vierfüßigkeit
quarry/prey verfolgtes Tier/Wild, Jagdbeute
Quaternary/Quaternary Period Quartär (erdgeschichtliche Periode)
queen Königin
queen bee Bienenkönigin, Weisel
queen substance Königin-Substanz
quiescence Quieszenz (exogen bedingte(r) Ruheperiode/Ruhezustand)
quiescent center/quiescent zone ruhendes Zentrum
quill/calamus (central shaft of feather) Federspule, Calamus
quill/horny spine (hedgehogs/porcupine) Stachel, Hornstachel
quill feather Schwanzfeder
quinquepartite fünfteilig
quiver/tremble zittern

R

rabbit ears Löffel (Hasenohren)
rabbits/lagomorphs/Lagomorpha Hasen
rabies (*Lyssavirus*) Rabies, Tollwut, Hundswut, Lyssa
race Rasse
racemose (branching: hydrozoans) racemös, razemös
rachiglossate radula Schmalzunge, rhachiglosse Radula, stenoglosse Radula
radial/cyclic/radially symmetrical/regular/actinomorphic radiär, radiärsymmetrisch, zyklisch, strahlenförmig, aktinomorph
radial canal Radialkanal, Radiärkanal
radial cell/radius Radialzelle, Radius
radial cleavage Radiärfurchung
radial nerve Radiärnerv
radial section Radialschnitt
radial symmetry Radialsymmetrie, Radiärsymmetrie
radial thread/radius/spoke (spiderweb) Netzspeiche, Radius
radiant energy Strahlungsenergie
radiation Strahlung
radiation intensity Strahlungsintensität
radiciform/rhizoid/rootlike wurzelförmig, wurzelartig
radiolarians/Radiolaria Radiolarien, Strahlentierchen
radix/root (crinoids) Wurzel
radula Radula, Reibplatte, „Zunge"
radula support/odontophore Radulapolster, Odontophor
ram (male sheep) Schafbock, Widder
random mating Zufallspaarung
range/field Freiland
range/rangeland Weidefläche
range, geographic/area of distribution Verbreitunggebiet, Areal
range of saturation/zone of saturation Sättigungsbereich, Sättigungszone
rangeland/grazing land/pasture/pastureland/pasturage Weideland

rank/classify einordnen, einstufen, klassifizieren
Ranvier's node/node of Ranvier Ranvierscher Schnürring
raptorial claw (predatory birds) Greiffuß, Fang
rare/scarce selten
rare species seltene Art
rasorial (fowl) scharrend
rate of metabolism/metabolic rate Stoffwechselrate, Stoffwechselintensität, Metabolismusrate
ratio/relation Quotient, Verhältnis
ratite/having an unkeeled sternum (insects) mit ungekieltem Sternum
ratite birds (flightless birds) Ratiten
ravine Bergschlucht
ray/beam (of light) Strahl
ray fin Strahlenflosse
ray-finned bony fishes/actinopterygians/Actinopterygii Strahlenflosser
rays & skates/Batoidea *(Superorder!)* Rochen
reactive force Gegenkraft, Rückwirkungskraft
reallocation of arable land/consolidation of arable land Flurbereinigung
rear/foster/nurture/bring up aufziehen, erziehen
rear reef Rückriff
rearing/fostering/nurturing/upbringing Aufzucht, Erziehung
reassuring gesture Beschwichtigungsgeste, Beruhigungsgeste
recapitulation theory/principle of recapitulation Rekapitulations-Theorie
recent/contemporary/extant rezent, gegenwärtig, heute lebend
Recent/Holocene/Recent Epoch/Holocene Epoch Jetztzeit, Holozän (erdgeschichtliche Epoche)
receptacle/receptaculum Rezeptakel, Rezeptakulum
receptor Rezeptor, Empfänger
recessive rezessiv
recipient/host (transplants/graft) Empfänger
recognition Erkennung
recovery stroke Erholungsschlag
rectal gland Rectaldrüse, Rektaldrüse (*see*: Klebdrüse, Kittdrüse, Zementdrüse)
– **anal gland (shark)** Analdrüse (Hai)
rectilinear movement/caterpillar movement (snakes) Integumentbewegung, Raupenbewegung
rectum Rectum, Rektum, Mastdarm
recurved/bent backwards recurv, rekurv
recycling Wiederverwertung
Red Data Book Rote Liste
red-water fever/hemoglobinuric fever/Texas fever (babesiosis) ***(Babesia ssp.)*** Texasfieber
redd Laichstelle des Lachs (Vertiefung im Flußschotter)
redia Redie
reduction Reduktion, Verminderung, Verarmung
reduction division/meiosis Reduktionsteilung, Reifeteilung, Meiose
reed/rennet-stomach/fourth stomach/abomasum Labmagen, Abomasus
reef Riff
– **bank reef/patch reef** Fleckenriff
– **barrier reef** Barriereriff, Wallriff
– **buttress zone/spur-and-groove zone** Grat-Rinnen-System
– **fore reef** Vorriff
– **fringing reef** Saumriff, Küstenriff, Strandriff
– **rear reef** Rückriff
– **table reef** Plattformriff
reef crest Riffkrone
reef edge Riffkante
reef flat Riffdach
reef slope Riffhang
reef-building/hermatypic riffbildend, hermatypisch
– **not reef-building/non-hermatypic** nicht riffbildend, ahermatypisch
reestablishment/resettlement Wiederbesiedlung
refection (rabbits/guinea pigs) Caecotrophie, Coecotrophie, Coecophagie
reflex arc Reflexbogen
refractive index Brechungsindex, Brechungskoeffizient, Brechzahl

refractory period/refractory stage Refraktärzeit, Refraktärphase, Refraktärstadium
regenerate/regrow/reestablish regenerieren, nachwachsen
regeneration Regeneration, Wiederergänzung
regional association Gebietsassoziation
regulative cleavage regulative Furchung (nichtdeterminativ)
regulative development regulative Entwicklung
regulative egg Regulationsei
regulatory mechanism Steuerungsmechanismus
regulatory procedure Reglungsprozeß
regurgitate regurgitieren, hochwürgen, wiederaufstoßen
regurgitation Regurgitation, Hochwürgen, Wiederaufstoßen
rehearsal song Studiergesang
reinforcement Verstärkung; Bekräftigung
Reissner's membrane/membrana vestibularis Reißnersche Membran, Reißner-Membran
rejuvenation/regeneration Verjüngung
relapsing fever *(Borrelia recurrentis)* Rückfallfieber
relationship/relatedness/kinship Verhältnis, Verwandtschaft
relatives Verwandtschaft, Verwandten
relaxation Entspannung, Erschlaffung
relaxation period (nerval) Erholungsphase
release (e.g. hormones) Ausschüttung
releaser Auslöser
relic Überbleibsel
relict Relikt
remex (*pl.* remiges) Flugfeder
renal die Niere betreffend, Nieren…
renal pelvis/pelvis of the kidney Nierenbecken
renette cell H-Zelle (Exkretionszelle diverser Nematoden)
renette gland/ventral gland (nematodes) Ventraldrüse
reniform/kidney-shaped nierenförmig
rennet Labferment
rennet-stomach/fourth stomach/reed/abomasum Labmagen, Abomasus
reorientation Umorientierung; Umstimmung
repand geschweift, leicht gewellt, randwellig
reproduction/propagation Reproduktion, Vermehrung, Fortpflanzung
reproductive cell Fortpflanzungszelle
reproductive cycle Fortpflanzungszyklus
reproductive organ Fortpflanzungsorgan, Vermehrungsorgan
reproductive polyp/gonozooid Geschlechtspolyp, Gonozoid
reproductive rate Fortpflanzungsrate, Vermehrungsrate
reptiles/Reptilia Reptilien, Kriechtiere
repugnant substance unangenehmer, abweisender Geruchsstoff
repugnatorial gland Stinkdrüse (*siehe:* Wehrdrüse)
research Forschung
research scientist/natural scientist Naturforscher
reserve (nature reserve) Reservat (Naturreservat)
reserve material/storage material/food reserve Reservestoff
reservoir host Reservoir-Wirt
resettlement/reestablishment Wiederbesiedlung
resistance/resistivity/hardiness Resistenz, Beständigkeit, Widerstandsfähigkeit
resistant/resistive resistent, beständig, widerstandsfähig
resolution, optical optische Auflösung
resolving power Auflösungsvermögen
resonance pouch (frogs: vocal pouch) Schallblase
resorb resorbieren
respiration/breathing Respiration, Atmung
respiratory center Atemzentrum
respiratory chain/electron transport chain Atmungskette, Elektronentransportkette, Elektronenkaskade

respiratory epithelium Atmungsepithel
respiratory tree (sea cucumbers) baumartig verzweigte Wasserlunge der Seewalzen
response (to stimulus) Antwort
resting egg/dormant egg (winter egg) Latenzei, Dauerei
resting posture Ruhestellung
resting potential Ruhepotential
restitution Restitution
retarded/stunted zurückgeblieben
rete mirabile Wundernetz
reticulate evolution netzartige Evolution
reticulate venation/net venation/netted venation Netzaderung
reticulately veined netzadrig
reticulopodium/reticulopod Reticulopodium, Retikulopodium
retina Retina, Netzhaut
retinal cup eye/everted eye Blasenauge
retractile einziehbar, zurückziehbar
retractor muscle Retraktormuskel, Retraktor, Rückzieher
retreat/refuge/hideout/hideaway/hiding place Versteck
retreat (spider) Rückzug, Versteck, Schlupfwinkel, Retraite
retrix (*pl.* retrices) Steuerfeder
retrocerebral organ Retrocerebral-organ, Retrocerebralkomplex
retrocerebral sac Retrocerebralsack
retrogressive development/retrogressive evolution Rückentwicklung
retrorse rückwärts gerichtet, nach unten gerichtet, nach unten gebogen
reuse Wiederverwendung
reverberating circuit zurückwirkender Schaltkreis
revolute/rolled backward nach hinten eingerollt, zurückgerollt
reward (nectar) Belohnung
rhabdite (turbellarians) Rhabdit, Epithelstäbchen
rhabdome Rhabdom
rhabdomere Rhabdomer
rhagon (sponges) Rhagon
rheas/Rheiformes Nandus
rhinarium Rhinarium, Riechplatte
rhipidoglossate radula rhipidoglosse Radula, Fächerzunge
rhizostome medusas/Rhizostomeae Wurzelmundquallen
rhombogen (mesozoans) Rhombogen
rhomboid rhombisch, rautenförmig
rhopalium (tentaculocyst) Rhopalium, „Hörkölbchen"
rhopaloneme Rhopalonema
rhoptry (*pl.* rhoptries) Rhoptrie (pl. Rhoptrien)
rhynchocephalians/Rhynchocephalia ***(Sphenodon)*** Brückenechsen
rib/costa Rippe, Costa
rib basket/rib cage (chest/thorax) Brustkasten, Brustkorb (Thorax)
ribosome Ribosom
ricinuleids/Ricinulei/Podogona Kapuzenspinnen
rictal die Schnabelinnenseite betreffend, Schnabel…
rictal bristle Schnabelborsten
rictus Sperrweite (bzgl. Schnabelinnenseite)
right-handed/dextral rechtshändig
rigor mortis Leichenstarre, Totenstarre
ring canal/radial canal Ringkanal, Radiärkanal, Ambulakralring
ring muscle/circular muscle Ringmuskel
ringing/girdling (tree bark) Ringelung, Gürteln, Rundfraß
riparious/riparial uferbewohnend, am Ufer lebend (Flußufer)
rite Ritus
rival Rivale
rivalry Rivalität
river blindness/onchocercosis ***(Onchocerca volvulus)*** Flußblindheit, Onchocercose
roar/bellow brüllen
rock Stein, Gestein, Fels
rockpool Felstümpel
rocky steinig, felsig
rod/rod cell (eye) Stäbchen, Stäbchenzelle
rod organ *(Peranema)* Staborganell
rodents/gnawing mammals (except rabbits)/Rodentia Nagetiere
roe/fish eggs Rogen, Fischlaich
roe (crustaceans: lobster eggs) Eier

roll gall Rollgalle
roost ***(n.)*** **(resting site/lodging site)** Ruheplatz, Rastplatz, Schlafplatz, Schlafsitz, Unterkunft (Geflügel: Hühnerstange/Hühnerstall)
roost ***(vb.)*** auf der Stange sitzen, sich zum schlafen niederhocken (Hühner)
root gall/root knot (nematodes) Wurzelgalle
rootlike/radiciform/rhizoid wurzelförmig, wurzelartig
rose-purple/rhodopsin Sehpurpur, Rhodopsin
rosette/whorl Rosette, Wirtel
rosette plate (bryozoans) Rosettenplatte
rot/decay/putrefy/decompose/disintegrate modern, vermodern, verwesen, faulen, verfaulen, sich zersetzen
rot/mold/mildew/blight Fäule
rotational grazing Umtriebsbeweidung
rotational sense/sense of rotation Drehsinn
rotator muscle Rotator, Drehmuskel, Dreher
rotifers/Rotifera Rotatorien, Rädertiere
rotiger/pseudotrochophore (larva) Rotiger, Pseudotrochophora
rotten/decaying/decomposing verwest, vermodert, verfault, zersetzt
roughage Rauhfutter; unverdauliche Nährstoffe (undigestible components of diet)
roughened/scabrid aufgerauht
round dance (bees) Rundtanz
round window/oval window rundes Fenster, ovales Fenster
rounded abgerundet
roundish/rounded/rotund rundlich, abgerundet
roundworms/nematodes/Nematoda Rundwürmer *(sensu strictu)*, Fadenwürmer, Nematoden
royal jelly/bee milk Königin-Futtersaft, Gelée Royale
rudder Ruder, Ruderflosse (Schwanzflosse der Wale)
rudimentary (*sensu lato*: vestigial) rudimentär
ruff ***(n.)*** **(feathers/hair)** Krause
Ruffini's endings/Ruffini's organ/corpuscules of Ruffini Ruffini'sches Körperchen
rumen/paunch/ingluvies Rumen, Pansen
ruminant/"cud chewers" Wiederkäuer, Retroperistaltiker, Ruminantier
ruminants/Ruminantia Wiederkäuer
rump/hindquarters Rumpf, Hinterteil
rump/tail/uropygium Bürzel
run rennen, laufen
run ***(n.)*** **(fish)** Laichwanderung
runcinate/hook-backed/retroserrate schrotsägeförmig
running/cursorial rennend, Renn...
running-step (gait of horses) Tölt
running free/free-running/free-ranging (fowl etc.) freilaufend
runt (puny) Zwergtier, Zwerg... (z. B. Zwergrind/Zwergschwein)
rural ländlich
rut ***(n.)*** **(male)** Brunst (männliche)
rut ***(vb.)*** **(male)/court** brunsten, brunften
rut/courting ***(n.)*** **(specifically: deer → stag)** Brunft (Hirsch)
rut/mate/copulate rammeln, kopulieren
rutting (male)/in heat (female)/sexually aroused brünstig, in der Brunst, geschlechtlich erregt
rutting season/rutting time/courting season/mating season/season of heat Brunstzeit, Paarungssaison
– **(specifically: deer → stag)** Brunftzeit, Paarungssaison (Hirsch)
rynchocephalians/sphenodontids/Rynchocephalia/Sphenodonta Schnabelköpfe

S

sabre tooth/saber tooth Säbelzahn
saccate/pouched sackförmig, taschenförmig
sacfry/yolk fry/alevin (salmonid larvae with yolk sac) Dottersackbrut (Lachs)
sacoglossans/Sacoglossa/Saccoglossa Sackschnecken, Schlauchschnecken, Schlundsackschnecken
sacral sakral, zum Kreuzbein gehörig
sacral vertebra Sakralwirbel, Kreuzwirbel
sacrum/os sacrum Sakrum, Kreuzbein
saddle joint/sellaris joint Sattelgelenk
safety line (spiders) Sicherheitsfaden
sagittal/median longitudinal sagittal, in Pfeilrichtung, in Pfeilebene
sagittal crest/crista sagittalis Sagittalkamm, Scheitelkamm
sagittal section/median longisection Sagittalschnitt
sagittate/sagittiform/arrowhead-shaped pfeilförmig
sail *(n.)* (e.g. Velellina medusas) Segel
sail *(vb.)* segeln
salamanders Salamander
salamanders & newts & relatives/Urodela/Caudata Schwanzlurche (Salamander & Molche und Verwandte)
salinity/saltiness Salinität, Salzgehalt
saliva Speichel
salivarium Salivarium, Speicheltasche
salivary gland Speicheldrüse
salmon & trout/Salmoniformes Lachse & Lachsverwandte
salps/Salpida *(Ordnung)* eigentliche Salpen
salps/thaliceans/Thaliacea *(Klasse)* Salpen, Thaliaceen
salt gland Salzdrüse
saltatory/saltatorial (adapted for or used in jumping) saltatorisch, zum Springen geeignet, Sprung…, Spring…
saltatory leg/saltatorial leg/jumping leg Springbein, Sprungbein
sampling (taking samples) Probenahme
sanctuary (wildlife refuge) Schongebiet
sand dollars, true/Clypeasteroida Sanddollars
sanguivorous/hematophagous/blood-sucking blutsaugend, sich von Blut ernährend
saprobe/saprobiont Fäulnisbewohner
saprobic saprob
saprogenic saprogen, fäulniserregend
saprophage/saprotroph/saprobiont Saprophage, Saprovore, Fäulnisernährer, Fäulnisfresser
saprophagous/saprotrophic saprophag
saprophagy Saprophagie
saprophilic/saprobic saprophil, saprob, von faulenden Stoffen lebend
saprophyte Saprophyt
saprozoic lifeform Saprozoe
sarcolemma Sarcolemm
sarcosome Sarcosom, Riesenmitochondrion
sarmentose Ausläufer bildend
saturation Sättigung
sauropteryians/Sauropterygia Paddelechsenartige
sawfishes/Pristiformes Sägerochen, Sägefische
sawsharks/Pristiophoriformes Sägehaie
scab Schorf, Wundschorf, Grind
scab lesion (crustlike disease lesion) Schorfwunde
scabies/scab/mange *(Sarcoptes scabiei)* Krätze, Milbenkrätze, Räude, Scabies (Krätzmilbe)
scabious/scabby räudig
scabrid/roughened aufgerauht
scabrous/scaly/rough schuppig, rauh
scaffold/scaffolding/framework/stroma/reticulum (web) Rahmen, Gerüst
scalariform/ladder-shaped leiterförmig
scale Schuppe
scale-like/scutate schuppenartig
scale-shaped/scutiform schuppenförmig
scale insects/Coccinea Schildläuse
scalid (recurved hook) Skalid

scaly/scabrous schuppig
scanning electron microscope (SEM) Rasterelektronenmikroskop (REM)
scape/scapus (cnidarians) Scapus, Mauerblatt
scape/scapus (feather) Scapus, Federkiel
scaphocerite/antennal scale Scaphocerit, Antennenschuppe
scaphognathite/bailer/gill bailer Scaphognathit, Atemplatte
scapula/shoulder blade Schulterblatt
scapular feather (birds) Schulterfeder, Schulterblattfeder
scar/cicatrix/cicatrice Narbe, Wundnarbe, Cicatricula
scarce/rare selten, rar
scarcity/rarity Seltenheit, Rarität
scatter/spread/distribute streuen, verstreuen, ausstreuen, verteilen
scattering/spreading/distribution Streuung, Verstreuen, Verteilung
scavenger/carrion feeder Aasfresser, Unratfresser
scent *(n.)* Geruch, Duft; Spürsinn, Witterungssinn
scent *(vb.)* riechen (spühren/fühlen); wittern
scent/stop and test the wind (game) sichern
scent gland/odoriferous gland Duftdrüse, Brunftdrüse, Brunftfeige (Gemse)
scent scale/androconia Duftfeld, Androkonie
scent trail/olfactory trail Duftspur
scent-marking Duftmarkierung
schistosome/blood fluke ***(Schistosoma spp.)*** Pärchenegel
schistosomiasis/bilharziosis/blood fluke disease ***(Schistosoma spp.)*** Schistosomiasis, Bilharziose
schizocoel/schizocoele/"split coelom" Schizocöl
schizogeny Schizogenie
schizogony/agamogony/merogony Schizogonie
school/shoal (fish) Schule, Schwarm, Zug
Schwann cell Schwannsche Zelle
Schwann sheath/myelin sheath Schwannsche Scheide, Myelinscheide
sclera Sclera, Sklera, Bindegewebshülle
– **sclerotic coat/sclerotica (eye)** Sklera, Lederhaut, harte Augenhaut
sclerite Sklerit (stark sklerotisierte Platte/Nadel)
sclerocyte Sclerocyt, Sklerozyt
scleroderm Scleroderm, Skleroderm, Panzerhaut
sclerosponges/coralline sponges/Sclerospongiae Sclerospongien
sclerotization/hardening Sklerotisierung
sclerotized/hardened sklerotisiert
scolopale Sinnesstift
scolopendromorphs/Scolopendromorpha Skolopender, Riesenläufer
scolopidium/scolophore/chordotonal sensilla Scolopidium, Skolopidium, stiftführende Sensille
scopa (bees) Scopa, Schienenbürste
scorpion flies/mecopterans/Mecoptera Schnabelfliegen
scorpions/Scorpiones Skorpione
scotopic vision skotopisches Sehen, Dämmerungssehen
scout (social insects) Kundschaftler, Späher, Pfadfinder
scouting bee/scout bee Spurbiene, Kundschaftlerin
scraper (scrape off food) Kratzer (Nahrung abkratzend)
scraping/scraping mount (microscopy) Schabepräparat
scratch (chickens) scharren
screamers and waterfowl (ducks/geese/swans)/Anseriformes Entenvögel, Gänsevögel
scrobiculate/alveolate kleingrubig
scrotum Skrotum, Hodensack
scrounger Dieb (Nahrung)
sculpins & sea robins/Scorpaeniformes Panzerwangen, Drachenkopffischverwandte, Drachenkopfartige
scurfy/scabby/furfuraceous schorfig, Schorf...
scutate/scale-like schuppenartig
scute (enlarged scale) große Schuppe
scutellate/like a small shield schildchenartig
scutellation Schuppung

scutelliform/shaped like a small shield schildchenförmig
scutellum Scutellum, Schildchen
scutiform/scale-shaped schuppenförmig
scutigeromorphs/Scutigeromorpha Spinnenasseln
scyphozoans/cup animals/Scyphozoa Scyphozoen, Schirmquallen, Scheibenquallen, Echte Quallen
sea/lake See (Binnensee)
sea/ocean See, Meer (Ozean)
sea anemones/Actiniaria Seeanemonen
sea butterflies/shelled pteropods/Thecosomata Seeschmetterlinge, beschalte Flossenfüßer (Flügelschnecken)
sea combs/comb jellies/sea gooseberries/sea walnuts/ctenophores/Ctenophora Rippenquallen, Kammquallen, Ctenophoren
sea cows & manatees & dugongs/sirenians/Sirenia Seekühe
sea cucumbers/holothurians/Holothuroidea Seewalzen, Seegurken, Holothurien
sea daisies/concentricycloids/concentricycloideans/Concentricycloidea Concentricycloidea
sea gooseberries/sea combs/comb jellies/sea walnuts/ctenophores/Ctenophora Rippenquallen, Kammquallen, Ctenophoren
sea hares/Aplysiacea/Anaspidea Seehasen, Breitfußschnecken
sea horses & pipefishes and allies/Syngnathiformes (Syngnathoidei) Seenadelverwandte, Seepferdchenverwandte, Büschelkiemenartige
sea level (above/below)/elevation Meeresspiegel, Meereshöhe
sea lilies/crinoids (incl. feather stars)/Crinoidea Seelilien, Crinoiden (inkl. Haarsterne = Federsterne)
– **with cirri/Isocrinida** zirrentragende Seelilien
– **without cirri/Millericrinida** zirrenlose Seelilien
sea pens/pennatulaceans/Pennatularia Seefeder
sea purse/mermaid's purse (egg case of skates/sharks) Seemaus, Eikapsel der Knorpelfische
sea slugs/nudibranchs/Nudibranchia Nacktkiemer, Meeresnacktschnecken, Nudibranchier
sea spiders/pycnogonids/pantopods/Pycnogonida/Pantopoda Asselspinnen, Pycnogoniden, Pantopoden
sea squirts/ascidians/Ascideacea Seescheiden, Ascidien
sea urchins/echinoids/Echinoidea Seeigel, Echinoiden
seafloor/ocean floor Meeresboden, Meeresgrund
seam/border/edge/fringe Saum, Rand
seam/suture/raphe Naht, Fuge, Verwachsungslinie
seashore/seaboard/seacoast Meeresküste, Meeresufer
season Jahreszeit
seasonal saisonal, jahreszeitlich
seasonal change Jahreszeitenwechsel
seasonality Saisonalität
seastars/starfishes/asteroids/Asteroidea Seesterne
seawater/saltwater Meerwasser
sebaceous/suety talgig, Talg...
sebaceous gland Talgdrüse, Haartalgdrüse
sebaceous matter/sebum Talg
second dentition Zahnwechsel
second maxilla 2. Maxille, Maxilla secunda, Unterlippe
secondary body cavity/coelom/perigastrium sekundäre Körperhöhle, sekundäre Leibeshöhle, Cölom, Coelom
secondary feathers/secondaries (secondary remiges) Armschwingen
secondary host Nebenwirt
secondary tectrices Armdecken
secrete (excrete) sezernieren, abgeben, ausscheiden (Flüssigkeit)
secretion Sekretion, Sekret, Ausscheidung
secretory sekretorisch
secretory cell Sekretzelle
secretory gland Sekretdrüse

secretory tissue Sekretionsgewebe, Absonderungsgewebe, Abscheidungsgewebe
section (cut) Schnitt
section/part/moiety Abschnitt (Teil des Ganzen)
sedentary sedentär, niedergelassen
sedimentation/deposition/deposit Sedimentation, Ablagerung
seed dormancy Keimruhe
seed shrimps/ostracods/Ostracoda Muschelkrebse, Ostracoden
seed-cracking beak Kernbeißerschnabel, Kernbeißer
segment Segment, Glied
segment/somite Segment, Somit (Ursegment)
segmentation cavity/blastocoel/blastocoele Furchungshöhle, primäre Leibeshöhle, Blastocöl, Blastula-Höhle
segmented worms/annelids/Annelida Gliederwürmer, Ringelwürmer, Borstenfüßer, Anneliden
segregation (genetic) Segregation, Aufspaltung
selection Selektion, Auslese
–, **artificial** künstliche Selektion/Auslese
–, **frequence-dependent** frequenzabhängige Selektion/Auslese
–, **natural** natürliche Selektion/Auslese
–, **sexual** sexuelle/geschlechtliche Selektion/Auslese
–, **stabilizing** stabilisierende Selektion/Auslese
selective advantage Selektionsvorteil
selective breeding/breed selection Zuchtwahl
selective pressure Selektionsdruck
selenozone/slit band (gastropod shell) Schlitzband
self-fertilization/selfing/autogamy Selbstbefruchtung, Autogamie
self-grooming/autogrooming/autopreening Selbstputzen
self-sterile/self-incompatible selbststeril
sellaris joint/saddle joint Sattelgelenk
semeostome medusas/Semaeostomeae Fahnenquallen, Fahnenmundquallen
semicircular canals Bogengänge
semidesert Halbwüste
seminal Samen betreffend, Sperma betreffend, Samen..., Sperma...
seminal discharge/ejaculation Samenerguß, Samenausstoß, Ejakulation
seminal duct/Wolffian duct primärer Samenleiter, Wolffscher Gang
seminal receptacle/spermatheca/sperm chamber/receptaculum seminis Rezeptakulum seminis, Samentasche
seminal vesicle/glandula vesiculosa Samenbläschen, Samenblase, Bläschendrüse
seminiferous/sperm-forming/sperm-producing samenbildend
semiparasite/hemiparasite Halbparasit, Halbschmarotzer, Hemiparasit
semipermeable semipermeabel, halbdurchlässig
semiplume/semipluma Semipluma, Halbdune
semiterrestrial semiterrestrisch
senesce/become old/age altern
senescence/ageing Altern, Alterung
sensation (feeling) Empfindung, Gefühl
sense/feeling *(n.)* Sinn, Gefühl
sense/feel *(vb.)* fühlen, etwas bemerken
sense of taste/gustatory sense Geschmackssinn
sense organ/sensory organ Sinnesorgan
sensibility/sensitiveness Empfindbarkeit, Empfindungsvermögen
sensible sensibel, empfindbar, empfindlich, reizempfänglich
sensilla Sensille
sensitive sensitiv, empfindlich, leicht reagierend
sensitive hair Fühlhaar, Reizhaar
sensitivity Sensitivität, Empfindlichkeit
sensory sensorisch
sensory bristle/sensory chaeta Sinnesborsten

sensory epithelium Sinnesepithel
sensory hair Sinneshaar
sensory organ/sense organ Sinnesorgan
sensory peg/olfactory peg (sensilla styloconica/basiconica) Sinneskegel, Sinnesstäbchen, Riechkegel
sensory pit Sinnesgrube
sepia (defense liquid of cuttlefish) Sepia (Sekret des Tintenfisches)
septal filament Septalfilament
septate/divided/compartmentalized unterteilt
septibranch bivalves/septibranchs/Septibranchia Siebkiemer, Verwachsenkiemer
septum (*pl.* septa)/partition/dissepiment/cross-wall/dividing wall Septe, Septum, Scheidewand (*pl.* Septen)
sequential hermaphrodite Suczedanhermaphrodit
seral stage (in ecological succession) Sukzessionsstufe
sere (a successional series) Serie (Sukzessionsfolge)
sericeous/sericate/silky seidenhaarig, seidig
series Serie (Rangstufe/Klassifizierung)
serosa/serous membrane (external membrane: e.g. insect eggs) Serosa, äußere Keimhülle, äußere Eihülle, äußeres Eihüllepithel
serous serös
serrate/serrated/sawed/saw-edged gesägt, gezackt
serration Auszackung
serrulate/finely serrate/finely notched feingesägt, kleingesägt
serve/cover/leap (copulate) decken, begatten, bespringen
serving (copulation) Deckakt
sesamoid bone Sesamknöchelchen
sessile/sedentary (firmly and permantently attached) sessil, seßhaft, festsitzend, sitzend, festgeheftet, aufsitzend
sessility Sessilität, Seßhaftigkeit
sessoblast Sessoblast, sessiler Statoblast, sitzender Statoblast
set/curdle/coagulate gerinnen, koagulieren
setaceous/bristle-like borstenartig
setiform/bristle-shaped borstenförmig
setose/setaceous/bristly borstig
settle/colonize besiedeln, kolonisieren
settled/sedentary niedergelassen, sedentär
sex (male/female/neuter) Geschlecht (männlich, weiblich, neutral)
sex cell/gamete Geschlechtszelle, sexuelle Keimzelle, Gamet
sex chromosome/hetero-chromosome Geschlechts-chromosom, Heterosom, Gonosom
sex gland/germ gland/gonad Geschlechtsdrüse, Keimdrüse, Gonade
sex ratio Geschlechterverhältnis
sex reversal Geschlechtsumkehr
sexhood Geschlechtlichkeit
sexual sexuell, geschlechtlich
sexual characteristic Geschlechtsmerkmal
sexual dimorphism Sexualdimorphismus, Geschlechtsdimorphismus
sexual intercourse/coitus Geschlechtsverkehr, Kopulationsakt, Begattungsakt, Koitus
sexual maturity Geschlechtsreife
sexual reproduction sexuelle/geschlechtliche Fortpflanzung, geschlechtliche Vermehrung
sexual selection sexuelle/geschlechtliche Selektion/Auslese
sexual swelling (callosity) Brunstschwiele
sexual union/copulation Begattung, Kopulation
sexuality Sexualität
sexually transmitted disease/venereal disease Geschlechtskrankheit
shade schattieren
shade-loving/sciophilous schattenliebend
shading Beschattung
shady schattig
shaft/rachis/scape Schaft
shaft/rachis (feather) Federschaft, Rhachis
shaking dance (bees) Schütteltanz, Schüttelbewegung

shank Unterschenkel
shape/form/appearance/contour Gestalt
sharks Haie, Haifische
sharks & rays & skates/Elasmobranchii Plattenkiemer, Haie & Rochen
Sharpey's fiber Sharpeysche Faser
sharpness/focus (microscopy/photography) Schärfe, Bildschärfe
sheath Scheide, Umhüllung
sheathe umhüllen
sheathed/vaginate scheidenförmig, röhrenförmig umhüllt
shed/barn ***(n.)*** Stall
shed/drop/abscise abwerfen
shed/slough/sloughing off (skin) abstoßen, ablösen
shedding/abscising/deciduous ***(adj./adv.)*** abwerfend
shedding/falling off/dropping off/abscission Abwurf, Abwerfen, Abszission
sheetweb/dome web (with barrier threads) Baldachinnetz (mit Stolperfäden)
- **horizontal sheetweb** Deckennetz
- **simple sheetweb** Flächennetz

shell/bivalve shell Muschel, Muschelschale
shell/carapace (insects/turtles) Schale, Panzer, Carapax
shell/case/casing (mollusks) Gehäuse
shell/test/testa (diatoms) Testa, harte Schale
shell gape (bivalves) klaffende Schalenöffnung
shell gland/Mehlis' gland (cement gland) Schalendrüse, Mehlissche Drüse
shell membrane Schalenhaut
shell plate/shell valve (chitons) Schalenplatte
shelled/cleidoic beschalt, kleidoisch
shellfish (crustaceans & mollusks) Schalentier
shepherd Schäfer
shield/clypeus Kopfschild, Clypeus
shield/scute/scutum Schild, Scutum
shield/shell/carapace Schild, Schale, Carapax
shield/vertebral ossicle (ophiuroids) Platte
shield-like/peltate/scale-like/scutate schildartig, schuppenartig
shield-shaped/peltiform/scutiform schildförmig, schuppenförmig
shifting agriculture/shifting cultivation/swidden agriculture/swidden cropping Wanderackerbau
shimmering/iridescent schillernd
shimmering body Flimmerkörper
shinbone/tibia Schienbein, Schiene, Tibia
shiver frösteln, vor Kälte zittern
shoal/school (fish) Schwarm, Schule, Zug
shore/coast/banks Ufer
shorebirds & gulls & auks/Charadriiformes Watvögel & Möwenvögel & Alken
short-living/short-lived/fugacious/soon disappearing kurzlebig, hinfällig
short-term memory Kurzzeitgedächtnis
shoulder Schulter
shoulder blade/scapula Schulterblatt
shoulder girdle/pectoral girdle Schultergürtel, Brustgürtel
show Schau
showcase Vitrine, Schaukasten
shrimps (small)/prawns (large) Garnelen, „Krabben"
shuttle streaming ***(Physarium)*** Pendelströmung
shy ***(adj./adv.)*** scheu
shy/take fright/skit ***(vb.)*** **(horse)** scheuen
sibling Geschwister
sick/ill/diseased krank
sickle-shaped/drepanoid/crescent/falcate/falciform sichelförmig
sickle dance (bees) Sicheltanz
sidewinding Seitenwinden
sieve plate/madreporic plate/madreporite Siebplatte, Madreporenplatte
sifting (flamingoes) seihen
signal forgery Signalfälschung
signal thread (spiders) Signalfaden
siliceous kieselsäurehaltig
siliceous sponges/demosponges/Silicospongiae Kieselschwämme (Demospongien)
silk Seide, Spinnseide

silk fabric (cobweb/spiderweb) Spinngewebe
silk gland/spinning gland/sericterium (caterpillars: labial gland) Seidendrüse, Spinndrüse, Sericterium (Labialdrüse: Raupen)
silk gland spigot/tubulus textori (spiders) Spinndüse
silk gland spool (spiders) Spinnspule
silk thread/silk line Spinnfaden
silken seiden, Seiden...
silkworm (larva) Seidenraupe
silky/silk-like/sericate/sericeous seidig, seidenartig
Silurian/Silurian Period Silur (erdgeschichtliche Periode)
silversides & skippers & flying fishes and others/Atheriniformes Ährenfischverwandte, Hornhechtartige
simian Affen (bes.Menschenaffen) betreffend, affenartig, Affen...
simple columnar epithelium hochprismatisches Epithel, hohes Zylinderepithel
simple eye/ocellus (dorsal and lateral) Einzelauge, Punktauge, Nebenauge, Ocelle, Ocellus (*siehe:* Scheitelauge/Stirnauge)
simultaneous hermaphrodite/synchronous hermaphrodite Simultanhermaphrodit
sing/warble/jug singen, schlagen (Nachtigall)
single animal/solitary animal Einzeltier
single-celled/unicellular einzellig
single-chambered/monothalamous/monothalamic/monothecal einkammerig, einkämmrig, monothalam, monothekal
single-rowed/uniseriate/uniserial einreihig
sinoauricular/sinoatrial sinoaurikulär
sinoauricular node/sinoatrial node (SAN) Sinusknoten, Sinoatrialknoten, SA-Knoten
sinuate buchtig, gebuchtet
sinus/cavity/depression/recess/dilatation/lacuna Sinus, Höhle, Vertiefung, Ausweitung, Lakune
sinus gland Sinusdrüse
sinus venosus Sinus venosus
siphon/funnel/infundibulum Sipho, Trichter, Infundibulum
siphon (tubular cell) Zellschlauch
siphoneous/siphonaceous/tubular siphonal, röhrenartig, schlauchartig, schlauchförmig, tubulär
siphonoglyph Siphonoglyphe
siphonophorans/Siphonophora Siphonophoren, Staatsquallen
siphonozooid Siphonozooid, Pumppolyp
siphuncle/siphonet (nautilus) Siphunkel, Sipho
sire (male parent: domestic animals) Vatertier
sister cell Schwesterzelle
site/location Fundort, Lage
size reduction (photographic) Verkleinerung (photographische)
skates/Rajoidei ***(Suborder!)*** echte Rochen
skates & guitarfishes/Rajiformes Rochenartige
skeletal musculature Skelettmuskulatur
skeleton Skelett, Gerippe
skewbald ***(adj./adv.)*** scheckig (Pferd)
skewbald horse Schecke
skin/cutis Haut, Cutis
skin/hide/peel Haut, Schale
skin parasite/dermatozoan Hautparasit, Hautschmarotzer, Dermatozoe
skippers (Hesperiidae: Lepidoptera) Dickkopffalter
skull/braincase/cranium Schädel, Hirnkapsel, Cranium
skull roof Schädeldecke
slaughter/butcher ***(vb.)*** schlachten
slaughter/slaughtering/butchering ***(n.)*** Schlachtung, Schlachten
slaughter cattle/beef cattle/slaughter animal Schlachtvieh
slaughterhouse Schlachthof
sleep sickness ***(Trypanosoma rhodesiense/gambiense)*** Schlafkrankheit, Tsetseseuche
sleeping posture Schlafstellung
slide/microscope slide Objektträger
slime gland/mucous gland Schleimdrüse
slimy/mucilaginous/glutinous schleimig

slope/incline Hang
sloths/Pilosa (Xenarthra) Faultiere
slough (off) abstreifen (Haut/Hülle)
slow growing langsamwachsend
sludge Faulschlamm, Sapropel
slugs Nacktschnecken
small intestines Dünndarm
smear (for microscopy) Abstrich
smell/scent Geruch
smoker, black schwarzer Raucher
– **white smoker** weißer Raucher
smolt Silbersälmling
smooth muscle/plain muscle/non-striated muscle/unstriped muscle glatter Muskel (glatte Muskulatur)
snail shell Schneckenhaus, Schneckengehäuse
snails/gastropods/Gastropoda Schnecken, Bauchfüßer, Gastropoden
snake-like/ophidian schlangenartig, Schlangen...
snakeflies/Raphidioptera Kamelhalsfliegen
snakes/serpents/ophidians/Serpentes/Ophidia (Squamata) Schlangen
snap schnappen
snap mechanism Schnappmechanismus, Klappmechanismus
snapping reflex Schnappreflex
snare Fangfaden, Fangnetz (Spinnen)
snarl (e.g. lion/tiger)/puff fauchen
sneeze niesen
sniff schnuppern, schnüffeln
sniff at/nuzzle beschnuppern, beschnüffeln
snip (horse: white spot) Stern
snort schnauben
snout/muzzle Schnauze, Rüssel, Maul
soak/steep quellen (Wasseraufnahme)
soak up/absorb aufsaugen
soaring (flight) Segelflug
– **dynamic soaring** dynamischer Segelflug
– **static soaring** statischer Segelflug
– **thermal soaring** Thermiksegelflug, Thermiksegeln
sociability/gregariousness Soziabilität, Geselligkeitsgrad
social behavior Sozialverhalten
social drive Sozialtrieb
social grooming (mammals)/social preening (birds) soziale Körperpflege
social rank soziale Rangstufe
sociality Geselligkeit, Geselligkeitstrieb
society (animal society) Sozietät, Gesellschaft, essentielle Vergesellschaftung (Tiergesellschaft)
soft corals/Alcyonaria/Alcyonacea Lederkorallen
soft palate/velum palatinum wicher Gaumen, Gaumensegel, Velum
soil/ground/earth Boden, Erde, Erdboden, Erdreich
soil conservation Bodenschutz
soil fertility Bodenfruchtbarkeit
soil organism Bodenorganismus
soil science/pedology Bodenkunde, Pedologie
soil structure Bodengefüge
soil surface/ground level Erdoberfläche
soil texture Bodentextur
soil type Bodenart
soilage/green forage/greenstuff Grünfutter, Grünzeug
soldier (social insects) Soldat
sole *(n.)* Sohle
sole pad Sohlenballen
solenia (gastrodermal tubes) Solenia
solenocyte/archinephridium Solenocyt, Solenozyt
solenogasters/Solenogastres Furchenfüßer
soliciting behavior Begattungsaufforderung
solitary/single solitär, einzeln
solitary animal/single animal Einzeltier, Einzelgänger
solubility Löslichkeit
solute gelöster Stoff
solute potential Löslichkeitspotential
solution Lösung
solvent Lösungsmittel
somatic somatisch
somatic cell/body cell Somazelle, Körperzelle
somatic nervous system/voluntary nervous system somatisches Nervensystem, willkürliches Nervensystem
somatic skeleton somatisches Skelett

somatocoel/somatocoele Somatocöl, Somatocoel
somatopleure Somatopleura, somatisches Blatt
somite/somatome Somit, Ursegment
song/singing Gesang (Vögel)
song repertoire Gesangsrepertoire
sow (female swine) Sau (Mutterschwein)
space web (with barrier threads) Raumnetz, dreidimensionales Netz, Fußangelnetz (mit Stolperfäden)
spasmodic dance (bees) trippeln
spat Muschel-Laich bzw. kleine, junge Muschel (Auster)
spathose spatelartig, spatelig
spathulate/spatulate spatelförmig
spatial summation räumliche Summation
spawn *(vb.)* laichen
spawn (many small eggs of aquatic animals: ***esp.*** **fish/mollusks)** Laich
spawning ground (fish) Laichgründe, Laichstätte, Laichplatz
spear-shaped/hastate/hastiform spießförmig
speciation Speziation, Artbildung
species/kind Spezies, Art
species diversity Artenvielfalt, Artenmannigfaltigkeit
species name Artname
species richness Artenreichtum
species specific ***(adj./adv.)*** artspezifisch
specific name/specific epithet Artname, Artbezeichnung, Epitheton
specimen Exemplar, Muster, Probe
– **preserved specimen** Präparat
speckled/patched/spotted/spotty fleckig
spectacle (snakes) Brille
sperm/semen (ejaculate) Sperma, Samen (Ejakulat)
sperm/sperm cell/spermium/spermatozoon (male gamete) Spermium, Samen, Sperma, Samenzelle, Spermatozoon (männliche Geschlechtszelle)
sperm cell/sperm/spermium/spermatozoon (male gamete) Samenzelle, Samen, Sperma, Spermium, Spermatozoon (männliche Geschlechtszelle)
sperm chamber/spermatheca/seminal receptacle/sperm receptacle Samentasche, Receptaculum seminis
sperm oil (whale) Walratöl
sperm web (spiders) Spermanetz
spermaceti Walrat
spermatocyte Spermatocyt, Spermatozyt
spermatogenesis Spermatogenese
spermatogonium/primordial male germ cell Spermatogonium, Ursamenzelle
spermatophore/sperm packet Samenträger, Samenpaket, Spermatophore
spermatozoon (*pl.* spermatozoa)/sperm/sperm cell Spermatozoon, Samenzelle, Samen, Sperma, Spermium (männliche Geschlechtszelle)
spermozeugma Spermiozeugme, Spermienbündel, Spermiodesmos
sphecophily/wasp pollination Wespenbestäubung
spherical sphärisch, kugelig
sphincter muscle Sphinkter, Schließmuskel
sphingophily/hawk moth pollination Nachtfalterbestäubung
sphragis Sphragis, Begattungstasche
spicule Spiculum, Sklerit, Nadel, Skelettnadel (Schwämme)
spiderlike/spidery/arachnoid spinnenartig
spiderling Jungspinne
spiders/Araneae Spinnen, Webspinnen
spiderweb/cobweb Spinnennetz
spiderweb-like spinnwebartig, spinnennetzartig
spiky/spikey/spiny/thorny stachelig, stachlig
spin ***(vb.)*** **(spiderweb/cocoon)** spinnen
spinal column/vertebral column/backbone/spine Wirbelsäule, Rückgrat
spinal cord/neural tube/medullary canal/nerve cord Rückenmark, Neuralrohr, Medulla spinalis
spinal ganglion Spinalganglion
spinal nerve Spinalnerv

spindle-shaped / fusiform spindelförmig
spine / prick / needle Stachel, Nadel
spine / spinal column / vertebral column / backbone Wirbelsäule, Rückgrat
spinneret / sericterium (labial gland) Spinndrüse, Seidendrüse, Sericterium (Labialdrüse)
spinneret / spinner (spider) Spinnwarze
spiny stachelig, spitz
spiny fishes / Acanthodii Stachelhaie
spiny-headed worms / thorny-headed worms / acanthocephalans / Acanthocephala Kratzer
spiracle / ostium / stigma Spiraculum, Spirakulum, Atemloch, Luftloch, Tracheenöffnung, Ostium, Stigma
spiral / helix *(n.)* Spirale, Schraube, Helix
spiral / spiraled / spirally twisted / helical spiralig gewunden
spiral cecum Spiralcaecum
spiral cleavage Spiralfurchung
spiral coil / gyre Windung, Gyros
spiral flap / spiral valve *(Chondrichthyes)* Spiralfalte
spiral intestine Spiraldarm
spiral movement / spiral coiling Windung (Bewegung)
spiral thread / taenidium (spiral thickening of intima) Spiralfaden, Taenidium
spiral valve (frog heart) Spiralklappe
spiral winding / coiling Spiralwindung
spiraled / helical / spirally twisted / spirally coiled / contorted schraubig, spiralig gewunden, helical
spire zulaufende Spitze
spit *(vb.)* speien
spittle Speichel, Schaum (z. B. von Zikaden: Kuckucksspeichel)
spittlebugs (Auchenorrhyncha) Schaumzikaden
splanchnocranium Splanchnocranium, Gesichtsschädel
splanchnopleure Splanchnopleura, viscerales Blatt
splash zone Spritzwasserzone, Spritzzone (Supralitoral)
spleen Milz
splint bone / fibula Wadenbein, Fibula
split / cleave spalten
spoke / radius Speiche, Radius (auch: Netzspeiche)
sponges / poriferans / Porifera Schwämme, Schwammtiere, Poriferen
- **calcareous sponges / Calcarea** Kalkschwämme
- **coralline sponges / sclerosponges / Sclerospongiae** Sclerospongien
- **glass sponges / Hexactinellida** Glasschwämme, Hexactinelliden
- **horny sponges / Cornacuspongiae** Hornschwämme, Netzfaserschwämme
- **siliceous sponges / demosponges / Silicospongiae** Kieselschwämme (Demospongien)

spongocyte Spongocyt, Spongozyt
spongy bone / cancellous bone spongiöser Knochen
spoon-like / cochlear löffelartig, cochlear
spoon worms / echiuroid worms / Echiura Igelwürmer, Stachelschwänze, Echiuriden
spore Spore
spore-former / sporozoans / Sporozoa Sporentierchen, Sporozoen
sporogony / gamogony (in protozoans) Sporogonie
sporosac (hydrozoans) Sporosac, Keimtasche
sportfishing Sportfischerei
spot / blot / stain / stigma Makel, Fleck, Stigma
spotted / mottled gefleckt, fleckig
spotted fever / typhus / typhus exanthematicus ***(Rickettsia spp.)*** Fleckfieber, Flecktyphus, Typhus
spout ***(n.)*** **(whales)** Fontäne
spout / blow ***(vb.)*** **(water: e. g. whales)** Wasser speien, spritzen, abblasen
spread / expand / propagate / disperse / disseminate ausbreiten, verbreiten
spread / scatter / distribute streuen, verstreuen, ausstreuen, verteilen
spreading / expansion / propagation / dispersal / dissemination Ausbreitung, Verbreitung, Propagation
spreading / scattering / distribution Streuung, Verstreuen, Verteilung

spring tide Springtide
springtails/garden fleas/Collembola Springschwänze, Collembolen
sprout/put forth austreiben, Knospen treiben
sprout/sprouting/budding Austrieb, Sprossung, Knospung
spur Sporn
spur-and-groove zone/buttress zone (reef) Grat-Rinnen-System
spurious vein/vena spuria Scheinader
spurred gespornt
squab/chick Jungvogel, Kücken, Küken
squamata (incl. lizards & amphisbaenians & snakes) Squamata (Eidechsen & Schlangen)
squamate/scaly (reptiles) schuppig
squamosal Squamosum, Schuppenbein
squamous epithelium Plattenepithel, Säulenepithel, Zylinderepithel
squash/squash mount (microscopy) Quetschpräparat
squeal/squeak (pigs/guinea pigs) quieken, quietschen
squealer (young bird) junger Vogel
squids/Teuthoidea (Teuthida) Kalmare
squirrel fishes (primitive acanthopterygians)/Beryciformes Schleimköpfe, Schleimkopfartige
stabilimentum (spiderweb) Stabilimentum, Stabiliment
stabilizing selection stabilisierende Selektion/Auslese
stable/stables *(n.)* (for domesticated animals) Stall, Stallung
stag erwachsenes Männchen (Eber/Schafsbock/Hirsch etc.)
stag (castrated domesticated animal) nach der Reife kastriertes Männchen (Nutztiere)
stage/microscope stage Objekttisch
stage/phase Stadium, Phase (zeitlich)
stain *(n.)* (microscopy) Farbstoff
stain/staining *(n.)* (process) Färben, Färbung, Einfärbung
stake *(vb.)* (attach an animal to a pole) anpflocken
stalk/axis/spindle Spindel
stalk/pedicle/pedicel/peduncle Stiel
stalk game *(vb.)* Wild erlegen
stalk prey *(vb.)* Opfer erlegen
stalked/pedunculate gestielt
– **not stalked/sessile** ungestielt, sitzend
stalked compound eye *(Ephemeroptera)* Turbanauge
stalked eye Stielauge
stallion Hengst (Zuchthengst: stud/studhorse)
stampede (e.g. cattle) wilde, panische Flucht (z. B. Rinder)
star-shaped/stellate sternförmig
startle erschrecken, überraschen
startle behavior Schreckverhalten
startle display Schreck-Schaustellung
startle reflex Schreckreflex
static soaring statischer Segelflug
statoblast (hibernaculum/winter bud) Statoblast (Dauerknospe/Hibernaculum)
statocyst/apical sense organ (ctenophores) Statocyste, Statozyste, Scheitelorgan, Apikalorgan
statolith Statolith, Schwerestein(chen)
stauromedusas/Stauromedusae Stielquallen, Becherquallen
steady state Fließgleichgewicht
steer *(n.)* (male bovine animal castrated early) Stier
steer *(vb.)* steuern
stellate/star-shaped sternförmig, Stern…
stellate hair Sternhaar
stem Stamm
stem-borne stammbürtig, achsenbürtig
stem culture/stock culture Stammkultur
stem nematogen Stammnematogen
stem reptiles/Cotylosauria Stammreptilien
stemma (*pl.* stemmata/stemmas) (dorsal/lateral ocellus) Stemma, Punktauge (Einzelauge/Ocelle)
stemma (insect larvas)/lateral eye/lateral ocellus Lateralauge, Lateralocellus, Seitenauge (Punktauge/Einzelauge)
stenoecious/stenecious/stenoecic stenök
stenogastry Stenogastrie

stenostomates/Stenostomata (bryozoans) Engmünder
stenotele Stenotele
step/pace/stride (long step) Schritt
stereoscopic vision/binocular vision stereoskopisches Sehen
sterile/infertile steril, unfruchtbar
sterility/infertility Sterilität, Unfruchtbarkeit
sternite (insects: ventral sclerite/part of sternum) Sternit, Bauchstück, Bauchplatte
sternum/breastbone (vertebrates) Sternum, Brustbein
sternum/ventral plate (insects) Sternum, Brustplatte, Brustschild, Bauchteil, Bauchschild
Stewart's organ Stewart'sches Organ, Gabelblase
stick-insects/Phasmida Gespenstheuschrecken & Stabheuschrecken
sticklebacks (and sea horses)/Gasterosteiformes Stichlingsartige, Stichlingverwandte
sticky/glutinous/viscid klebrig, glutinös
stiffened versteift
stifle (horse) Kniegelenk
stifle bone (horse) Kniescheibe
stigma/spot Stigma, Fleck, Makel
stimulation/excitation Anregung
– **irritation** Reizung
stimulus/irritation Stimulus, Reiz
stimulus reinforcement Reizverstärkung
stimulus threshold Reizschwelle
stimulus transduction Reizumwandlung
sting/stinger/piercing stylet Stachel, Stechborsten
sting sheath Stachelscheide
stinger cell/cnidocyte/nematocyte Nesselzelle, Cnidocyt, Cnidozyt, Nematozyt
stinging zooid/protective polyp/dactylozooid Wehrpolyp, Dactylozoid
stingrays/Myliobatiformes Stechrochenartige
stipes Stipes, Stammstück, Haftglied (Maxille)
stirrup/stapes (ear) Steigbügel, Stapes
stock/number/quantity Bestand
stock/prototype/archetype Urtyp
stock *(vb.)* (a pond with fish) einsetzen (Fische in einen Teich ~)
stock culture/stem culture Stammkultur
stock horse Zuchtpferd
stolon (stalk-like structure: hydrozoans) Stolo, Stolon, Ausläufer (Hauptachse von Hydrozoen-Kolonien)
stomach Magen (*pl.* Mägen)
– **fourth stomach/reed/rennet-stomach/abomasum** Labmagen, Abomasus
– **third stomach/manyplies/psalterium/omasum** Blättermagen, Vormagen, Psalter, Omasus
stomochord/buccal tube Stomochord
stomodaeum/foregut (insects) Stomodäum, Stomatodäum, Vorderdarm
stone canal/hydrophoric canal/madreporic canal Steinkanal
stoneflies/Plecoptera Steinfliegen, Uferfliegen
stony corals/scleractinians/Madreporaria/Scleractinia Steinkorallen, Riffkorallen
stooping/dive-bombing (birds) herabstoßen (Vögel: im Sturzflug die Beute ergreifen)
storage pest Vorratsschädling
storage tissue Speichergewebe
storied/stratified etagiert, stockwerkartig, geschichtet
story Etage, Stockwerk
stotting/pronking Prellsprung
straight run (bees) geradliniger Schwänzellauf
strain (e.g. bacterial strain) Stamm (z. B. Bakterienstamm)
strain *(see:* stress) Belastungsursache
strand Strang
strange fremd (Gesellschaftstreue)
strap-shaped/ligulate streifenförmig
stratification Stratifikation, Schichtenbildung
stratified epithelium zweischichtiges Epithel, mehrschichtiges Epithel

stratum corneum (horny layer of epidermis) Hornschicht
stratum germinativum/germinative layer Keimschicht
strengthening zone/notched zone (spiderweb) Befestigungszone
streptoneurous nerve pattern Streptoneurie, Chiastoneurie
stress Belastungszustand
stress tolerance Belastbarkeit
stretch reflex Dehnungsreflex
striate/striated/finely striped feinstreifig, feingestreift
striate veined längsaderig, längsnervig, streifennervig
striate venation Längsaderung, Streifennervatur
striated muscle/striped muscle Muskulatur/gestreifte
stridulate stridulieren, schrillen
stridulating file Schrill-Leiste (mit Schrill-Rille)
stridulating organ Stridulationsorgan, Schrillorgan
strigose borstig (mit kurzgestrichenen Borsten/striegelig)
striped gestreift, streifig
– **parallely striped** parallelgestreift
strobilization Strobilisation, Strobilation
strombuliform/spirally coiled/spirally twisted spiralig aufgewickelt, spiralig gewunden
struggle for survival Überlebenskampf
stubby stummelartig
stubby leg Stummelbein, Stummelfuß
stud/studhorse ***(see:*** **stallion)** Zuchthengst, Schälhengst, Beschäler
stunt/dwarf zwergwüchsig
stunted krüppelig, krüppelhaft
stunted growth/stuntedness Krüppelwuchs, Krüppelform
sturgeons & sterlets & paddlefishes/ Acipenseriformes Störe & Löffelstöre
sty (pigsty/pigpen) Stall (Schweinestall)
stylet/stiletto Stilett
styliform/prickle-shaped/ bristle-shaped stilettförmig, griffelförmig
stylopize stylopisieren, stylepisieren
subalpine zone/subalpine region subalpine Stufe, Gebirgsstufe
subbranchial chamber Subbranchialraum, innerer Kiemengang
subcategory Subkategorie, Unterkategorie
subconsciousness Unterbewußtsein
subcutis Subcutis, Unterhaut
subdivided untergliedert
subdivision Untergliederung
subdue unterwerfen
subesophageal ganglion/ suboesophageal ganglion Subösophagealganglion, Unterschlundganglion
subgenital pit Subgenitaltasche, Trichtergrube
subgerminal cavity Subgerminalhöhle
subgroup Untergruppe
sublingual gland Unterzungendrüse
sublittoral (continental shelf zone) Sublitoral (Zone des Kontinental-schelfs)
submental/beneath the chin submental, unter dem Kinn
submerged/submersed untergetaucht, submers
submission/yield Unterwerfung, Demut
submissive gesture/submissive posture Unterwerfungsgebärde, Unterwerfungshaltung, Demutsgebärde, Demutshaltung
suboesophageal ganglion/ subesophageal ganglion Subösophagealganglion, Unterschlundganglion
suborder Unterordnung
subordinate untergeordnet
subradular organ/sugar gland Zuckerdrüse
subsistence Subsistenz
subsistence economy Subsistenzwirtschaft, Selbstversorgerwirtschaft
subsong Dichten, Jugendgesang (Jungvögel)
subspecies Subspezies, Unterart
substrate Substrat, Unterlage, Grundlage, Untergrund
substrate feeder Substratfresser
subtended by unterlegt von

succession Sukzession
succulent sukkulent, dickfleischig
suck wind (horses) koppen
sucker, true/acetabulum Saugnapf, Acetabulum
sucker/haustellum/proboscis (adapted for sucking: insects) Saugrüssel, Proboscis
sucker/haustorium (fungi/plants) Haftscheibe, Saugscheibe, Saugorgan, Haustorium
sucking (insects: haustellate) saugend
sucking lice/Anoplura echte Läuse
sucking pump (pharynx) Saugpumpe (*Hymenoptera*: Pharynx)
sucking stomach (chelicerates) Saugmagen
suckle/nurse/breast-feed säugen, stillen
suckling säugendes Jungtier
suction reflex Saugreflex
suctorial organ/sucker Saugorgan
suet (from abdominal cavity of ruminants) Talg, Nierenfett
suety/sebaceous talgig, Talg…
sugar gland/subradular organ Zuckerdrüse
sulcate/furrowed/grooved/fissured gefurcht, furchig, gerieft
sulfur bacteria Schwefelbakterien
summation, spatial räumliche Summation
summation, temporal zeitliche Summation
summer plumage Sommerkleid
sun animalcules/heliozoans Sonnentierchen, Heliozoen
sun spiders/windscorpions/solifuges/solpugids/Solifugae/Solpugida Walzenspinnen
superficial oberflächlich
superficial cleavage superfizielle Furchung, oberflächliche Furchung, Oberflächenfurchung
superior/dominant überlegen, vorherrschend, dominant
superiority/dominance Überlegenheit, Dominanz
superorder Überordnung
superposition eye Superpositionsauge
–, neural neurales Superpositionsauge
–, optical/clear-zone eye optisches Superpositionsauge
supporting cell/covering cell Stützzelle, Deckzelle
supportive tissue Stützgewebe
suprabranchial chamber Suprabranchialraum, äußerer Kiemengang
supracaudal gland Schwanzwurzeldrüse
supraesophageal ganglion/supraoesophageal ganglion/"brain" Supraösophagealganglion, Oberschlundganglion, „Gehirn"
surf/breakers Brandung
surface-dwelling bodenbewohnend (*see:* Bodenoberfläche, Erde)
surface cover/ground cover Bodenbedeckung
surfactant oberflächenaktive Substanz, Entspannungsmittel
surplus killing zusätzliches Erlegen von Beute (über momentanen Bedarf hinaus)
surra *(Trypanosoma evansi)* Surra
survival rate Überlebensrate
survivorship curve Überlebenskurve
susceptibility Anfälligkeit, Empfindlichkeit
suspended schwebend
suspended animation/anabiosis latentes Leben, Anabiose
suspended pupa/pupa suspensa Stürzpuppe
suspension feeder Suspensionsfresser
suspension-feeding suspensionsfressend
sustainable development dauerhaft-umweltgerechte Entwicklung
swallow *(vb.)* schlucken
swamp Sumpf
swarm *(n.)* (e.g. bees/locusts/birds) Schwarm
swarm *(vb.)* ausschwärmen
swarm-forming/schooling schwarmbildend
swarmer/swarm cell/zoospore Schwärmer, Zoospore
sweat *(n.)* Schweiß
sweat/perspire *(vb.)* schwitzen
sweat gland/sudoriferous gland/sudoriparous gland Schweißdrüse
sweating/perspiration/hidrosis Schwitzen

swell quellen (anschwellen)
swell/swelling/turgescent schwellen, anschwellen, turgeszent
swelling Schwellung
swidden agriculture/swidden cropping/shifting agriculture/shifting cultivation Wanderackerbau
swifts/Apodiformes/Micropodiformes (hummingbirds *see* Kolibris) Seglervögel, Seglerartige
swimbladder/air bladder Schwimmblase
swimmer's itch (fluke cercaria) Badedermatitis, Cercariendermatitis
swimmeret/pleopod (crustaceans) Schwimmfuß, Schwimmbein, Bauchfuß, Abdominalbein, Pleopodium
swimming bell/nectophore/nectocalyx Schwimmglocke, Nectophore
swimming foot Schwimmfuß
swine/pig/hog Schwein
swine fever/hog cholera (viral) Schweinefieber
swine influenza/swine flu *(Hemophilus influenzae suis)* Schweinegrippe
swine plague *(Pasteurella multocida)* Schweinepest
switch (dairy cow/bovine animals) Schwanzquaste
sword-shaped/ensiform/gladiate/xiphoid schwertförmig
symbiont Symbiont
symbiosis Symbiose, symbiotische Lebensgemeinschaft
– **cleaning symbiosis** Putzsymbiose
symbiotic symbiotisch
sympathetic sympathisch (autonomes Nervensystem)
sympatric sympatrisch (in gleichen Arealen)
symphile Symphile, echter Gast
symphily Symphilie, Gastpflege
symphoriont Aufsiedler, Symphoriont
symphorism Symphorismus
symphylans/Symphyla Zwergfüßer
synanthropic synanthrop
synanthropic animal Kulturfolger
synapse Synapse
synaptic cleft synaptischer Spalt
synarthrosis Synarthrose
synchondrosis Synchondrose, Knorpelhaft
synchronizer/Zeitgeber Zeitgeber
syncytial syncytial, synzytial
syncytium Syncytium, Synzytium
syndactylism Syndaktylie
syndesmochorial placenta syndesmo-choriale Plazenta
synecology Synökologie
syngamy/gametogamy Syngamie, Gametogamie
syngraft/allograft/homograft Homotransplantat, Allotransplantat
synostosis/synosteosis Synostose, Knochenhaft
synovial fluid Synovialflüssigkeit, Gelenkflüssigkeit, Gelenkschmiere
synovial membrane Synovialmembran
synthetic reactions/synthetic metabolism/anabolism Synthesestoffwechsel, Anabolismus
synusia Synusia, Synusie, Lebensverein
syphilis *(Treponema pallidum)* Syphilis, Lues, Schanker
syrinx/voice box (birds) Syrinx
systematics Systematik
systematicist Systematiker

T

table reef Plattformriff
tactile hair / vibrissa (*pl.* vibrissae) Vibrissa, Spürhaar, Sinushaar, Tasthaar (ein Sinneshaar)
tactile organ / touch sense organ Tastorgan
tactile sense / sense of touch Tastsinn
tactile sensilla Tastkörperchen
tadpole / "polliwog" Kaulquappe
tadpole shrimps / Notostraca Rückenschaler
taenioglossate radula taenioglosse Radula, Bandzunge
tagma (fusion of somites) Tagma (*pl.* Tagmata)
tagmatization / tagmosis Tagmatisierung
tail Rute, Schwanz
tail fin / caudal fin Schwanzflosse
tail fluke (whale) Schwanzruder, Schwanzflosse
tail spine Schwanzstachel
tail-wagging dance / waggle dance (bees) Schwänzeltanz
tailfan Schwanzfächer
tallow (extracted from animals) Talg
talus / astragalus Talus, Sprungbein
tame *(adj./adv.)* zahm
tame *(vb.)* / domesticate zähmen, domestizieren
taming *(n.)* Zähmung
tanaidaceans / Anisopoda / Tanaidacea Scherenasseln
tandem running Tandemlauf
tangential section Tangentialschnitt
tanniferous gerbsäurehaltig, gerbstoffhaltig
taper zuspitzen
tapering (tapered) / attenuate spitz zulaufen, spitz zulaufend
tapetum lucidum Tapetum lucidum
tapeworms / cestodes / Cestoda Bandwürmer, Cestoden
target organ Zielorgan
tarpons / Elopiformes Tarpunähnliche
tarsal / tarsus Tarsus, Fußwurzel
tarsal gland Tarsaldrüse
tarsus (arthropods) Tarsus, Fuß
taste Geschmack
taste bud Geschmacksknospe, Geschmackspapille, Geschmacksbecher
taste cell / taste corpuscle Geschmackskörperchen
taxon / taxonomic unit Taxon, taxonomische Einheit
taxonomy Taxonomie, biologische Klassifizierung
tear Träne
tear duct / lacrimal duct Tränengang, Tränenkanal
tear pouch Tränensack
tectorial membrane / membrana tectoris Tektorialmembran, Deckmembran
tectrix (*pl.* tectrices) / covert / wing covert / protective feather Decke, Deckfeder
– **primary tectrix** Handdecke
– **secondary tectrix** Armdecke
tegula (tile-shaped structure) Tegula, Flügelschüppchen
telson (crabs) Telson, Schwanzplatte
temperate / moderate gemäßigt
temperate zone / temperate region gemäßigte Zone
temple Schläfe
temporal fenestrae Schläfenfenster
temporal gland (elephant) Schläfendrüse
temporal summation zeitliche Summation
tenacle / tenaculum Tenaculum
tender / fragile (ecosystem) empfindlich, zerbrechlich
tendon Sehne
tendril / cirrus / clasper Ranke
tension / suction / pull Zug, Sog (Wasserleitung)
tentacle Tentakel
tentacle sheath (ctenophores) Tentakelscheide
tentacular arm Tentakelarm
tentacular canal (ctenophores) Tentakelgefäß
tentacular plane Tentakelebene
tentaculates (bryozoans & phoronids & brachiopods) Tentaculaten, Kranzfühler, Armfühler, Fühlerkranztiere

tentaculiferans / "tentaculates" (Ctenophora) Tentaculiferen, tentakeltragende Rippenquallen
tentorial pit Tentoriumgrube
tentorial ridge / corpus tentorii Tentoriumbrücke, Corpotentorium
tentorium Tentorium
terete stielrund
tergite / dorsal sclerite Tergit, Rückenplatte
tergum / back / roof / dorsal plate (consisting of tergites) Tergum, Rückenschild, Rückenteil
terminal / terminate endständig
terminal community Schlußgesellschaft
terminology Terminologie, Fachbezeichnungen, Fachsprache
termites / Isoptera Termiten, „Weiße Ameisen"
ternate / ternary dreizählig
terrain Gelände
terrapins Sumpfschildkröten
terrestrial / land-dwelling terrestrisch, landlebend
terrestrial ecosystem Landökosystem
terricole / geocole / geodyte / soil organism Bodenorganismus
territorial behavior Territorialverhalten
territoriality Territorialität
territory / range Territorium, Revier, Wohnbezirk, Gebiet
Tertiary / Tertiary Period Tertiär, Tertiärzeit, Braunkohlenzeit
testicle / testis (*pl.* testes) Hoden, Samendrüse
testicular testikulär, den Hoden betreffend, Hoden...
tetanus / lockjaw *(Clostridium tetani)* Tetanus
tetanus / spasm Tetanus, Dauerkontraktion
tetraflagellated viergeißlig
tetralophodont (with four transverse ridges) tetralophodont, mit vier Querjochen
Texas fever / red-water fever / hemoglobinuric fever (babesiosis) *(Babesia ssp.)* Texasfieber
thanatosis / feigning death Thanatose, Totstellen, Totstellung
thecate / armored gepanzert
thelytoky / thelyotoky Thelytokie
theory Theorie
theory of evolution / evolutionary theory Evolutionstheorie, Abstammungstheorie, Deszendenztheorie
thermal soaring Thermiksegelflug, Thermiksegeln
thickening Verdickung
thigh Oberschenkel
thigh bone / femur / os femoris Oberschenkelknochen, Femur
third stomach / manyplies / psalterium / omasum Blättermagen, Vormagen, Psalter, Omasus
thoracic cavity Thorakalhöhle, Thorakalraum, Brusthöhle, Brustraum
thoracic leg Thorakalbein, Thorakalfuß, Brustbein, Brustfuß
thoracic respiration / costal breathing Thorakalatmung, Brustatmung
thoracic scale Thorakalschüppchen
thoracic segment / thoracomer Thoraxsegment, Thoracomer, Rumpfsegment
thoracic vertebra Thorakalwirbel, Brustwirbel
thoracopod / thoracic leg Thorakalfuß, Thorakopode, Thoracopod, Thoraxbein, Rumpfbein
thorax / breast / chest / pectus Thorax, Brust, Brustkörper, Brustkasten, Oberkörper
thorax (insects) Thorax, Mittelleib
thorny / spiny dornig
thorny-headed worms / spiny-headed worms / acanthocephalans / Acanthocephala Kratzer
thorny corals / black corals / antipatharians / Antipatharia Dornkorallen, Dörnchenkorallen
thoroughbred (horse) Vollblut
thread capsule / urticator / cnida / nematocyst Nesselkapsel, Cnide, Cnidoblast, Nematocyste
threadlike antenna / hairlike antenna / filiform antenna Fadenfühler
threadworms (causing strongyloidiasis) *(Strongyloides spp.)* Zwergfadenwurm

threadworms/horsehair worms/hairworms/nematomorphans/nematomorphs/Nematomorpha Saitenwürmer
threat Drohung
threat behavior Drohverhalten
threaten drohen
threatened bedroht
threatening gesture Drohgebärde
threatening posture Drohhaltung
three-field rotation/three-year rotation/three-field system Dreifelderwirtschaft
threshold Schwelle (e. g. Reiz~/Geschmacks~, etc.)
threshold potential Schwellenpotential
threshold value Schwellenwert
thrips/Thysanoptera Thripse, Fransenflügler, Blasenfüße
thrive/flourish gedeihen, florieren
throat Kehle, Hals
thrombocyte Thrombocyt, Thrombozyt
thrust Vortrieb, Anschub, Schub
thumb/pollex Daumen, Pollex
thurst Durst
thursty durstig
thymus (gland) Thymus, Thymusdrüse, Bries (Halsthymus/Brustthymus)
thyroid cartilage/cartilago thyreoidea Schildknorpel
thyroid gland/thyreoidea Schilddrüse
thysanurans Thysanuren (Felsenspringer & Silberfischchen etc.)
tibia (arthropods) Tibia, Schiene
tibiotarsus (birds) Tibiotarsus, Unterschenkelknochen
ticks/Ixodides Zecken
tidal pool/tidepool Gezeitentümpel, Gezeitenpfütze
tidal zone/intertidal zone/littoral zone Tidebereich, Gezeitenzone (Eulitoral)
tidbitting/feeding lure Futterlocken
tide(s) Tide(n), Gezeiten
– **high tide/flood** Flut, Tide
– **low tide** Ebbe
– **neap tide** Nipptide
– **spring tide** Springtide
tidepool/tidal pool Gezeitentümpel, Gezeitenpfütze
tides Tiden, Gezeiten
Tiedemann's body Tiedemannscher Körper, schwammiger Körper
tiers, arranged in etagenförmig
tiger sharks/catsharks & sand sharks & requiem sharks & hammerheads and others/Galeomorpha/Carcharhiniformes echte Haie
tight junction Tight junction, Kittleiste, Verschlußkontakt, Schlußleiste, Engkontakt (Zonula occludens)
time horizon Zeithorizont
tinamous/Tinamiformes Steißhühner
tinsel flagellum/flimmer flagellum/pleuronematic flagellum Flimmergeißel
tissue Gewebe (Zellassoziation)
tissue culture Gewebekultur
toadfishes/Batrachoidiformes Froschfische
toads Kröten
toe (*see also:* spur: rotifers) Zeh, Zehe
– **big toe/hallux** großer Zeh, große Zehe, Hallux
togetherness Gemeinsamkeit (Zusammensein)
tolerance limit Toleranzgrenze
tomcat (male domestic cat) Kater
tongue/glossa/lingua Zunge, Glossa, Lingua
tongue-shaped/linguiform/ligular/oblanceolate zungenförmig
tongue-worms/linguatulids/pentastomids/Pentastomida Zungenwürmer, Linguatuliden, Pentastomitiden
tongue bar/secondary bar Zungenbogen, Zwischenbogen
tongue flicking züngeln
tonicity Spannkraft
tonsil/tonsilla palatina Tonsille, Mandel, Gaumenmandel
tooth Zahn
– **milk tooth/deciduous tooth/first tooth/primary tooth** Milchzahn
tooth bud Schmelzknospe
tooth shells/tusk shells/scaphopods/scaphopodians (spade-footed mollusks)/Solenoconchae/Scaphopoda Kahnfüßer, Grabfüßer, Scaphopoden
toothed/dentate gezähnt

toothed whales & porpoises & dolphins/Odontoceti Zahnwale
toothless/edentate zahnlos
tornaria larva Tornaria-Larve
torpor Kältestarre, Winterstarre
torsion Torsion, Drehung
torted gedreht (Torsion der Nervenstränge)
tortoise shell/turtle shell Schildpatt
tortoises Landschildkröten
total biomass Gesamtbiomasse
total cleavage totale Furchung
totipalmate swimmers: pelicans and allies/Pelecaniformes Ruderfüßer, Ruderfüßler
touch *(n.)* Berührung
touch/boarder *(vb.)* berühren, tasten
touching/boardering/contiguous berührend
toughness/hardness Härte
toxic/poisonous toxisch, giftig
toxicity/poisonousness Toxizität, Giftigkeit
toxiglossate radula (hollow radula teeth) toxoglosse Radula, Pfeilzunge (hohl)
toxophore (butterfly larvae) Toxophorium (Schmetterlingsraupen: Brenn- und Gifthaare)
toxoplasmosis *(Toxoplasma gondii)* Toxoplasmose
trace/remains Spur, Überreste
trace/track Spur, Fährte
trace element/microelement/micronutrient Spurenelement, Mikroelement
trace fossil Spurenfossil
trachea (windpipe)/breathing tube Trachee, Luftröhre
tracheal capillary/tracheole Tracheole
tracheal gill Tracheenkieme
tracheal spiracle Tracheenstigma (Spiraculum)
tracheates/Tracheata Tracheentiere
tracheole/tracheal capillary Tracheole
trachymedusas/trachyline medusas/Trachymedusae Trachylina
track/trail/trace/scent Fährte, Spur
tragus (ear) Tragus
trail line Wegfaden
– **broad trail line (spiders)** breiter Schleppfaden
trailing flagellum Schleppgeißel
trait/characteristic/feature Merkmal
transect *(n.)* (ecological) Transekt
– **belt transect** Gürteltransekt
– **line transect** Linientransekt
transect/cut through *(vb.)* durchschneiden
transection Durchschnitt (schneiden)
transfer *(n.)* Transfer, Übertragung
transfer *(vb.)* transferieren, übertragen
transfer host/paratenic host Transportwirt, paratenischer Wirt, Sammelwirt, Stapelwirt
transfer rate Übertragungsgeschwindigkeit, Transferrate
transformation series Transformationsreihe
transhumance/seasonal livestock movement Transhumanz
transillumination/transmitted light illumination Durchlicht
transition/developmental transition Übergang, Entwicklungsübergang
transitional epithelium Übergangsepithel
transitional fossil Übergangsfossil
translucent/pellucid durchscheinend
transmission Übermittlung (z. B. Reizimpuls), Übertragung (z. B. Krankheit)
transmission of disease Krankheitsübertragung
transmission of signals/impulse propagation Erregungsleitung
transmission electron microscope (TEM) Transmissionselektronenmikroskop
transmit/pass on übermitteln, übertragen, vererben
transmitter Transmitter, Überträger, Überträgerstoff
transmitter of disease Krankheitsüberträger
transplantation Transplantation, Verpflanzung
transport/transportation Transport
transverse canal (ctenophores) Transversalgefäß
transverse process of vertebra/processus transversus Querfortsatz
transverse section/cross section Querschnitt
trap Falle
trap door (spiders) Falltür

tread ***(vb.)*** **(rooster)** treten (begatten: Hahn)
tread/cocktread/germ disk/"eye" Hahnentritt, Fruchthof, Keimscheibe
treading/kneading (milk elicitation movement) Milchtritt
tree shrews/Scandentia Spitzhörnchen
tree-dwelling/living in trees/arboreal/arboricolous baumbewohnend
tremble dance/trembling dance (bees) Zittertanz
triangle (insect wing) Triangulum, Dreieck, Analdreieck
Triassic/Triassic Period Trias (erdgeschichtliche Periode)
tribe Tribus (*pl.* Triben), Sippe
trichina worm ***(Trichinella spiralis)*** Trichine
trichinosis Trichinose
trichobothrium Trichobothrium, Becherhaar
trichome Trichom, unechtes Haar
trifid dreispaltig
trigger/elicitor Auslöser, Elicitor (Reaktion)
trill/warble trillern
trilobites Trilobiten, Dreilapper
trilophosaurians (Triassic archosauromorphs)/Trilophosauria Dreijochzahnechsen
trim/crop (fur) stutzen, abschneiden (Fell)
trip-line/barrier thread (spiders) Stolperfaden
tripartite dreiteilig
tripe (*esp.* ox) Kutteln
triphasic triphasisch
triramous/three-branched dreiästig verzweigt
tritocerebrum (insects) Tritocerebrum, Hinterhirn
triturate zerreiben, zermahlen
triturating mill/gastric mill Magenmühle
trituration Zermahlen, Zerreibung, Pulverisierung
trivium (holothurids) Trivium, Kriechsohle
trochanter Trochanter, Schenkelring
trochophore larva Trochophora-Larve, Wimperkranzlarve
trochus (anterior circlet of cilia) Trochus (vorderer Wimpernkranz)
trogons/Trogoniformes Trogons
trophamnion Trophamnion
trophic egg/nurse egg Nährei
trophic level/feeding level trophische Stufe, trophische Ebene, trophisches Niveau, Trophiestufe, Trophieebene, Trophieniveau
trot (trotting gait) Trab, Trott (schnelle Gangart)
trough Trog, Traufe
true birds/neornithes/Neornithes Neuvögel
true bugs/heteropterans/Heteroptera (Hemiptera) Wanzen
true flies/Brachycera (Diptera) Fliegen
trunk/rump Rumpf, Leib, Torso
trunk (elephant) Rüssel
trunk musculature Rumpfmuskulatur
tubal pregnancy Eileiterschwangerschaft, Oviduktträchtigkeit
tube/siphon/ascidium Tube, Schlauch, Röhre
tube-dweller Röhrenbewohner
tube-dwelling/tubicolous röhrenbewohnend
tube-nosed swimmers: albatrosses & shearwaters & petrels/Procellariiformes Röhrennasen
tube anemones/Ceriantharia Zylinderrosen
tube cell Schlauchzelle
tube foot/podium Ambulakralfüßchen, Saugfüßchen
tube web/funnel web (spider) Röhrennetz, Trichternetz
tuberculate/tuberculated/vaulted tuberkulös, warzig, gewölbt
tuberous/tuberal tuberös
tubicolous/tube-dwelling röhrenbewohnend
tubiform organ Knollenorgan, tuberöses Organ (Elektrorezeptor)
tubular tubulär, röhrenförmig
tubular bone (long/hollow) Röhrenknochen
tubular heart Röhrenherz, Herzschlauch
tubular tracheae Röhrentrachee
tuft Schopf, Büschel

tuft of cilia / ciliary tuft Wimpernbüschel, Wimpernschopf
tufted / comose schopfig, dichthaarig, haarschopfig
tularemia ***(Pasteurella / Francisella tularensis)*** Tularämie, Hasenpest
Tullgren funnel Tullgren-Apparat
tumbler (mosquito pupa) Schnackenpupe
tunic Tunika, Hülle, Häutchen
tunicates Manteltiere, Tunicaten (Urochordaten)
tunnel / gallery / burrow Gang, Grabgang, Fraßgang, Tunnel
turgid / swollen geschwollen
turgidity Turgidität, Geschwollenheit, Schwellunggrad
turgor / hydrostatic pressure Turgor, hydrostatischer Druck
turn over / turn anaerobic / become oxygen-deficient umkippen (Gewässer)
turnover Umsatz
turnover number (k_{cat}) Wechselzahl
turnover rate Umsatzgeschwindigkeit, Umsatzrate
turtle shell / tortoise shell Schildpatt
turtles (marine) Seeschildkröten, Meeresschildkröten
turtles / Chelonia / Testudines Schildkröten
tusk (large teeth) Stoßzahn, Hauer (z. B. Eber)
tusk shells / tooth shells / scaphopods / scaphopodians (spade-footed mollusks) / Solenoconchae / Scaphopoda Grabfüßer, Kahnfüßer, Scaphopoden
twig gall Stengelgalle, Zweiggalle
twining / climbing / creeping rankend
twin(s) Zwilling(e)
- **dizygous twins / dizygotic twins / fraternal twins** zweieiige Zwillinge
- **monozygous twins / monozygotic twins / identical twins** eineiige Zwillinge

twist / coil / winding / contortion Wicklung, Windung
twist disease (trout) ***(Myxosoma cerebralis)*** Drehkrankheit
twisted / coiled / wound / contorted gewickelt, gewunden, gedreht, verdreht
twisted-winged insects / stylopids / Strepsiptera Fächerflügler, Kolbenflügler
twitch (muscle) zucken
twitching / convulsion Zuckung
twitter / chirp / (singen) sing, warble zwitschern
two-branched / biramous zweiästig, biram
two-branched appendage / biramous appendage Spaltfuß, Spaltbein / einfach gegabelt
two-horned / bicornate / bicornuate / bicornuous zweihörnig
two-parted zweigeteilt
tympanic canal Paukengang, Scala tympani
tympanic membrane / eardrum / tympanum Tympanalmembran, Trommelfell, Ohrtrommel, Tympanum
tympanic organ Tympanalorgan, Gehörorgan
typhlosole Typhlosolis
typhoid fever / typhoid / typhus abdominalis ***(Salmonella typhi)*** Typhus, Unterleibstyphus
typhus / spotted fever / typhus exanthematicus ***(Rickettsia spp.)*** Typhus, Fleckfieber, Flecktyphus

U

ubiquist Ubiquist
ubiquitous/widespread ubiquitär, weitverbreitet
udder Euter
ulna/cubitus Ulna, Elle
ultrastructure Ultrastruktur, Feinbau
umbilical/omphalic den Nabel betreffend, Nabel…
umbilical cord Nabelschnur, Nabelstrang
umbilicate/omphaloid/navel-like nabelartig, omphaloid
umbilicus/omphamos/navel Nabel
umbo (*pl.* umbones) Umbo, Wirbel
umbonal cavity (mollusk shell) Wirbelhöhle
umbrella (float of medusa) Schirm
unbranched/unramified unverzweigt
unconditioned reflex unbedingter Reflex
unconscious unbewußt
undate/undulate gewellt
undemanding/modest/having low requirements, demands anspruchslos
undercoat/underfur Unterhaarkleid, Wollhaarkleid
underground/belowground/ subterranean unterirdisch
underhair Unterhaar, Wollhaar
undernourished *(see:* malnourished) unterernährt
undernurishment Unterernährung
underside Unterseite
undulating membrane undulierende Membran
uneatable/inedible ungenießbar, uneßbar
unequal cleavage inäquale Furchung, ungleichmäßige Furchung
unfertilized unbefruchtet
unfolding/spreading Entfaltung
ungulate/hoof-like hufartig
ungulate/hoofed mit Hufen, Huf…
ungulates/hoofed mammals/hoofed animals Huftiere
– **even-toed ungulates/cloven-hoofed animals/artiodactyls/ /Artiodactyla** Paarhufer
– **odd-toed ungulates/perssiodactyls/ Perssiodactyla** Unpaarhufer
unguliform/hoof-shaped hufförmig
unguligrade gait Unguligradie, Zehenspitzengang, Hufgang
unicellular/single-celled einzellig
unicellular lifeform Einzeller
unicornate/unicornuate/unicornuous/ one-horned einhörnig
unidirectional einsinnig
unifacial unifazial (ringsum gleiche Oberfläche)
uniform gleichförmig
unilateral unilateral, einseitig
unilocular unilokulär, einkammerig
union/unification Verbindung, Vereinigung
unipennate einfach pennat, einfach pinnat, einfach gefiedert
uniramous uniram, einästig (ohne Exopodit)
uniseriate/uniserial/single rowed uniseriat, einreihig
unisexual eingeschlechtig
unit membrane Einheitsmembran
univolinism Univolitismus
univoltine univoltin, mit einer Jahresgeneration
unpalatable ungenießbar, nicht schmackhaft
upbringing/rearing/fostering/ nurture/nurturing Aufziehen, Erziehen
upper arm Oberarm
upper jaw/upper jawbone/maxilla Oberkiefer, Oberkieferknochen, Maxilla
upper lip/labrum Oberlippe, Labrum
Upper Triassic (epoch) Keuper
upright gait/orthograde gait (erect) aufrechter Gang, aufrechte Gangart
upright posture/orthograde posture aufrechte Haltung
upward stroke of wing Flügelaufschlag
ureotelic/excreting urea ureotelisch, harnstoffausscheidend

ureter/urinary duct Harngang, Harnleiter
urethra Urethra, Harnröhre
urge/drive/compulsion/impulse Trieb, Drang, Impuls (ethiologisch)
uricotelic/excreting ureic acid uricotelisch, harnsäureausscheidend
urinary bladder Harnblase
urinate urinieren
urine Urin, Harn
urine marking Harnmarkierung
urine sampling Harnprüfen
urine spraying/enurination Harnspritzen
urn-shaped/flask-shaped/urceolate urnenförmig
urophysis (fish) Urophyse
uropod Uropod, Uropodium (*pl.* Uropodien)
uropygial gland/preen gland/oil gland Bürzeldrüse
uroseminal duct (archinephric duct conducting both sperm and urine) Harnsamenleiter
urostyl (frogs/toads) Urostyl, Steißbein
ursine Bären betreffend, Bären…
uteral epithelium/uteral lining/endometrium Uterusepithel, Gebärmutterwand, Endometrium
uteral lining/uteral epithelium/endometrium Gebärmutterwand, Uterusepithel, Endometrium
uterine uterin, die Gebärmutter betreffend, Gebärmutter…
uterine bell Uterusglocke
uterine contraction Wehe
uterine milk (fish) Uterusmilch
uterine valve Valvula uterina
uterus Uterus, Gebärmutter

V

vaccinate/immunize impfen, immunisieren
vaccination/immunization Vakzination, Impfung, Immunisierung
vaccine Vakzine, Impfstoff
vacuole Vakuole
vacuum activity Leerlaufhandlung
vagility Vagilität, aktive Ausbreitungsfähigkeit
vagina Vagina, Scheide
vaginal pregnancy Vaginalträchtigkeit
vaginal vestibule Scheidenvorhof, Vestibulum vaginae
valvate/chambered fächerig, gefächert, gekammert, klappig
valve/locule/loculus/compartment Fach, Lokulament, Loculament, Loculus, Kompartiment
valve (chitons: individual plates) Schalensegment, Schalenplatte
valve (controlling liquid/gas flow) Ventil
valve (single bivalve shell/diatom shell) Klappe, Schalenklappe, Schalenhälfte (Muschel~/Diatomeen~)
valvifer Valvifer
valvula/small valve Valvula
vampire squids/Vampyromorpha Vampirtintenschnecken, Tiefseevampire
vane (feather) Federfahne
vannal fold/anal fold/vannal fold-line/anal fold-line/plica analis/plica vannalis Vannalfalte, Analfalte
vannus/anal area Vannus, Analfeld, Analregion
variability Variabilität, Veränderlichkeit
variant Variante
variegated/mottled gescheckt, panaschiert
variegation Variegation, Scheckung
variety/sport Varietät, Abart, Spielart
vascular layer (eye) Gefäßhaut
vascular tissue/conducting tissue Leitgewebe
vascularize/supply with blood durchbluten

vegetal pole/vegetative pole vegetativer Pol
vegetative vegetativ
vegetative cell/somatic cell/body cell vegetative Zelle, somatische Zelle, Körperzelle
vein (blood vessel) Vene
vein/rib Ader, Rippe, Nerv
- **cross vein (insect wing)** Querader
- **longitudinal vein (insect wing)** Längsader

veined/venulous geädert
velamen Velamen
veliger larva Veligerlarve, Segellarve
velum Velum
velutinous/velvet-like/velvety samtig
velvet (antlers) Bast (Geweih)
velvet worms/onychophorans Stummelfüßer, Onychophoren
vena cava Hohlvene
venation Venation, Aderung, Nervatur, Nervation
- **parallel venation** Paralleladerung
- **pinnate venation** Fiederaderung
- **reticulate venation/net venation/netted venation** Netzaderung

venereal disease/sexually transmitted disease Geschlechtskrankheit
venison Wild, Wildfleisch (Rotwild)
venom Gift, Tiergift
venom tooth/poison tooth/fang (snakes) Giftzahn
venomous giftig
vent/anus Anus, After
vent/cloacal opening *(n.)* Kloakenöffnung
vent *(vb.)* auftauchen zur Wasseroberfläche zum Luftholen (Otter/Biber etc.)
ventral ventral, bauchseitig, Bauch…
ventral/ventrally located bauchständig
ventral fin/pelvic fin Bauchflosse
ventral ganglion Ventralganglion, Bauchnervenknoten
ventral gland/renette gland (nematodes) Ventraldrüse
ventral horn Grundplatte (Neuralrohr)
ventral nerve cord ventraler Nervenstrang, Bauchmark, Bauchmarkstrang
ventral pouch Bauchtasche
ventral scale Ventralschuppe, Bauchschuppe
ventricle Ventrikel
venule/venula (insect wing) Äderchen
venulous/veined geädert
vermicular/vermian/wormlike wurmartig
vermiform/worm-shaped wurmförmig
verruciform/wart-shaped warzenförmig
verrucose/warty/tuberculate warzig, höckerig
vertebra Wirbel (auch in Bezug auf Ophiuroiden)
vertebral column/spinal column Wirbelsäule, Rückgrat
vertebral spine/neural spine/spinous process of vertebra Dornfortsatz, Processus spinosus
vertebrates Vertebraten, Wirbeltiere
- **terrestrial vertebrates/tetrapods** Landwirbeltiere, Tetrapoden

vertex Vertex, Scheitel
verticillate wirtelig
vescicular/vesciculate veszikulär, blasenartig
vessel/trachea Gefäß, Trachee
vestibular canal/scala vestibuli Vorhofgang
vestibule Vestibulum, Vorhof, Vorraum; Präoralhöhle
vestibule/vestibulum labyrinthi (with utricle and saccule) Vestibulum labyrinthi (mit Utriculus und Sacculus)
vestigial (small and imperfectly developed)/underdeveloped/stunted verkümmert, unterentwickelt
veterinarian/vet Veterinär, Tierarzt
veterinary clinic/animal hospital Tierklinik
veterinary medicine Veterinärmedizin, Tierheilkunde
veterinary practice (for small mammals) Kleintierpraxis
viability Lebensfähigkeit
viable lebensfähig
vibraculum Vibacularie
vibrating dance (bees)/dorsoventral abdominal vibrating dance (DVAV) Schütteltanz, Schüttelbewegung

victim / prey Opfer
vigorous growth kräftiges Wachstum
villous / villose / soft-haired weich behaart
villous placenta (hemochorial placenta) Zottenplazenta, Topfplazenta
villus Zotte
violet gland / supracaudal gland Violdrüse (Schwanzwurzeldrüse des Fuchses)
viscera / guts / intestines / entrails / bowels Viscera, Viszera, Eingeweide, Gedärme, Splancha
visceral / splanchnic visceral, viszeral, zu den Eingeweiden gehörend, Eingeweide ...
visceral ganglion Visceralganglion, Viszeralganglion
visceral hump / visceral mass (mollusks) Eingeweidesack
visceral musculature viscerale Muskulatur, Eingeweidemuskulatur
visceral skeleton Visceralskelett, Viszeralskelett
viscerocranium / splanchnocranium Eingeweideschädel, Visceralcranium, Viscerocranium, Splanchnocranium
vision / eyesight Gesichtssinn
visual acuity Sehschärfe
visual lobe / optic lobe / lobus opticus Sehlappen
vital staining Vitalfärbung
vitelline duct Dottergang
vitelline layer / vitelline membrane / membrana vitellina Vitellinmembran, Dotterhaut, Dottermembran, primäre Eihülle
vitreous body Glaskörper
viviparous / live-bearing vivipar, lebendgebärend
vivipary / viviparity / live-bearing Viviparie, Lebendgebären
vocal cord(s) Stimmband (*pl.* Stimmbänder)
vocal pouch / voise box (birds: larynx) Stimmsack, Stimmbeutel
vocalization Vokalisation, Lautgebung
Volkmann canal / canal of Volkmann (perforating canal) Volkmannscher Kanal
voluntary musculature willkürliche Muskulatur
voracious gefräßig
voracity Gefräßigkeit
voucher specimen Belegexemplar

W

waddle watscheln
wade waten, schreiten
wading foot (birds) Schreitfuß
waggle/wag wedeln, wackeln (Schwanz/Kopf)
waggle dance/tail-wagging dance (bees) Schwänzeltanz
waist Taille
walk ***(n.)*** Schritt (Pferd)
walk ***(vb.)*** gehen, laufen (zu Fuß fortbewegen)
walking leg/gressorial leg Laufbein
wallow Suhle
wanting/lacking/missing fehlend
warble/trill trillern
warble (swelling under hide) Dasselbeule
warm-blooded/homoiothermic/homothermic/endothermic gleichwarm, warmblütig, homoiotherm, endotherm
warning coloration/aposematic coloration Warnfärbung, Warntracht, Abschreckfärbung
wart/tubercle/warty protuberance Warze (Höcker/Beule/Wölbung)
wart-shaped/verruciform warzenförmig
warty/verrucose/tuberculate warzig
wasp pollination/sphecophily Wespenbestäubung
wastewater/sewage Abwasser
water balance Wasserbilanz
water bears/tardigrades Bärentierchen, Tardigraden
water body/body of water Gewässer
water content Wassergehalt
water cycle/hydrologic cycle Wasserkreislauf (der Natur)
water fleas/Cladocera Wasserflöhe
water hardness Wasserhärte
water level Wasserspiegel
water loss Wasserverlust
water quality Wasserqualität, Wassergüte
water reserve Wasserschutzgebiet
water storage Wasserspeicherung
water stress Wasserstreß
water supply Wasserversorgung
water tension Zugspannung (Wasserkohäsion)
water uptake Wasseraufnahme
water vascular system Wassergefäßsystem, Ambulakralgefäßsystem
water-repellent/water-resistant wasserabweisend
water-straining bill Seihschnabel
waterfowl Wasservögel
waterfowl (ducks/geese/swans)/Anseriformes Gänsevögel, Entenvögel
waterway/watercourse Fließgewässer
wattle (birds/reptiles) Kehllappen (Hautlappen)
wavy/undulate/repand (slightly undulating) wellig
wax Wachs
wax coating Wachsbelag
wax gland/ceruminous gland Wachsdrüse
waxy/wax-like/ceraceus wachsartig
wean abstillen
weaning Entwöhnung
weanling frisch abgestilltes, entwöhntes Jungtier, Läufer
web (skin between digits) Schwimmhaut
web (spiderweb) Gespinst (Spinnwebe/Spinnennetz)
– **funnel web/tube web (spiders)** Trichternetz, Röhrennetz
– **mesh web** Maschennetz
– **nursery web (nursery tent)** Brutgespinst, Eigespinst (Schutzgespinst für Jungspinnen)
– **orb web (spiders)** Radnetz
– **purse web** Gespinstschlauch, Röhrennetz, Röhrengespinst
– **sheetweb, horizontal** Deckennetz
– **sheetweb, simple** Flächennetz
– **space web (with barrier threads)** Fußangelnetz (mit Stolperfäden)
– **sperm web (spiders)** Spermanetz
– **spoke/radius** Speiche (Netzspeiche), Radius
– **tube web** Röhrennetz
webbed schwimmhäutig, mit Schwimmhäuten
webbed foot/swimming foot (e.g. birds) Schwimmfuß

Weberian apparatus (fish) Weberscher Apparat
Weberian ossicle/otolith Webersches Knöchelchen
webspinners/footspinners/embiids/ Embioptera Fußspinner, Tarsenspinner, Embien
wet mount Naßpräparat (Frischpräparat/Lebendpräparat/ Nativpräparat)
wether Hammel
wetland Feuchtgebiet
wettability Benetzbarkeit
whalebone/baleen Walbein, Fischbein
whalebone whales/baleen whales/ Mysticeti Bartenwale
wheel organ Räderorgan
whelp/cub (fox/wolf/jackal/bear/ lion) Welpe
whelp/pup/puppy (dog) Welpe, junger Hund
whelp *(vb.)* Welpen gebären, Welpen werfen
whipscorpions (incl. vinegarroons)/ Pedipalpi (Uropygi & Amblypygi) Geißelskorpione & Geißelspinnen
whiplash flagellum/acronematic flagellum Peitschengeißel
whipworm ***(Trichuris trichiura)*** Peitschenwurm
whirl/swirl/eddy strudeln
whiskers (cats) Barthaare, Schnurrhaare
white horse weißer Schimmel
white matter weiße Substanz
whiteflies Mottenschildläuse, „Weiße Fliegen"
whorl (snail shell) Windung, Umgang
widespread/ubiquitous weitverbreitet, ubiquitär
wiggler (mosquito larva) Schnakenlarve
wild wildlebend
wild animal reserve/game reserve/ wildlife park Wildreservat, Wildtierpark, Wildpark
wild animal sanctuary Wildschutzgebiet
wild pig/wild swine/wild boar/ wild hog Wildschwein (*collect.* Schwarzwild)
– **in its 1. year** Frischling
wild sow Bache, Wildschweinsau
wild type Wildform
wilderness Wildnis
wildfowl Wildgeflügel
wildlife Wild (Tiere in der Natur)
wildlife park Naturpark
wildlife sanctuary/wildlife refuge Wildreservat
wind/twist/coil winden, sich schlängeln
windpipe/trachea/breathing tube Kehle, Trachee, Trachea, Luftröhre, Atemröhre
wing Flügel, Fittich, Schwinge
wing loading Flügel-Flächen-Belastung
wing pad (larval developing wing) Flügelstummel, Flügelscheide
wing sheath/wing cover/wing case/ elytron/elytrum (*pl.* elytra) (insects) Elytre, Deckflügel, Flügeldecke
wing spread/wingspan Flügelspannweite
wing tip Flügelspitze
wing-shaped/aliform flügelförmig
wingbeat Flügelschlag
winged/alate geflügelt
winged insects/pterygote insects/ Pterygota Fluginsekten, geflügelte Insekten
wingless/lacking wings/exalate/ apterous/apteral/apterygial flügellos, ungeflügelt
winglike/alar/alary flügelartig, schwingenartig
winter fur/winter coat Winterfell
winter hardiness Winterhärte
winter quarters Winterquartier
wireworm (elaterid larva) Drahtwurm
wishbone/collar bone/clavicle (fowl) Brustbein, Clavicula
withers Widerrist
Wolffian body/deutonephros/ mesonephros Urniere, Mesonephros
Wolffian duct/Leydig's duct/ mesonephric duct Wolffscher Gang, Vornierengang, primärer Harnleiter
wood-eating/feeding on wood/ xylophagous holzfressend

woodlice/pill bugs/sowbugs/ Isopoda Asseln
woodpeckers & barbets & toucans and allies/Piciformes Spechtvögel, Spechtartige
wool fat gland Wollfettdrüse
wooly/lanate wollig
wooly hair Wollhaar
worker Arbeiter
worker bee Arbeitsbiene, Arbeiterin
worm *(n.)* Wurm
worm *(vb.)* entwurmen
worm lizards/amphisbaenids/ amphisbaenians/Amphisbaenia Doppelschleichen
worm-shaped/vermiform wurmförmig
wormlike/vermian/vermicular wurmartig
wormy wurmig
wound Wunde
wound healing Wundheilung
wriggle (e.g. nematodes) schlängeln, hin und her zucken
wrinkled/rugose/corrugative/ corrugated runzelig, gerunzelt, gewellt, geriffelt
wrist (joint) Handgelenk
wrist bone/carpal bone Handwurzelknochen, Handgelenksknochen, Carpalia (Ossa carpalia)
wrong host/accidental host Fehlwirt, Irrwirt

X

X-organ X-Organ, Bellonci-Organ
xenarthrans/"toothless" mammals/ edentates/Xenarthra/Edentata Nebengelenktiere, Zahnarme
xenobiosis Xenobiose
xenograft (from other species) Xenotransplantat, Fremdtransplantat
xeric/low moisture content (dry/ arid) gekennzeichnet durch niedere Feuchtigkeitsmenge (trocken/arid/ wüstenartig)
xeromorphism Xeromorphismus
xerosere Xeroserie
xylophilous/thriving in or on wood in Holz lebend, auf Holz gedeihend

Y

Y-organ (molting gland) Y-Organ, Carapaxdrüse
yawning gähnen
yeanling frischgeborenes Lamm, Schäfchen oder Zicklein, Ziegenjunges
yearling (short ~: 9 to 12 months; long ~: 12 to 18 months) Jährling, einjähriges Tier (meist Rinder)
yellow fever *(Flavivirus)* Gelbfieber
yellow spot/macula lutea (with fovea centralis) gelber Fleck, Macula lutea (mit Fovea centralis)
yelp (dog) jaulen
yelp/bark (dog) kläffen
yield Ausbeute
yield (honey) Tracht (Ertrag an Honig)
yolk/egg yolk/vitellus Dotter, Eidotter, Eigelb
yolk cell/shell globule (trematodes) Dotterzelle, Vitellophage
yolk duct Vitellodukt
yolk fry/sacfry/alevin (salmon larvae) Dottersackbrut
yolk gland/vitellarian gland/vitelline gland/vitellarium/vitellogen Dotterstock, Dotterdrüse, Vitellar, Vitellarium
yolk larva/vitellaria/lecithotroph pericalymma/test-cell larva Hüllglockenlarve, Pericalymma
yolk plug Dotterpfropf
yolk sac Dottersack
yolk-sac placenta/choriovitelline placenta Dottersackplazenta, Dottersackhöhlenplazenta, Omphaloplazenta, omphaloide Plazenta
young (offspring); *see also:* **Jungtier** Junges (Nachkommen)
young/pup (e.g. whale/seal/rat/dog)/cub (young carnivore: bear/fox/lion) Jungtier, Junges (v. a. Säuger)

Z

Z line (Z disk) Z-Linie/Z-Streifen (Z-Scheibe)
Zencker's organ Zenckersches Organ
zoanthids/Zoantharia Krustenanemonen
zoecium/zooecium (bryozoans) Zoecium
zona pellucida Zona pellucida
zonary placenta/placenta zonaria Gürtelplazenta
zonation Zonierung
zone fossil/zonal fossil/index fossil Leitfossilie
zonule fibers Zonulafasern
zoo/zoological garden(s) Zoo, Zoologischer Garten, Tiergarten
zoocecidium Zoocecidium, von Tieren hervorgerufene Pflanzengalle, Tiergalle
zoochory/animal-dispersal Tierausbreitung
zoocoenosis/animal community Zoozönose, Tiergemeinschaft
zooecium/zoecium (bryozoans) Zoecium
zoogeography Zoogeographie, Tiergeographie
zoophilous tierblütig
zorapterans/Zoraptera Bodenläuse
zygapophysis ("yoking" process) Zygapophyse
zygodactyl/zygodactylous (birds: e.g. parrots) kletterfüßig
zygomatic arch Backenknochenbogen
zygomorphic/monosymmetrical/irregular zygomorph
zygote Zygote
zygote nucleus/synkaryon Zygotenkern, Synkaryon

Literatur

1 Allaby M: The Concise Oxford Dictionary of Zoology. Oxford Univ Press, Oxford – New York, 1991

2 Barnes RD: Invertebrate Zoology, 5th ed. Saunders Coll Publ, Philadelphia, 1987

3 Barnes RS, Calow P, Olive PJ: The Invertebrates: A New Synthesis, 2nd ed. Blackwell Sci Publ, Boston, 1993

4 Barrington EJW: Invertebrate Structure and Function, 2nd edn. Nelson, Middlesex, 1979

5 Berndt R, Meise W (Hrsg) Naturgeschichte der Vögel, Bd. 1 – 3. Franckh'sche Verlagsbuchhandlung, Stuttgart, 1958 – 1966

6 Bezzel E, Prinzinger R: Ornithologie, 2. Aufl. Ulmer, Stuttgart, 1990

7 Boolootian RA, Heyneman D: An Illustrated Laboratory Text in Zoology. 4th ed. Saunders, Philadelphia, 1980

8 Borror DJ, Triplehorn CA, Johnson NF: An Introduction to the Study of Insects. 6th ed. Saunders, Philadelphia, 1989

9 Bresslau E, Ziegler HE: Zoologisches Wörterbuch, 4. Aufl. Fischer, Jena, 1927

10 Brockhaus Enzyklopädie, 19te Aufl. (24 Bände) FA Brockhaus, Mannheim, 1986 – 1994

11 Brohmer – Fauna von Deutschland, 18. Aufl. (Schaefer M, ed.) Quelle & Meyer, Heidelberg, 1992

12 Buhr H: Bestimmungstabellen der Gallen (Zoo- und Phytocecidien) an Pflanzen Mittel- und Nordeuropas. 2 Bd. Fischer, Jena, 1964

13 Cheng TC: General Parasitology. 2nd ed. Academic Press, New York, 1986

14 Curtis H, Barnes NS: Biology. 5th ed. Worth Publ, New York, 1989

15 Daly HV, Doyen JT, Ehrlich PR: Introduction to Insect Biology and Diversity. McGraw-Hill, New York, 1978

16 Davies RG: Outline of Entomology, 7th ed. Chapman & Hall, London – New York, 1988

17 Dorit RL, Walker WF, Jr, Barnes RD: Zoology. Saunders, Philadelphia, 1991

18 Drickamer LC, Vessey SH: Animal Behavior. 2nd ed. Prindle, Weber & Schmidt, Boston, 1986

19 Eckert R, Randall D, Augustine G: Animal Physiology, 2nd edn. WH Freeman, San Franscisco, 1988; Tierphysiologie, 2. Aufl. Thieme, Stuttgart, 1993

20 Fioroni P: Allgemeine und vergleichende Embryologie der Tiere. 2. Aufl. Springer-Verlag, Berlin – Heidelberg, 1992

21 Freye HA, Kämpfe L, Biewald GA: Zoologie, 9. Aufl. Fischer, Jena, 1991

22 Futuyma DJ: Evolutionary Biology. 2nd ed. Sinauer, Sunderland, 1986; Evolutionsbiologie. Birkhäuser, Basel, 1990

23 Gardiner MS: The Biology of Invertebrates. McGraw-Hill, New York, 1972

24 Gattermann R: Wörterbücher der Biologie: Verhaltensbiologie. UTB – Fischer, Jena – Stuttgart, 1993

25 Gilbert SF: Developmental Biology. 3rd ed. Sinauer, Sunderland, MA, 1991

26 Gill FB: Ornithology. WH Freeman, New York, 1990

27 Götting KJ: Malakozoologie. Grundriß der Weichtierkunde. Fischer, Stuttgart, 1974

28 Gould SJ: Ontogeny and Phylogeny. Belknap/Harvard Univ Press, Cambridge MA, 1977

29 Grzimek B: Grzimeks Tierleben, Enzyklopädie des Tierreichs, 13 Bände. Kindler, Zürich, 1971; Grzimek's Animal Life Encyclopedia, 13 Vols. Van Nostrand Reinhold, New York, 1972 – 1975

30 Grzimek B: Encyclopedia of Evolution. Van Nostrand Reinhold, New York, 1976

31 Grzimek B: Grzimeks Enzyklopädie der Säugetiere, Bd. 1 – 5. Kindler, München, 1988

32 Gullan PJ, Cranston PS: The Insects. An Outline of Entomology. Chapman & Hall, London, 1994
33 Hausmann K: Protozoologie. Thieme, Stuttgart, 1985
34 Henderson's Dictionary of Biological Terms, 10th ed. (Lawrence E, ed.) Longman, Essex; Halsted/Wiley, New York, 1989
35 Herren RV, Donahue RL: The Agriculture Dictionary. Delmar Publ, Albany NY, 1991
36 Heymer A: Ethologisches Wörterbuch, D-E-F. Parey, Berlin – Hamburg, 1977
37 Hickman CP, Jr, Roberts LS, Hickman FM: Integrated Principles of Zoology, 8th ed. Times Mirror/Mosby, St. Louis, 1987
38 Hill RW, Wyse GA: Animal Physiology, 2nd. edn. Harper & Row, New York, 1989
39 Hyman LH: The Invertebrates. Vols. 1 – 6. McGraw-Hill, New York, 1940 – 1967
40 Immelmann K: Wörterbuch der Verhaltensforschung. Parey, Berlin-Hamburg, 1982
41 Immelmann K, Beer C: A Dictionary of Ethology. Harvard Univ Press, Cambridge, 1989
42 Jacobs W, Renner M: Biologie und Ökologie der Insekten. Taschenlexikon. 2. Aufl. Fischer, Stuttgart-Jena, 1988
43 Jangi BS: Economic Zoology. A Dictionary of Useful and Destructive Animals. Balkema, Rotterdam, 1991
44 Kaestner A: Lehrbuch der Speziellen Zoologie. 5. Aufl. Band I (1. – 4.Teil), Fischer, Jena, 1993
45 Kämpfe L, Kittel R, Klapperstück J: Leitfaden der Anatomie der Wirbeltiere. 6te Aufl. Fischer, Jena, 1993
46 Kéler S, v: Entomologisches Wörterbuch. Akademie Verlag, Berlin, 1963
47 Kleinig H, Sitte P: Zellbiologie. 3. Aufl. Fischer, Stuttgart, 1992
48 Klemm M: Wörterbuch Paläarktischer Tiere. Deutsch-Latein-Russisch. Parey, Berlin, 1973
49 Kozloff EN: Invertebtates. Saunders Coll Publ, Philadelphia, 1989
50 Kükenthal W, Krumbach T (Hrsg.): Handbuch der Zoologie/Handbook of Zoology. Vol. I – VIII (Bd. 1 – 60). W de Gruyter, Berlin, 1923 – 1994
51 Kükenthals Leitfaden für das zoologische Praktikum, 21. Aufl. (Hrsg. Storch V, Welsch U) Fischer, Stuttgart, 1993
52 Lee JJ, Hutner SH, Bovee EC: An Illustrated Guide to the Protozoa. Society of Protozoologists, Lawrence, KA, 1985
53 Leftwich AW: A Dictionary of Zoology. Constable, London, 1975
54 Leftwich AW: A Dictionary of Entomology. Constable, London, 1977
55 Lincoln RJ, Boxshall GA, Clark PF: A Dictionary of Ecology, Evolution, and Systematics. Cambridge Univ Press, Cambridge – New York, 1984
56 Lincoln RJ, Boxshall GA: The Cambridge Illustrated Dictionary of Natural History. Cambridge Univ Press, Cambridge – New York, 1990
57 Margulis L, Corliss JO, Melkonian M, Chapman DJ: Handbook of Protoctista. Jones and Bartlett, Boston, 1990
58 Margulis L, McKhann HI, Olendzenski L: Illustrated Glossary of Protoctista. Jones and Bartlett, Boston, 1993
59 Marquardt WC, Demaree RS Jr: Parasitology. Macmillan, London-New York, 1985
60 Mayr E, Ashlock PD: Principles of Systematic Zoology. 2nd edn. McGraw-Hill, 1991; Grundlagen der zoologischen Systematik. Parey, Hamburg, 1975
61 Meglitsch PA, Schram FR: Invertebrate Zoology, 3rd ed. Oxford Univ Press, Oxford – New York, 1991
62 Nichols SW: The Torre-Bueno Glossary of Entomology. The New York Entomological Society/American Museum of Natural History, New York, 1989
63 Orr RT: Vertebrate Biology. 5th ed. Saunders, Philadelphia, 1982
64 Ott J: Meereskunde. Ulmer, Stuttgart, 1988
65 Pearse V, Pearse J, Buchsbaum M, Buchsbaum R: Living Invertebrates. Blackwell Sci Publ, Boston, 1992

66 Pechenik JA: Biology of the Invertebrates, 2nd ed. WmC Brown, Dubuque, IA, 1991
67 Pennak RW: Collegiate Dictionary of Zoology. Ronald Press, 1964
68 Penzlin H: Lehrbuch der Tierphysiologie, 5. Aufl. Fischer, Jena, 1991
69 Pettingill OS, Jr, Breckenridge WJ: Ornithology in Laboratory and Field. 5th ed. Academic Press, Orlando, FL, 1985
70 Pflumm W: Biologie der Säugetiere. Parey, Berlin – Hamburg, 1989
71 Romer AS, Parsons TS: The Vertebrate Body, 6th ed., Saunders, Philadelphia, 1986; Vergleichende Anatomie der Wirbeltiere, 5. Aufl. Parey, Hamburg, 1983
72 Romoser WS, Stoffolano JG: The Science of Entomology, 3rd ed. WmC Brown, Dubuque, IA, 1994
73 Schmidt-Nielsen K: Animal Physiology. Adaptation & Environment, 4th ed. Cambridge Univ Press, Cambridge MA, 1990
74 Shorthouse JD, Rohfritsch O (eds) Biology of Insect-Induced Galls. Oxford Univ Press, Oxford, 1992
75 Smith MM, Heemstra PC (eds) Smith's Sea Fishes. Springer, Berlin-HD-New York, 1986
76 Springer O (Hrsg.) Langenscheidts Grosswörterbuch: „Der Große Muret-Sanders" Deutsch-Englisch, Englisch-Deutsch, 4 Vols. Langenscheidt, Berlin, 1990 – 1992
77 Stachowitsch M: The Invertebrates. An Illustrated Glossary. Wiley-Liss, New York, 1991
78 Stark D: Vergleichende Anatomie der Wirbeltiere, Bd. 1–3. Springer-Verlag, Heidelberg – Berlin, 1978 – 1982
79 Steitz E, Stengel G: Die Stämme und Klassen des Tierreichs. VCH, Weinheim, 1984
80 Storch V, Welsch U: Systematische Zoologie, 4. Aufl. Fischer, Stuttgart, 1991
81 Storch V, Welsch U: Kurzes Lehrbuch der Zoologie, 7. Aufl. Fischer, Stuttgart, 1994
82 Storer TI, Usinger RL: Laboratory Workbook for Zoology. McGraw-Hill, New York, 1965
83 Storer TI, Usinger RL, Stebbins RC, Nybakken JW: General Zoology, 6th ed. McGraw-Hill, New York, 1979
84 Urania-Tierreich. 6 Bände. Urania, Leipzig, 1991 – 1994
85 Vaughan TA: Mammalogy, 3rd ed. Saunders Coll. Publ., Philadelphia, 1986
86 Walker's Mammals of the World, 5th. ed. (Nowak RM ed.) Johns Hopkins Univ Press, Baltimore, 1991
87 Weber H, Weidner H: Grundriß der Insektenkunde. 5. Aufl. Fischer, Stuttgart – Jena, 1974
88 Webster's Third New International Dictionary. Merriam-Webster, Springfield, MA, 1986
89 Webster's Tenth New Collegiate Dictionary. Merriam-Webster Inc., Springfield, MA, 1993
90 Wehner R, Gehring W: Zoologie, 22. Aufl. Thieme, Stuttgart, 1990
91 Winburne JN (ed) A Dictionary of Agricultural and Allied Terminology. Michigan State Univ Press, East Lansing, 1962
92 Wurmbach H, Siewing R: Lehrbuch der Zoologie. Allgemeine Zoologie/Systematik. Fischer, Stuttgart, 1980/1985
93 Zug GR: Herpetology. An Introductory Biology of Amphibians and Reptiles. Academic, New York – London, 1993

Notizen

Notizen